불교는
무엇을
말하는가
(개정판)

한산 김윤수

1951년 경남 하동에서 태어나
부산에서 초 • 중 • 고등학교를 졸업하고
1975년 서울대학교 법과대학을 졸업하였다.
1976년 사법시험(제18회)에 합격하여
1981년부터 10년간 판사로,
1990년부터 10여 년간 변호사로,
2001년부터 10년간 다시 판사로 일하다가
2011년 퇴직하였다.
2003년에 「육조단경 읽기」(2008년 개정판)
2005년에 「반야심경 • 금강경」(2009년 개정판)
2006년에 「주석 성유식론」
2007년에 「불교는 무엇을 말하는가」
2008년에 「여래장경전모음」
2008년에 「설무구칭경 • 유마경」
2009년에 「묘법연화경」
2011년에 「대방광불화엄경」(전7권)
2012년에 「대승입능가경」
2012년에 「해밀심경」
2013년에 한문대역 「잡아함경」(전5권)
2013년에 「이렇게 말씀하셨다」
2019년에 「아함전서」(전16권 운주사 간)를 냈다.

불교는 무엇을 말하는가 (개정판)

지은이 김윤수

초 판 1쇄 2007년 5월 10일
        2쇄 2007년 12월 10일
        3쇄 2009년 7월 10일
        4쇄 2012년 5월 10일
개정판 1쇄 2014년 11월 25
        2쇄 2015년 10월 15일
        3쇄 2022년 12월 15일

펴낸이 김윤수
펴낸곳 한산암
등록 2021.7.21. 제2021-000109호
주소 경기도 성남시 분당구 구미로144번길7, 803-1101
전화 0505-2288-555
이메일 yuskim51@naver.com
총판 운주사
전화 02-3672-7181~4

© 김윤수, 2014
ISBN 979-11-85183-04-6 93220

값 : 20,000원
잘못 만든 책은 바꿔드립니다.

불교는
무엇을
말하는가
(개정판)

김윤수 지음

한산암

국립중앙도서관 출판예정도서목록(CIP)

불교는 무엇을 말하는가 / 지은이: 김윤수. ─ 개정판. ─
광주 : 한산암, 2014
       p. ;   cm

권말부록: 초기경전의 소개 ; 윤회론의 전개와 현대적 양상
; 알아차림의 토대에 대한 긴 경
색인수록
ISBN 979-11-85183-04-6 93220 : ₩20000

불교[佛敎]

220-KDC5
294.3-DDC21   CIP2014032516

개정판을 내면서

모두들 어렵다고만 생각하는 불교를 쉽게 소개해 보겠다고 이 책을 써서 펴낸 지 7년 여의 세월이 지났다. 처음에는 그런 대로 필자의 의도가 잘 반영되었다고 생각하였지만, 인쇄를 거듭하는 동안 아쉬운 점이 드러났다.

그것은 크게 두 가지였다. 그 하나는 필자의 경험이 얕은 데다가, 제대로 알고자 하는 독자라면 실제로 접해 보아야 한다는 이유로, 도성제道聖諦 부분을 너무 간단히 다루고 말았다는 점이다. 특히 그 핵심이라고 할 팔정도八正道의 설명이 생략되었다는 것은 불교를 소개하는 글로서는 가볍게 볼 수 없는 약점이었다.

또 다른 한 가지는 초기불교를 중심으로 소개하다 보니, 우리 현실의 불교와 동떨어진 것이 되고 말았다는 점이었다. 주지하다시피 우리나라 불교의 주류는 대승불교에 기반한 선불교라고 말할 수 있다. 그런데 이에 대한 본격적 소개가 빠져 있는 셈이어서, 불교를 알려고 한다면 이 책을 읽어 보라고 자신 있게 권하기 어려웠다.

언젠가 개정이 필수적이라는 생각을 하고 있던 중, 이번에 그 적기라고 할 만한 여러 가지 사정이 겹쳐서 개정작업을 미룰 수 없었다.

당연히 이번 개정에서는 위 두 가지 부분을 집중적으로 보완하였다. 그러나 그 외 다른 내용들도 보다 쉽게 이해하는데 도움이 되도록 수정한 부분이 적지 않다. 다만 그 큰 뜻에 변화가 있었다고 특별히 들 만한 것은 없다고 말할 수 있다. 초판을 보신 분들에게는 이 점을 밝혀 두는 편이 도움이 될지도 몰라서 밝혀 둔다.

　　한 가지 아쉬운 점은 입문서로서는 분량이 다소 많아졌다는 점이다. 방대한 내용의 대승불교를 이해할 수 있도록 원리 중심으로 요약해 소개하다 보니, 분량이 늘어나는 것을 피할 수 없었다. 이제 처음 불교를 접하는 독자여서, 우리 나라 불교의 모습이 어떠한지 관심이 없었던 분이라면, 이 부분에 해당하는 제5장은 읽지 않아도 무방하다는 것을 밝혀 둔다.

　　이 기회에 아울러 한 가지 더 당부하자면, 이미 불교를 많이 공부한 독자가 아닐 경우 처음 읽을 때에는 각주의 내용은 보지 말고, 본문 중심으로 읽기를 권한다. 각주의 내용은 본문의 보충적인 설명이거나 본문 대로 읽을 경우에 생길 오해를 막기 위한 것일 뿐, 본문을 읽는 데 특별히 도움이 되는 것이 아니다. 각주를 읽지 않는 것이 본문의 이해에 장애가 되지 않도록 신경 써서 편성하였으니, 이해에 장애가 되지 않을까 염려하지 않아도 된다. 읽다 보면 자연히 각주의 내용에 관심이 가는 때가 있을 것이다. 그 때 보아도 충분하다고 말하고 싶다.

이번 개정작업에는 하동의 신월정사에서 초기불교의 이치에 의거해 수행에 전념하고 계시는 자공 가윗사라 스님으로부터 큰 도움을 받았다. 스님께서는 도성제와 멸성제 부분에 관한 글 내용을 전반적으로 점검하시는 외에 여러 고견도 제시하여 주셨다. 지면 관계로 스님의 고견을 모두 반영하지 못한 것을 아쉽게 생각하며, 깊이 감사드린다.

한편 개정판의 교정은 대한불교진흥원의 신진욱 법사와 고영인 차장께서 수고하여 주셨다. 바쁜 일과 중 귀한 시간을 내어 꼼꼼히 교정하여 주신 것에 깊이 감사드린다.

이 개정판이 불교의 근본원리와 불교의 변화를 이해하는 데 조금이나마 보탬이 되기를 바라는 마음 간절하다.

2014년 늦가을 한산암에서
한산 김윤수

* 추기 *

2022년의 개정판 3쇄본부터 본문 중 아함경의 경문은
필자가 번역한 아함전서(운주사 간 전16권)의 표현에 따라
그 표현을 수정하였음을 밝혀둔다.

머리말 (초판의)

저는 쉰을 바라보는 늦은 나이에 불교를 만나게 되었습니다. 윤회에 관한 책자들을 몇 권 보고, 내가 막연히 그려온 삶의 구도가 뿌리부터 흔들리게 된 것이 계기였습니다. 그래서 윤회를 이야기한다는 불교를 알아야겠다는 목적을 가지고 들어섰습니다.

들어서기는 쉬웠지만 알기는 참으로 어려웠습니다. 순전히 책을 통하여 혼자 힘으로 가르침의 취지를 이해하려고 달려든 것이 잘못된 선택이었는지도 모르겠습니다. 처음 몇 년간 많은 책을 읽었지만, 불교가 무엇을 말하는지 이해하기 어려웠습니다.

꽤 많은 세월의 고생 끝에 붓다께서 무엇을 말씀하셨는지, 이제 이해는 한다고 감히 말할 수 있습니다. 그리고 왜 그렇게 이해하기 어려웠는지도 알 수 있을 것 같습니다. 그 원인은 그렇게 단순하지는 않습니다.

그 기본적인 이유는, 붓다께서 발견하고 가르치신 진리가 우리의 상식적인 사고구조와 정반대되는 곳에서 출발하고 있기 때문이라고 저는 생각합니다. 그러다 보니 그 이치를 밝히는 경전의 분량이 처음부터 적지 않았지만, 그것으로 해결될 일이 아니었습니다. 다양한 사상체계들이 등장하고, 경전과 논서의 분량이 방대해지는 것은 피할 수 없는 운명이었습니다. 자연히 그 사이에 통일적인 이해를 가로막는 요소들도 적지 않습니다.

그렇기 때문에 근본을 이해하지 못한 채 여기저기를 돌아다니면서 통일된 줄기를 찾으려고 하면 어려울 수밖에 없습니다. 과연 이것이 하나의 가르침에서 나온 것이고 하나의 가르침에 포괄되는 것인지 혼란스럽기까지 합니다. 그러나 가르침의 근본을 이해하고 보면, 다양한 흐름들의 맥락이 드러나면서, 그 모든 흐름들이 한 곳을 지향하고 있는, 한 맛의 가르침임을 분명히 알 수 있습니다.

그리고 이것은 탁월한 가르침입니다. 불교를 단순히 아는 것만으로는 불교가 가진 효용의 극히 일부밖에 활용하지 못하는 것이라고 생각합니다.

그렇지만 그것만으로도 효용은 적지 않습니다. 왜냐하면 우리의 삶에서 등장하는 수많은 의문과 혼란, 그리고 그로부터 비롯되는 고통에서 벗어날 수 있기 때문입니다. 불교는 우리가 서 있는 좌표를 분명히 알려 주고, 동시에 우리가 가야 할 방향을 분명히 알려 줍니다.

이러한 생각 때문에 불교를 알기 쉽게 접할 수 있는 글을 하나 써야겠다고 생각하였고, 결국 그 생각을 실행에까지 옮겼습니다. 그렇지만 이러한 저의 의도는 빗나가고 말았다는 것을 이제 시인하지 않을 수 없습니다. 내 주변에 있는 가족과 친지들조차도 충분히 설득시키지 못했을 뿐만 아니라, 많은 사람들로부터 이해하기 어렵다는 평가를 받았기 때문입니다.

그 이유를 알 것 같습니다. 그래서 정말 쉽게 불교를 이해할 수 있는 입문서를 다시 써야 한다는 것을 스스로 짐으로 삼았습니다. 입문서라고 해서 입구만을 보여주어서는 안 됩니다. 그 전체를 꿰뚫어서 보여주어야 합니다. 왜냐하면 이 길과 목적지가 매우 매력적임을 보여주어야 하기 때문입니다. 꾸며야 한다는 이야기가 아닙니다. 있는 그대로 보여 줄 수만 있다면 그것만으로도 불교는 충분히 매력적입니다.

그러면서 이해하기 쉬워야 합니다. 그렇다고 불교의 이치가 녹아 있는 전문용어를 다른 것으로 바꾸는 것은 바람직하지 않습니다. 전문용어는 이해 가능한 충분한 설명을 동반해야 합니다. 또 이해하기 쉬워야 한다는 이유로 근본 골격이 빠져서는 안 됩니다. 근본 골격이라면, 다른 부분을 포기하는 한이 있더라도 집중적으로 다루어, 충분히 이해될 수 있도록 하여야 합니다.

이러한 기준으로 글을 썼습니다. 그리고 내용을 확정하기 전에 미리 여러분에게 글을 보이고 의견을 들었습니다. 그것이 이 글을 보완하는 데 큰 도움이 되었습니다. 무엇보다도 유익했던 것은 독자들이 가질 수 있는 의문에 대한 설명을 담을 수 있었다는 점입니다. 의견을 보내 주신 많은 분께 이 자리를 빌어 감사를 드립니다. 그 분들의 존함을 일일이 들어 감사를 표현하지 못한 점 널리 용서 바랍니다.

한편 아쉬움도 없지는 않습니다. 무엇보다 본문을 200쪽 내에서 마무리하려던 당초의 계획과는 달리 글의 분량이 많이 늘어났다는 것입니다. 이것을 아쉽게 생각하는 이유는, 읽어보기도 전에 무겁게 느껴지지 않을까 염려해서입니다.

결코 그렇지 않으므로 오해하지 않기를 바랍니다. 오히려 단숨에 읽고 그 전체적인 맥락을 쉽게 파악할 수 있을 것으로 기대합니다. 이 점은 불교를 전혀 모르던 분으로서 저의 요청에 응해 이 글의 원고를 본 여러분이 확인해 주신 사실입니다. 다만 익숙치 않은 용어가 적지 않으므로 약간의 성의와 끈기가 함께 해야 합니다.

아무튼 이 조그만 글이 불교의 근본을 이해하고, 그 진정한 가치를 발견할 수 있는 계기가 되기를 바랍니다.

2007년 봄에
한산 김윤수

차 례

서 장

불교는 무엇을 말하는가

불교는 서력기원전 7세기 경[1] 북인도의 조그만 나라 까삘라왓투 Kapilavatthu에서 태자로 태어난 고따마Gotama 시닷타 Siddhattha[2]가 인간의 괴로움에 대한 해법을 찾기 위해 29살의 나이에 출가해 35세의 나이에 완전한 깨달음을 얻은 다음, 그의 나이 여든에 입멸入滅[3]할 때까지 45년 동안 편 가르침과, 이것이 시대를 거치면서 변화한 것을 총체적으로 일컫는 것이다.

불교佛敎라는 명칭은 '불佛'의 '가르침[敎]'이라는 말인데, '불'은 '깨달은 자[覺者]'라는 뜻의 빠알리어[4] '붓다Buddha'[5]를 소리로 옮긴 불타佛

---

1 이 시기에 대해서는 예전부터 여러 가지 다른 설이 있어 왔는데, 1956년 남방의 불교국들이 주축이 되어 개최한 세계불교도협의회에서 그 해를 붓다의 입멸 제 2,500주년으로 확정하는 것에 합의한 다음부터는 대체로 이를 따르는 추세이다. 이 합의에 따르면 붓다의 입멸시기는 서력기원전 544년이 되고, 붓다의 탄생시기는 서력기원전 624년이 된다.
2 우리에게 알려져 있는 '(가우따마Gautama) 싯다르타Siddhārtha'는 그의 산스끄리뜨 sanskrit어 이름이다.
3 불교에서는 모든 번뇌(=몸과 마음을 번거롭게 하고[煩] 괴롭히는[惱] 심리작용)와 괴로움이 소멸한 열반을, 소멸하였다는 뜻에서 '멸滅'이라고 표현한다. 그래서 성자의 죽음을 열반에 든다[入]고 해서 '입멸', 또는 열반으로 건너간다[度]고 해서 '멸도滅度' 등으로 표현하며, 붓다의 입멸을 줄여서 '불멸佛滅'이라고 표현한다.
4 불교의 초기경전인 니까야nikāya('니까야'는 모음[收集]이라는 뜻)가 붓다께서 활

陀의 준말이니, 이것은 깨달은 분=고따마 시닷타의 가르침이라는 뜻이다. 그래서 서양에서는 불교를 붓디즘Buddhism이라고 부른다. 우리에게 알려져 있는 석가모니釋迦牟尼Sakyamuni는 고유명사가 아니라, 붓다의 출신 종족인 '삭까Sakka족의 성자[muni]'라는 뜻의 존칭이다.

붓다는 우리에게 오랫동안 '부처님'이라는 칭호로 숭배되어 왔다. 그렇지만 필자는 이 부처님이라는 칭호 대신 '붓다'라는 칭호를 일관되게 사용해 오고 있는데, 그것은 필자의 불교에 대한 이해와 무관하지 않다. 불교의 제1차적 성격은 종교라기보다는, 사실에 기초하여 사실을 말하고 있는 과학이라는 것이다. 그래서 붓다께서는 종종 가르침을 말씀하시면서,

> 여래如來[6]는 그것을 잘 깨닫고 이해했으며, 잘 깨닫고 이해하고 나서 설명하고 가르치고 펼쳐 보이고, 앞에 두고 열어 보이고 분별하고 명확히 해서, '그대들도 보라'고 말하는 것이다.

라고 하셨고, 또 가르침을 들은 이들도,

· · · · · · · · · · · · · · ·

동하실 당시 중인도 지역의 민중언어(당시 인도의 교육받은 계층에서 사용되던 산스끄리뜨어에서 파생된 고대 쁘라끄리뜨Prākrit어)로 기록됨으로써 이 언어를 빠알리pāli어('빠알리'는 성전聖典이라는 뜻)라고 불렀다고 한다. 이 글에서 사용되는 불교용어의 원어는 주로 빠알리어이지만, 범어梵語=산스끄리뜨어일 경우에는 그 앞에 §라는 부호를 병기하고, 양자를 구별하여 표기할 경우 빠알리어 앞에는 설라는 부호를 병기하겠다.
5 원어를 기준으로 음역할 경우 '붇다'라고 표기하는 것이 옳겠지만, 현재 '붓다'라는 표기가 일반화되어 있는 듯하여, 이에 따라 '붓다'라고 표기한다.
6 '여래'와 뒤에 나오는 '세존'은 모두 붓다에 대한 존칭이다.

세존世尊이시여, 훌륭하십니다. 마치 넘어진 자를 일으켜 세우시듯, 덮여있는 것을 걷어내고 보이시듯, 방향을 잃어버린 자에게 길을 가르쳐 주시듯, '눈 있는 자는 형상을 보라'고 어둠 속에서 등불을 비춰 주시듯, 세존께서는 이와 같이 여러 가지 방법으로 법을 말씀해 주셨습니다. 저는 이제부터 세존께 귀의歸依하겠습니다.

라고 응답하는 장면이 무수히 등장한다. 그러니 붓다께서는, 그가 아니었더라면 드러날 수 없었을지도 모를 사실을 드러내어 인류를 인도한 위대한 스승이자 교사이고, 그렇기 때문에 존경받고 찬사받아야 마땅한 분이기는 하지만, 당신의 실존實存 자체 또는 가르침의 대상에 대한 신앙이 우리를 인도하거나 구원하는 것은 아니다. 그런데 부처님이라는 칭호가 필자에게는, 왠지 종교적 성향이 짙은 칭호라는 생각이 들어서 그 사용을 의도적으로 피해 왔던 것이다.

그러면 붓다께서 45년 동안 말씀하셨던 것은 무엇일까? 경이스럽게도 이것을 한 마디로 표현할 수 있는데, 불교에서는 이것을 '사성제四聖諦'라고 말한다. 이것은 '네 가지[四] 성스러운[聖] 진리[諦]'라는 뜻으로, 불교의 요체는 네 가지 진리로 집약되는데, 이 네 가지는 깨달음을 실현한 성자가 되어야 비로소 제대로 알 수 있다는 것이다.

그 네 가지는 ① 우리의 삶은 필연적으로 괴롭기 마련인데[고苦], ② 그 괴로움은 어떤 원인으로 일어나는가[집集],[7] ③ 그 괴로움의 소멸

• • • • • • • • • • • • • •

7 이것을 '집集'이라고 표현하는 이유는 뒤의 집성제 중 '연기의 이치' 부분에서 설명될 것이다.

은 가능한가[멸滅], ④ 만약 가능하다면 어떻게 해야 괴로움을 소멸시킬 수 있는가[도道]이다. 이것을 보통 ① 괴로움의 성스러운 진리[고성제], ② 괴로움의 일어남의 성스러운 진리[집성제], ③ 괴로움의 소멸의 성스러운 진리[멸성제], ④ 괴로움의 소멸에 이르는 길의 성스러운 진리[도성제]라고 표현하고, 이것들을 줄여서 '고·집·멸·도(성제)'라고 표현한다.

그 자세한 내용은 제1장 내지 제4장에서 하나씩 설명할 것이므로, 지금 여기에서는 우선 그 요지만 간략히 살펴 보겠다.

첫째 고성제, 즉 괴로움의 성스러운 진리라는 것은, 우리의 인생은 필연적으로 괴롭기 마련이라는 것이다. 우리의 인생이 괴롭다는 것은 인생의 본질적 성격이 그러하기 때문이라고 말할 수는 없다. 다음의 집성제에서 설명하는 것처럼 이 괴로움은 욕망8 때문에 일어나는 것인데, 사람은 누구나 선천적으로 이 욕망을 일으킬 수밖에 없는 의식구조를 갖고 태어나기 때문에, 살면서 필연적으로 욕망을 일으킬 수밖에 없고, 이 욕망 때문에 인생에서 필연적으로 괴로움을 받을 수밖에 없다는 의미이다.

혹시 사람 중에는 전혀 욕망을 갖지 않는 분도 있지 않을까 라는 생각이 들지 모르지만, 사람으로 태어났다는 것은 아직 욕망을 완전히 소멸시키지 못하여 다시 욕망을 일으킬 수밖에 없는 의식구조를 갖고 있

• • • • • • • • • • • • • •

8 뒤의 집성제 중 십이연기를 설명하는 곳에서 밝히는 것처럼, 이 괴로움의 원인은 '갈애'라고 표현하는 것이 정확하지만, 다른 존재가 아닌 사람에 관한 한 '욕망'이라고 표현해도 틀림이 없으므로, 이해의 편의를 위해 우선 이렇게 설명해 둔다.

다는 것을 의미함은 뒤에서 보는 바와 같다. 한 가지 더 덧붙여 둘 것은, 인생에는 괴로움 뿐만 아니라 즐거움 등도 적지 않은가 반문할지 모르겠다. 그러나 그런 즐거움 등도 그 본질적 성격은 괴로움이라고 보아야 한다는 것이 붓다의 가르침이다. 이 점은 뒤에서 다시 설명할 것이다.

 둘째 집성제, 즉 괴로움의 일어남의 성스러운 진리라는 것은, 이 괴로움은 우리의 욕망 때문에 일어난다는 것이다. 다만 이 점은 신체적 괴로움과 정신적 괴로움으로 나누어 살펴볼 필요가 있다.

 먼저 우리가 만약 아무런 욕망도 갖지 않는다면 어떠한 정신적 괴로움도 느끼지 않으리라는 것은 쉽게 생각할 수 있다. 바라는 것이 전혀 없다면, 무슨 괴로움을 일으키겠는가?

 그러나 신체적 괴로움의 경우는 그렇지 않다. 다시 말해서 자신의 의지와 무관하게 남으로부터 해침을 입어서 받는 괴로움, 혹은 질병이 생기거나 신체가 늙으면서 받는 괴로움과 같은 것은, 사람의 욕망과는 무관한 것으로 보인다. 그러나 이것도 욕망과 무관한 것이 아니라는 것이다. 이것은 전생에서의 욕망 때문에 이 현생에 태어나 신체를 갖게 됨으로써 받는 것이므로 역시 자신의 욕망이 원인이 된 것이다. 다만 이 신체적 괴로움은 이 현생에서 욕망을 소멸시키지 않는다면 내생에 또 다시 초래되지만, 이 현생에서 욕망을 완전히 소멸시키고 나면 이 현세로써 끝이고, 다시는 거듭 받지 않게 되는 성질의 것이다.

 이런 의미에서 모든 괴로움은 욕망 때문에 일어나는 것이고, 이 욕망을 소멸시키고 나면 모든 괴로움은 종식되는 것이다.

 셋째 멸성제, 즉 괴로움의 소멸의 성스러운 진리란, 위와 같은 괴로움을 완전히 소멸시키는 것이 과연 가능한가에 대해, 그것은 가능하고, 따라서 그것이 완전히 소멸한 경지가 실제로 있다고 말하는 것이다. 이러한 괴로움의 완전한 소멸은 그 원인이 되는 욕망을 완전히 소멸시켜야 가능한데, 그것이 가능하다는 것을 뜻한다. 붓다께서는 실제로 이것을 실현하시고 나서 우리들에게 직접 '보라!'고 하시는 것이다.

넷째 도성제, 즉 괴로움의 소멸에 이르는 길의 성스러운 진리란, 그러면 어떻게 해야 괴로움의 완전한 소멸, 즉 욕망의 완전한 소멸에 이를 수 있는가 라는 것이다. 이에 의하면 욕망을 갖지 않도록 우리가 생각과 의식으로 아무리 노력한다고 하더라도 그것만으로는 한계가 있어서, 욕망의 완전한 소멸은 가능하지 않다고 하시면서, 오직 이 세상의 모든 사물이 붙잡을 수 없는 것이라는 사실을 직접 보고 알아야만 가능하다고 하셨다.

마치 계곡에 흐르는 맑고 깨끗한 물은 우리의 갈증을 씻어주고 청량함을 주지만, 그렇다고 해서 뒷날 갈증을 씻고 청량함을 얻기 위해 그것을 호주머니에 넣고 가려는 생각을 우리가 일으키지는 않는 것처럼, 이 세상의 모든 사물도 그러하다는 것을 직접 보고 알아야만 비로소 욕망을 일으키지 않을 수 있다. 누군가가 만약, 이 물은 매우 좋은 것이니 호주머니에 넣고 가서 다음에 갈증이 날 때 마시라고 말한다면, 당신은 어떻게 반응하겠는가? 일고의 가치도 없다고 생각하여, 그렇게 말하는 그 사람이 혹시 정신 나간 사람이 아닌가 다시 한 번 쳐다보게 될 것이다. 이 세상의 모든 사물도 또한 그러하다는 것인데, 그 사실을 이미 직접 보았고 그래서 언제나 분명히 안다면 그 모든 사물에 대해서도 역시 그와 같이 반응할 것이다.

그렇게 된다면 우리는 일상생활에서 욕망을 일으키지 않을 뿐만 아니라, 죽음에 임해서도 나와 내 것에 대한 욕망을 일으키지 않아 내생의 존재로 이어지는 것에서 벗어날 수 있고, 그럴 때에만 비로소 괴로움의 완전한 소멸에 이를 수 있다는 것이다.

이와 같은 앎과 봄을 흔히 '깨달음'이라고 말하는데, 이것이 매우 어려운 대목이다. 이 부분 역시 뒤에서 자세히 살펴볼 것인데, 어떻든 여기에 이르는 것은 붓다께서 가르치신 방법으로 수행하는 것이 가장 지름길이 된다는 것이다.

이상 설명한 것이 붓다께서 가르치셨던 것으로, 불교의 요체要體라고 말할 수 있는데, 이를 간략히 도표로써 요약해 보이면 다음과 같다.

[표1] 불교의 요체

인생은 필연적으로 괴롭기 마련이다	고
무엇 때문에 괴로운가 : 욕망을 갖기 때문이다	집
괴로움에서 벗어나려면 모든 욕망을 소멸시켜야 할텐데, 그것이 과연 가능한가 : 가능하다. 실제로 그런 경지가 있다.	멸
그러려면 어떻게 해야 하는가 : 붓다께서 가르치신 방법으로 수행하여, 이 세상의 모든 사물이 마치 흐르는 물처럼 붙잡을 수 없는 것이라는 사실을, 직접 보고 알아야 한다	도

불교의 변화와 세 가지 모습의 불교

그렇지만 근래 우리 나라에서 불교를 배운 사람들 중에는 불교가 이와 같은 것이라고 설명받지 못한 분들이 적지 않을 것이다. 혹 그렇게 설명받았다고 하더라도 이것이 불교의 요체가 아니라, 부수적이거나 주변적인 가르침인 것으로 들었을지 모른다. 이유가 무엇일까? 대략 다음과 같이 설명할 수 있다.

2,500년이라는 긴 세월의 흐름에 따라 불교는 많은 변화를 일으키면서 주변 지역으로 널리 확산되었다. 그렇게 확산될 때 원래의 모습과 가까운 불교가 전해지기도 하였지만, 지역에 따라서는 크게 변화하여 원래의 모습과 달라진 불교가 전해지기도 하였다. 또 그렇게 전해진 불교는 그 전파된 지역 고유의 정치적·사회적·문화적 토양의 영향을 받아 스스로 변화하기도 하였다. 그런데 우리 나라에는 그와 같이 변화된 모습, 그 중에서도 원래의 모습은 잠복되어 겉으로 드러나지 않는, 변화된 모습의 불교가 자리잡고 있었고, 그래서 사람들에게 그 변화된 모습의 불교가 주로 전달되었기 때문이다.

그러므로 우리 나라의 불교를 이해하기 위해서는 이 변화의 내용까지 알지 않으면 안 된다. 그래서 이 책에서는 먼저 첫 4개 장에서 원래의 불교가 말하는 바를 네 부분으로 나누어 알아본 다음, 마지막 제5장에서 이 변화된 불교의 내용을 알아보는 순서로 설명을 진행할 것인데, 본론에 들어가기 전에 이해의 편의를 위해 이 변화의 개요를 간략히 설명해 두고자 한다.

붓다 재세시 오직 한 맛이었던 가르침은 붓다의 입멸 후 많은 변화를 일으키면서 세계로 확산된 결과, 오늘날 세계에는 매우 다양한 모습의 불교가 존재하고 있는데, 크게 보면 이들을 세 가지로 포괄할 수 있다. 그 첫째는 불교의 발생지인 남아시아와 동남아시아 일대의 소위 남방 상좌부上座部불교이고, 둘째는 중국·한국·일본의 동북아시아 세 나라를 중심으로 한, 대승大乘불교를 토대로 한 선禪불교이며, 셋째는 대승불교를 기초로 하면서 밀교密敎가 결합된 티베트 불교이다.[9] 오늘날 서양에서도 놀랄 만큼 광범위하게 불교가 확산되고 있지만, 독자적인 흐름이라고는 볼 수 없고, 위 세 가지 모습의 불교 중 어느 것을 수용했는가에 따라 그 중의 하나에 포함된다고 이해하면 된다.

우선 여기에서는 그 변화와 확산의 개요를 뒷면에서 도표로써 정리해 보인 다음, 그 과정을 간략히 살펴 보고, 그 자세한 내용은 뒤의 제5장에서 설명하겠다.

붓다 입멸 후 첫 500년 동안에 붓다께서 남기신 가르침과 계율에 대한 이해의 차이로 인하여 승단僧團이 여러 차례 분열하여, 최종적으로 20개 부파部派로 나누어지기에 이르는데,[10] 이 시대의 불교를 부파불교라고 부른다. 이 시기의 불교는 부파의 분열에도 불구하고, 원래의 불교와 다른 흐름으로 변화했다고 말하기는 어렵다.

• • • • • • • • • • • • •

9 다만 베트남은 동남아시아 국가이지만 선불교의 흐름에 속하는 것으로 보인다. 또 일본은 선불교의 흐름에 있으면서 밀교의 색채도 상당히 짙은 것으로 이해된다. 앞에 나온 '상좌부 불교', '대승불교', '선불교', '밀교' 등의 의미는 뒤에서 자세히 설명될 것이다.
10 이 부파 분열의 내용은 뒤의 제5장에서 자세히 살펴볼 것이다.

[표2] 불교의 전개와 분포

우리 나라	중국	티벳	인도		남아시아

	우리 나라	중국	티벳	인도	남아시아
19C	대승+선불교	대승+선불교	대승+밀교	부파불교(상좌부)	부파불교(상좌부)
13C				밀교 / 대승불교	
7~8C				부파불교	
6C	대승불교	대승불교		대승불교	
372					
67					
0				부파불교	
BC544				초기불교	

그리고 이 부파불교에 대하여, 부파 분열 전 원래의 불교를, 원시불교, 초기불교, 근본불교 등으로 불러왔는데, 근래에는 대체로 초기불교라는 명칭으로 통일되어 가는 분위기에 있는 것으로 보여, 앞의 도표에서도 이를 '초기불교'라고 표기하였다.[11]

상좌부불교는 그런 흐름 속에 있으면서 불교 원래의 모습을 그대로 간직하고 있다고 자부하고 있는 불교이다. 상좌부Theravāda[12]란 불멸 후 100년 가량이 지났을 무렵, 시대적 변화를 이유로 계율에 대한 신축적 해석의 필요성을 들며 분파分派한 대중부大衆部에 대하여, 원래의 해석을 고수한 일단의 교파를 일컫는 명칭인데, 그 후 20개 부파로의 분열에도 불구하고 본래의 명칭을 그대로 간직하여 왔다. 현재 불교의 발생지인 남아시아와 주변 동남아시아 일대에서 자리잡고 있다.

불교역사에서 가장 큰 변화를 가져 온 사건은 기원전 1세기 경[13]에 발생한 대승불교운동이다. 붓다 재세시부터 불교에서 가장 중시된 것은 불교가 목적으로 하는 바, 수행을 통한 개개인의 해탈解脫, 즉 괴로

• • • • • • • • • • • • •

11 엄밀하게 말하면 이 초기불교, 원시불교, 근본불교라는 명칭은 부파불교에 대응해 쓰이기도 하고, 대승불교에 대응해 쓰이기도 한다. 따라서 이 명칭이 부파불교에 대응해 쓰인 경우에는 부파 분열 전 원래의 불교를 가리키고, 대승불교에 대응해 쓰인 경우에는 원래의 불교와 아울러 부파불교를 합쳐서 가리키는 것이다. 따라서 이 명칭이 부파불교 전의 불교만을 가리키는 것인지, 부파불교와 합쳐서 부르는 것인지 유심히 살펴볼 필요가 있다.

12 원어에 따라 '테라와다' 불교라고도 부르는데, '상좌上座thera'란 수행경력이 오래되어 상좌에 앉는 스님을 일컫는 말이다.

13 그 발생시기 역시 역사적 기록이 없어 논란의 대상이 되는데, 아무리 이르게 잡아도 기원전 1세기 앞으로는 가지 않고, 아무리 늦게 잡아도 기원후 1세기 뒤로는 가지 않는다고 하므로, 앞의 도표에서는 그 중간을 잡아 '0'년으로 표기하였다.

움으로부터 벗어남이었다. 그러나 이것은 생각보다 어려운 일이어서, 뛰어난 스승과 제자들이 입멸하고 나자 세월이 지나면 지날수록 해탈을 실현한다는 것은 점점 어려운 일이 되어 갔다. 이것은 필연적으로 불교의 이론화와 사변화思辨化를 재촉하였고, 결과적으로 대승불교라는 새로운 불교운동을 일으킬 명분을 제공한다.

'대승mahāyāna'이란 문자 그대로 큰[大] 수레[乘]라는 뜻이니, 번뇌와 괴로움의 이 언덕[此岸]에서 해탈과 열반의 저 언덕[彼岸]으로 실어나르는 수레가 크다는 것이다. 기존의 불교가 이 현세에서 번뇌와 괴로움에서 해탈한 열반을 증득證得14하여 아라한阿羅漢arhat이라는 최고의 성자가 되려는 자기 목표의 성취[소위 자리自利]에 치중하는 것을 '작은 수레-소승小乘hīnayāna'이라고 낮추어 부르면서 생긴 이름이다. 그러나 오늘날에는 대승불교도들에 의해 그렇게 낮추어 불렸던 기존 불교가 대중의 교화를 외면하였다는 주장은 근거가 없고, 따라서 '소승'이라는 명칭은 정당한 것이 아니라는 공감대가 형성되면서, '소승불교'라는 명칭은 잘 사용되지 않는다.

그렇지만 대승불교는 중생의 제도濟度15라는 타인을 위한 행동[소위 이타利他]을 자기 수행의 완성에 필수불가결한 요소라고 보는 점에서,

••••••••••••

14 '증득'이라는 말이 자주 등장하는데, 깨달아서[證] 얻는다[得]는 뜻이다. '증'으로 표현되는 깨달음은 의식적인 사유에 의하여 깨닫는 것을 말하는 것이 아니라, 의식의 매개 없이 직접 체험해서 깨닫는 것을 뜻한다. 그래서 증명한다는 뜻의 글자로 한역한 것이니, 깨달음을 내면적으로 스스로 증명한다는 취지이다. 이어지는 '아라한'의 자세한 뜻은 뒤의 멸성제에서 설명될 것이다.
15 '중생제도'란 생사의 괴로움의 바다에 빠져 있는 중생을 건져서[濟] 열반의 언덕으로 건네준다[度]는 뜻이다.

기존의 불교와 차이가 없는 것은 아니다. 그래서 대승불교에서는 아라한을 대신하여, 깨달음을 구함과 동시에 중생을 교화한다는 소위 자리自利·이타利他를 함께 행하는 보살菩薩bodhisattva[16]이 이상적인 인간상으로 제시된다. 그리고 중생제도를 위하여 일체의 지혜[一切智]를 갖춘 붓다가 되는 것이 수행의 목표로 설정된다.

그리고 일반인에게는 실천하기 어려운 기존의 엄격한 수행 외에, 붓다의 자비에 의지하여 구원을 받는다고 하는 쉬운 수행의 길이 따로 마련되고, 이를 위해 이미 입멸入滅한 붓다를 대신하여 신앙대상으로서의 붓다의 존재가 요청되면서 석가모니 아닌 다른 여러 붓다들, 예컨대 아미타불, 미륵불, 비로자나불 등이 등장하며, 쉬운 수행의 길로서 염불念佛이나 기도, 주문의 암송 등도 장려됨으로써 불교의 신앙적 성격이 자리잡기 시작한다.

불교는 중국에는 1세기 경, 우리 나라에는 4세기 경, 일본에는 6세기 경에 각각 전래되면서,[17] 모두 대승불교를 바탕으로 한 불교가 전래되었고, 그래서 동북아 3국은 기본적으로는 대승불교의 기반 위에 서 있다. 그러면서도 뒤의 두 나라는 지리적 여건으로 인하여 중국 불교의 영향을 지속적으로 받아 왔다. 그런데 중국에는 유교와 도교 등 매우 발달된 전통사상이 이미 자리잡고 있었다. 자연히 불교는 기존의 전통

· · · · · · · · · · · · ·
16 범어인 '보디bodhi삿뜨와sattva'(빠알리어로는 '보디삿따bodhisatta')의 음을 줄여 옮긴 말인데, 보디는 깨달음[覺], 삿뜨와는 중생이라는 뜻으로서, 깨달음을 구하는 중생이라는 말이다.
17 이는 국가 공인의 전래시기를 말한 것이고, 민간을 통한 사실상의 전래는 각각 그 시기 이전부터 이루어졌다고 보는 것이 일반적이다.

사상과 영향을 서로 주고 받으면서 발전하게 되었고, 그러다 보니 초기 불교와는 다른 모습의 이론체계를 형성하기도 하였다.[18]

그러다가 6세기 초 중국에 들어온 인도 스님 보리달마菩提達摩의 전법 이후, 문자와 가르침에 의지하지 않고─이를 흔히 '불립문자不立文字'·'교외별전教外別傳'·'직지인심直指人心'[19] 등으로 표현한다─ 선禪 수행에 의해 마음의 성품을 깨쳐 단번에 붓다를 이룬다[견성성불見性成佛]는 선종禪宗이 성립하여 발전하는데, 이 선종의 영향이 매우 강력해서 이것이 이후 세 나라 불교의 지배적인 흐름으로 자리잡게 된다. 그래서 이 곳의 불교는 '대승불교'라는 명칭보다는 '선불교'라고 부르는 것이 옳을 정도로 독특한 모습을 보이고 있다.

한편 티베트는 7~8세기 경 국가의 지원 아래 체계적으로 직접 인도로부터 불교를 도입하였는데, 당시 만개滿開한 대승불교와 갓 태동한 밀교密教[20]가 함께 수입되어, 양자가 결합된 독특한 모습을 보이고 있다. 다만 밀교는 세월이 흐르면서 왕왕 퇴폐적으로 악용되어 온 경험

• • • • • • • • • • • • • •

18 이 글에서 설명하는 불교의 근본이론과 우리가 기왕에 배워 온 불교이론 사이에 괴리가 있는 것은, 상당 부분 이와 같은 불교의 중국적 변용變容에 기인하는 것이다. 따라서 한역되었거나 한문으로 쓰인 문헌을 읽을 때에는 이 점에 유의할 필요가 있다.

19 '불립문자'는 문자를 세우지 않는다는 말이고, '교외별전'이란 가르침 외에 따로 전한 것이 있다는 뜻이며, '직지인심'은 사람의 마음을 바로 가리킨다는 뜻이다.

20 비밀불교를 줄인 말로, 보통의 불교가 가르침에 의해 내용이 드러난 현교顯教임에 대응한 명칭이다. 이성적인 사고나 그것에 근거한 실천보다는, 스승의 은밀한 지도에 따라, 특정한 신체적 자세나 의식儀式, 주문의 암송, 마음의 집중 등 신비적인 수단에 의하여 궁극적 실재와의 합일合─을 이룸으로써 깨달음을 증득할 수 있음을 강조한다.

때문에, 표면에 내세우기를 경계하는 분위기 속에 있는 것으로 보인다. 그래서 표면적으로는 대비심大悲心과 보리심菩提心─붓다처럼 위없이 바르고 두루하며 완전한 깨달음인 보리(무상정변정각無上正遍正覺 내지 무상정등각無上正等覺을 뜻하는 범어梵語 '아뇩다라삼먁삼보리anuttara samyaksambodhi'[21]의 줄임말)를 얻겠다는 마음을 말한다─의 실천이 본격적인 수행의 전제로서 필수적으로 요구되는 등, 비교적 순수한 대승불교의 모습을 보이고 있는 것으로 생각된다.

이상이 현재 세계에 자리잡고 있는 세 가지 불교의 모습이다.

인도에서는 힌두교의 포용화 전략의 영향으로 힌두교와의 차이가 점점 적어져 가던 차에, 12세기 말경 인도대륙을 점령한 이슬람교 세력이 자행한 대대적인 불교 박해로 인해 불교가 소멸하다시피 하였으나, 인접 국가들의 불교적인 분위기, 19세기 초부터 이어져 온 서양인들의 불교에 대한 관심과 연구, 민족독립운동과 천민계층의 지위 향상을 목적으로 하는 정치 사회적 운동에 힘입어, 19세기 말경부터 새로이 상당한 불교문화가 형성되어 자리잡고 있다. 다만 이는 부파불교의 기반 위에 대승불교와 밀교가 가세하여 큰 세력을 이루고 있었던 과거의 불교와는 별개의 흐름으로서, 인접 국가들과 유사한 상좌부불교가 주류로 형성하고 있는 것으로 보인다.

이상과 같은 세 가지 모습의 불교는 피상적으로 보면, 이들이 과연 같은 불교인가 라는 의문이 들 정도로 상이한 모습을 보인다.[22] 그렇지

∙∙∙∙∙∙∙∙∙∙∙∙∙∙
21 그 뜻은 뒤의 제5장의 제2절 대승불교 이하에서 설명될 것이다.

만 그 근본을 알고 보면 이들은 모두 한 맛[一味]이고, 그 지향하는 바 역시 하나이다. 그렇지 않다면 그들은 같은 불교일 수 없을 것이다.

그렇기 때문에 우리가 여러 가지 모습의 불교를 볼 때에는 그 피상적인 모습만을 보아서는 안 되고, 그 근원을 이루고 있는 것이 무엇인지 알고 있어야 한다. 그러면서 그것들이 다른 모습을 보이는 이유는 무엇인지 이해할 필요가 있다.

그래서 이 책의 첫 4개 장에서는 이들을 일관하고 있는 불교의 근본원리를 네 부분으로 나누어 살펴보고, 뒤의 제5장에서는 이 불교 변화의 원인과 내용을 살펴봄으로써, 전체적으로 불교가 말하는 바를 알아보고자 한다.

· · · · · · · · · · · · · ·

22 이 때문에 근래에는 불교를 한 종류의 문화현상이나 종교현상이라고 볼 것이 아니라, 여러 종류의 불교가 있는 것으로 인정하는 것이 옳다는 주장도 점점 지지를 얻고 있다.

제1장

삶은 과연 괴로운 것인가

여러 가지 괴로움

인생에는 괴로움과 즐거움이 공존한다. 뒤에서 보는 것처럼 불교에서도 이를 모르지 않으며, 이를 부정하지도 않는다.[1] 그럼에도 불구하고 불교는 우리의 삶이 본질적으로 괴로움이라고 진단한다.

그러나 인생에 대한 사람들의 인식은 반드시 일치하는 것이 아니고, 사람이 처한 갖가지 환경과 성향에 따라 여러 계층이 있는 것으로 보인다. 크게 나누면 인생을 괴로운 것이라고 생각하는 사람도 있고, 괴로움을 그렇게 심각하게 느끼지 못하는 사람도 있으며, 전자 중에는 자살까지 생각하거나 실행할 정도로 인생의 괴로움을 심각하게 느끼는 사람이 있는 반면, 후자 중에는 인생을 아름다운 것이라고 찬양하는 사람까지 있다. 그리고 인생을 괴로운 것이라고 생각하는 사람 중에는 자신은 자신만의 특별한 사정 때문에 삶이 괴롭지만, 다른 사람들은 그렇지 않을 것이라고 생각하고, 나아가 자신도 상황이 호전되면 괴로움이 사라질 것이라고 생각하는 사람도 있다.

그런데 불교의 진단은 인생을 괴롭게 느끼는 사람만을 전제로 한 것이 아니다. 인생의 괴로움을 심각하게 느끼지 못하는 사람이나 상황에

----

1 이 점은 뒤의 제3절 세 가지 괴로움에서 보다 자세히 살펴볼 것이다.

따라 괴로움에서 벗어날 수 있을 것이라고 생각하는 사람의 경우에도 그 삶의 본질적 성격은 괴로움이며, 따라서 괴로움은 모든 사람에게 보편적인 것이라고 말한다. 인생에 공존하는 즐거움은 전혀 의지할 만한 것이 못된다고 한다. 그래서 인생을 괴롭게 생각하지 못하는 사람은 그 지각이 뒤바뀐 것이라고까지 말하면서, 이 괴로움은 깨달음을 얻은 성자가 되어야 그 진정한 의미를 알 수 있는 것이라고 말한다. 그래서 이것을 괴로움의 성스러운 진리라고 말하는 것이다.

불교의 진단은 대단히 심각하다. 결코 과장된 것이 아니고, 이것이 진실이라는 것이므로, 불교가 설명하는 바에 따라 불교의 진단에 동의할 수 있는지 알아 보아야 한다. 동의할 수 있어야만 여기에서 벗어나기를 구할 것이기 때문이다.

불교에서는 위와 같은 진단의 근거로서 여덟 가지 괴로움[팔고八苦]과 세 가지 괴로움[삼고三苦]을 말하는데, 전자에는 두 가지 괴로움에 대한 설명이 포함되어 있으므로, 이것도 아울러 함께 살펴 보아야 한다. 그것은 이 현생에서의 괴로움과 윤회하면서 겪는 괴로움이다. 이렇게 나누어서 살펴보는 것은, 그렇게 한 다음 이들을 중층적으로 종합해 보아야, 인생의 괴로움이라는 의미가 드러나기 때문이다.

그래서 여기에서는 괴로움의 성스러운 진리[고성제苦聖諦]를, 여덟 가지와 두 가지와 세 가지로 나누어서 살펴보기로 하겠다.

제1절 여덟 가지 괴로움

경전의 설명

여덟 가지 괴로움을 설명하는 경전의 글은 표현만 조금씩 다를 뿐, 내용은 거의 동일한데, 대표적인 것을 들면 다음과 같다.[2]

> 어떤 것이 괴로움의 성스러운 진리[苦聖諦]이겠습니까?
> 말하자면 태어남도 괴로움이고[生苦], 늙음도 괴로움이며[老苦], 병듦도 괴로움이고[病苦], 죽음도 괴로움이며[死苦], 미워하는 것과 만나는 것도 괴로움이고[怨憎會苦], 사랑하는 것과 이별하는 것도 괴로움이며[愛別離苦], 구하는 것을 얻지 못하는 것도 괴로움이니[所求不得苦], 간략히 오성음이 괴로움[略五盛陰苦]입니다.

여기에서 말하는 여덟 가지 괴로움이 고성제에 대한 포괄적인 설명이 되는데, 이 여덟 가지는 크게 네 부분으로 나누어진다.

(1) 먼저 처음 네 가지는 흔히 생·로·병·사의 괴로움이라고 일컬어지는 것이다. 사람은 죽고 태어날 때 이전의 삶에 대한 기억을 완전히 잃

• • • • • • • • • • • • •

2 《중아함경》(제7권) 제31 분별성제경分別聖諦經에 나오는, 붓다의 수제자 사리뿟따Sāriputta舍利子의 설명인데, 이 경은 MN 141 진리의 분석경[Saccavibhaṅga sutta]과 상응하는 것이다. 그리고 이 책에 부록으로 첨부한 DN 22 알아차림의 토대에 대한 긴 경[Mahāsatipaṭṭhāna suttanta]=대념처경에도 같은 내용의 글이 있다.
　　이 초기경전의 종류와 관계는 이 책 끝의 부록에 소개하는 글이 있다. 여기에서 우선 그 중 니까야의 경우 각주에서는 다음과 같은 약칭으로 표기할 것임을 밝혀둔다. 《상윳따 니까야》: SN, 《맛지마 니까야》: MN, 《디가 니까야》: DN, 《앙굿따라 니까야》:AN. 그리고 니까야의 경 번호 표기는 영국의 빠알리Pali텍스트Text 소사이어티Society에서 펴낸 판본, 즉 소위 P.T.S.본의 그것이다.

을 정도로 온 몸과 마음으로 극심한 괴로움을 겪고, 태어난 이후에는 큰고 작은 질병으로 괴로움을 받으며, 그러다가 노쇠기에 접어들면 신체의 모든 기관들이 퇴화함으로써 갖가지 신체적·정신적 괴로움을 받는 것을 가리킨다. 이들 괴로움은 모두 한정된 수명을 가진 신체 때문에 일어나는 괴로움이니, 현생에서의 욕망과는 무관하지만,3 전생에서의 욕망 때문에 초래되는 괴로움이라는 성격을 가진 것이다. 이 전생에서의 욕망이 현생의 신체를 일으키는 구조는 다음의 집성제에서 자세히 설명될 것이다.

(2) 다음 두 가지 즉, '미워하는 것과 만나는 괴로움'은 만나고 싶지 않은 갖가지 상황과 만나게 되는 데서 생기는 괴로움을 나타내고, '사랑하는 것과 이별하는 괴로움'은 지속되기를 바라는 갖가지 상황과 이별하게 되는 데서 생기는 괴로움을 나타낸다. 전자는 만나고 싶지 않은, 미워하는 것과 만나는 것에서 일어나는 것이고, 후자는 이별하고 싶지 않은, 사랑스러운 것과 이별하는 것에서 일어나는 것이니, 이 두 가지는 모두 현생에서의 욕망을 원인으로 하는 정신적 괴로움을 가리키는 것이다.

요컨대 처음 두 가지는 신체적 괴로움을 망라한 것이고, 다음 두 가지는 정신적 괴로움을 망라한 것이니, 이 여섯 가지가 사람이 겪는 괴로움을 모두 포괄하는 것이다. 그런데 전자는 전생에서의 욕망을 원인으로 하고, 후자는 현생에서의 욕망을 원인으로 하므로, 사람의 괴로움

• • • • • • • • • • • • • •

3 현생에서의 어떤 신체적 괴로움을 초래한 원인이 현생에서의 자신의 욕망인 경우에도, 결국은 신체가 있음으로 인해 받는 괴로움이라는 의미에서, 신체를 가진 것이 직접적인 원인이고, 욕망은 간접적인 원인이라는 취지이다.

은 모두 욕망을 원인으로 하는 것이다.4

(3) 다음 일곱 번째와 여덟 번째는 앞의 여섯 가지와는 차원을 달리하는 설명이다.

먼저 일곱 번째의 '구하는 것을 얻지 못하는 괴로움'은 위와 같은 모든 괴로움의 결과가 괴롭지 않은 것이 되기를 바란다고 해도 이루어질 수 없다는 것을 뜻한다. 표현만으로 본다면 이것은 욕망의 대상을 구하더라도 얻을 수 없음으로 인한 괴로움을 나타내는 것으로 보이지만, 경전5에서의 설명은 다르다. 따라서 욕망의 대상을 구하더라도 얻지 못함으로 인한 괴로움은 다섯 번째 괴로움에 포함된다고 보아야 한다. 욕망의 대상을 구하더라도 얻지 못하는 것은 '미워하는 것'에 포함되기 때문이다.

경전에서는 이를 세 가지로 나누어 설명한다. 즉 ① 처음 네 가지에 대응해서, 태어나지 않기를 바란다고 한들 이룰 수 없으며, 늙지 않기를, 병들지 않기를, 죽지 않기를 바란다고 한들 이룰 수 없다고 하고, ② 다섯 번째에 대응해서, 미워하는 것이 사랑스럽게 생각할 만한 것이 되기를 바란다고 한들 이룰 수 없으며, ③ 여섯 번째에 대응해서, 사랑하

∙∙∙∙∙∙∙∙∙∙∙∙∙

4 그래서 붓다께서도 《잡아함경》(제32권. 이 책에서 표기하는 잡아함경의 권수는 구나발다라 역 현존 한역본에 표기된 권수임) 제913 게담경揭曇經에서, 「만약 중생에게 있는 괴로움이 생긴다면 그 일체는 다 욕망이 근본이 되니, … 욕망이 원인되고 욕망이 조건되어 괴로움이 생기는 것입니다」라고 말씀하셨다.
5 앞의 《중아함경》(제7권) 제31 분별성제경分別聖諦經을 가리킨다. 다만 MN 141 진리의 분석경과 DN 22 알아차림의 토대에 대한 긴 경＝대념처경에서의 설명은, 그 뜻은 같지만 포함된 내용만 조금 다르다.

는 것이 항상 한결같이 오래 머물고, 변해 바뀌지 않게 되기를 바란다고 한들 이룰 수 없다고 한다.

까닭이 무엇이겠는가? 원인이 되는 욕망을 없애지 않은 채 그 결과가 바뀌기를 구한다면 결코 이룰 수 없기 때문이다.

⑷ 마지막으로 여덟 번째의 '간략히 오성음이 괴로움이다'라는 것은 앞에서 말한 일곱 가지 괴로움을 '오성음이 괴로움'이라는 한 마디로 요약할 수 있다는 취지인데, '오성음'이라는 표현의 뜻을 알 수 없어서 의미를 가늠할 수 없을 것이다. 지금까지의 설명의 흐름에 비추어, 원인이 되는 욕망을 없애면 괴로움은 자연히 사라질 것인데, 욕망을 없애는 그것이 이루어질 수 없다는 것을 의미하는 것이 아닐까 짐작한다면 지금까지의 설명을 매우 잘 이해한 것이다. 바로 그것을 의미하는 것이기 때문이다.

그러나 이 의미를 이해하려면 상당히 긴 설명을 요하므로, 몇 단계로 나누어서 설명하겠다.

인식 성립의 원리

'오성음'의 빠알리어 원어는 'pañcupādānakkhandhā'인데, 이것은 빤짜pañca, 우빠다나upādāna, 칸다khandhā라는 세 단어가 합성된 말로, 차례대로 다섯[五], 취착[取], (쌓여 모인) 무더기[蘊]라는 뜻이다. '오성음五盛陰'은 예전의 한문 번역이고, 현재는 모두 '오취온五取蘊'으로 번역되고 있으므로, 위 한역 경전의 표현에 불구하고 앞으로는 '오취온'이라는 용어를 사용하겠다.

이 오취온은 '취착[取]'의 대상이 된 '오온五蘊=다섯 가지 (쌓여 모인) 무더기'라는 뜻이다. 여기에서 취착取着upādāna은 어떤 대상을 강하게 움켜쥔다는 뜻으로, 매우 강한 집착을 의미한다. 따라서 오취온은 강하게 집착되고 있는 바로 그 다섯 가지 무더기=오온pañcakkhandhā이라는 뜻이 된다. 그렇다면 다섯 가지 무더기는 무엇이며, 어째서 취착할까? 우선 간략히 요약한다면 사람을 구성하는 다섯 가지 무더기에 대해 자아관념을 가져서 '나'라고 취착한다는 것인데, 그 뜻을 이해하기 위해서는 사람의 인식이 이루어지는 원리부터 이해해야 한다.

불교는 사람의 인식이 성립하는 원리를 열두 가지 인식기반에 의해서 설명하는데, 이를 열두 가지 기반이라는 뜻에서 '십이처十二處'라고 표현한다. 그 열두 가지는 사람의 신체 내부에서 인식을 성립시키는 기반이 되는 여섯 가지와, 그 여섯 가지에 의해 인식되는 인식대상 여섯 가지이다.

신체 내부의 인식기반 여섯 가지는 눈[안眼]·귀[이耳]·코[비鼻]·혀[설舌]·몸[신身]이라는 물질로 구성된 다섯 가지 감관에, 정신적 사유기능의 기반 한 가지를 더한 것이다. 이 마지막의 정신적 사유기능의 기반을 빠알리어로는 마노mano라고 하는데, 예전부터 한문으로 번역할 때 '의意'라고 번역하였다. 이 책에서도 한역 표현을 존중하여 '뜻'이라고 번역하겠다. '뜻[의意]'이라고 번역하였더라도 '의미[meaning]'를 뜻하는 것은 전혀 아니고, 정신적 사유기능의 내적 기반을 나타내는 것이라고 이해해야 한다.

이 여섯 가지 중 앞의 다섯이 물질로 구성되어 있다고는 하지만, 우리 눈에 보이는 감각기관을 가리키는 것은 아니고, 그 기관 내부에서 감각기능을 발휘하는, 눈에 보이지 않는 미세한 물질을 가리킨다.6

한편 정신적 사유기능의 기반인 '뜻[意]'이 어떤 것인지에 대해서는 예전부터 논란이 있어 왔다. 심장에 기반한 미세한 물질이라고 보는 주장이나, 두뇌에 있는 신경계통이라고 보는 주장 등도 있지만, 바로 앞 순간에 있었다가 소멸한 식識이라고 보는 주장이 경전의 설명과 부합하는 것이라고 생각된다.7 말하자면 앞 순간에 일어났던 마음이 뒷 순간의 '뜻'이 된다는 것이다.

이 내적 기반이 되는 여섯 가지는 포괄하여 육내입처六內入處(줄여서 육입처六入處, 육입六入, 육처六處라고도 함) 또는 육근六根이라고 부르는데, 전자는 인식대상을 받아 들이는[入] 내적[內] 기반[處]이라는 의미이고, 후자는 여섯 가지 근이라는 뜻이다. 여기에서 '근根'은 지배적인 뛰어난 힘을 의미하는 빠알리어 '인드리야indriya'의 번역어인데, 인식대상과 결합하여 인식을 일으키는 근거가 된다는 뜻에서 '근'으로 한

• • • • • • • • • • •

6 《잡아함경》(제13권) 제322 안내입처경眼內入處經에서 붓다께서, 「눈·귀·코·혀·몸은 사대로 만들어진 청정한 물질[淨色]이어서 볼 수는 없으나[不可見] 부딪침이 있는 것[有對]이다」라고 말씀하셨다. 그래서 불교이론에서, 눈에 보이는 다섯 가지 감관기관은 부진근扶塵根이라고 부르고, 이 감각기능을 발휘하는 미세한 물질은 승의근勝義根이라고 부른다.

7 예컨대 《구사론》(=뒤의 p.49 참조) 제2권에서 "의식은 오직 바로 앞 순간에 소멸한 뜻에 의지한다[意識唯依無間滅意]"라고 설명하며, 대승 유식사상의 입장도 이와 같다. 위 안내입처경에서 붓다께서, 「뜻의 내입처란 마음[心]·뜻[意]·의식[識]처럼 물질이 아니어서 볼 수도 없고 부딪침도 없는 것이다」라고 말씀하셨으며, 또 불교에서는 신체 없이 정신적인 4온만으로 존속하는 무색계(=뒤의 제2절 두 가지 괴로움/불교의 윤회 참조)의 중생이 있다고 보는데, 그렇다면 이 '뜻'은 신체와 무관하게 존속할 수 있어야 하므로, 앞의 두 가지 주장은 지지하기 어렵다.

역한 것이다. 그래서 이 여섯 가지 각각을 가리킬 때에는 안내입처·이내입처·비내입처·설내입처·신내입처·의내입처 또는 안근·이근·비근·설근·신근·의근이라고도 부른다. 이 육근을 우리 말로 번역할 때에는 여섯 가지 감각기관이라고 하는 것이 보통이지만, 이들은 앞서 본 것처럼 우리 눈에 보이는 감각기관을 가리키는 것은 아니므로, 필자는 그런 어감이 약한 '감관'이라는 표현을 사용한다.

그리고 이 여섯 가지 감관의 인식대상이 되는 여섯 가지 인식기반은, 앞의 다섯 가지 감관에 의해 인식되는 형색[色]8·소리[聲]·냄새[香]·맛[味]·감촉[觸]의 다섯 가지─이들은 모두 물질에 속한다─와, 뒤의 정신 기능, 즉 '뜻'에 의하여 인식되는 법法9 한 가지를 합한 것이다. 이들을 한역 경전에서는 차례대로 색色·성聲·향香·미味·촉觸·법法이라고 번역하였고, 이들을 묶어서는 육외입처六外入處 또는 육경六境(내지 육진六塵)이라고 하였다.

불교는 이 세상의 모든 사물이 아무리 많고 복잡하다고 해도, 이 열두 가지에 모두 포함된다고 설명한다. 그것은 형색[色]과 법法에 포함되는 것이 매우 많기 때문이다. 외부 세계에 있는 대부분의 물건은 '형색'이라는 것에 해당하고, 형색 등 다섯 가지 인식대상에 해당하지 않는 나머지는 모두 여섯 번째의 '법'이라는 것에 포함된다. 그래서 "일체一切란 십이처를 말하는 것입니다. 이것을 버리고 따로 다른 일체를 세우겠다

....

8 눈의 인식대상인 '색色'은 형상과 색깔에 의해 인식되므로, '형색'이라고 번역한다.
9 '법'을 우리 말로 번역한다면 사물 또는 현상이라고 번역할 수도 있지만, 양자 모두 이 '법'과 불일치하는 의미도 아울러 갖고 있어서 번역어로 채용하기 어려우므로 한역 표현을 그대로 사용하겠다.

고 한다면, 그것은 말만 있을 뿐, 물어도 알지 못하고 의혹만 더할 것입니다. 왜냐하면 그가 알 수 있는 것이 아니기 때문입니다"10라고 설명한다.

사람의 인식은 이 여섯 가지씩의 인식기반들이 서로 마주침으로써 일어난다. 말하자면 눈으로 형색을 보고, 귀로 소리를 들으며, 코로 냄새를 맡고, 혀로 맛을 맛보며, 몸으로 감촉을 느끼고, 뜻으로 법을 아는 것이다. 이 인식들은 내부 인식기반의 명칭 뒤에 인식이라는 뜻의 '식識'자를 붙여서 안식·이식·비식·설식·신식·의식이라고 부르고, 이들을 묶어서는 육식六識이라고 부른다.

십이처가 일체이므로, 이 여섯 가지도 당연히 인식의 전부가 된다. 그리고 십이처에 이 육식을 더한 것을, 열여덟 가지 요소 내지 열여덟 가지 영역이라는 의미에서 '십팔계十八界'라고 부르는데, 이 십팔계도 사람을 포함한 이 세상 전부가 된다. 그래서 이 십팔계에 대해서도 '일체'라고 말한다.11

이상에서 설명한 인식기반과 인식 상호간의 관계를 도표로써 정리해 보이면 다음 도표와 같다.

[표3] 십이처와 십팔계

• • • • • • • • • • • • • •

10 《잡아함경》(제13권) 제319 일체경一切經 등 여러 곳에 나오는 표현이다. 이에 대응되는 SN 35:23 일체경 등에도 같은 글이 있다.

11 《잡아함경》(제13권) 제320·321경에 같은 뜻의 글이 있다. 십이처와 십팔계가 각각 일체라고 한다면, 십팔계 중 6식은 12처 중 어느 것에 포함되는가? 6식은 12처 중에서는 '뜻[意]'에 포함된다. 이 '뜻'이 앞 순간에 있었던 마음[前念識]이라고 보는 견해는 이 점도 그 하나의 근거가 된다.

눈[안眼]	형색[色]	안식眼識
귀[이耳]	소리[聲]	이식耳識
코[비鼻]	냄새[香]	비식鼻識
혀[설舌]	맛[味]	설식舌識
몸[신身]	감촉[觸]	신식身識
뜻[의意]	법法	의식意識
육근六根(육내입처)	육경六境(육외입처)	육식六識
십이처十二處		
십팔계十八界		

오온五蘊

오온이라는 개념은, '사람'이 어떻게 구성되어 있는지를 밝히기 위한 것으로, 위에서 본 인식기반 및 인식의 성립과 밀접한 관계가 있다. 누구나 '사람'은 신체와 정신으로 구성되어 있다고 생각한다. 불교도 이에 동의한다. 그래서 사람의 정신은 명名nāma이라고 하고, 신체는 물질로 구성되어 있다고 해서 물질을 뜻하는 색色rūpa[12]이라는 용어를 써서, 정신과 신체를 명색nāmarūpa이라고 부른다.[13]

• • • • • • • • • • • • •

12 빠알리어 원어나 한역어 모두 '루빠rūpa=색色'으로 같지만, 앞에 나온 형색은 물질 중 눈의 인식대상이 되는 형색을 가진 것만을 가리키므로, 구별하여 이해해야 한다.
13 그 어원에 관하여, 정신은 대상으로 기우는[namana] 특징을 가졌다고 해서 '나마

그 중 정신의 내용을 먼저 살펴보자. 앞서 본 내적 인식기반인 육근과 외적 인식대상인 육경이 만나면 육식, 즉 여섯 가지 인식이 생긴다. 불교이론에 의하면 이 인식은 다른 대상들과 구별되는 특정 인식대상의 총체적 모습만을 취하고, 구체적 개별적 모습은 취하지 않는다고 한다. 말하자면 '저기에 어떤 것이 보인다'거나 '내 몸에 어떤 감촉이 느껴진다'라는 등이다. 이런 구별=분별分別에 기초한, 대상에 대한 총체적 인식(=식별)을 '의식[識]viññāṇa'14이라고 부르는데, 이것이 첫 번째 온, 즉 식온識蘊이 된다. 여기에서 첫 번째라고 한 것은 오온의 설명 중 처음 나온 것이라는 뜻에서 이렇게 표현한 것일 뿐인데, 이것을 '온'이라고 표현하는 의미는 뒤에서 다시 살펴볼 것이다.

이 의식이 생기면서 이것과 그 기반된 근根 및 경境의 세 가지가 화합 —이 화합을 감각접촉, 줄여서 접촉[觸]phassa이라고 부른다— 하면, 그와 동시에 느낌[受]·지각[想]·생각[思] 등 개별적 심리작용들15이 함께 일어난다. 말하자면 의식은 결코 단독으로는 일어나지 않고, 느낌·지각·생각을 비롯한 개별 심리작용 몇 가지와 반드시 함께 일어난다.16

· · · · · · · · · · · · · ·

nāma'라고 부르고, 물질은 변하는[ruppana] 특징을 가졌다고 해서 '루빠rūpa'라고 부른다고 설명하는 것이 보통이다.

14 앞에 나온 '뜻'과 '법'이 만나서 생기는 인식과 같은 명칭인 '의식'이라는 말을 사용하지만, 이것은 여섯 가지 인식을 포괄하는 것이므로 서로 구별되어야 한다.

15 그래서 불교이론에서는 총체적 모습을 취하는 의식을, 마음의 기본이 되는 것이라고 해서 심왕心王이라고 하고, 느낌·지각·의도 등 개별적인 심리작용들을, 이 심왕에 부수된 것이라고 해서 심소유법心所有法=심소心所=마음부수라고 하며, 둘을 합쳐서 심·심소라고 부른다.

16 반드시 함께 일어나는 심리작용을, 두루 작용하는 심소라는 뜻에서 변행遍行심소라고 부르는데, 이것이 모두 몇 가지인지에 대해서는 불교이론이 일치하지 않는다. 다만 다섯 가지는 모든 불교이론에 공통되는데, 그것은 접촉[觸]·주의[作

그 개별적 심리작용 중 '느낌'이 둘째 온인 수온受蘊인데, 이것을 '수受'라고 한역한 것은 느낌의 작용이 대상을 받아들이는 것에 있다고 보기 때문이다. 그래서 대표적 불교이론서의 하나인 《아비달마구사론阿毘達磨俱舍論》[17]에서는 느낌을 영납領納하는 것이라고 표현하였다. 말하자면 이것은 대상으로부터 주어진 감각 자체를 말하는 것이 아니라, 그 감각과 함께 주어진 대상을 어떤 느낌으로 받아들이는가를 말하는 것이다. 감각에는 수많은 종류가 있을 수 있지만, 위와 같은 의미에서 '느낌[受]vedanā'에는 세 가지 또는 다섯 가지가 있다고 말한다. 세 가지는 괴로움[苦], 즐거움[樂], 괴롭지도 않고 즐겁지도 않음[不苦不樂]＝평정[捨]이고, 다섯 가지로 말할 때에는 '괴로움'과 '즐거움'에서 신체적인 것은 그대로 두고, 정신적인 것을 분리하여 각각 근심[憂]과 기쁨[喜]이라고 표현한다. 그래서 괴로움·즐거움·근심·기쁨·평정이 다섯 가지 느낌이 된다.

다음 '지각[想]saññā'이 세 번째 온인 상온想蘊이다. 이 지각은 인식대상이 파란지 노란지[靑黃], 긴지 짧은지[長短], 남자인지 여자인지[男女], 원수인지 친구인지[怨親] 등 대상의 개별적 모양을 취하는 것을 말한다. 이 지각은 '이것이 바로 그것이구나'라고 다시 지각할 수 있는 원인이 되는 표상表象[相]에 의해 인식대상을 파악하는 것으로 나타난다. 그래서 위 불교이론서에서 이 지각은 '표상을 취하는 것[취상取相]'이

⸻⸻⸻⸻⸻

意]·느낌·지각·생각이다. 말하자면 어떤 의식이 일어났다는 것은, 인식대상에 대한 주의[作意]가 기울여져서 '의식'이 일어나면서 근·경·식 3자가 화합하는 접촉[觸]이 일어났으며, 그와 함께 느낌·지각·생각이 일어났다는 것을 뜻한다.
17 가장 대표적인 불교이론서의 하나로서, 4~5세기 경에 활동한 북인도의 학승 세친世親[범어명 바수반두Vasubandhu]이 쓴 것인데, 《구사론》이라고 약칭한다.

라고 설명한다.

　마지막의 '생각[思]cetanā[18] 등'이라고 한 것은, 의식과 함께 일어나는 개별적 심리작용 중 느낌·지각을 제외한 모든 것을 포함하고, 이들을 모두 묶어서 '형성形成saṅkhāra＝행行'이라고 표현한다. 이것이 행온行蘊이다. 그러니까 '생각'을 비롯해서, 주의·욕구·사랑·믿음·교만·분노·의심·원한·고뇌·걱정·아첨·게으름·후회 등 마음의 모든 심리작용들이 포함되는 것이다. 그런 것이 얼마나 있을까? 부파에 따라 그 수효와 표현이 같지 않은데, 상좌부에서는 50가지가 있다고 하고, 설일체유부에서는 44가지가 있다고 하며, 대승의 유식사상에서는 49가지가 있다고 한다.[19] 그 내용은 뒤의 제5장의 [표9]를 참고하기 바란다.

　이들 심리작용들을 '형성[行]'이라고 표현한 것은, 앞에 나온 의식·느낌·지각과는 달리 매우 생소한데, 불교에서 가장 어려운 용어 중의 하나이다. 이것의 빠알리어 '상카라saṅkhāra'는 이 심리작용들을 총칭하는 용도 외에, 몇 가지 다른 용례로도 사용되는데, 그 몇 가지가 과연 단일한 뜻인지도 명확하지 않다. 이 점은 그 한역어인 '행行'도 마찬가지이다. 그런데《잡아함경》에서 이것을 '만들어 짓는 모습[위작상爲作相]'이라고 설명하고,[20] 위《구사론》에서도 이것을 '지어 만드는 것

⋯⋯⋯⋯⋯⋯

18 그 빠알리어 '쩨따나cetanā'는 생각이라는 뜻과 함께 의도라는 뜻을 갖는 어휘이지만, 이것이 변행심소를 가리키는 것으로 쓰였을 때에는 생각으로 번역하는 것이 적절하다고 생각된다.(＝2019 운주사 간 졸역 아함전서 ① p.225 참조)
19 심소 중 느낌과 지각 두 가지는 제외한 것이므로, 이 둘을 포함하면 부파에 따라 심소는 모두 52가지, 46가지, 51가지가 있다고 주장하는 것이다.
20 《잡아함경》(제2권) 제46 삼세음소식경三世陰所食經에서의 표현인데, 이것은 SN 22:79 삼켜버림경[Khajjanīya sutta]과 상응하는 경이다.

[조작造作]'이라고 풀이하고 있는 것을 보면, 이들은 대체로 무엇인가를 만든다[forming]는 뜻을 공통으로 하는 것이라고 이해할 수 있어서 '형성'으로 번역하였다.

이 심리작용들을 형성이라는 용어로써 포괄한 것은, 이것이 정신 내지 의식구조를 형성하는 것이라는 취지로 이해할 수 있다. 말하자면 어떤 인식대상에 대해 우리 마음이 느낌과 지각을 일으키면서 어떤 심리작용으로 반응하는가, 즉 어떤 생각을 하면서 욕망을 일으키는가, 분노를 일으키는가, 믿음을 일으키는가, 의심을 일으키는가 등에 따라 우리 의식구조가 그런 방향으로 형성된다는 뜻이다. 또 인식대상에 대한 마음의 태도를 형성하는 것이라는 의미도 함축한다. 결국 이 '형성'은 '심적 형성'이라는 뜻이고, 이를 줄여서 표현한 것이라고 이해하면 된다.

요컨대 사람의 정신이라고 하는 것은 이 의식·느낌·지각·형성의 네 가지로 구성되어 있다는 것이다.

그리고 신체는 앞의 열두 가지 인식기반 중, 물질적인 것인 눈·귀·코·혀·몸과 형색·소리·냄새·맛·감촉의 열 가지를 포함한다. 이들 중 뒤의 인식대상 다섯 가지는 신체 외부의 대상들인 것이 보통이지만, 신체 내부에도 있을 수 있기 때문에 이들도 포함된다. 그래서 오온에서 신체는 '물질[色]rūpa'이라고 표현하여, 색온色蘊이라고 부른다.

그런데 경전21에서는 이 신체를 이루는 색온에 대해 '사대四大 및 사대로 만들어진 물질[四大所造色]'이라고 표현한다. 여기에서 '사대'란

• • • • • • • • • • • • • •

21 《잡아함경》(제2권) 제41 오전경五轉經 및 (제3권) 제61 분별경 등. 전자는 SN 22:56 취착의 양상경[Upādānaparivatta sutta]과 상응하는 것이다.

물질을 이루는 네 가지 큰 요소라는 뜻인데, 지地·수水·화火·풍風의 네 가지가 있다고 한다. 그리고 '사대로 만들어진 물질'이란 이 사대로부터 파생된 물질이라는 뜻이다.22 그런데 이 사대를 지·수·화·풍이라고 부르기는 하지만, 땅·물·불·바람 자체를 가리키는 것이 아니고, 각각 단단한 성질[堅性], 축축한 성질[濕性], 따뜻한 성질[煖性], 움직이는 성질[動性]을 가진 근본물질들을 가리키는 것으로, 각각 지탱하는 작용[持], 거두는 작용[攝], 성숙시키는 작용[熟], 증장시키는 작용[長]을 한다고 설명한다.23 그리고 이들을 '대大'24라고 부르는 것은 여러 가지 큰 작용을 하기 때문이라고 설명한다.

우리가 '사람'이라고 부르는 존재는 요컨대 이러한 의식·느낌·지각·형성 네 가지로 구분되는 정신과, 물질 즉 신체로 구성되어 있다. 한역어로 묶어서 말하면 색·수·상·행·식인데, 사람은 어떤 단계에 있든, 이 다섯 가지 정신적·물질적 '현상'들로 구성되어 있다는 것이다. 이것을 도표로써 정리해 보이면 다음과 같다.

[표4] 오온

• • • • • • • • • • • • • •

22 상좌부의 불교이론서인 《아비담맛타 상가하》에서는 이 둘의 관계를, "사대는 땅과 같고, 사대에서 파생된 물질은 땅에서 자라는 나무나 넝쿨과 같다"라고 비유한다.(=대림·각묵 공역 아비담마 길라잡이 p.528)
23 이상은 《구사론》 제1권에서의 설명이다.
24 '대'는 '대종大種'을 줄인 말인데, 그 빠알리어는 '크게 존재하는 것[mahābhūtāni]'이라는 뜻이다. '대'라고 부르는 이유를 위 《구사론》 제1권은, "다른 모든 물질의 의지처가 되는 성품이기 때문이고, 그 체가 두루 광대하기 때문이며, 혹은 지地 등이 증성하게 쌓인 무더기[聚]는 그 형상이 크기 때문이고, 혹은 갖가지 큰 작용을 일으키기 때문이다"라고 설명한다.

신체	정신			
	마음부수[심소]			마음[심왕]
신체	느낌	지각	형성	의식
색온	수온	상온	행온	식온

이것을 정신적·물질적 '현상'이라고 표현한 것은 우리의 정신과 신체는 고정된 것이 아니라 끊임없이 변화하는 것이라는 의미를 나타내는 것이다.

우리의 정신 즉 마음이 순간순간 쉴새없이 변화하고 있다는 것은, 우리 모두가 느끼는 일일 것이다. 신체도 역시 그렇다고 한다면 다소 의아할지 모르겠다. 그렇지만 현대의 생물학에 의하더라도 우리의 신체는 전혀 고정되어 있는 것이 아니라, 부단히 신진대사와 세포분열을 거듭하면서 변화하고 있다고 한다. 그래서 6~7년이 지나면 그 전과 동일한 세포는 전혀 남아 있지 않게 된다고 하니, 어떻게 본다면 전혀 남이 되어 버린다는 것이다. 물론 그 기간 동안 존속하고 있던 세포도 고정된 존재로 있는 것이 아니라, 부단히 변화하고 있었다고 보아야 할 것이다. 뒤에서 설명하듯이 아무런 변화가 없다가 한 순간에 사라져버리는 일은 이 세상에서 있을 수 없기 때문이다. 요컨대 이 오온은 끊임없이 변화하고 있는 현상들이라는 것이다.

어떻든 사람이 살아간다는 것은, 이와 같은 다섯 가지 경험들이 변화하면서 한없이 지속적으로 축적된다는 것을 의미한다. 이와 같이 성질이 유사한 경험들이 축적되어 쌓인 것을 '무더기' 즉 '온蘊khandha'이라고 부른다. 그래서 의식·느낌·지각·형성·신체적 경험들이 축적된 무더기들을 식온識蘊·수온受蘊·상온想蘊·행온行蘊·색온色蘊이라고 하고, 이들을 묶어서 오온이라고 부른다.

그러므로 오온은 '사람'을 구성하는 것의 전부이고, 이 오온 외에 사람에게 추가로 더 있는 것은 없다 라는 것이 불교의 가르침이다. 사람이라는 대단히 미묘 복잡한 존재의 구성으로는 좀 단순해 보일지 모르지만, 미묘하고 복잡한 심리작용들이 모두 행온으로 포괄되었기 때문에 그렇게 보일 뿐, 실제로는 그렇지 않다.

오취온五取蘊

이렇게 끊임없이 변화하는 오온이 사람을 구성하는 것의 전부라는 가르침이 어떤 의미인지 이해하기는 쉽지 않다. 우리는 이렇게 분석적으로 생각하지 않고, 우리에게는 자신을 주재主宰하는, 어떤 영속적永續的인 인격적 개체[25]가 있다고 여기는 것이 보통이기 때문이다. '영속적인 인격적 개체'란 그 사람의 동일성을 유지시키는 어떤 실질적 존재라는 뜻이다. 그런데 그런 영속적인 개체가 있어서 그것을 '나'라고 부르는 것이 아니라는 말인가?

불교는 위와 같이 끊임없이 변화하는 다섯 가지 경험의 무더기들, 즉 오온을 세간의 이해에 따라 편의상 '사람'이라고 부르고, '나'와 '너'라고 부르는 것일 뿐, 그 외에 '사람'·'나'·'너' 등이라고 부를 만한 어떤 영속적인 개체가 있는 것이 아니라고 말한다. 이것이 불교의 가장 중요

· · · · · · · · · · · · · ·
25 영역본에서 'personality' 또는 'identity'라고 옮기는 표현이다.

한 가르침 중의 하나로, '나'라고 가리키는 것과 같은 영속적 개체는 없다 라고 하는, 소위 무아無我의 가르침이다.

혼란스러울지 모르겠다. 뜻이 다른 두 가지 '사람', 두 가지 '나'가 등장하기 때문이다. 편의상의 명칭인 '사람' 내지 '나'와, 영속적인 개체로서 실재한다고 하는 '사람' 내지 '나'이다. 요컨대 '사람'이나 '나'는 오온에 대한 편의상의 명칭일 뿐, 오온 외에 영속적인 '사람'이나 '나'라는 것이 따로 있는 것이 아니라는 것이다.

흔히 드는 비유를 들어 설명해 보겠다. 기초 위에 기둥을 세우고, 대들보와 서까래를 대고 얹은 위에 지붕을 덮은 것을, 우리는 집이라고 부른다. 이 '집'은 사람이 살 수 있도록 기초·기둥·대들보·서까래·지붕 등을 위와 같이 조합하여 만든 것을, 세상 사람들의 이해에 따라 편의상 '집'이라고 부를 뿐이지, 그것들의 집합 외에 '집'이라고 하는 물건이 따로 있는 것은 아니다.

다른 예를 하나 더 들어 보자. 차체에 차축을 가로질러 붙인 끝에, 바퀴를 달아 굴러가게 만든 것을 '수레'라고 부른다. 이 '수레'라는 것도 그러한 부품들을 유기적으로 조합함으로써 굴려서 운송의 도구로 쓸 수 있도록 만든 것을, 세상 사람들의 이해에 따라 편의상 '수레'라고 부를 뿐이지, 그 부품들의 조합 외에 '수레'라고 하는 물건이 따로 있는 것은 아니다.

오온과 '사람'·'나'·'너' 등과의 관계 역시 마찬가지라는 것이다.

이 이치의 설명을 처음 듣는 사람은 쉽사리 이해가 되지 않을 것이다. 그 설명이 어려워서라기보다는, 우리가 부지불식간에 가져온 내적인 사고방식과 일치하지 않기 때문이다. 하나의 글을 인용하여 이해를 돕고자 한다.

알렉산더 대왕의 동방원정의 유산으로 기원전 2세기경 서북인도를 통치한 그리스의 메난드로스Menandros 왕은 대단히 명석한 지혜의 소유자[26]였다고 한다. 동양의 지혜에 심취한 그에게 수많은 의문이 있어 고명한 수행자들을 찾아 해답을 구했지만, 그들 모두 시원한 해답을 제시하지 못하고, 왕의 난문難問에 오히려 궁지에 몰리곤 하였던 모양이다. 보다 못해 아라한들은 회합 끝에, 경전에 통달하고 지혜를 갖춘 나가세나Nāgasena 비구를 보내 왕의 물음에 응답케 하는데, 그 대담의 기록이 '밀린다 왕의 물음[Milindapañha]'[27]이라는 제목으로 전해오고 있다. 아래의 글은 왕과 비구가 처음 만나는 장면에서 이루어진 대화인데, 무아의 이치가 왕에게도 가장 큰 의문이었던 것 같다.

(왕) "존자尊者는 세상에 어떻게 알려져 있습니까? 당신의 이름은 무엇입니까?"

(비구) "대왕이여, 나는 나가세나라고 알려져 있습니다. 동료 수행자들은 나를 나가세나라고 부릅니다. 그러나 부모님은 나에게 수우라세나, 비이

· · · · · · · · · · · · · · ·

26 그가 나가세나 비구와 본격적 대담을 시작하기에 앞서, 비구의 지혜를 시험해 보려는 의도로 나눈 다음과 같은 대화는 그의 비범한 재능을 잘 보여주고 있다.
(왕) "나가세나 존자尊者(존자는 비구에 대한 존칭임)여, 내가 묻겠습니다."
(비구) "대왕이여, 물으십시오."
(왕) "존자여, 나는 이미 물었습니다."
(비구) "벌써 대답되었습니다."
(왕) "그러나 존자여, 무엇이라고 대답하였습니까?"
(비구) "당신은 무엇을 물었습니까?"
27 그 한역본으로 2권본과 3권본 두 가지의 《나선那先비구경》이 전해지고 있다.

라세나, 시이하세나라는 이름도 붙여 주었습니다. 그렇지만 그것은 명칭·호칭·명명·통칭에 지나지 않습니다. 나가세나는 오직 이름일 뿐, 거기에 '사람[puggala]'[28]이란 인정될 수 없습니다."

(왕) "나가세나 존자여, 만약 '사람'이라는 것이 인정될 수 없다고 한다면, 당신에게 의복·음식·침구·약 등의 필수품들을 제공하는 자는 누구이고, 또 그것을 받아서 사용하는 자는 누구입니까? 계행戒行을 지키는 자, 수행에 힘쓰는 자, 수도한 결과 열반에 이르는 자, 살생을 하는 자, 주어지지 않은 것을 훔치는 자, 감각적 욕망 때문에 바르지 못한 행위를 하는 자, 거짓을 말하는 자, 술을 마시는 자는 누구입니까? 또 무간지옥에 떨어질 죄를 짓는 자는 누구입니까? 그러므로 선善도 없고 불선不善도 없으며, 그것을 행하는 자도, 그 선행과 악행의 과보도 없을 것입니다. 그렇다면 존자여, 가령 누군가가 당신을 죽인다고 하더라도 살생의 죄는 없을 것입니다. 따라서 당신의 교단에는 계를 가르치고 전해주는 스승도, 계도 없다는 결론이 나올 것입니다. 당신은 말하기를, '동료 수행자들은 나를 나가세나라고 부른다'라고 하였습니다. 그렇다면 여기에서 나가세나는 대체 무엇입니까? 존자여, 머리털이 나가세나라는 말씀입니까?"

(비구) "대왕이여, 그렇지 않습니다."

(왕) "그렇지 않다면 당신의 몸에 붙은 털이 나가세나라는 말씀입니까?"

(비구) "그렇지 않습니다."

(왕) "그렇지 않다면 손톱·살갗·살·힘줄·뼈·골수·콩팥·심장·간장·늑막·지라·폐·대장·소장·위장·똥·담즙·가래·고름·피·땀·굳기름·눈물·기름기·침·콧물·관절액·오줌·뇌 가운데 그 어느 것이 나가세나라는 말씀입

----

28 빠알리어 '뿍갈라puggala'는 '사람'을 포함하여 모든 중생을 가리키는 용어이다.

니까?"

(비구) "그렇지 않습니다."

(왕) "나가세나는 이들 전부라는 말씀입니까?"

(비구) "그렇지 않습니다."

(왕) "그렇다면 느낌, 지각, 형성, 의식이 나가세나입니까?"

(비구) "그렇지 않습니다."

(왕) "그렇다면 나가세나는 이들 물질·느낌·지각·형성·의식을 모두 합한 것입니까?"

(비구) "그렇지 않습니다."

(왕) "그러면 나가세나는 이 오온을 떠나 있는 것입니까?"

(비구) "그렇지 않습니다."

(왕) "존자여, 나는 당신에게 물을 수 있는 데까지 다 물어 보았으나, 나가세나를 찾을 수 없었습니다. 나가세나란 빈 소리에 지나지 않습니다. 그렇다면 여기에서 나가세나는 누구입니까? 존자여, 당신은 거짓을 말한 것입니다. '나가세나'는 없습니다."

그러자 나가세나 존자가 밀린다 왕에게 반문하였다.

(비구) "대왕이여, 당신은 걸어서 왔습니까, 아니면 탈 것으로 왔습니까?"

(왕) "존자여 나는 수레를 타고 왔습니다."

(비구) "대왕이여, 당신이 수레를 타고 왔다면 무엇이 수레인지 보여 주십시오. 수레의 끌채가 수레입니까?"

(왕) "그렇지 않습니다."

(비구) "바퀴나 차체나 차틀이나 멍에나 고삐나 바퀴살이나 채찍이 수레입니까?"

(왕) "그렇지 않습니다."

(비구) "그렇다면 수레는 바퀴나 차체나 차틀이나 멍에나 고삐나 바퀴살이나 채찍을 떠나 있는 것입니까?"

(왕) "그렇지 않습니다."

(비구) "대왕이여, 나는 당신에게 물을 수 있는 데까지 다 물어 보았으나 수레를 찾을 수 없었습니다. 수레란 단지 빈 소리에 지나지 않습니다. 그렇다면 여기에서 수레는 대체 무엇입니까? 당신은 거짓을 말한 것입니다. 당신은 전 인도에서 제일가는 왕입니다. 무엇이 두려워서 거짓을 말씀하십니까?"

(왕) "존자여, 나는 거짓을 말한 것이 아닙니다. 수레는 이들 모든 것, 수레채, 바퀴, 차체, 차틀, 멍에, 고삐, 바퀴살, 채찍 등 때문에, 그것들을 조건으로 해서 수레라는 명칭 내지 통칭과 이름이 있는 것입니다."

(비구) "그렇습니다. 대왕께서는 수레라는 것을 바로 이해하셨습니다. 마찬가지로 당신이 나에게 물은 모든 것, 즉 인체를 구성하는 물질들과 느낌, 지각, 형성, 의식 때문에, 이들을 조건으로 해서 '나가세나'라는 명칭 내지 통칭과 이름이 있는 것입니다. 그러나 진정한 의미에서는 여기에 '사람'이란 인정될 수 없습니다. 그래서 와지라Vajira 비구니는 다음과 같이 노래했습니다.

> 온갖 부품이 화합한 것을
> 세상에서 수레라고 이름하듯이
> 여러 온蘊의 인연이 화합한 것을
> 임시로 중생이라 이름할 뿐이라오"[29]

. . . .
29 이 게송은 《잡아함경》(제45권) 제1202 시라경尸羅經에 나오는 게송이다. SN

그렇지만 어떤가? 우리가 알고 있는 '사람' 또는 '나'라는 것이 그와 같이 끊임없이 변화하는 경험들의 집합에 대한 명칭일 뿐이라고 하는데 동의할 수 있는가? 아마 쉽사리 동의하기 어려울 것이다. 나에게는 나를 전체적으로 통일하고 주재하는, 영속적인 무엇인가가 있을 것이라고 생각해 왔을 것이기 때문이다.

원인이 없지 않다. 우리는 어려서부터 '나'라는 관념을 부지불식간에 주입받아, 그것에 익숙해져 있기 때문이다. 사람이 세상에 태어나서 사물을 알아보기 시작하면, 사물을 지시하는 수단, 곧 말부터 배우게 되는데, 아마 가장 처음 배우는 말은 '엄마', '아빠'와 함께 자신의 이름이 아닐까 한다. 그 때부터 갖가지 지시어들을 배우면서, 자신에 대해서도 이름과 함께, '너'·'나'·'사람' 등의 또 다른 지시어들을 지속적으로 배우고 주입받는다. 그런데 불교의 시각에 의하면 언어는 우리가 세상의 진실을 바로 보지 못하도록 하는 장애물이다. 대승불교와 선불교에서 강조하는 것이 바로 이 관점인데, 뒤에 살펴볼 기회가 있을 것이다.

극단적으로 말한다면 이 세상에 태어나면 처음 배우는 것이 이 자아 관념이라고 할 수 있다. 어릴 때만이 아니라, 우리는 자라면서 계속 이와 같은 자아관념 밑에서 교육을 받는다. 세상 사람들 모두가 이러한 자아관념에 지배되고 있기 때문이다. 이번 생에서 우리가 교육받아 온 것만 해도 이러한 자아관념이 우리의 뇌리에 뿌리박힐 정도로 충분하다. 그러나 실은 이번 생에서의 교육만으로 그치는 것은 아니다. 아직 말할 단계가 되지 않았지만, 우리는 수많은 윤회를 거듭하면서 계속 이

· · · · · · · · · · · · · ·

5:10 와지라경[Vajirā sutta]이 그와 상응하는 경이다.

러한 자아관념에 지배되어 왔다는 것이 불교의 시각이다.

그런데다가 붓다 재세시 인도 사상계의 주류적 지위를 차지하고 있던 바라문교에서도 사람에게는 '아트만atman我'이라고 하는 불변의 자아가 깃들어 있다는 사고를 지지하고 있었다. 바라문교에 의하면 이 아트만은 우주의 본체인 '브라흐만brahman梵'과 바탕이 같은 것30으로서, 사람이 윤회에서 해탈하지 못하면, 이 아트만이 주체가 되어 윤회하는 과정에서 다시 태어나는 몸마다 연이어서 깃들어 있게 되지만, 이 아트만이 브라흐만과의 합일을 이루면 윤회에서 해탈할 수 있다고 하였다.

그러니 보통의 사람이 자아관념에 지배되고 있는 것은 크게 이상할 것도 없는 일이라고 하겠다. '오취온'이란 이런 자아관념의 대상이 된, 즉 '나'로 대표되는 영속적 인격적 개체라고 굳게 집착되고 있는 바로 그 오온을 말한다. 문자적으로 풀이한다면, 나라고 '취착[取]하는 오온'이다. 붓다께서는 이것을 다음과 같이 설명하셨다.31

> 만약 사문이나 바라문32들이 '나[我]가 있다'라고 본다면, 모두가 다 이 오취온에서 '나'를 보는 것이다.
> 사문이나 바라문들은 신체가 '나'이다, 신체와 다른 것이 '나'이다, '나'

• • • • • • • • • • • • •

30 이를 '범아일여梵我一如'라고 표현한다.
31 《잡아함경》(제2권) 제45 각경覺經에 나오는 붓다의 설명인데, 이와 상응하는 SN 22:47 관찰경[Samanupassanā sutta]에서의 설명도 같다.
32 '사문'은 출가수행자를 말하고, '바라문'은 인도의 전통적인 사성四姓계급 중 사제계급에 속하는 사람을 가리킨다. 나머지 셋은 무사계급인 끄샤뜨리야, 평민계급인 와이샤, 천민계급인 수드라이다.

가 신체에 있다, 신체가 '나'에 있다 라고 보거나, 느낌·지각·형성에서도 같으며, 의식이 '나'이다, 의식과 다른 것이 '나'이다, '나'가 의식에 있다, 의식이 '나'에 있다고 보는 것이다.

경전의 표현을 보아서 알 수 있겠지만, '오취온'은 사람들이 '나'의 영속적인 인격적 개체라고 여기는 것을 분석해 보면, 그 명칭이 어떠하든 모두가 이 오온 중의 하나를 대상으로 한다는 것을 나타낸다. 그래서 사리뿟따는 위 경문 중 '신체와 다른 것이 나'라는 것에 대해, "만약 그가 느낌(='신체와 다른 것')을 나라고 본다면, 느낌이 나라고 본 뒤 신체는 나의 소유라고 보며, 혹 지각이나 형성이나 의식이 곧 나라고 보고 신체는 나의 소유라고 보는 것"이라고 설명하고, '나가 신체에 있다'는 것에 대해, "느낌이 곧 나인데, 신체 안에 머물되 신체에 들어가 그 온몸에 널리 두루하다고 보며, 지각이나 형성이나 의식이 나인데, 신체 안에 머물되 그 온몸에 널리 두루하다고 보는 것"이라고 설명하며, '신체가 나에 있다'는 것에 대해, "느낌이 나인데, 신체는 나 안에 있다고 보며, 또 지각이나 형성이나 의식이 곧 나인데, 신체는 나 안에 있다고 보는 것"이라고 설명하고, 나머지 4온에 대해서도 같은 방법으로 설명하였다.33

오온 중의 하나를 대상으로 한다는 것은, 그 하나도 역시 끊임없이 변화하는 현상들이 축적된 것인데도 불구하고, 영속적으로 존속하는 것으로 알고, 이를 '나'의 개체라고 집착한다는 것을 뜻한다. 이렇게 오온 중의 하나를 대상으로 하는 것이라고 설명하지만, 오취온의 대부분

• • • • • • • • • • • • • •

33 《잡아함경》(제5권) 제109 모단경毛端經에서의 설명인데, 니까야에는 이와 상응하는 설명의 글이 없다.

은 그 중 총체적 인식을 행하는 마음인 '의식'을 대상으로 하는 것이 아닐까 한다. 왜냐하면 이 의식은 쉴새없이 변화하기는 하지만, 끊어질 때가 없다고 생각되기 때문이다. 이 점은 붓다 재세시에도 마찬가지였는지, 이 '의식'을 대상으로 한 오취온에 대해서는 경전에 특별히 경계하는 글34과 잘못임을 깨우치는 글35이 나온다.

그렇지만 '나'라고 집착하는 어떤 것이 오온 중 어느 것에 해당한다고 가리키기 어려운 경우도 없지 않을 것이라고 생각된다. 극단적으로는 오온과는 무관한 어떤 것이 있어, 그것이 나의 개체라고 집착하는 경우도 있을지 모른다. 그러나 오온 외에 사람을 구성하는 것이 추가로 더 있는 것은 아니라는 것이 붓다의 가르침인 이상, 그 어느 것도 실제로 있는 것이 아니라는 뜻에서, 오취온보다 나은 대접을 받을 자격은 없다. 그런 뜻에서 오취온은 그런 것까지 모두 포함해서, '나'라는 것과 관련하여 떠나야 할 잘못된 집착을 가리킨다고 이해해도 좋을 것이라

∙∙∙∙∙∙∙∙∙∙∙∙∙

34 《잡아함경》(제12권) 제289·290 무문경無聞經①·②에서, "어리석고 들음 없는 범부는 차라리 사대로 된 몸에 나와 나의 소유를 맬지언정, 의식에 나와 나의 소유를 매어서는 안된다. 왜냐하면 사대의 육신은 혹 10년이나 20년, 30년 내지 100년 동안 머물면서 성쇠하기를 잘하고, 혹 조금 더하기도 하는 것을 볼 수 있지만, 그 마음·뜻·의식은 밤낮으로 시시각각 순식간에 바뀌고 변하여, 다른 것이 생기며 다른 것이 소멸하기 때문이다. 마치 원숭이가 숲의 나무 사이에서 놀 때 순식간에 여기저기에서 나무가지를 잡으며, 하나를 놓고 하나를 잡는 것처럼, 그 마음·뜻·의식도 또한 그와 같아서 다른 것이 생기고 다른 것이 소멸하는 것이다"라고 말씀하시는데, 이와 상응하는 SN 12:61 배움 없음경[Assutavā sutta]①에도 같은 내용의 글이 있다.
35 《중아함경》(제54권) 제201 차제경 및 이와 상응하는 MN 38 긴 갈애소멸경[Mahātaṇhāsaṅkhaya sutta]의 글을 말하는데, 해당 경문이 길어서 여기에 인용하지는 않는다.

고 생각된다. 따라서 이하에서는 오취온 외에 그런 것을 따로 언급하지는 않을 것이니, 유념하기 바란다.

그리고 오온 중의 하나가 아니라, 오온 중의 일부 또는 전부가 영속적 실재로서 나의 개체라고 집착하는 경우가 있다면, 그것도 오취온에 포함됨은 물론이다. 나아가 사람이 살아있는 동안만 존속하다가 사람이 죽으면 없어진다고 생각하는 것도 있겠지만, 그렇지 않고 죽은 뒤에도 남아서 천국 또는 다른 어떤 곳으로 옮겨간다고 생각하는 것도 있을 수 있는데, 양자 모두 오취온에 해당함은 당연하다.

상속相續의 원리

이 오온 외에 어떤 영속적인 인격적 개체가 있다고 집착하는 자아관념을 한역 경전에서는 '아견我見' 또는 '유신견有身見'이라고 표현한다. 표현은 전자가 알기 쉽지만, 몇 가지 이유36 때문에 후자의 표현이 더 빈번하게 사용된다. 요컨대 이 유신견은 착각일 뿐이라는 것인데, 이제 이 가르침의 취지가 어느 정도 이해는 되었을 것이라고 생각한다.

그러나 이해에도 불구하고 이지적인 독자라면 다음과 같은 의문을 일으킬 것이다. 만약 '나'라는 것이 없다면 도대체 누가 과거의 일을 기억하는가 라는 것이다. 실제로 우리는 이 점 때문에 기억을 갖고 있다

••••••••••••

36 가장 큰 이유는 그 어원에 있다. 빠알리어로 '삭까야딧티sakkāyadiṭṭhi'(산스끄리뜨어로는 satkāyadṛṣṭi)라고 하는데, 각각 존재[有], 무리[身=聚], 견해[見]라는 뜻의 세 단어 sak-kāya-diṭṭhi의 합성어이다. '존재의 무리라는 견해'의 뜻으로, 무리(=오온)에 자아라는 존재가 있다고 여기는 견해라는 취지이다.

고 생각되는 '마음'이 우리의 영속적 개체라는 생각을 부지불식간에 갖고 있는지 모른다. '기억'은 과거와 현재 또는 현재와 미래가 연관된 현상이기 때문이다. 보통 의문을 제기할 때에는 이치에 맞는 것을 들어야 한다고 생각하기 때문에 이런 의문을 제기하였지만, 실은 그와 함께 다음과 같은 의문들도 일어났을지 모른다. 만약 '나'라는 것이 없다면 과연 누가 느끼고, 누가 사랑하며, 누가 행위한다는 것인가? 충분히 이해되어야 할 문제이다. 앞에서 설명된 오온의 이치에 기초하여 설명해 보겠다.

앞에서 '나'라고 부르는 사람은 오온, 즉 의식·느낌·지각·형성·신체라는 다섯 가지 현상으로 구성된다고 하였다. 그 다섯 가지 현상은 끊임없이 변화하고 있다고 하므로, 어떤 시점에서 어떤 사람의 의식·느낌·지각·형성·신체를 각각 A·B·C·D·E라고 하고, 다음 순간의 그것들을 각각 A1·B1·C1·D1·E1이라고 한다면, A와 A1 내지 E와 E1은 서로 같지 않다. 또 그 다음 순간의 그것들을 마찬가지로 A2·B2·C2·D2·E2라고 한다면, A1과 A2 내지 E1과 E2가 서로 각각 같지 않은 것도 물론이다.

그런데 이 A와 A1 및 A2는 서로 전혀 아무런 관계가 없는가 하면 그렇지는 않다. 그것들은 우선 서로 성질과 양상이 같다. 뿐만 아니라 그들 각각은 그 앞 순간의 것을 원인으로 해서 변화된 것이다. 즉 A가 변화해서 A1으로 되고, 다시 변화해서 A2로 된 것이다. 나아가 E도 마찬가지로 변화하여 E1으로 되고, 다시 E2로 변모한 것이다. 그래서 그것들 상호간에 있어서, 앞의 것과 뒤의 것은 서로 원인과 결과라는 관계에 있다고 말할 수 있다. 그렇기 때문에 뒤의 것은 앞의 것의 계승자繼

承者이다.

그래서 예컨대 A의 의식은 A1의 의식으로 변화하면서 그 때까지 A에 축적되었던 경험들이 A1으로 이관된다. 나아가 E1과 E2 사이도 역시 같은 관계로 설명된다. 불교에서는 이와 같은 관계, 즉 뒤의 것이 앞의 것과 같지는 않지만, 그러면서도 전혀 별개가 아니고, 앞 것의 결과인 관계에 있어서 앞 것의 경험을 이어받는 것, 이것을 '상속相續'이라고 표현한다. 그러므로 어떤 시점에서 사람을 구성하는 다섯 가지 현상은, 그 각각이 그 때까지의 경험들을 그 속에 계승하여 보유하고 있는 상속자들이라고 할 수 있다. 그렇다면 어떤 시점에서든 다섯 가지 현상은 그 각각이 같은 종류의 경험들의 무더기, 즉 온蘊이라고 이해할 수 있다. 붓다께서 이 다섯 가지 경험의 무더기를 '온'이라고 표현하신 것은 이것을 의미하는 것이다. 결코 현재 이것이 무더기나 다발을 이루고 있다고 말씀하시고자 한 것은 아니라고 생각한다.

이와 같은 흐름 속에서 어떻게 기억이라는 것이 일어나는지 생각해보자. 이제 어떤 시점에 어떤 인식대상에 대해 주의가 일어난다. 강한 인상이 주어졌을 수도 있고, 또는 과거의 유사한 경험과의 비교를 통해서일 수도 있다. 그때 그 사람의 마음이 혼란스럽거나 근심이 있는 등 그 부여받은 인상이 손상될 만한 부정적인 상황에 있지 않아야 한다. 대상에 대한 주의와 부정적인 상황에 있지 않다는 이 두 가지 조건이 구비되면, 그 순간 그 대상에 대한 인식이 일어나 그 사람의 의식에 새겨진다. 다음 순간 그 대상에 대한 인식은 사라지고, 다시 다른 대상에 대한 인식으로 의식의 대상은 바뀌지만, 뒤의 의식은 위에서 본 것처럼 앞 순간의 의식의 상속자이다. 그 점을 의식하고 있지는 않더라도 이 의식에 새겨진 인상은 지속적으로 후후後後의 의식으로 계승 이전된다.

그러다가 어느 순간 그 인상과 유사한 인식대상이 의식에 나타나면, 그것과 비교하기 위하여 의식에 계승되어 있던 과거 대상에 대한 인상이 되살아난다. 이것이 불교가 설명하는 기억의 일반적 원리이다. 말하자면 같은 사람의 오온이 상속하는 가운데, 앞에서 본 두 가지 조건에 의지해 대상에 대한 인식이 기억되고, 그것이 다시 되살아날 조건이 있으면 그것이 되살아나는 것일 뿐, 기억을 하고 다시 그것을 되살리는 주체로서의 '나'는 없다는 것이다.

나머지 의문들도 같은 이치로 해명될 수 있다. 말하자면 오온이 상속하는 가운데, 조건들에 의해 느낌이나 사랑, 행위 등이 일어나는 것이지, 어떤 주체가 있어 느끼거나 사랑하거나 행위하는 게 아니라는 것이다. 요컨대 모든 현상은 조건에 의해 일어나는 것이지, 어떤 주체가 있어 이것을 행하는 것이 아니다. 불교에서는 이와 같이 현상들이 조건[연緣]에 의해 일어나는 것[기起]을 '연기緣起'라고 표현하는데, 이것은 불교의 핵심을 구성하는 원리이다. 이 원리에 대해서는 뒤에서 자세히 알아볼 것이다.

어떻든 이 무아의 이치는 참으로 이해하기 어렵다. 그 자체가 어려워서라기보다는 우리의 자아관념이 너무나 뿌리 깊기 때문이다. 붓다 재세시 몰리아팍구나Moliyaphagguna라는 비구도 이와 같은 질문을 붓다에게 했다. 그 문답을 아래에 옮겨 보겠다.[37]

. . . .

37 《잡아함경》(제15권) 제372 파구나경頗求那經의 글인데, SN 12:12 몰리야팍구나경[Moliyaphagguna sutta]이 이와 상응하는 것이다.

(팍구나) "(세존이시여,) 누가 느끼는 것입니까?"

(붓다) "나는 느끼는 자[受者]가 있다고 말하지 않았다. 내가 만약 느끼는 자가 있다고 말했다면, 그대가 '누가 느끼는 것입니까?'라고 물을 수 있겠지만, 그대는 '무슨 인연 때문에 느낌이 있습니까?'라고 물었어야 했다. 그랬다면 나는 '접촉이 조건되기 때문에 느낌이 있고, 느낌이 조건되어 갈애한다'라고 대답했을 것이다."

(팍구나) "세존이시여, 누가 갈애하는 것입니까?"

(붓다) "나는 갈애하는 자[愛者]가 있다고 말하지 않았다. 내가 만약 갈애하는 자가 있다고 말했다면, 그대가 '누가 갈애하는 것입니까?'라고 물을 수 있겠지만, 그대는 '무엇이 조건되기 때문에 갈애가 있습니까?'라고 물었어야 했다. 그랬다면 나는 '느낌이 조건되기 때문에 갈애가 있고, 갈애가 조건되어 취착한다'라고 대답했을 것이다."

(팍구나) "세존이시여, 누가 취착하는 것입니까?"

(붓다) "나는 취착하는 자[取者]가 있다고 말하지 않았다. 내가 만약 취착하는 자가 있다고 말했다면, 그대가 '누가 취착하는 것입니까?'라고 물을 수 있겠지만, 그대는 '무엇이 조건되기 때문에 취착이 있습니까?'라고 물었어야 했다. 그랬다면 나는 '갈애가 조건되기 때문에 취착이 있고, 취착이 조건되어 존재한다'라고 말했을 것이다."

무아無我의 이치

'오취온이 괴로움'이라는 것을 이해하기 위해 매우 난해한 가르침 중의 하나인 무아의 이치에 대해 자세히 알아 보았다. 그런데 가장 근본적인 문제 하나가 여전히 남는다. 불교에서 말하는 오온 외에, 따로 '나'와 같은 별개의 영속적 개체가 있는지 없는지 어떻게 아느냐 라는 점이다. 기독교에서는 '영혼'을 말하고, 브라만교에서는 '아트만'이라는 자아를 말한다. 또 힌두교에서는 '참나=진아眞我'를 이야기한다. 세상의 대부분의 종교는 이와 같이 별개의 '무엇'이 있다고 말한다. 불교의 가르침이 오히려 예외에 속한다고 말할 수 있다. 그러니 백보를 양보한다고 하더라도 오온과는 별개의 '나'가 있느냐 없느냐 하는 것은, 신념이나 믿음의 문제에 불과한 것이 아니겠는가 라는 것이다.

확실히 오온 외에 별개의 '나'가 없다고 하는 것을, 논리와 이치로써는 증명해 보이기 어렵다. 고작해야 오온과 별개인 '나'란 누구에게도 인식되지 않고 있지 않는가, 그리고 그것이 인식됨을 누구도 증명하지 못하지 않는가 라는 반론 정도일 것이다. 그렇지만 그 점은 불교의 경우도 세간적인 현실로는 마찬가지이다.

그러나 불교에는 근본적으로 차원을 달리 하는 근거가 있다. 그것은 수행에 의해 무지가 타파되는 깨달음의 단계에 이르면, 이 '나'가 없다는 것이 가장 먼저 체험된다고 하는 점이다. 그래서 불교는 수행과 깨달음을 말하는 것이다. 이 점은 뒤의 제3장 '괴로움의 소멸에 이르는 길'에서 다시 알아볼 기회가 있을 것이므로 이 정도로 그치겠다.

원래의 줄거리로 되돌아가기에 앞서 정리를 겸하여 경전의 글 하나를 인용하면서, 유의할 점 하나를 언급하려고 한다. 간략한 글에 지금까지 살펴 본 내용이 잘 요약되어 있기 때문이다.

눈과 형색이 조건되어 안식眼識이 생기면, 세 가지가 화합하는 것이 접촉이고, 접촉과 함께 느낌·지각·생각이 생긴다. 이 네 가지 무색온無色蘊38과 눈·형색, 이런 등의 법을 사람[人]이라고 이름하며, 이런 등의 법에서 사람이라는 지각을 해서 중생, 사람, 인간, 청년, 영혼 등이라고 말하고, 또 '나는 눈으로 형색을 본다, 나는 귀로 소리를 듣는다, 나는 코로 냄새를 맡는다, 나는 혀로 맛을 맛본다, 나는 몸으로 감촉을 느낀다, 나는 뜻으로 법을 인식한다'라고 말하고, 그렇게 시설39해서 또 '이 존자는 이와 같은 이름이었고, 이와 같이 태어났으며, 이와 같은 종족이었고, 이와 같이 먹었으며, 이와 같이 괴로움과 즐거움을 받았고, 이와 같은 수명으로 이와 같이 오래 살다가 이와 같이 수명이 끝났다'라고 말한다.

비구여, 이런 것은 곧 지각[想]이고, 이런 것은 곧 표지[誌]이며, 이런 것은 곧 언설言說이니, 이 모든 법은 무상無常하고 유위有爲40이며 생각[思]과 바람[願]이 조건되어 생긴 것이다.

···· 귀·코·혀·몸·뜻에서도 이와 같다.41

'나'가 없다는 이 '무아'의 이치를 말하면, 듣는 사람은 모든 '나'가 없다는 것으로 생각해서 큰 혼란을 느끼는 것 같다. 그러나 상대방과 나를 구별하는 인칭적 의미의 '나'가 없는 것이 아니고, 사람을 다른 사물과 구분하는 관습적 의미의 '사람'이 없다는 것이 아니다. 사람을 구성하는 것에 인격적 개체로 여길만한 영속적인 것은 없으며, 나아가 변화하는 현상들의 축적인 오온 외에 불변의 어떤 실재는 없다는 것일 뿐

• • • • • • • • • • • • • •

38 색온이 아닌 온, 즉 정신적인 온이라는 뜻이다.
39 '시설'은 임시적 방편을 써서 가르침을 베푼다는 뜻이다.
40 '유위'의 뜻은 뒤의 제2장 중 십이연기의 의미(2)에서 자세히 설명한다.
41 《잡아함경》(제13권) 제306 인경人經의 글이다.

이다. 사람들이 '사람'이라고 말하고 '나'라고 말할 때 어떤 영속적인 것이 있다고 착각하지 말라는 것이다. 그렇게 착각하지 않는다고 해서 관습적인 의미의 '나'라는 것이 사라졌다고 말할 수 있겠는가? 여전히 세간 사람들의 이해에 따라 관습적으로 말하는 '나'나 '사람'은 없지 않다. 다만 그것이 관습적인 명칭일 뿐임을 잊지 말라는 것이다.

영속적인 실재로서의 '나'가 없다고 해서 아무렇게나 행동해도 된다는 것은 아니며, 관습적 명칭의 대상인 '나'를 함부로 여겨도 좋다는 것은 아니다. 그런 '나'는 붓다의 가르침에 따라 바른 견해를 세우고 도를 닦아서 깨달음을 실현해야 할 소중한 존재임을 잊지 말아야 한다. 이제 무아의 이치를 이해했다면, 나에 집착할 것이 아니지만, 무아에도 집착할 것이 아니다. 무아를 이해하게 하기 위해 이 관습적 의미의 나를 애써 무시해 왔지만, 두 가지 나가 있다는 것을 알아야 한다.

그래서 천자의 물음에 대해 세존께서도 다음과 같이 대답하셨다.[42]

(천자) 만약 아라한인 비구가, 번뇌 다해 최후의 몸 지녔어도, 혹 나가 있다고 말하며, 또 나의 소유를 말합니까?

(세존) 만약 아라한인 비구가, 번뇌 다해 최후의 몸 지녔어도, 또한 나가 있다고 말하며, 또 나의 소유 있다고 말한다오.

(천자) 만약 아라한인 비구가, 스스로 할 일 이미 다했고, 이미 모든 번뇌[有漏][43]를 다하여, 최후의 몸 지녔을 뿐이라면, 어떻게 나가 있다고 말하

• • • • • • • • • • • •

42 《잡아함경》(제22권) 제582 나한경羅漢經②에 나오는 게송인데, 이와 상응하는 SN 1:25 아라한경[Arahanta sutta]에서의 게송도 뜻이 같다.

43 이 부분의 한역문 '유루有漏'는 번뇌를 의미한다.

고, 어떤 게 나의 소유라고 말합니까?

(세존) 만약 아라한인 비구가, 스스로 할 일 이미 다했고, 일체 모든 번뇌가 다하여, 최후의 몸 지녔을 뿐이어도, 나는 번뇌가 이미 다했고, 나의 소유 집착치도 않는다고 말하는데, 세간의 명칭을 잘 알아서, 임시의 명칭[假名]44으로 바르게 말하는 것이라오.

오취온이 괴로움

이제 '간략히 오취온이 괴로움'이라고 한 여덟 번째 괴로움으로 되돌아갈 때가 되었다.

사람은 누구나 태어남·늙음·병듦·죽음을 통하여 신체적이며 정신적인 괴로움을 겪는다. 그 중 태어남과 죽음으로 인한 괴로움은 현실감이 덜할 수 있지만, 병듦과 늙음의 괴로움은 누구에게나 보편적인 괴로움이다. 아직 심한 병고를 겪지 않았거나 노년에 이르지 않은 사람에게는 이것이 심각하게 느껴지지 않겠지만, 병고를 심하게 겪은 경험이 있거나 겪고 있는 사람, 노년에 이르러 노쇠의 괴로움을 절실하게 겪고 있는 사람이라면, 이것만으로도 인생이 괴로움이라는 정의定義에 바로 동의할 정도일 것이다. 이것이 처음 네 가지 생·노·병·사의 괴로움이었다.

나아가 사람은 소망스럽지 못한 상황은 만나고 싶지 않고, 소망스러운 상황은 유지되기를 바라는 자신의 욕망이 충족될 수 없음으로 인해

••••••••••••••

44 '가명假名'이란 임시의 명칭이라는 뜻이니, 세간의 관습적 명칭이라는 뜻이다.

정신적인 괴로움을 겪는다. 조그만 불만이나 불쾌감을 느끼는 가벼운 것에서부터 참담한 좌절이나 절망을 느끼는 심각한 것에 이르기까지 다양한 스펙트럼을 가진 수많은 정신적 괴로움이 인생의 전 과정에 따라 다니는 것이다. 이것이 다섯 번째 미워하는 것과 만나는 괴로움 및 여섯 번째 사랑하는 것과 이별하는 괴로움이었다.

이러한 신체적이거나 정신적인 갖가지 괴로움들은 다르게 변화시키거나 거기에서 벗어나기를 아무리 구한다고 해도 결코 이룰 수는 없다. 이것이 일곱 번째 괴로움이었음은 앞에서 보았다.

그렇다면 괴로움을 소멸시키는 방법은 그 원인인 욕망을 없애는 길밖에 없다. 그런데 욕망을 완전히 없앨 수 있을까? 유신견에 사로잡혀 '나'라는 영속적 개체가 있다고 집착하는 한 불가능할 것이라고 붓다께서는 진단하셨다. '나'가 있는 한 '나'에 대한 애착은 불가피할 것이기 때문이다.45 그렇다면 욕망을 소멸시킨다는 것은 이룰 수 없으며, 궁극적으로 이 욕망을 원인으로 하여 일어나는 모든 괴로움에서 벗어나는 것도 불가능할 것이다. 결국 '나'라고 집착하는 오취온이 모든 괴로움의 근원이다. '간략히 오취온이 괴로움'이라는 표현은 이것을 가리키는 것이다.

그렇다면 '나'가 없다는 것을 이해한다면 어떠할까? 만약 사람들이 '나'가 없다는 것을 이해한다면, 수행해서 익히기에 따라 욕망을 상당

• • • • • • • • • • • • • •

45 대승의 유식에서는 '나'에 대해 어리석으면[我癡], 나가 있다는 소견을 일으켜서 [我見], 나를 애착하고[我愛], 나라는 거만[我慢]을 일으킨다고 해서, '나'는 아치·아견·아애·아만의 네 가지 번뇌를 일으킨다고 말한다.

한 부분까지 절제할 수는 있지만, 욕망을 궁극적으로 소멸시키는 것은 불가능하다는 것이 붓다의 가르침이다. 왜냐하면 사람들은 한량없는 생을 거치는 동안 끊임없이 유신견에 지배되어 왔는데, 유신견에 지배되어 왔다는 것은 인식주체와 인식대상46에 대한 인식 자체에 오류가 고착되어 있다는 것—이는 인식주체와 인식대상 모두를 있는 그대로 알고 보지 못한다는 것이다—을 의미하므로, 수행에 의해 그 인식 자체를 사실 그대로 할 수 있도록 전환시키지 않는 한, 생각으로 이해하는 것만으로는 유신견을 소멸시킬 수 없기 때문이다.

그렇다면 욕망을 소멸시키는 방법은, 인식을 바르게 할 수 있도록 수행하여, 인식주체와 인식대상을 있는 그대로 알고 봄—앞의 '서장序章'에서 '이 세상의 모든 현상이 마치 흐르는 물처럼 붙잡을 수 없는 것이라는 사실을 알고 본다'라고 한 그것을 말한다—으로써 유신견을 완전히 소멸시키는 길뿐이다. 그러나 이것은 매우 실현하기 어려운 일이다.

사정이 여기에 이르면 합리적인 사고를 하는 사람이라면 다음과 같이 생각할지 모르겠다. "괴로움이라는 것이 그런 구조로 일어나는 것이라고 해도, 우리가 지금까지 이미 겪었고, 현재 겪고 있으며, 장차 겪을 것에 새로이 무엇이 추가된 것은 아니다. 그렇다면 반드시 괴로움에서 완전하게 벗어나기를 구해 욕망을 모두 소멸시키려고 할 필요는 없다. 오히려 그런 구조를 이해하여 욕망을 적절히 절제해서, 괴로움의 발생

---

46 유신견 자체는 인식주체에 대한 인식에 오류가 있는 것이지만, 이는 인식대상에 대한 오류와 표리관계에 있는 것이어서, 인식대상에 대한 인식의 오류도 함께 있는 것이다. 이 점은 뒤의 집성제에서 다시 한 번 설명할 것이다.

을 최대한 줄이고, 불가피하게 겪게 되는 것은 그로 인한 고통을 최소화하는 방법으로 극복해 나가는 편이 현명할 것이다."

만약 이번의 삶으로써 모든 것이 끝난다면, 필자도 이 생각에 동의하겠다. 괴로움에서 벗어나는 것이 가능하다고 해도, 뒤에서 보는 것처럼 그 길이 결코 쉬운 것은 아니기 때문이다.

그러나 만약 이번의 삶이 끝이 아니고, 또 다른 삶을 받아 다시 살게 된다면 어떻겠는가? 새로 받는 삶에서는 이번 삶에서의 기억은 모두 잊게 된다고 하였다. 어렵게 터득한 무아의 이치는 기억에서 사라지고, 다시 또 우리는 심한 자아관념에 지배되고 말 것이다. 그리고 혹시 이번의 삶에서 나에게 주어진 여건은 그런대로 괜찮았던 편이 아닌가? 다음 생에서 지금보다 나은 여건이 주어지리라는 것을 확신할 수 있을까? 그 모든 것이 불확실한 그러한 삶을 한두 번이 아니라, 끊임없이 되풀이하면서 괴로움을 겪어야 한다고 해도 그럴 수 있겠는가?

생각에 여기에 미치면 윤회의 문제를 알아보지 않을 수 없다.

제2절 두 가지 괴로움

두 가지 괴로움

'두 가지 괴로움'이라는 표현은 앞서 본 것처럼, 괴로움을 이 현생에서 겪는 것과 윤회를 거듭하면서 반복하여 겪는 것으로 나누어 생각해 보아야 한다는 의미이다. 왜냐하면 괴로움이 이 현생으로 그친다면 앞

절의 말미에서 언급한 것이 오히려 적절한 대처방법이 될 수 있지만, 만약 윤회를 거듭하면서 반복하여 겪어야 한다면 그것이 충분한 대처방법이 된다고 보기 어렵기 때문이다. 따라서 이 두 가지 괴로움이 내용 자체를 달리 하는 것은 아니므로, 여기에서는 윤회의 문제만을 간략히 살펴볼 것이다.

앞 절의 말미에서 언급한 바와 같은 현실적이고 이성적인 사람일수록 더 알아보려고 하지 않고, 윤회란 자신의 삶에 무언가 결함이 있는 사람이 또 다른 기회를 기대하기 때문이거나 또는 삶이 지속되기를 바라는 심리적 욕구를 충족시켜 주기 때문에 갖는 주관적 신념에 불과할 뿐, 사실이 아닐 것이라고 외면하면서, 윤회를 거론하면 천박한 사람이라고 치부해 버리는 경향이 없지 않다. 조금 신중하고 너그러운 사람이라 해도, 근거를 제시해 보라, 그것을 보고 생각해 보겠다 라고 응수하는 정도가 아닐까 한다.

앞에서 불교의 제1차적 성격을 과학이라고 정의하기는 하였지만, 과학적 방법으로 윤회를 증명할 수는 없다. 만약 그런 입증이 가능하다면 인류는 모두 불교도가 되는 것이 마땅할 것이다. 윤회하면서 괴로움을 겪는 것이 사실이라면 여기에 어떻게 대처해야 할지를 배워야 할 것이고, 그러려면 불교를 외면할 수 없을 것이기 때문이다. 윤회가 만약 사실이 아니라면, 불교는 존재의의가 없는 가르침이라고까지 말할 수 있다. 초기불교의 경전을 한 번이라도 본 사람이라면 누구나 알 수 있듯이 불교는 시종일관 윤회의 원인과 윤회로부터 벗어나는 길을 밝히는 것이기 때문이다. 그래서 역사상 어떤 곳에서든 불교를 탄압할 필요가 있을 때면, 권력자들은 '근거없이 혹세무민하는 무리'라며 이 점을 탄압의 구실로 삼아 왔다.

그렇지만 열린 태도를 가진 독자라면 관심을 갖도록 이끌 정도의 근거가 없는 것은 아니다. 불교 밖에서도 꾸준히 윤회론이 주장되어 왔을 뿐만 아니라, 현대에는 새로운 양상으로 윤회론이 전개되고 있으며, 불교에서도 충분히 수긍할만한 논거에 의해 윤회론을 밝히고 있기 때문이다.

그래서 이 책의 초판에서는 불교가 말하는 것을 제시하기 전에, 먼저 이 자리에서 상당한 지면을 할애하여 윤회론이 역사적으로 전개되어 온 과정과 그 현대적 양상을 언급하였다. 그러나 불교가 말하는 바를 설명하는 자리에 불교 외적인 설명이 너무 많은 듯해서 이 부분을 뒤의 부록으로 옮겨 실었다.

완전히 삭제해 버리지 않은 것은 자료적 가치가 있다는 판단 때문이다. 필자는 우연한 기회에 이런 자료를 접하고, 윤회라는 것이 과연 진실인지 알아보아야겠다는 의도를 갖고 불교를 공부하게 되었는데, 다른 독자에게도 이런 것들이 같은 역할을 할 수 있다고 생각되는 한편, 쉽게 접할 수 있는 자료가 아닐 수도 있어서이다.

관심 있는 독자라면 다음 글로 넘어가기 전 여기에서 부록에 있는 '윤회론의 전개와 현대적 양상'이라는 글을 읽어두는 것도 하나의 방법이 될 수 있다는 점을 알려 둔다.

불교의 윤회 – 전생을 기억하는 지혜

앞에서 언급한 것처럼, 불교는 윤회의 원인과 윤회로부터 벗어나는 길을 밝히는 것을 근본 주제로 삼고 있다. 그래서 윤회를 제외한다면 불교는 그 존재기반이 없다고 할 정도로, 불교와 윤회는 불가분의 관계에 있다. 말하자면 불교의 모든 가르침은 모두 윤회 문제를 지향하고 있다고 해도 과언이 아닌 셈이다. 그렇기 때문에 불교에서 윤회를 어떻게 말하고 있는가를 한두 마디로 정리한다는 것은 어렵기도 하거니와 적절하지도 않다.

그러면 불교의 윤회가 불교 밖의 윤회론과 구별될 만한 특징이 없는가 하면 그렇지는 않다. 근본적으로 다른 점 한 가지가 있다는 것은 분명하게 말할 수 있다. 그것은 누구라도 수행에 의해 감각능력을 정제하고 확장하면 자신의 전생을 스스로 기억할 수 있다고 하는 점이다. 물론 불교 외의 윤회론 연구자들도, "그 동안 사람들이 믿음의 문제라고 보았던 사후세계가, 더 이상 믿음의 문제가 아니라 앎의 문제이다"라고 주장하는 엘리저베스 퀴블러 로스47의 말에 동의한다고들 한다. 그렇지만 그것은 믿음의 정도가 확신의 단계에까지 이르렀다는 것일 뿐, 여전히 신념의 단계에 머물고 있는 것이므로, 차원을 달리 하는 것으로 이해되어야 한다.

전생을 기억하는 이 초월적 정신능력을 불교에서는 '전생을 기억하는 지혜[pubbenivāsa-anussatiñāṇa]'라고 표현하는데, 한역에서는 숙명통宿命通 또는 숙주지宿住智라고 표현한다. 이 능력을 '누구라도' 얻을 수 있다고 한 것은, 반드시 불교의 가르침에 의거하는 사람만이 얻을 수 있는 것은 아니라는 뜻이지, 아무나 얻게 된다는 것은 아니다. 매우 높은 수준의 선정禪定을 성취한 수행자만이 얻을 수 있다고 한다. 그 선정의 수준을 경전에서는 '색계色界 제4선'이라고 표현한다. 여기에서 '선

47 위 부록의 글(='임사체험' 부분)에 등장하는 인물이다.

정'의 개념과 수준에 대하여 간략히 살펴보도록 하겠다.

선정이라는 말은 '선'과 '정'이라는 두 단어의 복합어이다. '선'은 집중을 뜻하는 범어 '드야나dhyāna'(빠알리어로 '자나jhāna')의 음이 '단나檀那' 내지 '선나禪那'로 한역되었다가 뒤의 '나'가 떨어져 나가고 남은 것이고, '정'은 집중이라는 뜻을 가진 한자이므로 위 범어의 의역어에 해당한다. 그러므로 '선정'은 음역어와 의역어가 복합된 특이한 형태의 단어인데, '선禪', '정定', '삼매三昧samādhi' 등과 같은 뜻으로 사용된다. 그 구체적인 뜻을 이제 알아 보자.

사람의 마음은 매우 신속하게 그 대상을 바꾸면서 움직인다. 이것은 조금이라도 수행을 해 본 사람이면 매우 절실히 느끼는 사실이다. 경전에서는 이와 같은 마음의 움직임을, "마치 원숭이가 숲의 나무 사이에서 놀 때, 순식간에 여기저기에서 나무가지를 잡으며, 하나를 놓고 다시 다른 하나를 잡는 것과 같다"48라고 비유하여 표현한다.

이와 같이 마음이 이리저리 제멋대로 움직이는 상태에서는, 정신적 현상이나 신체적 현상들이 일어나고 사라지는 것을, 있는 그대로 알고 볼 수 없다. 그래서 불교는 물론 불교 외의 수행자들도 제멋대로 움직이는 마음을 제어하는 것을 수행의 중요한 목표로 삼아 왔다. 물론 마음을 전혀 움직이지 않게 하는 것이 이상적이지만, 그것은 매우 어렵기 때문에 마음을 하나의 대상에 집중시킴으로써 마음의 움직임을 제어하는 수행방법을 선택한다. 이와 같은 수행의 반복에 의해 '마음[心]'이 하나의 대상[一境]에 집중된 상태[性]'를 선정이라고 표현하는데, 모든 선

••••••••••••
48 앞의 《잡아함경》(제12권) 제289·290 무문경①·②에서 보았던 비유이다.

정의 공통적 요소는 바로 이 '심일경성心一境性'이다.

　그리고 마음이 집중된 그 하나의 대상이 물질적인 것이면 '색계선色界禪', 비물질적인 것이면 '무색계선無色界禪'이라고 하고, 그 각각은 다시 네 가지 단계로 구분된다. '색계'란 물질적 세계, '무색계'란 비물질적 세계라고 번역할 수 있는데, 불교에서는 정신적·신체적 현상, 즉 오온이 일어나는 세계를 욕계欲界·색계·무색계의 세 가지 세계[삼계三界]로 나눈다. 욕계는 감각적 욕망[欲]49이 지배하는 곳이고, 색계는 감각적 욕망은 일어나지 않으나 (정신적 현상과 함께) 신체적 현상이 일어나는 곳이며, 무색계는 신체적 현상 없이 정신적 현상만이 일어나는 곳이다.50

　그러므로 색계선이라는 것은 감각적 욕망을 떠나서 마음이 하나의 물질적 대상에 집중된 상태의 선정을 네 단계로 나눈 것이다. 처음 마음이 감각적 욕망 및 선정을 장애하는 현상들에서 떠나서 하나의 대상에 집중된 상태에 이르면 첫 단계인 초선初禪에 들었다고 하는데, 이 초선에서는, ① 마음을 대상에 집중시키기 위해 그 대상으로 인도하는 '사유[尋]', ② 마음을 대상에 매어 묶는 '숙고[伺]', ③ 감각적 욕망과 장애하는 현상들로부터 떠남에서 오는 '기쁨[喜]'과 ④ '즐거움[樂]',51

· · · · · · · · · · · · ·

49 여기에서 '감각적 욕망'이라 함은 다섯 가지 내적 인식기반의 인식대상이 되는 다섯 가지, 즉 형색·소리·냄새·맛·감촉에 대한 욕망을 가리킨다. 선정의 명칭이 '색계선'과 '무색계선'인 것에서 알 수 있듯이, 욕계 즉 감각적 욕망이 지배하는 상태에서는 선정이 성취될 수 없다. 선정이 성취되었다는 것은 마음에 감각적 욕망이 일어나지 않는 상태가 이루어졌다는 것을 뜻한다.

50 그래서 무색계는 정확하게 5온이 아니라 앞에 나온 4무색온(=색온을 제외한 수·상·행·식온)만의 세계이다. 세 가지 세계는 이해하기 쉽지 않은 구분인데, 상당한 수준의 선정 체험 없이는 이해할 수 없으므로, 여기에서는 이 정도로 그친다.

⑤ 선정의 공통요소인 '심일경성'의 다섯 가지 요소를 갖춘다.

다음 제2선에서는 다섯 가지 중 거친 요소라고 할 수 있는, 의식적 사유와 숙고 없이도 저절로 마음이 대상으로 향하기 때문에 초선 중 ①·②의 두 가지 요소가 사라지고, 다음 제3선에서는 다음으로 거친 요소인 ③ 기쁨이 사라지며, 제4선에서는 마지막 거친 요소인 ④ 즐거움까지 소멸하고, 공통요소인 ⑤ 심일경성만 남는다. 그래서 색계 제4선은 '즐거움도 버리고 괴로움도 버렸으며 기쁨과 근심은 그 이전에 이미 버렸으므로 괴롭지도 않고 즐겁지도 않으며, 평정한 알아차림52이 청정[捨念清淨]한 제4선'이라는 정형적인 문구로 표현된다.

불교에서 선정의 수준은 색계 4선과 그 다음 무색계 4선53에, 모든 심리작용이 다 정지된 상태의 선정[소위 멸진정滅盡定]의 순서대로, 모두 아홉 단계[소위 구차제정九次第定]로 구분된다. 따라서 전생을 기억

• • • • • • • • • • • • •

51 '기쁨'은 정신적인 희열을 가리키고, '즐거움'은 온 몸으로 느끼는 행복한 느낌을 가리킨다.
52 '평정[捨]'에는 수온 중의 평정과 행온 중의 평정[行捨]이라는 두 가지가 있다. 전자는 괴롭지도 않고 즐겁지도 않은 중립적인 느낌을 말하고, 행온 중의 평정은 정진과 3선근(=무탐·무진·무치)이 마음으로 하여금 평등하고 정직하며 작용 없이 머물게 하는 것을 말하는 것으로, 들뜸을 대치해서 고요히 머물게 하는 작용을 한다.(=《성유식론》 제6권) 본문의 '평정'은 행온 중의 평정이다.(=《구사론》 제28권) 그리고 '알아차림[念]'은 빠알리어 '사띠sati'를 번역한 말로, 수행자의 몸과 마음에 일어나는 현상을, 일어나는 대로 놓치지 않고 관찰하여 알아차리는 것을 가리키는 수행용어인데, 뒤의 도성제에서 자세히 설명될 것이다.
53 그 네 가지는 선정에 드는 순서에 따라, 물질에 대한 지각을 완전히 건너 무한한 허공을 대상으로 한 공무변처정空無邊處定, 무한한 의식을 대상으로 한 식무변처정識無邊處定, 아무 것도 없음을 대상으로 한 무소유처정無所有處定, 지각으로서의 작용은 없지만 지각이 전혀 없는 것은 아닌 비상비비상처정非想非非想處定이다.

하는 지혜의 기반이 되는 색계 제4선은 아홉 단계 중 제4단계라는 것을 알 수 있다. 아홉 단계 중 네 번째이니 대단치 않은 것으로 생각할 수 있으나, 이 선정이 불교에서 가장 근본이 되는 선정이므로 그렇게 오해해서는 안된다. 나머지 다섯 단계의 선정은 오히려 보조적인 것이라고 생각해도 될 정도이다. 전생을 기억하는 지혜를 이해하기 위해 이 정도까지 선정에 대해 설명할 필요는 없지만, 뒤의 도성제에서 어차피 언급되어야 할 사항이어서 이 기회를 이용하여 대략을 밝혔다.

상좌부의 수행이론서 《청정도론淸淨道論Visuddhimagga》54에서는 이 지혜를 얻는 방법을 다음과 같이 설명한다. 수행자는 조용한 곳에서 순서대로 색계 4선에 든 다음 제4선에서 나와서, 그 자리에 앉기 전까지의 자신의 행위, 즉 정신적·신체적 현상으로 마음을 기울여 역순으로 기억하는데, 매우 소상하게 한다.

자리에 앉던 것, 자리를 마련하던 것, 방으로 들어오던 것, 가사와 발우를 정돈하던 것, 밥을 먹던 것, 마을로부터 돌아오던 것, 마을에서 탁발托鉢하던 것, 탁발을 위해 마을로 들어가던 것, 절에서 나가던 것 등의 일체 행위, 이른 아침에 했던 행위, 지난 밤 마지막 삼경三更에 했던 행위, 초경初更에 했던 행위 등으로 말이다. 그런 다음 역순으로 전 날, 이틀 전, 3일 전, 4일 전, 5일 전 행했던 일 등으로 향하는데, 만약 조금이라도 분명하지 않은 것이 있으면, 다시 기초가 되는 제4선에 들었다

• • • • • • • • • • • • • •

54 5세기경 스리랑카에서 활동한 인도 스님 붓다고사Buddhaghosa가 쓴 수행에 관한 이론서인데, 대림 스님의 번역본(=제2권 p.358 이하)에서 요약하였다. 이 문헌은 남방 상좌부 불교이론의 기준으로 간주되는 것이다.

가 나와서 마음을 기울인다. 이 제4선의 선정을 성취한 수행자는 이와 같이 역순으로 반복해 기억해 나감으로써 분명하게 기억해 낼 수 있다고 한다.

분명치 않을 때 선정에 들고 나옴[入出]을 그 성취방법으로 이용하는 점을 제외하면, 이것은 부록의 글에서 본 연령역행최면의 수법과 매우 유사하다. 그 최면시술자들이 모방했을 가능성이 크다. 이 방법은 일찍부터 불교문헌을 통하여 서방에도 알려져 있었을 것이기 때문이다. 열흘 동안, 보름 동안, 한 달 동안, 일 년 동안, 같은 방법으로 십 년, 이십 년, 나아가 이번 생의 자신의 재생으로 연결되던 시점, 이어서 전생의 죽는 순간의 정신적·신체적 현상으로 향해 기억하는 것이다. 계속 같은 방법으로 역행하면 전생, 전전생, 세 생, 네 생, 나아가 한량없는 전생의 갖가지 모습들을 상세하게 기억할 수 있다고 한다.

이 지혜를 경전은 다음과 같이 설명한다. 글은 《디가 니까야》 제2 사문의 과보경[Sāmaññaphala sutta]에서 인용한 것이지만, 많은 경전에서 동일하게 표현하고 있다.

그는 이와 같이 마음이 삼매에 들고, 청정하고, 깨끗하고, 흠이 없고, 번뇌가 사라지고, 부드럽고, 적합하고, 안정되고, 흔들림이 없는 상태에 이르렀을 때 전생을 기억하는 지혜로 마음을 향하게 하고 기울게 합니다.

그는 수많은 전생의 갖가지 삶들을 기억합니다.

즉 한 생, 두 생, 세 생, 네 생, 다섯 생, 열 생, 스무 생, 서른 생, 마흔 생, 쉰 생, 백 생, 천 생, 십만 생, 세계가 파괴되는 여러 겁劫, 세계가 생성되는 여러 겁, 세계가 파괴되고 생성되는 여러 겁 동안, '어느 곳에서 이런 이름을 가졌고, 이런 종족이었고, 이런 용모를 가졌고, 이런 음식을 먹었고, 이런

즐거움과 괴로움을 경험했고, 이런 수명의 한계를 가졌고, 그 곳에서 죽어
다른 곳에서 다시 태어나 그 곳에서는 이런 이름을 가졌고, 이런 종족이었
고, 이런 용모를 가졌고, 이런 음식을 먹었고, 이런 즐거움과 괴로움을 경
험했고, 이런 수명의 한계를 가졌고, 그 곳에서 죽어 여기 다시 태어났다.'
라고.

　이렇게 한량없는 전생의 갖가지 모습들을 그 특색과 더불어 상세하게 기
억해 냅니다.

상식적 의문

　믿기 어려운가? 우리의 상식에 어긋난다는 의문을 제기하는 분들이
있다. 이 세상의 인구가 점차 증가해 온 것은 누구나 알고 있는 사실인
데, 늘어난 사람들은 도대체 어디에 있다가 나타났다는 것인가?

　물론 불교에는 이 점에 대해 설명이 되어 있다. 그러나 보통의 사람
들이 보고 들어서 알 수 있는 영역을 벗어나 있다. 그래서 이에 대한 설
명을 듣기에 앞서, 우리 인간의 일상적 감각능력이 매우 제한적이라는
사실을 수긍할 수 있는 겸허한 자세가 필요하다. 그것이 없다면 설명은
아무런 해답도 될 수 없을 것이기 때문이다. 우리의 이 일상적 감각능
력의 결함은, 뒤에서 '연기緣起'의 이치를 설명하는 곳에서도 다시 한번
부각될 것이다. 그리고 그럼에도 남는 의문은 수행을 통해 해답을 찾는
길밖에 없다.

　불교의 해답은 두 가지 방향에서 찾을 수 있다. 하나는 이 세상에는

우리가 살고 있는 태양계와 같은 세계가 매우 많이 있고, 그 세계에도 인간과 같은 생명체들이 살고 있다고 하는 것이다. 이 점은 아래에서 불교의 세계관을 통해서 살펴볼 것이다.

다른 하나는 이 세계 내에서도 다른 윤회세계들이 있어 그 세계들로부터 전생轉生, 즉 옮겨 태어난다는 것이다. 즉 불교에서는 오온을 가진 중생衆生들이 윤회하는 세계에 여섯 가지, 즉 육도六道가 있다고 한다. 나쁜 순서대로 지옥―아귀餓鬼―동물[축생畜生]―아수라阿修羅―인간―하늘[天]이다. 자신이 지은 행위의 과보에 의해 자신이 속한 세계나 다른 세계로 전생한다는 것이다. 이를 '육도 윤회'라고 표현한다.

동물과의 교류를 완전히 부정하는 견해를 표명하는 문헌도 있지만, 동물에서 사람으로, 또 사람에서 동물로 윤회하는 사례가 경전에서 적잖게 언급되고 있다. 또 붓다께서도 자신이 전생에 코끼리 등의 동물이었던 기억을 밝히신 적이 여러 번 있으므로, 동물과 사람간의 상호 전생을 전면 부정할 수는 없다고 생각된다. 그렇다고 해서 동물과 인간과의 전생이 보편적 현상이라고 보기는 어렵다.

필자 개인적으로는 사람은 동물보다는 지옥이나 하늘과의 상호전생 가능성이 더 많은 것이 아닐까 생각한다. 우선 필자 자신이 어떤 동물과도 교감이 어렵다. 그러나 지옥이라면 조금 다르다. 필자가 적어도 이번 생에 지옥에 가지 않을까 라는 두려움을 가진 기억이 없던 과거에 이미, 한없는 나락奈落으로 떨어지고, 칼산[刀山] 위로 걸어갈 것을 명령받는 악몽을 꾸고 깨어난 적이 여러 번 있었기 때문이다. 그것도 불교를 본격적으로 공부하기 전의 일이므로, 가까운 전생에 지옥을 겪었으리라는 것 외에 달리 설명하기는 어려운 것이 아닌가 한다. 하늘이라면, 그의 가까운 전생이나 내생이 천국이 아닌 곳이라고는 상상조차 할 수 없는 선량한 이들을 우리 주변에서 쉽게 발견할 수 있다.

사람이 죽으면 바로 다음 순간 사람의 몸을 받는다고 보는 부파나, 또는 49일 이내에 사람의 몸을 받는다고 보는 부파 등이 있지만, 필자의 생각은 조금 다르다. 즉 대부분의 사람은 죽으면 일단 그 생과 전생에서의 업에 따라 지옥의 괴로움이나 천상의 즐거움, 때에 따라서는 그 양자를 반드시 겪은 다음에 사람으로 태어나는 것이 아닐까 하는 것이다.55 몇 가지 근거가 있다. 첫째 대부분의 사람은 지옥과 천상을 각각 겪을 정도의 악업과 선업을 겸하여 행하는 것이 아닐까 생각된다는 점이다. 둘째 바흐, 모차르트, 베토벤과 같은 정도의 뛰어난 재능을 가진 음악가라면, 그의 바로 다음 생에 그의 재능이 드러나지 않은 채 사장死藏되는 일은 없을 것이라고 필자는 생각한다. 그래서 그들의 사망일 가까운 시기에 태어난 뛰어난 음악가가 있는지 찾아 보았으나, 전혀 찾을 수 없었다는 점이다. 그들이 죽고 나서 바로 인간으로 태어난다면, 이것은 가능한 일이 아니라고 생각된다. 셋째 깨달음을 실현한 수다원은 악도에 떨어지지 않고 천신과 인간으로 최대한 일곱 번 왕래하는 이내에 아라한이 된다고 설명하는데,56 여기에서 죽어 바로 사람으로 태어나는 것이 아니라, 반드시 '천신과 인간으로' 일곱 번 태어나는 것으로 설명하는 것이 통설적인 견해라는 점이다.

만약 필자의 이 생각이 사실이라면 지옥과 하늘에는 다음에 사람으로 재생할 무수한 중생이 있을 것이므로,57 제기된 의문은 저절로 사라

• • • • • • • • • • • • • •

55 이를 새로운 용어를 하나 만들어서 표현한다면 '격취隔趣윤회'라고 할 수 있겠다.
56 이 문장의 뜻과 '수다원'의 뜻은 뒤의 제4장에서 자세히 설명될 것이다.
57 이어지는 설명에서와 달리 지옥과 하늘이 반드시 공간적으로 실재하는 것은 아닐지도 모른다고 필자는 생각한다. 왜냐하면 사람의 의식이란 반드시 공간적으로

질 것이다.

다음 이 태양계 외의 다른 태양계와의 전생도 넓은 범위에서는 위의 육도 윤회에 포함되므로, 다른 태양계와의 전생문제 때문에, 불교의 세계관을 특히 살펴보아야 할 필요는 없다. 그러나 그 외에 여섯 가지 윤회세계의 소재도 알아보아야 하고, 또 앞의 경전에서 언급된 '세계가 파괴되는 여러 겁, 세계가 생성되는 여러 겁, 세계가 파괴되고 생성되는 여러 겁 동안'의 전생이라는 의미도 이해되어야 하므로, 이 기회에 불교의 공간적·시간적 세계관을 최대한 요약해서 알아보도록 하겠다.58 이야기로 생각하고 가벼운 마음으로 읽기를 권한다.

먼저 공간적 세계관이다. 세상의 가장 아래에는 허공에 의지하여 거대한 바람의 바퀴 즉 풍륜風輪이 있고, 그 위에는 거대한 물의 바퀴 즉 수륜水輪이 있으며, 다시 그 위에는 거대한 쇠의 바퀴 즉 금륜金輪이 있고, 그 위에 욕계와 색계의 세상이 전개된다. 그리고 하나의 단위세계마다 중심에 수미산須彌山이 있고, 그 주위로 산과 바다 및 대륙이 배치되며, 그 위로 욕계의 여섯 하늘, 다시 그 위로 색계 초선 내지 제4선의 하늘이 있다. 무색계는 물질적 세계가 아니므로 공간적 개념이 적용되지 않는다.

지옥은 4대륙의 하나로서 현재 우리와 같은 사람들이 살고 있는 남섬부주=염부제閻浮提의 지하에 있고, 아귀·축생·아수라의 거처는 욕

- - - - - - - - - - - - - -

실재해야만 지옥의 괴로움과 하늘의 즐거움을 느낄 수 있는 것은 아니라고 생각하기 때문이다.
58 이하의 내용은 《장아함경》 제5 소연경小緣經, DN 제27 악간냐경[Aggañña sutta], 《구사론》 제11, 12권 중에서 요약한 것이다.

계의 땅·물·하늘이다.

그 수미산의 정상에 하나의 태양이 있다고 하니, 말하자면 이 단위세계가 하나의 태양계인 셈이다. 이 세상에는 이와 같은 단위세계가 1천(=소천세계)×1천(=중천세계)×1천(=대천세계) 개가 있다고 하는데, 이를 삼천대천세계라고 부른다.

다음 시간적 세계관은 겁劫kappaⓈkalpa의 개념부터 알아보아야 한다. 그런데 이것은 현대적인 시간 단위로는 측정하기 어렵다. 그래서 비유로만 말하는데, 두 가지 비유를 든다. 하나는, 사방과 높이가 각각 7마일 정도 되는 성 안에 가득찬 겨자를 백 년에 한 알씩 꺼내어서 이를 다 꺼낸 세월도 1겁에 미치지 못한다는 것이고, 또 하나는 같은 크기의 바위산을 백 년에 한 번씩 얇은 비단옷으로 스치고 지나가서 그 바위산이 다 닳아 없어지는 세월도 1겁에 미치지 못한다는 것이니,[59] 엄청나게 긴 시간을 가리킨다.

이 세계는 20겁에 걸쳐 생성되어[성成] 20겁 동안 머물다가[주住] 20겁에 걸쳐 파괴되고[괴壞] 20겁 동안 비어 있다가[공空], 다시 생성되는 과정을 반복한다고 한다. 말하자면 80겁을 단위로 성·주·괴·공을 거듭한다는 것인데, 지금까지 3아승기阿僧祇asaṅkha 겁 동안 반복되었다고 한다. '아승기'를 경전의 설명에 따라 필자가 계산해 보니, 10의 16제곱인 경京의 34,359,738,368제곱이라는 상상할 수 없는 수가 되

• • • • • • • • • • • • • •

59 전자는 개자겁芥子劫이라고 하고, 후자는 반석겁磐石劫 또는 불석겁拂石劫이라고 하는데, 《잡아함경》(제34권) 제948 성경城經과 제949 산경山經에 각각 나오는 설명이다.

었다. 그냥 시작을 알 수 없다고 생각하라는 뜻이 아닐까 한다.

그런데 이 세계의 파괴와 생성은 색계 제4선의 하늘을 제외한 그 아래의 하늘까지만 진행된다. 그래서 이 세계가 파괴되는 괴겁壞劫이 시작되면 지옥에는 중생이 다시 태어나지 않고, 지옥을 비롯하여 각 세계에서 머물 과보가 다한 중생들은 점차 이동하여 최종적으로 색계 제4선의 하늘에 태어나게 되며, 그 사이에 엄청난 화재火災와 수재水災 및 풍재風災가 순차 들이닥쳐 제3선의 하늘까지를 모두 파괴해 버린다고 한다. 그러면 괴겁이 끝나고, 다음 20겁 동안은 허공만 남아 있는 공겁空劫이 계속된다. 공겁이 끝나고 허공 중에 미세한 바람이 일기 시작하면 20겁에 걸쳐 세계가 생성되는데, 그 동안 중생들은 점차 제4선의 하늘로부터 아래의 세상으로 이동하여 태어나기 시작한다. 그래서 지옥에 중생이 처음 태어나면 세계가 생성되는 성겁成劫이 끝나고, 그 다음부터는 세계가 머무는 주겁住劫이 된다.

주겁의 첫 1겁에 한량없던 인간의 수명이 8만 세로부터 10세까지 점차 줄어들고, 제2겁부터 제19겁까지는 10세부터 8만 세까지의 증가와 다시 10세까지로의 감소를 매 겁마다 거듭하며, 제20겁이 되면 10세부터 8만 세까지 증가한 뒤에, 새로 지옥에 중생이 태어나지 않으면서 다시 괴겁이 시작된다는 것이다.

여기에서 인간 증가의 단서를 엿볼 수 있는 성겁시의 인간계 생성단계를 조금 자세히 보도록 하겠다. 세계가 생성될 때 대부분의 중생들은 수명과 공덕이 다하여 색계의 하늘로부터 점차 이동하여 인간세계로 오기 시작한다. 처음에는 인간들도 기쁨을 음식으로 삼고 스스로 빛나며 허공을 다닌다. 그 초기에 인간세계도 허공 아래는 오직 물만으로 되어 있고, 완전한 암흑 속에 있다. 태양과 달이나 별도 없고, 인간에게 남녀의 구별도 없다. 그러다가 '마치 끓인 우유가 식으면 엷은 막이 생기는 것처럼' 땅이 물 위에 퍼져 생겨나는데, 그것은 달콤한 향기와 맛을 가진 것이다. 궁금히 여긴 인간이 그것을 떠먹어 보고는 그 맛에 압도되어 탐욕이 생기고, 그것을 먹게 되면서 인간에게서 광채가 사라지며, 세상은 완전한 암흑으로 뒤덮이게 된다.

그러자 두려움에 휩싸인 인간세계에 태양과 달과 별이 나타나고, 그러면서 밤낮의 구별과 계절이 알려진다. 달콤한 땅을 음식으로 삼으면서 인간의 몸은 견고하게 변하고, 용모의 잘생김과 못생김이 구별되며, 그와 함께 거만과 멸시가 생겨난다. 그러자 땅의 달콤함은 사라지고, 대신 땅에서 자연적인 부산물이 생겨나며, 이를 음식으로 취하면서 인간에게는 배설을 위한 기관이 생기고, 그와 함께 인간에게 남녀의 구별이 등장한다.

그때부터 남녀 사이에 애욕이 생겨 성교가 이루어지고, 이를 가리기 위해 인간은 집을 짓게 되며, 집에서 살게 되면서 땅의 부산물을 저장해 축적한다. 그러자 저절로 생기던 부산물이 사라져, 음식을 얻기 위해 인간은 경작을 해야 하며, 그렇게 되면서 인간사회에 남의 것을 제 마음대로 취하는 도둑이 등장한다. 이를 방지하기 위해 규범의 제정과 그 이행을 강제하기 위한 계급의 출현이 이루어지면서, 우리들이 이해하는 방식으로 사회변화가 있게 된다.

요컨대 중생들은 열반을 증득해 윤회에서 벗어나지 않는 한, 결코 없어지지 않고 무한히 거듭해 육도에서 윤회를 계속한다는 것인데, 이것이 불교가 말하는 윤회의 전모이다. 붓다께서는 이것을 요약하여 다음과 같이 말씀하셨다.

비구들이여, 이 윤회는 시작을 알 수가 없다. 무명에 덮힌 중생들은 갈애에 속박되어 유전하고 윤회하므로 그 최초의 시작을 알 수가 없다.

비구들이여, 그대들이 오랜 세월을 통해서 유전하고 윤회하면서 목이 잘려 흘리고 흘린 피가 훨씬 더 많아 사대양에 있는 물에 비할 바가 아니다.

비구들이여, 그대들이 오랜 세월을 소로 태어나 소가 되어 ···· 60 양으로 태어나 양이 되어 ···· 사슴으로 태어나 사슴이 되어 ···· 돼지로 태어나 돼지가 되어 목이 잘려 흘리고 흘린 피가 훨씬 더 많아 사대양에 있는 물에 비할 바가 아니다.

비구들이여, 그대들이 오랜 세월을 도둑으로 살면서 마을을 약탈하다 사로 잡혀 ····도둑으로 살면서 길섶에서 약탈하다 사로잡혀 ···· 도둑으로 살면서 부녀자를 약탈하다 사로잡혀 목이 잘려 흘리고 흘린 피가 훨씬 더 많아 사대양에 있는 물에 비할 바가 아니다.61

윤회에 대해서는 또 다른 의문이 없지 않겠지만, 그것은 다음 장에서 다시 또 알아보기로 하겠다.

· · · · · · · · · · · · · ·

60 네 개의 점 '····'의 표시는, 문단의 뒤에 나오는 '목이 잘려 흘리고 흘린 피가 훨씬 더 많아 사대양에 있는 물에 비할 바가 아니다'라는 표현이 생략되어 있음을 나타낸다. 초기불교의 경전에는 이와 같은 반복 표현이 많이 등장한다. 뒤에서도 이 '····' 부호는, 앞 글 중 중간 부분이 생략되었다는 것을 나타내는 부호로 사용하고, 세 개의 점 '···'의 표시는 단순히 글의 일부가 생략되었음을 나타내는 부호로 사용될 것이다.

61 SN 15:13 삼십명경[Tiṃsamattā sutta]에 나오는 표현인데, 이와 같은 글이 여러 경전에 등장한다.

제3절 세 가지 괴로움

많은 사람들은 불교에 대해 비관적이고 현실도피적이라는 시각을 갖고 있는 것으로 생각된다. 이 장을 끝내기 전에 이 점에 대해 짚어 볼 필요가 있다. 결론부터 말한다면 모두 오해와 편견이라고 생각한다.

여태까지 인생의 본질적 성격이 괴로움이라고 거듭 설명하고서도, 불교의 진단이 비관적이 아니라고 주장하는가 할지 모르겠다. 그러나 비관주의란 어떤 것인가? 어떤 환자가 질병에 걸렸을 때, 당신은 이와 같은 질병에 걸렸다고 알린다면 비관적이라고 할 수 있는가? 만약 나을 수 있는 질병인데도 사실과 달리, 당신은 불치의 병에 걸렸다고 한다면 비관적이라고 말할 수 있을 것이다. 그러나 불교는 그렇게 말하지 않는다. 사실 그대로 당신은 괴로움에 놓여 있다고 말하고, 그러면서 그 괴로움은 외부 환경에 그 원인이 있는 것이 아니라, 당신 내부에서 당신 스스로가 만든 것이라고 원인을 진단한다. 그리고 다시 당신은 그 괴로움으로부터 벗어날 수 있는데, 이렇게 해야 벗어날 수 있다고 그 처방까지 소상히 알려 준다.

이것을 비관적이라고 말할 수 있는가? 오히려 어떤 질병에 걸려 있는 환자에게, 당신은 아무렇지도 않다, 괴롭더라도 이런 사항들을 믿고 그대로 따른다면 영원히 편안해질 수 있다고 말하면서 질병의 치료를 그만 둔다면, 그것이 무책임한 낙관주의가 아닐까? 그렇게 본다면 불교는 낙관적이지도 비관적이지도 않다. 지극히 현실적이고 사실적이라고 해야 할 것이다.

사람의 삶에는 괴로움과 함께 즐거움이 공존하지 않는가, 그 즐거움을 지나치게 무시하는 것이 아닌가 라고 할지도 모르겠다. 앞서 언급한 것처럼 인생에는 적지 않은 즐거움이 있다는 것을 불교도 모르지 않는다. 오히려 불교는 범부들이 알지 못하여, 범부들로서는 누릴 수 없는 즐거움도 알고 있다. 그렇지만 그 모든 즐거움은 결함이 많거나 제한적이어서 본질적으로 괴로움의 성격을 갖는 것이라고 보아야 한다고 말한다.

범부들이 구하는 감각적 욕망의 즐거움은, 얻는 데 많은 노력을 요하고, 유지하는 데 불안이 따르지만 오래 지속되지 못하며, 사라질 때 괴로움이 반드시 찾아온다. 그래서 이것은 마치 갈증난 사람이 갈증을 없애기 위해 소금물을 마시는 것과 같다고 말한다.62 처음에는 갈증이 가시는 듯하지만, 곧이어 더 심한 갈증이 찾아오고, 여기에서 벗어나려고 다시 소금물을 마시면 더 심한 갈증을 초래하며, 나중에는 갈증만 늘릴 뿐 갈증을 가시게 하는 데 전혀 도움을 주지 못한다. 그래서 이것은 결함이 매우 많은 즐거움이라고 말한다.

반면 수행자가 선정을 닦으면 초선의 단계에서 감각적 욕망으로부터 떠나게 되는데, 그 때 떠나는 자체만으로, 늘 짊어지기를 여의지 못했던 무거운 짐을 벗어버린 것에서 오는 것과 같은 상상하기 어려운 즐거움을 누리고, 나아가 선정이 깊어지면 깊어질수록 온 몸으로 느끼는 지극한 행복은 그 어떤 감각적 욕망의 즐거움과도 비교할 수 없는 것이라고 함이 붓다의 가르침이다. 그렇지만 이런 즐거움도 일시적인 것으로서, 선정에서 나오는 순간 무너지는 성질을 갖는다는 점에서 제한적

• • • • • • • • • •

62 《증일아함경》(제42권) 제46 결금품結禁品의 제10경에서 "욕망은 싫증내는 일 없어 짠물을 마시는 것과 같다[欲無厭患, 如飮鹹水]"라고 말씀하셨다.

인 즐거움이라고 말한다.

무너짐 때문에 즐거움이 괴로움의 성질을 갖는다면, 즐겁지도 않고 괴롭지도 않은 중립적인 느낌도 많지 않은가 할지 모르지만, 이런 중립적 느낌은 그 극치라고 할 수 있는 제4선에서의 것조차 결국은 형성된 것63으로부터 주어진 것이어서 변하여 바뀔 수밖에 없는 것이므로 괴로움의 성질에서 벗어날 수 없다는 것이 붓다의 가르침이다.

그래서 불교는 괴로움에는 괴로움 자체의 괴로움[고고苦苦], 무너짐의 괴로움[괴고壞苦], 형성된 것의 괴로움[행고行苦]이라는 세 가지가 있다고 말한다.64 첫째 괴로움은 그 자체가 괴롭다는 것을 뜻하고, 둘째 즐거움은 무너질 수밖에 없기 때문에 괴로움의 성질을 가지며, 셋째 괴롭지도 않고 즐겁지도 않은 느낌은 변하여 바뀔 수밖에 없기 때문에 괴로움의 성질을 갖는다는 것이다.

이러하므로 즐거움은 가장 뛰어나다는 선정의 즐거움조차도 괴로움이라는 성격을 갖는다. 그런데도 불구하고 사람들은 그 즐거움의 맛에 탐착해서 그 본질적인 성격을 사실대로 알지 못하고, 그런 즐거움을 추구하는 것이 괴로움에서 벗어나는 길인 양 착각하여, '괴로움의 성스러

• • • • • • • • • • • • • •

63 '형성된 것'이란 여러 조건들에 의존해 생긴 무상한 현상을 '고정적 존재'(=뒤의 p.107, 110, 132 참조)로 형성한 것이라는 뜻이니, 변하여 바뀔 수밖에 없는 것임을 나타내는 표현이다.

64 SN 38:14 괴로움경[Dukkha sutta] 및 SN 45:165 괴로움의 성질경[Dukkhatā sutta] 등 여러 경전에 나오는 설명인데, '고고'는 결국 '행고'의 일부분이라고 말할 수 있다. 그래서 《잡아함경》(제17권) 제474 지식경止息經에서 붓다께서는, "나는 형성된 모든 것은 무상하기 때문이며, 형성된 모든 것은 변하여 바뀌는 법이기 때문에 존재하는 모든 느낌은 모두 다 괴로움이라고 말한 것이다"라고 말씀하셨다.

운 진리'를 제대로 이해하지 못한다. 그러니 그런 즐거움에 결코 호의를 베풀 수는 없다. 붓다께서는 이런 사실을 다음과 같은 비유로써 말씀하셨다.[65]

(붓다) "대왕이여, 나는 지금 대왕을 위해 간단한 하나의 비유로써 생사의 맛과 그 근심스러움을 설명할테니, 대왕은 들으시고 잘 생각하십시오.

과거 한량없는 겁 전에, 어떤 한 사람이 광야에서 사나운 코끼리에게 쫓겨 달아나다가 우물을 발견하였습니다. 그 옆에 있는 큰 나무로부터 뿌리가 우물 속으로 나 있어, 그는 그 나무뿌리를 타고 내려가 우물 속에 몸을 숨겼습니다. 그러나 검은 쥐와 흰 쥐 두 마리가 번갈아 나무뿌리를 갉아대었고, 우물 사방에는 네 마리의 독사가 있어 그를 물려고 하였으며, 또 우물 밑에는 독룡이 있었습니다.

그는 독룡과 독사가 몹시 두려웠고 나무뿌리는 끊어질까 걱정이었는데, 나무에는 벌통이 달려 있어서 벌꿀이 다섯 방울씩 입에 떨어졌습니다. 나무가 흔들리면 벌들이 내려와 그 사람을 쏘았고, 한편 들에는 불이 일어나 그 나무를 태우고 있었지만, 그는 그 맛에 취하여 자신의 위험을 잊었습니다."

(왕) "그 사람은 어떻게 한량없는 고통을 받으면서 그 조그만 맛을 탐할 수 있었습니까?"

(붓다) "대왕이여, 그 광야란 끝없는 무명의 기나긴 밤을 비유한 것이요, 그 사람은 중생을 비유한 것입니다. 코끼리는 무상無常을 비유한 것이고, 우물은 생사를 비유한 것이며, 그 험한 언덕의 나무뿌리는 목숨을 비유한

• • • • • • • • • • • •
65 붓다께서 꼬살라국의 빠세나디 왕에게 말씀하신 《불설비유경佛說譬喩經》이라는 아주 짧은 경전의 글이다.

것이고, 검고 흰 쥐 두 마리는 낮과 밤을 비유한 것이며, 나무뿌리를 갉는
다는 것은 순간순간 목숨이 줄어드는 것을 비유한 것이고, 네 마리의 독사
는 사대四大를 비유한 것이며, 벌꿀은 다섯 가지 감각적 욕망을 비유한 것
이고, 벌은 삿된 소견[邪見]을 비유한 것이며, 불은 늙음과 병을 비유한 것
이고, 독룡은 죽음을 비유한 것입니다.

그러니 대왕이여, 생로병사는 참으로 두려워해야 할 것입니다. 항상 그
것을 명심하고 다섯 가지 감각적 욕망에 사로잡히지 않아야 합니다."

불교가 현실도피적이라는 세상 사람들의 지적은, 그들이 중시하는
가치들을 불교에서는 그다지 중요하게 보지 않기 때문일 것이다. 어떤
가치들은 우리를 괴로움으로 빠트리는 주범主犯이라고 해서 단호히 배
격해야 한다고 선언하기까지 한다. 그래서 세상 사람들이 중시하는 가
치에 연연하지 않으면서, 불교의 가르침을 배우고 그 가르침에 따라 살
며 수행하는 것을 일러, '불교에 빠졌다'라고 말한다.

그러나 만약 우리 삶의 현실이 본질적으로 괴로움이라는 진단에 동
의한다면, 그리고 이번 생生에서뿐만 아니라, 아득히 많은 세월 동안
생사를 되풀이하면서 그런 괴로움을 받아 왔고, 앞으로도 계속 그럴 것
이라는 붓다의 가르침을 신뢰한다면, 과연 그렇다고 해도 현실도피적
이라는 평가를 할 수 있을까? 그와 같은 괴로움의 현실 이상 가는 현실
이 이 세상에 있다는 것인가?

생각이 여기에 이른다면 불교는 현실도피적이 아니라, 가장 치열한
현실대치對峙라고 보아야 하지 않을까?

제2장

괴로움은 어떻게 일어나는가

이제 괴로움은 어떻게 일어나는 것인가라는 괴로움의 일어남의 성스러운 진리[집성제集聖諦]에 대해 알아보자.

사실 지금까지의 설명에도 그 중요한 부분은 나타나 있었다. 즉 괴로움은 그 어떤 것이든 우리의 욕망이 그 원인인데, 욕망은 '나'에 대한 집착 때문에 일어나며, 이 집착은 인식의 오류 때문에 일어난다는 것이다. 이렇게 중요한 요점은 이미 설명되었지만, 체계적인 설명은 아직 이루어지지 않았다. 그래서 이 집성제는 괴로움이 일어나는 구조를 체계적으로 밝히는 것이다. 그렇게 해야만 괴로움을 종식시키는 길을 찾을 수 있기 때문이다.

연기緣起의 이치

만약 추구하는 방법이 잘못되면 원인을 제대로 파악할 수 없을지도 모른다. 그러나 이치에 맞게 추구하면 반드시 괴로움이 일어나는 필연적인 인과因果 구조를 알 수 있을 것이다, 이것이 바로 붓다께서 밝히려고 하셨던 것이다. 그리고 마침내 그것을 밝혀내셨으니, 곧 열두 가지 요소로 구성된 조건의 구조, 즉 '십이지연기十二支緣起', 줄여서 '십이연기'이다. 이것이 중요한 의미를 갖는 것은 괴로움이 일어나는 필연적인 인과구조라는 데 있다.

먼저 이것을 설명하는 경전의 글부터 보자. 글은 《잡아함경》(제12권) 제293 매우 심오함경[甚深經]에서 붓다께서 말씀하신 것이다.

나는 이미 의심을 건넜고 망설임[猶豫]을 떠났으며 삿된 소견의 가시를 뽑았으므로 다시는 퇴전退轉하지 않는다. 마음에 집착하는 것이 없는데, 어느 곳에 '나'가 있겠는가?

저 비구들을 위해서도 법을 설명하였으니, 저 비구들을 위해 성인들이 세상에 출현해, 공空과 상응하는 연기緣起[1]를 그대로 따른 법을 설명하였다. 이 일이 있기 때문에 이 일이 있고[有是事故 是事有], 이 일이 일어나기 때문에 이 일이 일어나는 것[是事起故 是事起]을 말하는 것이다.

무명無明을 조건으로 해서 형성[행行]이 있고, 형성을 조건으로 해서 의식[식識]이 있으며, 의식을 조건으로 해서 명색名色이 있고, 명색을 조건으로 해서 육입처六入處가 있으며, 육입처를 조건으로 해서 접촉[촉觸]이 있고, 접촉을 조건으로 해서 느낌[수受]이 있으며, 느낌을 조건으로 해서 갈애[애愛]가 있고, 갈애를 조건으로 해서 취착[취取]이 있으며, 취착을 조건으로 해서 존재[유有]가 있고, 존재를 조건으로 해서 태어남[생生]이 있으며, 태어남을 조건으로 해서 늙음·죽음[노사老死]과 근심·슬픔·번민·괴로움[우비뇌고憂悲惱苦]이 생기는 말하는 것이니, 이와 같고 이와 같이 해서 순전한 괴로움의 큰 무더기[純大苦聚]가 일어나며, ···· 이와 같고 이와 같이 해서 순전한 괴로움의 큰 무더기가 소멸한다는 것이다.

• • • • • • • • • • • •

1 '공과 상응하는 연기'의 의미는 이어지는 글에서 설명될 것이다.

이번 장에서는 이 내용이 설명의 주된 대상이 될 것이다. 그러나 바로 이 내용을 설명하기보다는, 앞에서도 한 번 나온 적이 있는 '연기緣起'라는 말의 뜻과 그 이치에 대해 먼저 자세히 알아보는 편이 이해하기에 좋다.

'연기'란 붓다께서 발견하신 인과관계에 관한 법칙을 표현하는 말이다. '발견'이라고 표현한 이유는 붓다께서 스스로 다음과 같이 말씀하셨기 때문이다.[2]

> 연기법은 내가 만든 것도 아니고 다른 사람이 만든 것도 아니다. 그렇지만 그것은 여래가 세상에 나왔든 세상에 아직 나오지 않았든 법계法界에 항상 머문다. 저 여래들은 이 법을 스스로 깨달아서 평등하고 바른 깨달음[等正覺]을 이루고, 중생들을 위해 분별해 연설하고 열어 일으키며 드러내어 보인다.

이 연기는 불교의 핵심을 이루는 원리이다. 그 비중은 불교의 존재기반인 '윤회'에 버금간다고 할 수 있다. 만약 이 원리가 없다면 불교는 모두 무너져 버릴 것이다. 그래서 붓다께서도 일찍이, "연기를 본다면 곧 진리를 보는 것이고[若見緣起 便見法], 진리를 본다면 곧 연기를 보는 것이다[若見法 便見緣起]"[3]라고 말씀하셨다.

경전에서 이 연기를 설명하는 표현은 매우 정형적이다. 니까야[4]에서

2 《잡아함경》(제12권) 제299 연기법경 및 제296 인연경.
3 《중아함경》(제7권) 제30 상적유경象跡喩經에 나오는 사리자의 설명이다.
4 SN 12:21 열 가지 힘경[Dasabala sutta]① 등에서 동일하게 표현하고 있다.

는 이것을 다음과 같이 표현한다.

이것이 있을 때 저것이 있고[imasmiṃ sati idaṃ hoti],
이것이 일어나므로 저것이 일어난다[imassuppādā idaṃ uppajjati].
이것이 없을 때 저것이 없고[imasmiṃ asati idaṃ na hoti],
이것이 소멸하므로 저것이 소멸한다[imassa nirodhā idaṃ nirujjhati].

한편 한역 경전의 표현은 대체로 다음과 같은 두 가지로 나타난다.5

(1) 이것이 있으므로 저것이 있고[此有故彼有],
이것이 일어나므로 저것이 일어난다[此起故彼起].
이것이 없으므로 저것이 없고[此無故彼無],
이것이 소멸하므로 저것이 소멸한다[此滅故彼滅].

(2) 이것이 있으면 저것이 있고[若有此則有彼],
이것이 생기면 저것이 생긴다[若生此則生彼].
이것이 없으면 저것이 없고[若無此則無彼],
이것이 소멸하면 저것이 소멸한다[若滅此則滅彼].

한역의 표현을 니까야와 비교해 보면 근본적으로는 같으면서, 미세

• • • • • • • • • • • • • •

5 (1)은 구나발다라 번역의 《잡아함경》에서의 표현이고, (2)는 승가제바 번역의 《중
아함경》에서의 표현이다. 그렇지만 앞서 본 《잡아함경》 제293 매우 심오함경처
럼 표현이 약간 다른 것도 더러 등장한다.

한 차이가 있다. 그 미세한 차이는 번역자의 용어 선택상의 차이에 불과하다고 볼 수도 있고, 또는 심오한 뜻을 가진 연기에 대한 미묘한 해석상의 차이를 반영한 것이라고 이해할 수도 있는데, 그 표현의 차이는 일단 제쳐 두자. 위 경전 표현은 표면적으로, 사물의 존속과 생멸의 조건적 성격을 뜻하는 것임은 쉽게 알 수 있을 것이다.

이와 같이 연기의 표면적인 뜻은 단순하지만, 그 이치는 매우 심오하다고 한다. 붓다께서도 여러 번,

> 이 연기는 참으로 심오하다. 그리고 참으로 심오하게 드러난다. 아난다[6]여, 이 법을 깨닫지 못하고 꿰뚫지 못하기 때문에 사람들은 실에 꿰어진 구슬처럼 얽히게 되고, 베 짜는 사람의 실타래처럼 헝클어지고, 문자 muñja풀처럼 엉키어서 괴로운 곳, 불행한 곳, 비참한 곳으로 태어나는 윤회를 벗어나지 못하는 것이다.[7]

라고 말씀하셨고, 앞에 나온 《청정도론》을 지은 붓다고사도 십이연기에 대한 서술 첫머리에서, "본질적으로 연기의 주석註釋은 어렵다. 그러므로 전승된 가르침을 통달하거나, 수행하여 법을 증득한 자가 아니면, 연기의 주석은 불가능하다고 생각한다"라고 술회했을 정도이다. 그래서인지 이론가들 사이에서도 설명이 일치되지 않는 부분이 적지 않다. 여기에서는 글의 성격상 최대한 단순화하여 설명하지만, 그렇게 외길

• • • • • • • • • • • • •

6 붓다의 사촌동생으로, 10대 제자 중 1인인데, 한역 경전에서는 주로 '아난'으로 번역되었다.
7 DN 15 대인연경 및 SN 12:60 인연경 등.

로만 이해해서는 안되는 면이 있을 수 있다는 점을 항상 염두에 두고 있어야 한다.

'연기'라는 한역 용어는 '조건'이라는 뜻의 '연緣'과 '일어남'이라는 뜻의 '기起'라는 두 글자가 합성된 것이다. 그 기본적인 의미는, 어떤 현상이든 그것이 일어날 수 있는 여러 가지 조건들이 갖추어질 때 일어난다는 것이다. 말하자면 항상 일어나는 것도 아니고, 저절로 일어나는 것도 아니라, 오직 조건적으로만 일어난다는 것을 가리키는 것이다.

그런데 '연기'의 빠알리어 원어 'paṭicca-samuppāda'는, '연'이라는 뜻의 'paṭicca'와 '기'라는 뜻의 'uppāda' 사이에, '함께'라는 뜻으로 이해할 수 있는 'sam'이 들어 있는 점이 다르다. 그래서 '연기'라고만 한다면, '조건적으로 일어난다'라는 뜻이 되지만, 빠알리어 표현에 의한다면, '조건적으로 함께 일어난다'라는 뜻이 된다. 그래서 함께 일어난다는 이 부분만을 따로 한역할 때에는 그 뜻을 반영하여 집기集起 내지 구기俱起라고 번역하였다. 이 괴로움의 일어남의 성스러운 진리를 '집集성제'라고 표현할 때의 '집'도 이 집기集起를 줄인 말이다. 위에 나온 경전의 표현에도 이 의미가 반영되어 있다고 이해할 수 있으므로, 그 표현을 한번 되새겨 보기 바란다. 이것은 가볍게 볼 수 없는 의미상 차이이다. 우선 이것의 의미부터 살펴 보자.

예컨대 A를 조건으로 하여 B가 일어난다고 한다면, B가 일어나면 A는 사라지는 것이 아니라, B는 A와 함께 일어난다는 것이다. 다시 말해서 B의 발생 조건이 된 A가, 발생된 결과인 B에 수반隨伴된다는 것이다. 이것을 이론서에서는 등불과 빛의 비유를 들어 설명한다. 즉 어둠을 밝히기 위해 등불(A)을 켤 때, 등불이 타는 것을 조건으로 빛(B)이 생겨 어둠을 밝힌다. 그럴 때 빛(B)이 일어나면 등불(A)이 사라지는 것이 아니라, 등불과 함께 일어난다는 것이다. 또 다른 예를 든다면 쇠막대기에 열을 가하면 쇠막대기가 팽창한다고 하는 것을 들 수 있는데, 이 경우 가열(A)과 쇠막대기의 팽창(B) 사이에도 같은 이치가 적용됨을 알 수 있다.

빠알리어 원어와 경전에는 이와 같은 의미가 포함되어 있다는 것이다. 말하자면 한역의 '연기'라는 용어가 '발생의 조건성'만을 나타낸다고 한다면, 빠알리어는 '조건의 수반성'까지 아울러 표현하고 있는 것이다. 그러면 기본적으로 이와 같은 문자적인 뜻을 가진 연기의 이치가 어떤 의미를 갖는지 보겠다.

연기의 의미(1)

우선 발생의 조건성이 갖는 의미이다.

어떤 현상은 그것이 일어날 수 있는 여러 가지 조건들이 갖추어질 때 일어난다는, 그렇게 대단치 않아 보이는 이 이치가 큰 의미를 갖는 것은, 이 이치가 적용되지 않는 예외가 없다는 데에 있다. 이것은 붓다께서 이 세상의 모든 현상을 관찰해서 귀납적으로 도출하신 결론이다. 어느 정도인가 하면 우리에게 경험되는 모든 분야 즉, 물리적 현상과 정신적 현상, 생물학적 현상은 물론 사회적 현상 등에 이르기까지 모두 이 이치가 통용된다는 것이다. 이것은 단적으로 '조건 없이 발생하는 현상은 없다'는 것을 뜻한다. 이를 스리랑카 출신의 불교학자 깔루빠하나Kalupahana(1933~)[8]는 다음과 같이 표현한다.

연기법이 지배하는 다섯 가지 주요 영역은 다음과 같다. 1) 물질계, 2) 생물계, 3) 정신계, 4) 도덕계, 5) 관념적 법계. 이러한 다섯 가지는 경험되는 것 중 그 어느 것도 배제하지 않는, 매우 포괄적인 것이며, 간단히 삼라만상의 일체에 이러한 연기법이 적용된다고 할 수 있다.

이제 현실에서 여러 가지 조건에 의하여 어떤 하나의 사물이 발생하였다고 하자. 그러면 이 사물은 자신을 발생으로 이끈 후 위에서 설명한 원리에 의해 자신에게 수반되고 있는 그 조건들과, 그리고 자신을 에워싸고 있는 또 다른 여러 조건들의 영향을 받고 있다고 보아야 할 것이다. 그런데 그 조건들 역시 각각의 자신들을 일으킨 여러 조건들과 함께 또 다른 여러 조건들의 영향을 받고 있을 것이다. 나아가 그 조건들을 조건지우고 있는 조건들 역시 마찬가지이다.

그리고 현실에서 어떤 사물의 발생을 가져오는 조건이 하나 내지 몇 가지만으로 제한적인 경우는 생각하기 어렵다. 파악하기 어려울 정도로 무수히 많을 것이다. 이러한 모든 사정을 종합한다면, 어떤 사물은 무수히 많은 조건들의 영향으로 일어나고, 일어나자마자 무한히 많은 조건들의 영향을 받고 있다고 보지 않을 수 없다. 그렇다면 그 사물은 잠시라도 생긴 그대로 결코 존속할 수 없고, 부단히 변화하고 변모하고 있다고 이해해야 할 것이다.

그런데 보통 우리는, 현상들 중에는 부단히 움직이고 변화하고 있어서 그 모습을 제대로 포착할 수 없는 것도 있다고 알고 있지만, 많은 사

8 데이비드 깔루빠하나 지음, 조용길 역 『원시근본불교철학의 현대적 이해』 pp. 57 ~58(1993년 불광출판부).

물들은 혹은 잠시 동안 혹은 상당히 긴 시간 동안 변화 없이 '존재'하고 있다고 생각하는 것이 보통이 아닐까 한다. '존재'라는 표현은 철학적으로 여러 가지 의미를 가진 것이지만, 여기에서는 어떤 하나의 사물이 서로 다른 두 시점時點에 동일성을 가질 때, 그 동일성을 가진 사물을 가리키는 것으로 사용한 것이다. 불교에서는 '존재'를 그런 의미로 자주 사용한다. 그렇지만 위에서 말한 것처럼 연기의 이치가 적용되지 않는 현상이란 이 세상에 있을 수 없고, 그래서 어떤 사물이든 잠시도 생긴 그대로 존속할 수 없고 부단히 변화하고 변모하고 있다면, 우리의 보통 생각과는 달리 이 세상에 '존재'란 있을 수 없다는 결론이 된다.

이렇게 보면 앞에서 본 무아의 이치도 이 연기의 이치로부터 도출되는 원리라는 이해가 가능하다. 붓다께서 실제로 수행에 의해 무아를 확인하실 수 있었던 것은, 이 연기의 이치로부터 무아의 이치가 추론될 수 있었기 때문일 것이다.

이와 같이 연기의 이치에 따라 조건에 의해[연緣] 생긴[생生] 현상[법法]을 연생법緣生法—이는 연기의 법칙 자체를 뜻하는 '연기법緣起法'과는 구별되는 개념이다—이라고 하고, 간단히 줄여서는 '법'—빠알리어로는 담마dhamma, 범어로는 다르마dharma—이라고 한다. 이와 같이 조건에 의해 일어난 현상을 '법'이라고 표현하는 것은, 이것이 존재[有]bhava가 아님을 나타내려는 것이다. 그리고 경전에서 이런 연생법의 특징을, 항상함이 없다는 뜻의 '무상無常anicca'으로써 표현하는 것도 바로 이와 같은 이치를 가리키는 것이다.

우리는 이 세상에서 일어나는 현상의 이와 같은 미세한 변화를 그대로 볼 수 없기 때문에, 세상에 무엇이 있다 라든가 무엇이 없다 라든가 생각하지만, 이런 일반적인 사고방식에는 문제가 있는 것이 된다. 우리가 어떤 현상을 보고 그것에 기초해서 '무엇'이 있다 라고 생각하지만, 우리가 생각한 그 '무엇'은 다음 순간 우리가 포착한 그것과는 다른 것이 되어 버린다. 그렇다면 그 '무엇'은 결코 '있다'고 말할 수 없다. 그렇다고 아무 것도 없었는가 하면—우리가 인식한 그대로 유지되고 있지는 않지만— 그러한 것이 전혀 없었다고도 말할 수 없다. 그래서 '있는 것도 아니고 없는 것도 아니다[비유비무非有非無]'라고 말한다.

불교에서는 이와 같이 어떻게 보면 궤변이나 말장난과 같은 표현이 많이 등장한다. 예컨대 '항상하지도 않고 단절되지도 않는다[비상비단非常非斷]'—지속적으로 변화하면서 상속되므로 항상하지는 않지만, 그렇다고 해서 끊어져 없어지는 것은 아니라는 것—라든지, '같지도 않고 다르지도 않다[비일비이非一非異]'—마찬가지 이유에서 전후 같은 것은 아니지만, 그렇다고 전혀 별개인 것도 아니라는 것—라는 것 등도 그런 예이다. 그렇지만 결코 궤변을 늘어놓거나 말장난을 하려는 것이 아니다. 진실로 '있는 것도 아니고 없는 것도 아니다'라는 것이다. '있음과 없음[有無]'의 둘 중 하나로 대답하라고 한다면, 위와 같은 표현 외에 어떻게 대답할 수 있겠는가?

우리의 이성적 사고는, 지시된 '무엇'은 있거나 없는 둘 중의 하나여야 한다고 이해한다. 그런데 그와 같은 택일적 사고가 불교에서는 이성적인 것이 아니게 된다. 그렇게 된 근본적인 연유는 우리가 '무엇'을 '존재'로 상정했음에 있다. 그것이 만약 하나의 존재라면, 있는 것이 아니면 없는 것 둘 중의 하나여야 하는 것은 분명하다. 그런데 그것은 존재가 아니라는 것이다.

이와 같이 어떤 전제가 잘못되면, 그것을 기초로 한 양단兩斷 논리는 그 어느 쪽도 진실이 아니게 된다. 양단 논리로 말하라고 한다면, 이것도 아니고 저것도 아니다 라고 표현할 수밖에 없다. 이것이 바로 불교의 중요한 원리 중의 하나인 '중도中道'이다. '중도'는 결코 중간中間 내지는 원만한 중용中庸과 같은 개념으로만 이해해서는 안된다.9 진실에로 복귀하는 길은 그 전제를 버리는 방법밖에 없다는 것을 선언하는 것이기도 하기 때문이다. 여기에서 유무중도를 밝히는 붓다의 말씀을 들어보자.10

세간에는 유有와 무無라는 두 가지 의지할 것이 있어, 취착에 부딪친다. 취착에 부딪치기 때문에 있음에 의지하거나 없음에 의지한다. 만약 이런 취착이 없다면, 마음이 대상에 매여 집착해서 대상을 취하지도 않고 대상에 머물지도 않으며, '나'라고 헤아리지도 않게 해서, 괴로움이 생기면 생긴다고, 괴로움이 소멸하면 소멸한다고, 그에 대해 의심하지 않고 의혹하지 않으며, 남으로 말미암지 않고 스스로 알 것이다.

왜냐하면 세간의 일어남을 여실하고 바르게 알고 본다면 세간에 없다는 것은 있지 않을 것이고, 세간의 소멸을 여실하고 바르게 알고 본다면 세간에 있다는 것도 없을 것이기 때문이다. 이것을 양 극단[二邊]을 떠나 중도中道를 말하는 것이라고 이름하는데, 이른바 '이것이 있기 때문에 저것이 있고, 이것이 일어나기 때문에 저것이 일어난다'는 것이다.

• • • • • • • • • • • •

9 불교에서의 '중도'에 중간 내지 중용이라는 의미가 전혀 없는 것은 아니다. 초기경전에서 중도는 팔정도를 가리키는 경우가 많은데, 이 경우 중도는 중간 내지 중용의 의미이다.
10 《잡아함경》(제12권) 제301 가전연경에서의 말씀인데, 이와 상응하는 SN 12:15 깟짜야나곳따경[Kaccāyanagotta sutta]에도 같은 뜻의 말씀이 있다.

이와 같이 보면 연기의 이치에 지배되고 있는 이 세상은 존재의 세계가 아니라, 법의 세계이다. 불교에서 법의 세계라는 뜻의 '법계法界'라는 용어를, 진리의 세계, 나아가 진리 자체를 가리키는 말로 사용하는 것도 이런 의미에 기초한 것이다.

그러므로 연생법을 무상이라고 함에서 '무상無常'이란, 단순히 어떤 현상이 영원히 지속하지 못하고 일시적으로 존속할 뿐이라는 뜻의 무상이 아니라, 본질적으로 일시적으로도 존속하지 못한다는 뜻의 무상이라고 보아야 할 것이다. 불교에서 자주 등장하는 '제행무상諸行無常'이라는 말도 바로 이것을 가리키는 것이니, 여기에서 '제행'이란 고정적 존재로 형성[行]된 모든[諸] 연생법이라는 뜻이다.

이제 한 걸음 더 나아간다. 이와 같이 조건에 의하여 일어난 법이 무상해서 부단히 변화하는 것이라면, 이러한 법에는 자기동일성을 갖는 독자적인 실질 내지 실체란 있을 수 없을 것이다. 이것을 '제법무아諸法無我'라고 표현하니, 모든 법에는 영속적 실체인 '나'가 없다는 것이다.

그리고 이와 같이 부단히 변화하고 변모해서 어떻게 붙잡을 도리가 없는 모든 것은 근본적으로 불만족스럽고 괴로운 것이니, 이것을 나타내는 말이 일체는 모두 괴로운 것이라는 뜻의 '일체개고一切皆苦'이다.

이 제행무상·제법무아·일체개고의 셋을 흔히 '삼법인三法印'이라고 표현하는데, 모든 법의 세 가지 특징이라는 의미이다. 그래서 불교에서는 수행할 때 지혜를 개발하기 위해 모든 현상의 실제 모습인 이 세 가지 특징을 관찰하게 한다.

그리고 후대의 대승불교에서 강조된 '공空'과 '무상無相'도 바로 이 특징들로부터 필연적으로 도출되는 개념이다. 공이란 이와 같이 조건에 의해 형성되고 변화하는 법에는 어떤 실질 내지 실체實體가 있을 수 없다는 것이다. 이 장의 첫머리에 나온 경전에서 '공과 상응하는 연기'라고 한 표현은 바로 이것을 가리키는 것이다. 그리고 이와 같이 부단히 변화하는 법에는 고정적인 모양[상相]이 있을 수 없을 것이니, 이것이 바로 '무상無相'이라는 말이 가리키는 것이다. 이렇게 보면 대승경전인 《반야심경》에서 주제로 삼고 있는 '공'이나, 《금강경》의 주제로 등장하는 '무상'은 바로, 모든 것이 연기하고 있는 실제 모습을 가리키는 것임을 알 수 있다.

혹 우리가 현실에서 보는 물건들에는, 고정된 모양을 갖고 상당한 기간 동안 존속하는 것들이 많이 있지 않은가 라는 의문이 들지 모른다. 그렇지만 그것은 우리의 인식능력이 제한되어 있어서 그 물건의 실제 모습을 그대로 볼 수 없기 때문에 고정된 모양을 가진 것처럼 보일 뿐이라는 점을 이해해야 한다. 우리가 현미경으로 어떤 사물을 관찰하면 육안으로 볼 수 없는 미세한 부분을 볼 수 있지 않은가? 결코 비유적이거나 상징적으로 말하는 것이 아니라, 있는 그대로의 사실을 말하는 것임을 알아야 한다.

연기의 의미(2)

다음은 조건의 수반성이 갖는 의미인데, 이것에도 여러 가지가 있다. 우리의 주제를 이해하는 데 필요한 한 가지부터 먼저 설명하겠다. 그것은 조건이 그 조건에 의해 발생한 결과에 수반되는 것이라면, 그 조건의 소멸에 의해 그 결과를 소멸시키는 것이 가능하다는 점이다.

앞에서 설명한 원리에 의해 말하자면, 조건 A에 의해 결과 B가 일어나고 B가 조건 A를 수반하고 있다면, 조건 A를 없애면 결과 B도 소멸하는 관계에 있다는 것이다. 이것을 앞에서 든 예에 의거해 말한다면, 빛의 조건이 된 등불을 꺼버리면 결과인 빛도 사라져 버리고, 팽창의 조건이 된 가열을 제거하면 팽창도 사라진다는 것이다. 이와 같은 수반관계가 우리의 주제에 있어서 중요한 의미를 갖는 것은, 괴로움이라는 것도 연기하는 것이므로, 결과인 괴로움의 소멸은 그 조건의 소멸에 의해 가능하다는 시각을 제공하기 때문이다.

혹시 인과관계라는 것이 원래 그런 것이 아닌가 라고 생각할지 모르겠다. 그러나 우리는 보통 인과관계에 대해서, 결과가 발생하면 원인은 소멸한다는 생각을 갖고 있는 것이 아닌지 모른다. 다시 말해서 A가 원인이 되어 B라는 결과가 발생하면, A는 소멸한다는 생각 말이다. 그런데 이런 구조 아래서는 원인이 제거되어도 필연적으로 결과가 소멸하는 것은 아니다. 결과의 발생 역시 원인의 소멸에 의해 일어나는 것이기 때문이다. 따라서 이것은 중요한 의미상의 차이이다.

다음 조건의 수반성이 갖는 의미 중 가볍게 보아서는 안 될 것이 또 하나 있다. 그것은 조건이 그 결과와 함께 한다는 것은, 조건만이 결과에 영향을 주는 일방적인 관계인 것이 아니라, 결과 역시 조건에 영향을 주고 그것의 조건이 될 수 있는 가능성이 열려 있다는 것이다. 이것을 나무의 성장을 예로 들어 설명해 보겠다. 녹색식물에 속하는 나무는 땅에 뿌리를 내리고 그 속의 수분과 양분을 흡수하는 한편, 잎에서는 대기 중의 탄소와 태양빛으로 탄소동화작용을 하여 에너지원을 생산하고 이들을 토대로 성장한다고 한다. 따라서 나무의 성장이라는 결과는 땅과 대기와 태양 등을 조건으로 이루어진다고 말할 수 있다.

그런데 이런 나무의 성장은 그와 함께 토양의 질을 변화시키고 대기 중의 산소를 증가시키는 현상을 초래한다. 말하자면 나무의 성장이라는 결과는 그 조건된 땅과 대기에게 거꾸로 그 조건이 되는, 상호적인 관계에 있다는 것이다. 이러한 상호조건성은 십이연기 각각의 요소 상호간에서도 적지 않은 의미를 가지는데, 최대한 단순화하여 설명하는 이 글에서는 그 부분은 생략되고 드러나지 않을 것이다.

그럼에도 불구하고 여기에서 상호조건성을 언급한 것은 반드시 짚고 넘어가야 할 것이 한 가지 있기 때문이다. 그것은 앞서 본 연기의 보편적 조건성과 이런 상호조건성을 종합하면, 이 세상의 모든 사물이나 현상은 그 어느 것도 따로 독립되어 있다고 볼 것이 아니라는 점이다. 우리가 막연히 별개이고 서로 무관한 것으로 알고 있는 개인과 개인 사이는 물론, 인간과 사회·자연·세계 내지 우주까지도 서로 별개이거나 무관한 것이 아니라는 것이 된다.

경전에서는 이 세상의 모든 사물이나 현상이 마치 그물처럼[11] 서로 연결되어 있으면서 서로 영향을 주고 받는 상호관계에 있다고 한다. 극단적으로 북경의 나비가 한 날개짓이 뉴욕에 폭풍우를 쏟아지게 할 수도 있다는 것이다. 이것은 모든 종류의 공동체 의식의 기초가 될 수 있

• • • • • • • • • • • • •

11 《화엄경》에서는 이를 인다라망因陀羅網, 즉 인다라의 그물이라고 표현한다. '인다라'란 법을 수호하는 선신善神의 대표격인 인드라Indra의 음역어인데, 이 신은 욕계의 두 번째 하늘인 삼십삼천(=도리천)의 왕으로, 제석천왕帝釋天王이라고도 부른다. 이 신의 궁전에 걸려 있는 인다라망은 하나하나의 연결매듭마다 옥구슬이 달려 있는데, 그것들이 서로 비치고 되비쳐서 무한하게 서로 반영하는 것이, 본문과 같은 모습이라고 한다.

는 원리라고 말할 수 있다. 아울러 우리가 모든 현상들을 이해하고 행동함에 있어서 잊어서는 안 될 관점이기도 하다.

마지막으로 한 가지 유의할 것은, 이와 같은 조건의 수반성이라는 관점에서도, 발생의 조건성처럼, 연기의 이치가 예외 없이 통용되는 법칙인가 라는 점이다. 말하자면 연생의 모든 조건이 예외 없이 연생법에 수반되는가 라는 것인데, 이 점은 분명하지 않다고 생각한다. 왜냐하면 후대에 정립된 불교이론에 의하면 이 '조건'이라는 것은 매우 광범위한 뜻을 갖는 것으로 해석되기 때문이다. 그러나 여러 경전의 설명을 종합해보면, 적어도 괴로움의 연기구조인 십이연기에 있어서만은 그것은 분명하다고 할 수 있다. 연기를 표현하는 정형구 중 후반부 즉, "이것이 없을 때 저것이 없고, 이것이 소멸하므로 저것이 소멸한다"라는 표현은 이것을 뜻하는 것이기도 하다.

십이연기의 이해(1)

이제 원래의 주제로 돌아가자. 앞의 경전에서 보았듯이 붓다께서는 괴로움이 일어나는 인과구조를 열두 가지 요소, 즉 십이인연에 의한 연기구조로 설명하셨으니, 이것이 곧 십이연기이다. 그 십이인연을 순서대로 열거하면, ① 무명無明, ② 형성[행行], ③ 의식[식識], ④ 명색名色, ⑤ 육입六入, ⑥ 접촉[촉觸], ⑦ 느낌[수受], ⑧ 갈애[애愛], ⑨ 취착[취取], ⑩ 존재[유有], ⑪ 태어남[생生], ⑫ 노사老死이다.

그런데 이 십이연기 역시 외길로만 이해할 것은 아니다. 붓다께서

'이 연기는 참으로 심오하다'라고 거듭 말씀하신 것은, 이것을 단순하게 생각하는 것을 경계시키려는 뜻이 아니었을까 생각한다. 이론가들 사이에서 이에 대한 이해가 여러 갈래로 나뉘는데, 여기에서는 크게 두 가지로 나누어 검토하려고 한다. 그 하나는 윤회를 거치면서 괴로움이 일어나는 생성적生成的 구조로 이해하는 것이고, 다른 하나는 괴로움이 일어나는 원인과 결과라는 논리적 구조로 이해하는 것이다. 전자를 시간적 연기관이라고 한다면, 후자는 논리적 연기관이라고 표현할 수 있다. 어느 쪽으로 보는가에 따라 각각의 요소에 대한 이해도 달라진다.

먼저 전자부터 보자면 이것에도 여러 가지 견해가 있지만 대표적인 것은, 과거·현재·미래의 삼세三世에 걸친 괴로움의 연기구조를 밝힌 것으로 이해하는 것이다.[12] 즉 이것은 열두 가지 요소 중 ① 무명과 ② 형성을 과거, 즉 전생前生에서의 원인으로, ③ 의식 ④ 명색 ⑤ 육입 ⑥ 접촉 ⑦ 느낌의 다섯 가지를 현재, 즉 금생今生의 결과로, ⑧ 갈애 ⑨ 취착 ⑩ 존재의 세 가지를 금생에서의 원인으로, ⑪ 태어남과 ⑫ 노사를 미래, 즉 내생來生의 결과로 이해하는 것이다. 그래서 삼세에 걸쳐 '전생-금생'과 '금생-내생'이라는 두 겹[양중兩重]의 인과를 밝힌 것이라는 뜻에서 '삼세양중인과설'이라고 부른다. 이를 도표로써 정리해 보이면 다음 면의 도표와 같다.

경전상으로는 십이연기를 이와 같이 이해할 근거가 충분하지 않고,

• • • • • • • • • • • • •

12 그 외에도 전생의 원인과 결과 및 후생의 원인과 결과라는 이세二世에 걸친 두 겹의 인과구조를 밝힌 것이라고 보는 견해, 또는 과거와 현재(내지 현재와 미래)의 이세에 걸친 한 겹의 인과구조를 밝힌 것이라고 보는 견해도 있다. 또 본문의 삼세양중인과설 내에서의 이해방법도 한 가지로 일치되어 있지는 않다.

달리 보아야 할 근거가 적지 않은데도 불구하고, 예전부터 여러 불교부파로부터 폭넓은 지지를 받아 왔다. 어떻든 이 연기관의 입장에서 열두 가지 요소 각각의 의미를 알아보자.

[표5] 삼세양중인과설의 인과

전생원인		현생결과					현생원인			내생결과	
無明	行	識	名色	六入	觸	受	愛	取	有	生	老死
무명	형성	의식	명색	육입	접촉	느낌	갈애	취착	존재	태어남	늘음죽음

먼저 ① 무명無明avijjā은 문자적으로 명明vijjā 즉 밝음이 없다는 것인데, 여기에서 '밝음'이란 밝은 지혜, 즉 '명지明智'를 가리킨다. 요컨대 무명이란 이런 밝은 지혜가 없는 무지無智를 뜻한다.

그러면 여기에서 말하는 무지는 어떤 지혜가 없다는 것일까? 경전에서는 대체로 이것을 사성제에 대한 지혜가 없는 것이라고 정의한다. 예를 들면 《상윳따 니까야》 12:2 분석경에서 세존께서는, "비구들이여, 괴로움에 대해 지혜가 없고, 괴로움의 일어남에 대해 지혜가 없으며, 괴로움의 소멸에 대해 지혜가 없고, 괴로움의 소멸에 이르는 길에 대해 지혜가 없다면, 이것을 무명이라고 말한다"라고 말씀하신 것과 같다.

그런데 이것은 지혜의 내용 중 결과의 측면만을 말씀하신 것이고, 원인의 측면 즉, 이런 지혜를 초래하는 원인인 연기의 이치에 대한 부분이 생략된 것이다. 왜냐하면 위의 경에서 말씀하신 사성제에 대한 지혜는 머리로 이해해 아는 것을 말하는 것이 아니라, 연기의 이치에 따라 모든 현상이 무상함을 있는 그대로 알고 봄에 기초해서 확인되는 지혜를 말하는 것이기 때문이다.13 이런 점에서 이 연기의 이치를 포함해 설명하고 있는 아래 《잡아함경》14의 글이 보다 분명하다고 할 수 있다. 다만 글이 포괄적이어서 핵심이 흐려질 염려가 있으므로, 위에서 언급한 것 외의 나머지 부분은 일단 제쳐 두기 바란다.

> 과거[前際]를 알지 못하고 미래[後際]를 알지 못하고 과거·미래를 알지 못하며, 안을 알지 못하고 밖을 알지 못하고 안팎을 알지 못하며, 업을 알지 못하고 과보를 알지 못하고 업과 과보를 알지 못하며, 붓다를 알지 못하고 법을 알지 못하고 승가를 알지 못하며, 고제를 알지 못하고 집제를 알지 못하며 멸제를 알지 못하고 도제를 알지 못하며, 원인[因]을 알지 못하고 원인으로 일어난 법[因所起法]을 알지 못하며, 선과 불선, 죄 있음과 죄 없음, 익힘[習]과 익히지 않음, 하열함과 뛰어남, 오염됨과 청정함을 알지 못하고, 연기緣起를 분별하는 것을 모두 다 알지 못하며, 육촉입처를 여실하게 깨달아 알지 못하고, 이러저러한 것들을 알지 못하며 보지 못하고 통찰[無間等]이 없어 어리석고 컴컴하며 밝음이 없고 크게 어두우면, 이를

• • • • • • • • • • • • •

13 후대의 대승에서는 흔히 전자(=연기하는 모든 현상을 있는 그대로 알고 보는 것)를 근본지라고 하고, 후자(=사성제의 확인)를 후득지後得智라고 표현하는데, 전자는 무분별지이고, 후자는 분별지이다. 그래서 이를 정체지正體智와 세속지, 진지眞智와 속지俗智라고 대비해 부르기도 한다.

14 《잡아함경》(제12권) 제298 법설의설경法說義說經에서의 설명인데, 그 중 "고제를 알지 못하고 집제를 알지 못하며 멸제를 알지 못하고 도제를 알지 못하며"라고 한 부분이 사성제에 대한 지혜를 가리키는 것이고, "원인을 알지 못하고 원인으로 일어난 법을 알지 못하며"라고 한 부분과 "연기를 분별하는 것을 모두 다 알지 못하며"라고 한 부분이 연기의 이치에 대한 지혜를 가리키는 것이다. 그러나 그 나머지도 다 연기와 관련이 있는 표현이다.

무명이라고 이름한다.

　그런데 이 지혜는 어떻게 아는 것을 의미하는가? 불교에서 지혜는
여러 가지 차원으로 분류되는데, 그 중의 한 가지로, 획득의 원천에 의
해 세 가지로 분류하는 것이 있다. 그것은 보고 들어서 얻는 소위 '문소
성혜聞所成慧[문혜聞慧]', 이치를 사유해서 얻는 소위 '사소성혜思所成
慧[사혜思慧]', 수행에 의하여 체득해서 얻는 '수소성혜修所成慧[수혜修
慧]'의 셋이다. 이를 줄여서 흔히 '문·사·수'라고 표현한다. 이 무명에
서 말하는 지혜는 앞의 두 가지만으로는 충분하지 않고, 수행에 의해
연기하는 모든 현상에 대한 인식 자체가 사실 그대로 이루어지도록 전
환되어야 하는 것이라고 앞의 고성제에서 이미 밝혔으니, 그 마지막 단
계, 곧 수행에 의해 체득하여 이루는 것이어야 한다.

　이상을 정리하면 다음과 같은 의미가 된다. 무명에서 결여되었다
고 하는 그 지혜는 여러 가지 지식을 말하는 것이 아닐 뿐만 아니라,
세간적인 지혜로움 따위를 말하는 것도 아니다. 이것은 연기의 이치
와 사성제를 아는 것을 의미하는데, 보고 들어서 알거나 사유해서 아
는 것, 즉 의식의 차원에서 아는 것으로는 충분하지 않다. 이것은, 일
체가 연기하고 있는 법계에서의 모든 현상이 일어나고 변화하며 사
라지는 실제 모습을, 의식의 분별을 거치지 않고, 있는 그대로 알고
보면서, 이에 기초해서 네 가지 성스러운 진리를 내면적으로 확인할
수 있는 지혜를 말한다.[15] 이 지혜가 없는 무명이 사라지면 괴로움이

· · · · · · · · · · · · · · ·

15 여기까지는 소위 견도見道에 의해 얻어지는 것이고, 이어서 언급하는 차원은 무
　학도無學道에 이르러야 얻어지는 것임을 나타내는 표현이다. 이 '견도'와 '무학도'

완전히 사라진다는 것이므로, 그 정도는 최종적으로 자신의 해탈을 알고 보는 해탈지견解脫知見을 얻은 차원의 것이어야 한다. 이 단계에 이르면 "나는 고苦를 이미 알았고, 집集을 이미 끊었으며, 멸滅을 이미 증득하였고, 도道를 이미 닦아서,16 고를 더 이상 알 것이 없고, 집을 더 이상 끊을 것이 없으며, 멸을 더 이상 증득할 것이 없고, 도를 더 이상 닦을 것이 없다"라고 알게 되는데, 이런 알고 봄[知見]을 증득해야 이 무명은 비로소 소멸된다.

이것을 '지혜'와 '무지'라고 표현하지 않고, 비교적 생소한 '명' 내지 '명지'와 '무명'이라고 표현한 것은 이와 같은 의미를 나타내고자 한 것이다. 어째서 이와 같은 차원의 지혜가 요구되는지, 또 이 지혜를 어떻게 하면 얻을 수 있는지는 뒤에서 다시 또 볼 것이다.

다음 ② 형성[行saṅkhāra]은 미래의 과보를 가져오는 갖가지 행위, 곧 업業을 짓는 것을 말한다. 경전은 이것을 신체적 형성[身行]·언어적 형성[語行]·정신적 형성[意行]의 세 가지로 설명한다. 앞의 두 가지는 마음 속의 의도[思cetanā]가 신체적·언어적으로 표출된 행위를 말하고, 마지막의 정신적 형성은 마음의 의도 그 자체를 말한다. 불교에서는 어느 것이든 의도적이지 않은 것은 업이 아니라고 본다.

그리고 이들 세 가지는 다시 공덕이 되는 행위[복행福行], 불공덕이 되는 행위[비복행非福行], 움직임 없는 행위[부동행不動行]의 세 가지로 분류된다. 공덕이 되는 행위란, 인간과 하늘이라는 선한 세계[선취善趣]로 인도하는 선업을 말하고, 불공덕이 되는 행위란 지옥·아귀·축생 등과 같은 나쁜 세계[악취惡趣]로 인도하는 악업을 말하며, 움직임 없는 행위란 색계와 무색계에 태어나는 과보를 가져오는 선정을 닦는 것을 말하는데, 행위와 과보 사이에 변동이 있을 수 없기 때문[17]에 붙여진 명칭이다.

그러면 무명이 어떻게 형성에게 조건이 되는가 하면, 무명으로 인하여 괴로움인 오온과 윤회가 괴로움이라는 것을 알지 못해 행복이라고 인식한 다음—이것이 핵심이다— 그 원인이 되는 행위를 행복의 원인이라고 생각하면서 업을 짓고, 또 괴로움의 소멸과 그에 이르는 길을 알지 못해, 하늘 따위의 태어날 곳이 괴로움의 소멸이라고 생각한 다음, 괴로움의 소멸로 인도하는 진정한 길이 아닌 제사나 고행苦行 등의 갖가지 업을 짓는 것이다. 그러므로 만약 무명이 사라지고 명지가 나타나면, 다시는 이와 같은 갖가지 업을 짓지 않게 된다는 것이다.

이와 같이 전생에서의 원인, 즉 ① 무명을 조건으로 갖가지 업을 ② 형성하고 나면, 반드시 그 과보를 받게 된다. 그 과보의 처음으로 나타나는 것이 ③ 의식[식識viññāṇa]인데, 이 때 의식이라고 하는 것은 재생再生으로 연결되는 의식, 즉 재생연결식=결생식結生識을 말한다.

이 결생식의 성격에 대해서는 이해가 일치하지 않는다. 대개는 이것을 사유死有와 생유生有 사이의 오온인 중유中有[18]로 이해한다. 그리고

<hr/>

17 따라서 복행과 비복행의 경우 과보의 변동이 있을 수 있다는 것이니, 죽음에 임해 일으키는 강력한 선심·악심이 과보의 변동을 초래할 수 있다고 한다.

이 중유의 존속기간에 대해서는, 정해진 기한이 없다는 설로부터 49일이라는 설, 7일이라는 설, 지극히 짧은 시간이라는 설 등으로 견해가 나뉜다. 반면 상좌부에서는 중유를 인정하지 않고, 죽음의 순간 바로 다음에 결생식이 나타나고, 또 이것은 바로 곧 삶의 전개과정으로 나아간다고 한다.

어떻든 이 의식 즉 결생식이 있게 되면 이것이 입태入胎함으로써 정신과 신체, 즉 ④ 명색名色nāmarūpa이 있게 된다. 이 명색은 중생의 오온을 가리키는 것이다.[19] 그런데도 이 명색을, 식온을 제외한 수·상·행의 3온 및 색온만으로 설명한 경전의 글[20]은, 앞 지분인 식온이 수반되기 때문이지, 이것이 제외된다는 것은 아니다. 이 명색이 있게 되면 '안·이·비·설·신·의'의 여섯 가지 내적 인식기반, 즉 ⑤ 육입六入saḷāyatana이 갖춰진다. 명색이 육입과 구별되는 것은, 여섯 가지 감각기능이 제

· · · · · · · · · · · · ·

18 《구사론》에 의하면, 중유는 사유死有 이후 생유生有 이전의 중간에 존재하는 오온으로, 태어날 곳에 이르기 위해 이러한 몸을 일으킨다고 한다(제8권). 이 중유는 같은 종류끼리만 서로 볼 수 있고, 업의 힘에 의해 생긴 눈으로 태어날 곳의 부모가 교회交會하는 곳은 아무리 멀더라도 알아보고 전도된 마음을 일으켜 단숨에 치달아 가서, 정자와 난자가 결합하는 순간 그것을 자신의 몸으로 여김으로써 태에 든다고 하는데(제9권), 여기에 대해서는 다른 설들도 있고, 중유의 존재를 부인하는 부파도 여럿 있다.

19 앞의 《잡아함경》(제12권) 제298 법설의설경에서, "명名은 4무색온을 말하는 것이니, 수온·상온·행온·식온이다"라고 설명하고, "색色은 사대와 사대로 만들어진 물질을 말하는 것이다"라고 설명한다.

20 SN 12:2 분석경에서는, "느낌·지각·생각·접촉·주의[作意]를 일러 명이라고 하고, 사대와 사대로 만들어진 물질을 색이라고 한다. 이들을 일러 명색이라고 한다"라고 설명하는데, 생각·접촉·주의는 모두 행온에 속하므로 수·상·행의 3온으로써 '명'을 설명하는 것이다.

대로 발휘되기 전까지를 명색으로 파악하기 때문이다.

그리고 이 육입이 있게 되면 육경六境을 상대하여 육식六識이 일어남으로써 이 세 가지의 화합 곧, ⑥ 접촉[촉觸phassa]이 있게 되며, 이 접촉으로부터 ⑦ 느낌[수受vedanā] 등의 심리작용이 있게 된다 함은, 앞의 오온에 관한 설명에서 이미 본 것과 같다. 여기까지가 전생의 원인으로 금생에서 받는 과보에 해당하는 것이다.

금생의 과보인 느낌이 있게 되면, 그 느낌을 조건으로 ⑧ 갈애渴愛[애愛taṇhā]를 일으키게 된다. 갈애란 목마른 자가 물을 찾듯이 갈망하는 것을 말하는데, 경전에서 여러 가지로 설명된다.

첫째는 형색·소리·냄새·맛·감촉·법에 대한 여섯 가지 갈애를 말한다고 설명되는데,[21] 이는 그 대상을 따라서 나눈 것이다.

둘째는 욕망에 대한 갈애[욕애欲愛], 존재에 대한 갈애[유애有愛], 존재 없음에 대한 갈애[무유애無有愛]의 세 가지라고 설명되는데,[22] 욕망에 대한 갈애는 위 여섯 가지 인식대상에 대한 갈애를 총칭한 것이고, 존재에 대한 갈애는 그 인식대상을 향수하는 인식주체의 존속에 대한 갈애를 가리키며,[23] 존재 없음에 대한 갈애는 그 인식주체의 소멸에 대한 갈애를 가리키는 것이다.

• • • • • • • • • • • • •

21 SN 12:2 분석경 및 《잡아함경》(제13권) 제304 육륙경 및 제330 육애신경.

22 SN 56:11 초전법륜경, MN 141 진리의 분석경 및 DN 22 대념처경.

23 이 존재에 대한 갈애는 인식대상에 대한 느낌이 즐거움임을 전제로 한 것인 반면, 존재 없음에 대한 갈애는 인식대상에 대한 느낌이 극도의 괴로움임을 전제로 한 것이다. 전자는 영원주의(=상견常見)에 입각한 것인 반면, 후자는 단멸주의(=단견斷見)에 입각한 것이라고 말할 수 있다.

셋째는 욕계의 존재에 대한 갈애[욕애欲愛] 색계의 존재에 대한 갈애[색애色愛], 무색계의 존재에 대한 갈애[무색애無色愛]의 세 가지로 설명되는데,24 이는 갈애의 주체에 따라 나눈 것이지만, 그 주체별 대상을 기준으로 나눈 것이라고 이해할 수도 있다. 이 경우 욕애는 욕계 존재의 향수대상인 감각적 욕망에 대한 갈애를 가리키고, 색애는 색계 존재의 향수대상인 색계 선정에 대한 갈애를 가리키며, 무색애는 무색계 존재의 향수대상인 무색계 선정에 대한 갈애를 가리킨다.

어떻든 이 갈애는 십이연기의 연쇄구조에서 핵심적인 동인動因으로서, 그 기초가 되는 무명과 더불어 윤회의 두 가지 축軸을 구성하는 것이라고 설명된다. 이런 뜻에서 붓다께서도, "갈애에 세상은 이끌리고, 갈애에 끌려 다니며, 갈애란 하나의 법에 모든 것은 지배된다"25라고 말씀하시고, 갈애가 바로 집성제라고 말씀하셨다.26

이 책의 '서장'을 비롯하여 곳곳에서 편의상 '욕망'이 괴로움의 원인이라고 설명하였지만, 정확하게는 이 갈애가 바로 괴로움의 원인이다. 그러나 욕계 존재인 사람의 관점에서 보면 이 갈애 중 여섯 가지 인식 대상에 대한 갈애를 포괄하는 욕애가 괴로움을 일으키는 주된 원인이므로,27 욕망이 괴로움의 원인이라고 우선 설명했던 것이다.

• • • • • • • • • • • •

24 《잡아함경》 제12권 제298 법설의설경 및 제18권의 제490 염부차경閻浮車經.
25 SN 1:63 갈애경.
26 앞에 나온 MN 141 진리의 분석경 및 DN 22 대념처경.
27 '무유애'는 존재 소멸에 대한 갈애라는 점에서, 그리고 '색애·무색애'는 색계와 무색계에 태어나는 원인이 될 뿐이라는 점에서, 욕계에 이미 태어난 사람과는 무관하다고 말할 수 있다. 다만 현생에서 일으키는 이들 갈애가 현생에서의 괴로움의 원인이 되지 않는다는 의미는 아니다.

갈애가 있게 되면 그 대상을 강하게 움켜쥐는 ⑨ 취착[취取upādāna]이 있게 되는데, 그 의미는 기본적으로 오취온에서 본 것과 같다. 다만 경전은 이 취착의 대상을 감각적 욕망[欲], 견해[見], 잘못된 계율[戒禁], 자아이론[我語]의 네 가지로 설명하지만, 뒤의 세 가지는 근본적으로 '나'라는 존재를 추구하는 것에 귀결되므로, 취착의 대상이 갈애의 그것과 다르다고 볼 것은 아니다. 그러므로 이 취착은 대상에 대한 갈애가 갈망을 넘어, 취해서 움켜쥐는 정도에 이르렀다는 것을 뜻한다.

이 취착을 조건으로 해서 ⑩ 존재[유有bhava]가 있게 된다. 여기에서 존재는 소위 업으로서의 존재[업유業有], 즉 업을 가리킨다고 말한다. 업이 있으면 반드시 그 과보를 받을 존재가 있게 되기 때문에, 그래서 업이 바로 존재의 원인이기 때문에 존재라고 표현한 것이라고 한다. 이 것은 과거 생의 원인인 ② 형성[행行]에 상응하는 것이다. 따라서 취착을 조건으로 해서 미래의 존재라는 과보를 가져올 갖가지 업을 짓는 것을 뜻하는 것이다.

이와 같이 금생에 원인을 지으면, 이것을 조건으로 해서 내생에 결과로서 존재의 ⑪ 태어남[生jāti]²⁸이 있게 되고, 태어남이 있게 되면 ⑫ 늙음과 죽음, 즉 노사老死jarāmaraṇa가 있게 되며, 그러면서 갖가지 괴로움을 낳게 된다.

이상을 요약해서 정리하면 다음과 같다. 「중생들은 과거 생에서의 ① 무명을 조건으로 갖가지 업을 ② 형성해서, 금생에 다시 태어남으로 연결된 ③ 의식이 있게 되었다. 이 의식의 입태에 의하여 ④ 명색이 있

• • • • • • • • • • • • • •

28 이 존재의 태어남을 앞의 '업유'에 상대해서 '생유生有'라고 표현한다.

게 되었고, 명색이 있게 됨으로써 ⑤ 육입이 갖추어지게 되며, 육입이 있음으로써 육경·육식과의 화합인 ⑥ 접촉이 있게 되고, 접촉으로부터 ⑦ 느낌이 있게 된다. 금생에서의 과보인 이 느낌을 조건으로 ⑧ 갈애를 일으키고, 갈애를 조건으로 ⑨ 취착이 있게 되며, 취착을 조건으로 해서 내생의 ⑩ 존재라는 과보를 가져올 갖가지 업을 짓는다. 이와 같이 금생에 원인을 지으면, 이것을 조건으로 해서 내생에 결과로서 존재의 ⑪ 태어남이 있게 되고, 태어남이 있게 되면 ⑫ 늙음과 죽음이 있게 되며, 그 과정에서 갖가지 괴로움을 받는다.」

이것이 삼세양중인과설의 설명인데, 여기에서 우리는 한 가지 중요한 관점을 읽어야 한다. 그것은 우리에게 일어나는 괴로움의 원인을 찾아보면 여러 가지 모습으로 나타나지만, 근원을 찾아가면 그 뿌리에는 무명이 자리하고 있다는 것이다. 이것은 괴로움의 소멸을 위하여 우리가 해결해야 할 근본적인 과제를 지시해 주는 것이다.

끝으로 한 가지 더 언급할 것은, 이 무명이 인과연쇄에 있어 궁극적 원인이고 무조건적인 것인가 라는 점이다. 그렇지 않다. 이 무명 역시 조건적인 것이지, 무조건적인 제1의 원인이 아니다. 그러면 무명은 무엇을 조건으로 하는가 하면, 번뇌를 조건으로 하는 것이다. 그래서 경전에서 "번뇌가 생겨나므로 무명이 생겨나고, 번뇌가 소멸하므로 무명이 소멸한다"[29]라고 설명한다. 그런데 이 '번뇌'는 매우 복잡한 개념이다. 여기에서는 그 기본적인 의미, 즉 우리의 마음과 몸을 교란하고 괴롭혀서 평온하게 머물지 못하게 하는 심리작용을 총칭하는 것으로 우

29 MN 9 바른 견해경에 나오는, 사리뿟따의 설명이다.

선 정의해 두겠다.

그러면 번뇌가 제1의 원인인가 하면 그렇지도 않다. 태어남을 조건으로 한 삶의 과정에서 일어나는 '근심·슬픔·번민·괴로움[우비뇌고憂悲惱苦]'이 성취될 때 무명의 원인인 번뇌가 성취되고, 번뇌가 성취될 때 무명도 성취된다고 설명된다.30 이렇게 보면 「무명(…→우비뇌고)→번뇌→무명(…→우비뇌고)→번뇌」의 원환적圓環的인 순환구조에 의해 무명과 번뇌는 상호 조건이 되고 있음을 알 수 있다. 그래서 경전에서도, "무명이 생겨나므로 번뇌가 생겨나고, 무명이 소멸되므로 번뇌가 소멸한다"31라고 하여, 무명의 조건인 번뇌는 거꾸로 무명을 조건으로 일어나는 것임을 밝히고 있다.

이것을 정리하면 다음과 같은 뜻이 된다. 우리는 삶의 과정에서 갖가지 괴로움을 받으면서 번뇌를 일으키고, 그렇게 일어난 번뇌는 우리로 하여금 현상의 실제 모습을 있는 그대로 보는 것을 장애해서 지혜가 없게 만든다. 그러면 그 무명이 다시 원인이 되어 우리를 괴롭히면서 번뇌를 일으키고, 이것은 다시 우리의 지혜를 장애하는 악순환의 고리를 형성한다. 무명을 십이연기의 첫머리에 둔 것은 '시작'을 설명한 것이 아니라, 중요한 법부터 설명한 것이라고 한 《청정도론》의 글은 이런 뜻을 잘 나타낸 표현이라고 하겠다.

십이연기의 이해(2)

• • • • • • • • • • • • •

30 대림 역 한글 《청정도론》 제3권 p.155.
31 역시 MN 9 바른 견해경에 나오는, 사리뿟따의 설명이다.

그런데 위 해석은 아래에서 열거하는 것처럼 간과해서는 안 될 여러 가지 난점을 갖고 있다.

첫째 이 십이연기는 괴로움이 일어나는 구조와 함께, 괴로움이 소멸하는 구조를 밝히는 것이다. 그래서 전자를 유전문流轉門이라고 부르고, 후자를 환멸문還滅門이라고 부른다. 경전에서 십이연기의 환멸문을, "무명이 남김 없이 소멸하기 때문에 형성이 소멸하고, 형성이 소멸하기 때문에 의식이 소멸하며, … 존재가 소멸하기 때문에 태어남이 소멸하고, 태어남이 소멸하기 때문에 늙음·죽음 등이 소멸한다. 이렇게 해서 전체 괴로움의 무더기가 소멸한다"[32]라고 설명한다. 그래서 괴로움을 소멸시키려면 첫머리에 나오는 무명을 소멸시켜야 하는 것인데, 위 해석방법처럼 무명이 과거세의 것이라고 한다면, 이미 과거에 속하는 이 무명을 어떻게 소멸시켜서 괴로움을 소멸시킬 수 있는가 라는 점이다. 십이연기가 환멸구조의 설명을 포함하는 것이라고 이해하는 한, 이 무명이 과거세로부터 이어져온 것이라고 해도, 지금 현재세에도 존속하는 것으로 보는 해석이 필요하지 않은가?

둘째 형성을, 미래의 과보를 가져오는 업을 짓는 것으로 이해할 경우, 이 업은 후생의 재생연결식과 과연 필연적인 인과관계에 있는가 라는 점이다. 이 의문은 범부인 중생이 바로 그 생에서 수행한 결과 아라한이 되는 경우도 있기 때문에 생기는 것이다. 말하자면 범부인 중생이 재생을 초래할 만한 갖가지 업을 지었지만, 수행한 결과 아라한이 되었다면 이 아라한은 재생하지 않을 것이다. 그렇다면 재생을 초래할 만한 업과 실제의 재생 사이에는 또 다른 계기가 있어야 하지 않은가?

• • • • • • • • • • • • •
32 SN 12:1 연기경 및 《잡아함경》(제12권) 제284 대수경大樹經 등.

셋째 의식이 재생연결식이라고 한다면 이것은 제6의 의식일 뿐 전5식前五識[33]은 아니라고 할 것인데, 경전에서는 어째서 이 의식을, '여섯 가지 의식의 무리'라고 하여,[34] 6식 전부를 가리키는 것으로 설명하고 있을까?

넷째 명색이 재생연결식의 탁태에 의해 생성된 중생의 오온으로, 아직 감각기능을 발휘하기 전 단계의 것이라면, 어째서 경전에서는 "안에 이 의식의 무리가 있고, 밖에 명색이 있다"[35]라거나, "의식이 치달려서 명색을 좇지 않는다"[36]라는 등의 설명을 하고 있을까?

다섯째 위 해석방법처럼 제3의 의식이 재생연결식이고, 제4의 명색이 재생연결식이 탁태한 중생의 오온이며, 제5의 육입이 감각기능을 발휘하는 여섯 감관이라고 한다면, 위 십이연기의 환멸문에서 "무명이 남김 없이 소멸하기 때문에 형성이 소멸하고, 형성이 소멸하기 때문에 의식이 소멸하며, 의식이 소멸하기 때문에 명색이 소멸하고, 명색이 소멸하기 때문에 육입이 소멸하며 …"라고 한 말씀과는 어떻게 조화시킬 수 있는가? 분명히 '다시 생기지 않는다'가 아니라 '소멸한다[nirodha][滅]'라고 말

• • • • • • • • • • • • • •

33 육식 중 다섯 가지 감각대상에 대한 의식인 안·이·비·설·신식의 5식은 법을 인식대상으로 하는 의식과는 성격이 다소 다르므로, 양자를 구별하여 전자는 '전5식'이라고 부르고, 후자는 '제6 의식' 내지 '제6식'이라고 부른다.

34 《잡아함경》(제12권) 제298 법설의설경 및 SN 12:2 분석경 등.

35 《잡아함경》(제12권) 제294 우치힐혜경愚癡黠慧經에서 붓다께서는, "어리석고 들음 없는 범부는 무명에 덮이고 갈애의 연에 매여서 이 의식의 무리를 얻는다. 안에 이 의식의 무리가 있고, 밖에 명색이 있으니, 이 두 가지 인연이 접촉을 낸다"고 말씀하셨다.

36 《잡아함경》(제12권) 제284 대수경에서 붓다께서는, "의식이 치달려서 명색을 좇지 않는다[識不驅馳 追逐名色]"라거나 "마음이 치달려서 명색을 좇는다[心驅馳 追逐名色]"라는 등으로 말씀하셨다.

씀하셨다. 따라서 괴로움을 소멸시키려면 수행에 의해 무명을 소멸시키고, 이에 의해 의식·명색·육입이 소멸해야 괴로움이 소멸한다. 그런데 무명을 소멸시키는 시점에서 보면 이미 지나가버린 의식이나 명색을 어떻게 소멸시킬 수 있으며, 살아 있는 중생의 의식·명색·육입을 어떻게 소멸시킬 수 있겠는가? 이들을 소멸시킬 수 없다면 괴로움의 소멸은 불가능할 것이다. 혹 죽음으로써 의식·명색·육입이 소멸해야 괴로움의 소멸이 가능하다고 한다면, 생존상태에서 일체 괴로움이 소멸한 유여의有餘依열반37의 존재를 부정하는 결과가 되고 말 것이다.

이상과 같은 여러 가지 난점들 때문에 위와 다른 해석방법이 필요하다. 그것이 바로 괴로움이 일어나는 조건과 결과라는 논리적 구조로 이해하는 해석방법으로서, 지금부터 설명할 것이다. 이 방법은 과거에서 뿌리를 찾을 수 없는 것은 아니지만,38 대체로 근래에 이르러 초기불교 경전에 대한 연구가 집중적으로 이루어지면서 등장한 해석방법이라고 할 수 있다. 다만 이 책에서의 설명은 필자의 개인적인 탐구가 많이 반영된 것이다.

이 연기관에서도 ① 무명의 의미는 앞의 시간적 연기관의 그것과 완전히 동일하다. 비교적 큰 차이를 보이는 것은 ② 형성과 ③ 의식의 의미이다.

먼저 형성의 의미이다. 앞에서 살펴 본 연기의 이치에 의하면, 모든

------

37 '유여의열반'의 개념은 뒤의 멸성제에서 설명될 것이다.
38 예컨대 《구사론》(제9권)에서 찰나刹那연기, 연박連縛연기, 분위分位연기, 원속遠續연기의 4가지 해석방법을 소개하고 있는데, 이것에도 그 뿌리의 의미가 있다.

것이 연기하는 법계에서, 연기한 모든 법은 정신적인 것이든 물질적인 것이든 자기동일성을 가진 '존재'가 아니다. 그런데도 연기의 이치에 무지하여 이를 자기동일성을 가진 존재로 조작造作하여 대상화하는 것이 바로 형성이다. 오온 중의 '형성'을 '만들어 짓는 모습[爲作相]'이라거나 '지어 만드는 것[造作]'이라고 한 《잡아함경》과 《구사론》의 설명39은, 십이연기 중 '형성'에 대한 설명으로서도 기본적으로 타당하지만, 위 경과 상응하는 니까야40의 다음과 같은 표현이 십이연기 중 형성에 대한 보다 더 적절한 설명이다.

> 유위有爲saṅkhata를 만들어 형성하기 때문에 형성이라고 한다. 어떻게 유위로 형성하는가? 신체를 신체인 것[rūpattā]으로 유위로 형성하고, 느낌을 느낌인 것[vedanattā]으로 유위로 형성하며, 지각을 지각인 것 [saññattā]으로 유위로 형성하고, 형성을 형성인 것[saṃkhārattā]으로 유위로 형성하며, 의식을 의식인 것[viññāṇattā]으로 유위로 형성한다.

여기에서 '유위有爲'라고 번역한 '상카따saṅkhata'는 형성을 뜻하는 '상카라saṅkhāra'에서 나온 말로서, '형성된 것'이라는 말이다.41 따라서

• • • • • • • • • • • • • •

39 제1장 제1절의 '오온' 항목에서 본 《잡아함경》(제2권) 제46 삼세음소식경과 《구사론》(제1권)의 설명이다.
40 SN 22:79 희생물경[Khajjani sutta]이다.
41 이 '형성된 것'은 이렇게 여러 조건들에 의지해 생멸 변화하는 연생법을, 그 실제 모습과 달리 고정적 존재 즉 유위로 형성한 것이라는 뜻이다. 간혹 유위로 형성함과 관계 없이 연생법 일반을 여러 조건들에 의지해 형성된 것이라는 뜻에서 '형성된 것'이라고 표현하는 듯하지만, 이 경우는 조건[緣]들에 의지해 생긴 것[生] 또는 일어난 것[起]이라고 표현하는 것이 보통이므로, 서로 구분할 필요가 있다.

'유위로 형성'한다는 것은, 형성하여 '존재'로 만든다는 뜻이 된다. 이것이 구체적으로 어떤 뜻인지 예를 들어 설명해 보겠다.

예컨대 내가 몇 년 전 꽃을 담을, '동그란 흰 꽃병'을 하나 사서 내 책상 위에 두고 꽃을 담아 왔는데, 오늘 아침에 보니 꽃병에 금이 생겨 물이 새고 있어서 마침내 이것을 버렸다고 하자. 나는 몇 년 동안 그 꽃병을 '동그란 흰 꽃병'이라는 동일한 존재로서 인식해 왔는데, 이것이 사실일까? 이것을 세밀하게 관찰할 수 있는, 고도의 배율을 가진 현미경이 있어서 이것으로 그 꽃병을 살펴 보았다면 아마, 그 표면은 동그란 것이 아니라 울퉁불퉁한 것들의 연속이었을 것이고, 색깔도 흰 색이 많은 부분을 차지하고 있을 뿐, 알록달록한 갖가지 색깔이 함께 모여 있었을 것이다. 그리고 변함없이 그대로 존속하고 있을 것이라는 내 생각과는 달리, 꽃병은 연기의 이치에 따라 주위의 여러 조건의 영향을 받아 여러 가지 변화를 일으키고 있었을 것이다.

그러나 그런 꽃병의 실제 모습은 내 육안에는 보이지 않았고, 현미경을 통해서만 보였다. 또 더 나아가 생각해 보면 그 내부에서의 미세한 변화는 현미경을 통해서도 여전히 볼 수 없었을 것이다. 나는 오늘 아침에 처음 꽃병에 금이 생겨 물이 새는 것을 발견했지만, 실제로 그 꽃병은 만들어졌을 때부터 지속적으로 주위의 여러 조건들의 영향을 받아 미세하게 손상되어 왔을 것인데, 그것이 나의 눈에는 발견되지 않다가 오늘 아침에 비로소 눈에 보였을 뿐일 것이다. 왜냐하면 아무런 변화가 없다가 한 순간에 꽃병이 손상된다는 것은 있을 수 없는 일이라고 보는 것이, 연기의 이치에 부합하는 이해이기 때문이다.

그렇다면 나에게 그 꽃병은 계속 동일한 존재로서 인식되어 왔지만, 그 꽃병은 실제로는 동일한 존재가 아니었다고 보아야 할 것이다. 그 꽃병이 손상되어 꽃병으로서의 역할을 하지 못하게 됨으로써 마침내 버림을 받은 오늘, 처음 만들어졌던 몇 년 전과 동일한 것이 아니었음을 말하는 것이 아니라, 어제와 오늘 사이에도 동일한 존재가 아니었고, 처음 만들어졌던 날과 그 다음 날 사이에도 동일한 존재가 아니었다는 것이다. 연기의 이치에 의한다면 날짜를 달리 하여 볼 때만 아니라, 만들어졌던 그 순간과 바로 그 다음 순간 사이에서도 동일한 존재가 아니었다고 보아야 할 것이다. 말하자면 만들어졌던 그 한 순간만 만들어진 상태로 있었을 뿐, 그 꽃병은 '존재'인 적이 없었다는 것이다. 극단적인 표현이기는 하지만, 이것이 진실이라는 것이다.

그런데도 불구하고 내가 볼 때마다 그 꽃병을 동그랗고 흰 꽃병이라는 변함 없는 존재로서 인식하여 왔다는 것은, 내가 그 꽃병을 실제 모습 그대로 보지 못했다는 것이다. 내가 그 꽃병의 실제 모습을 있는 그대로 보았다면, 그것을 결코 변함없는 '존재'로서 인식하지 않았을 것인데, 실제 모습을 있는 그대로 알고 보지 못했으므로 그것을 존재, 즉 변함없는 '동그란 흰 꽃병인 것'으로 인식해 온 것이다. 이것이 '유위를 형성한다'는 표현의 의미이다.

말하자면 유위有爲란 '위爲' 즉 실제와는 다른 어떤 작위作爲─이것이 곧 형성이다─가 있었다는 것을 의미한다. 그렇다면 그 반대, 즉 위와 같은 작위가 없는 '무위無爲'는 어떤 것이라고 이해해야 하겠는가? 연기하는 현상들을 존재로서 파악하지 않고, 끊임없이 변화하는 그대로 알고 보는 것을 말한다. 불교이론에서 많이 사용되는 '유위법'이나 '무위법'이라는 말은 기본적으로 이것을 의미하는 것이다. 연기하는 현상들과는 다른 무위법이 따로 있는 것이 아니다. 일체 번뇌가 소멸한 '열반'을 무위법의 대표로서 열거하는 것은, 연기하는 현상들을 있는 그대로 알고 보며 유위를 형성하지 않는다면, 그것은 이 형성의 원인 되는 무명이 소멸되었다는 것을 의미하고, 그렇다면 일체 번뇌와 괴로움이 일어나지 않으니, 그것이 바로 열반이라는 것을 의미하는 것이다.

여기에서는 눈의 인식대상인 형색 한 가지만을 예로 들어 설명하였지만, 이와 같은 이치는 여섯 가지 인식대상 모두에 적용됨은 물론 여섯 가지 인식기반에도 적용되고, 여섯 가지 인식에도 적용됨은 물론 그와 함께 일어나는 갖가지 심리작용에도 적용된다. 말하자면 물질적 현상이든 정신적 현상이든 연기하는 모든 현상에 예외 없이 적용되는 원리이니, 오온에 대해 적용되는 것도 당연한 이치이다. 위 니까야에서 '어떻게 유위로 형성하는가'라고 물은 다음 '신체를 신체인 것으로' 내지 '의식을 의식인 것으로 유위로 형성한다'라고 표현한 것은 바로 이것을 뜻하는 것이다.

이렇게 이해한다면 연기의 이치에 대한 지혜가 없어 연기하는 모든 현상을 있는 그대로 알고 보지 못하는 '무명'이, 모든 현상을 실제와 달리 유위로 '형성'하는 것의 필연적인 원인이 되는 것을 알 수 있을 것이다. 십이연기의 첫머리에 무명을 조건으로 형성이 있다는 것은 바로 이것을 뜻하는 것이다.

그런데 이 형성은 인식대상에 대한 형성 외에 인식주체에 대한 형성까지 포함하는가? 말하자면 끊임 없이 변화하는 오온에서 영속적 개체를 취착하는 것도 이 형성에 포함되는가 라는 점인데, '나'라는 영속적 개체를 취착하는 것은 오온을 유위로 형성하는 것에서 한 단계 더 나아간 것이다. 그래서 앞의 연기관에서 ⑨ 취착에는 자아이론에 대한 취착을 포함한 네 가지가 있다고 하였는데, 이 자아이론에 대한 취착[我語

取] 내지 자아에 대한 취착[我取]이 바로 영속적 개체의 취착을 가리키는 것이다. 따라서 인식주체의 형성은 직접적으로는 ⑨ 취착에 속한다.

그렇지만 양자는 전혀 별개라고 할 수 없으니, 영속적 개체의 취착은 유위의 형성을 전제로 하는 것으로, 모두 '존재'의 실상實相을 보지 못하는 무명을 원인으로 하는 것이기 때문이다. 그래서 무명이 있으면 인식대상을 형성하고, 나아가 인식주체를 취착하게 되며, 무명이 사라지면 인식대상의 형성도 사라지고, 인식주체의 취착 역시 사라지는 관계에 있다. 실제로 욕망을 일으키는 원인은 인식대상에 대한 형성이 인식주체에 대한 취착보다 더 직접적인 것인데도 불구하고, 붓다께서 단적으로 '오취온이 괴로움'이라고 말씀하실 수 있었던 근거는 바로 여기에 있다고 말할 수 있다. 나아가 수행을 통해 모든 현상의 무상함을 알고 보게 되면 인식대상에 대한 형성이 저절로 소멸하고, 이에 따라 인식주체에 대한 취착도 소멸하게 된다. 따라서 인식대상의 형성과 인식주체의 취착은 동전의 앞·뒷면과 같은 표리관계에 있다고 말할 수 있다.

경전42에서 "오취온은 본래 형성하여 지은 것[本行所作]"이라고 표현한 것은 이런 뜻을 나타낸 것이라고 생각된다. 양자의 이런 관계는 욕망과 괴로움을 일으키는 구조나, 수행을 통해 그것들을 소멸시키는 구조를 이해함에 있어서 늘 유념해야 할 대목이다.

여기에서 우리는 다음과 같은 점을 한 번 정리해 둘 필요가 있다. 만약 연기의 이치가 진실이라면, 어째서 우리의 현실인식은 아무런 망설임 없이 그것과 어긋나는 방향으로 진행되는가 라는 점이다. 그 첫째

· · · · · · · · · · · · ·

42 《잡아함경》(제10권) 제260 멸경滅經에서의 표현이다.

원인은 앞에서도 한번 언급했지만, 우리에게 있는 감관의 일상적 감각 능력은, 사실을 있는 그대로 인식할 것이라는 우리의 생각과는 달리 매우 제한적이라는 점에 있다. 합리적이고 이성적이라고 생각하는 사람일수록 받아들이지 않으려고 할지 모르겠다. 그러나 앞의 설명에서도 언급되었듯이, 우리가 전혀 인식하지 못하는 미세한 움직임을 여실히 보여주는 현미경의 역할을 떠올린다면, 이 점은 동의하지 않을 수 없을 것이다. 현미경의 등장 때문에 우리는 우리 감각능력의 부족을 곧바로 시인할 수 있지만, 그 이전의 인류들은 이 점을 우리처럼 시인하려고 하지 않았을 것이다. 이 점을 감안한다면 우리는 우리의 감각능력에 대해 좀더 겸허한 자세를 가질 필요가 있다.

두 번째 중요한 원인은 역시 앞에서 잠시 언급되었듯이 언어에 있다. 언어가 우리의 무지에 힘을 실어주는 계기는 언어 본연의 용도와 관련되어 있다. 무슨 뜻인가 하면 언어는 기본적으로 어떤 고정된 사상事相을 지시하기 위한 것이라는 점이다. 그래야만 사람의 의사소통에 기여한다는 언어 본연의 목표를 달성할 수 있기 때문이다. 그런데 고정된 사상을 지시한다는 성격은, 모든 현상이 연기하고 있다는 진실과는 상반될 수밖에 없는 것이다.

그럼에도 우리는 모든 현실의 지각을, 언어를 통해서 하고 있다. 지각[想]이라는 것이 표상[相]을 통해 이루어진다는 것은, 표상을 지시하는 언어를 매개해 이루어진다고 하는 것과 다르지 않다. 근본적으로 진실과 괴리될 수밖에 없는 인식구조를 갖고 있다는 것이 된다. 선가禪家에서 흔히 쓰는 '개구즉착開口卽錯 - 입만 벙긋하면 틀린다'라는 말은 바로 이런 현실을 가리키는 것이다. 또 '불립문자不立文字'라고 해서 문자를 세우지 않는다는 구호가 표방될 수 있는 근거도 바로 여기에 있다고 할 수 있다.

그리고 연기하고 있기 때문에 서로 불가분적으로 연결되어 있어 분리할 수 없는 모든 현상을, 우리는 언어를 매개로 해서 서로 구별하여 나누어서[分] 식별[別], 즉 '분별'한다. 이것은 분별하는 의식이, 형성을 조건으로 연기하는 데에도 언어가 기여하고 있다는 것을 뜻한다. 여기에서 우리는 인류문화의 가장 큰 동력이었다고 찬사받는 언어가, 우리 삶의 괴로움이라는 결과가 일어나는 데 큰 역할을 하고 있다는 아이러니를 발견하게 된다. 우리가 불교를 이해한다면 적어도 언어의 이와 같은 함정은 반드시 이해하고 있어야 한다.

다음은 ③ 의식의 의미인데, 여기에서 의식은 인식대상을 '존재'로서 식별하는 것을 뜻한다. 오온에 대해 앞서 본 《잡아함경》에서 이 의식을 설명하여, "구별해 아는 모습[別知相]은 식취온이다. 무엇을 식별[識]하는가? 형색을 식별하고, 소리·맛·냄새·감촉·법을 식별한다"라고 하고,43 이와 상응하는 니까야에서, "식별한다고 해서 의식이라고 한다"라고 한 것은 이 의식에 대해서도 그대로 타당하다.

그러므로 이 의식은 발생 기반에 따라 여섯 가지로 나누어지니, 그래서 십이연기를 설명하는 《잡아함경》(제12권) 제298 법설의설경에서 붓다께서 다음과 같이 말씀하셨다.

형성을 조건한 의식이라고 함에서 어떤 것이 의식인가? 여섯 가지 의식

· · · · · · · · · · · · ·

43 앞서 본 《잡아함경》(제2권) 제46 삼세음소식경을 가리키고, 이어지는 니까야는 SN 22:79 희생물경을 가리킨다.

의 무리[六識身]를 말하는 것이니, 안식의 무리[眼識身], 이식의 무리[耳識身], 비식의 무리[鼻識身], 설식의 무리[舌識身], 신식의 무리[身識身], 의식의 무리[意識身]이다.

따라서 여기에서의 의식은 인식대상을 존재로서 나누어 구별＝분별하는 의식 일반을 가리키는 것이지, 재생연결식만을 한정하여 가리키는 것이 아니다. 이와 같이 의식이 인식대상을 분별한다는 것은 그 대상을 존재로서 식별한다는 것이고, 따라서 그 대상이 형성에 의해 존재화하였다는 것을 의미한다. 그래서 형성을 조건하여 의식이 일어난다는 것이니, 이 의식은 실제와 달리 대상을 허구적으로 분별하는 허망한 것임을 알 수 있다.

이와 같이 무명 이후의 십이인연44은 모두 무명을 조건으로 해서 일어나는 것임에 유념해야 한다. 다시 말해서 그들은 모두 무명에서 벗어남으로써 소멸될 수 있고, 그렇게 멸진滅盡되어야 할 것이라는 뜻이다.

다음 ④ 명색은 삼세양중인과설의 해석처럼 모태에 탁태한 후 아직 감각기능을 발휘할 정도로 성숙하지 못한 상태의 신체와 정신을 말하는 것이 아니라, 무명에 의해 형성되고 식별된 명색 일반을 의미한다. 의식을 조건으로 명색이 있다는 것은 이와 같은 의미이니, 그래서 위의 《잡아함경》 제294 우치힐혜경에서 붓다께서는, "어리석고 들음 없는 범부는 무명에 덮이고 갈애의 인연에 매여서 이 의식의 무리를 얻는다. 안에 이 의식의 무리가 있고, 밖에 명색이 있으니, 이 두 가지 인연에

••••••••••••••
44 '십이인연'은 십이연기의 구성요소 각각을 가리키는 말임은 앞에서 설명하였다.

서 접촉이 생긴다"라고 말씀하셨다.[45]

이런 의미에서의 명색은 식별하는 중생 자신의 명색[46]과 외계의 일체 명색을 포괄하므로, '명'은 수온·상온·행온·식온의 4무색온을 뜻하고, '색'은 물질 일반[47](=색온)을 뜻한다. 위의 《잡아함경》제298경에서는 정확하게 이와 같이 명색을 설명하고 있는데, 이와 상응하는 니까야에서는 식온을 제외한 3온만이 '명'인 것으로 설명하고 있는 것은 오해의 여지가 있다고 생각된다.[48]

다만 이 명색의 이해에 있어 유의해야 할 점은, 중생의 명색의 경우에도 자연적 내지 생물적 의미에서의 신체와 정신을 가리키는 것이 아니라는 것이다. 앞서 지적했던 것처럼 그런 의미의 명색을 소멸시켜야 궁극적으로 괴로움이 소멸한다면, 어찌 유여의열반을 성취할 수 있겠는가? 여기에서 명색은 모두 소멸시켜야 할 유위법이니, 이것은 여러 조건들에 의해 변화하는, 자연적 내지 생물적 의미에서의 신체적·정신적 현상을, 무명에 의지한 형성에 의해 유위화해 인식한 것을 뜻한다. 이 점과 관련하여 《잡아함경》[49]에서 "사랑하고 기

• • • • • • • • • • • • • •

45 《잡아함경》(제12권) 제284 대수경에서, "의식이 치달려서 명색을 좇지 않는다 [識不驅馳 追逐名色]"라거나 "마음이 치달려서 명색을 좇는다[心驅馳 追逐名色]"라는 등으로 말씀하신 것도 이와 같은 맥락으로 이해할 수 있다. 또 뒤의 육입을 설명하는 글에서 인용하는, "의식의 머묾이 있기 때문에 명색을 받아들인다"라는 《잡아함경》의 표현도 같은 맥락이다.

46 중생 자신의 명색도 의식의 식별대상인 한, 의식의 '밖'이 된다.

47 '물질 일반'이라고 함은 중생의 신체만을 말하는 것이 아니라, 이를 포함한 물질 일반을 말한다는 것이다.

48 SN 12:2 분석경에서의 설명은, 식별하는 중생 자신을 기준으로 이렇게 설명하면 '명'은 식온을 포함한 4온을 말하는 것이 되고, 이것이 외계 명색의 설명에 유추되면 《잡아함경》의 설명과 같은 결과가 된다는 뜻으로 이해할 수는 있다.

뻐함의 일어남이 신체의 일어남이고, 사랑하고 기뻐함의 소멸이 신체의 소멸이다"라고 한 글은, 이 점을 이해하는 길잡이가 될 수 있을 것이다.

다음 ⑤ 육입은 흔히 육입처라고도 번역되면서, 중생의 여섯 가지 감각기관을 가리키는 것으로 이해되고 있지만, 이것은 단순히 감각기관을 말하는 것이 아니다. 여기에서도 십이인연 각각은 괴로움에서 벗어나기 위해 모두 소멸시켜야 할 대상임을 다시 한 번 상기해야 한다. 요컨대 이 육입은, 무명에 사로잡힌 중생이 의식에 의해 식별된 내외의 명색을, 여섯 감관을 통해 '존재'로서 받아들이는 것[入]을 뜻한다. 《잡아함경》50에서 "의식의 머묾이 있기 때문에 명색을 받아들인다"라고 표현한 것은 바로 이것을 가리킨다.

니까야에서는 이 육입이 '살라야따나salāyatana'라고 표현되고 있는데, 이것은 여섯을 뜻하는 '살sal'과 '아야따나āyatana'의 합성어이다. 그런데 뒤의 '아야따나'는 영역[sphere, region] 내지 장소[place]라는 뜻에서 '처處'라고 널리 번역되지만, 들어온다[enter]는 뜻의 어근 '아야뜨āyat'에서 나온 추상명사여서 '입入'이라고도 번역되고, 두 가지를 합쳐서 '입처'라고도 번역되는 용어이다. 그런데 육입은 의식에 의해 식별된 명색을 '존재'로서 받아들이는 것이니, 이를 단순히 육입이라고 번역한 것은 이 뜻을 잘 반영한 것이다.

그럼에도 이를 육입처라고 번역한 것은 오해의 여지가 있다. 다만 '육입처'라고 번역한 경우에도 이러한 받아들임[入]과 함께 하는 감

----

49 제2권의 제41 오전경, 제42 칠처경 및 제3권의 제59 생멸경 등을 가리킨다.
50 제14권의 제360·361 사량경①·②와 제15권의 제374 유탐경① 등.

관[處]을 나타낸다고 이해할 수 있으니, 무명이 사라지면 이 감관 자체가 사라지는 것은 아닐지라도, 이러한 받아들임과 함께 하는 감관은 사라진다고 말할 수 있을 것이다. 경에서 "명색을 조건한 육입처라고 함에서 육입처는 육내입처를 말하는 것이니, 눈·귀·코·혀·몸·뜻의 입처이다"[51]라고 한 것은 이런 의미로 이해되어야 한다.

이상 5인연이 삼세양중인과설과 이해를 크게 달리하는 부분이다. 나머지 7인연의 경우 대체로 이해를 같이 하지만, 다소 달리 보아야 할 점도 있으므로 이를 중심으로 조금 더 설명하겠다.

⑥ 접촉은 의식에 의해 식별된 명색을 존재로서 받아들임으로써 내적 인식기반[根]·인식대상[境]·의식[識]의 삼자가 화합하는 것을 말한다는 것은 같다. 다만 이 접촉은 무명에 의거해 대상을 존재로서 받아들임으로써 일어나는 접촉, 소위 무명촉無明觸을 말하는 것이지, 무명이 소멸한 상태에서 외부대상을 있는 그대로 무위로서 알고 볼 때 일어나는, 소위 명촉明觸은 이것에 포함되지 않는다고 이해되어야 한다.

⑦ 느낌은 두 가지 측면으로 생각해 둘 필요가 있다. 먼저 이 '느낌'은 생사에 윤회하는 중생이 받는 신체적인 느낌과 정신적인 느낌을 모두 포함한다는 측면이다. 말하자면 이 느낌은 현생의 원인으로 만든 괴로움의 결과만을 가리키는 것이 아니라, 전생의 원인으로 초래되는 괴로움의 결과도 포함한다는 것이다. 단적으로 이것은 결과

· · · · · · · · · · · · · ·

51 위 《잡아함경》 제298 법설의설경의 글인데, 이와 상응하는 SN 12:2 분석경도 그 뜻은 같다.

로서의 고성제를 가리키는 것이다. 이것은 이 연기관에서 앞의 6인
연을, 주로 현생에서 만드는 원인으로 해석하고 있는 관계로, 이 느
낌도 그와 같은 현생에서의 원인으로 초래되는 것만을 가리키는 것
이라고 오해해서는 안 된다는 점을 말하는 것이다.

　다음, 이 느낌은 중생이 받는 일체의 느낌을 말하는 것이 아니라,
이에 앞선 6인연이 소멸하면 이를 따라 소멸하는 느낌을 말하는 것
이라는 측면이다. 이 느낌은 접촉을 조건으로 일어나는 것인데, 이
접촉은 소위 무명촉을 말하는 것이므로, 감관에 의해 '존재'로 받아
들여진 대상으로부터 주어진 느낌으로서 받아들여진 것, 즉 감수感
受된 것을 말하는 것이다. 다시 말해서 이 느낌은 외부대상과의 접촉
에서 일어나는 감각 그 자체를 말하는 것이 아니라, 이 외부대상을
존재로서 받아들이면서 재해석한 주관적 느낌을 말하는 것이다. 붓
다께서 이 느낌을, '눈 내지 뜻의 접촉에서 생기는 여섯 가지 느낌의 무리'
라고 설명하시고,[52] '접촉이 인연되어 생긴 것을 받아들여 안으로 느끼는
[觸因緣生受 內覺]'괴로움, 즐거움, 괴롭지도 않고 즐겁지도 않음[53]이
라고 표현하신 것은 이 뜻을 나타내는 것이다. 이것은 필연적으로 그
대상에 대한 욕망·성냄·무관심을 초래하는 성질을 갖는 것이므로,
소멸시켜야 할 대상이다.[54]

　반면 명촉을 조건으로 일어나는 느낌은 소멸시킬 대상이 아니고,

• • • • • • • • • • • •

52 위 SN 12:2 분석경에서의 표현이다.
53 《잡아함경》 제9권의 제219경, 제9권의 제230경, 제13권의 제304경 등 여러 경
　전에 등장하는 표현이다.
54 즐거움은 욕망을, 괴로움은 성냄을, 즐겁지도 않고 괴롭지도 않음은 무관심을 초
　래한다.

따라서 그 느낌은 이 ⑦ 느낌에 포함되지 않는다. 무슨 말인가 하면 같은 감각이 주어졌을 때, 그 실상을 알고 보지 못하는 사람이 이것을 어떤 대상으로부터 주어진 즐거움 등의 느낌이라고 받아들이는 것만을 가리키는 것이지, 실상을 알고 보는 사람이 여러 조건에 의해 일어났다가 사라지는 느낌으로서 느끼는 것은 여기에 포함되지 않는다는 것이다. 이런 느낌은 무명이 사라진다고 해도 사라질 수 없는 것이다.

이상 7인연은 모두 현생에 만드는, 현생의 괴로움의 원인과 결과를 나타낸다. 그리고 다음 ⑧ 갈애 이하의 5인연은 현생에 만드는 내생의 원인과 그로 인해 내생에 받는 결과를 밝히는 것임은 앞의 삼세양중인과설의 해석방법과 같다. 그렇지만 앞의 7인연을 위와 같이 해석하는 한 ⑨ 취착과 ⑩ 존재는 다소 다른 해석이 필요하다.

그 다른 해석의 필요는 앞의 연기관에서 ⑩ 존재를 업존재[業有], 즉 업이라고 해석하는 것과 관련된 것이다. 이 연기관의 서두에서 필자는 앞 연기관의 해석과 관련하여, 업은 재생과 필연적인 인과관계에 있는 것으로 보기 어렵지 않는가 라는 의문을 제기하였다. 그리고 그 근거로서 재생을 가져올 업을 지은 사람이 그 후 수행하여 아라한이 된 경우 다시 태어나지 않는 예를 들면서, 업과 재생 사이에는 또 다른 계기가 있어야 하지 않는가 라고 하였다. 말하자면 업은 태어남에 대하여 필요조건은 되지만, 충분조건은 아니고, 따라서 이를 업존재라고 이해해서는 안된다는 것이다.

그렇다면 업 외에 필연적으로 중생의 재생을 이끄는 요인은 무엇일까? 여기에서 필자는 대승의 유식이론에서 윤회의 원인으로 설명하는 세 가지 습기習氣55에 주목한다. 이것이 죽음에 임한 중생의 생유生有가 출현하는 원인과 과정을 이해하는데 도움을 주기 때문이다. 세 가지 습기란 '명언名言습기'·'아집我執습기'·'유지有支습기'인데, 명언습기란 유위법의 종자56를 말하고, 아집습기란 나와 내 것에 대한 집착을 말하며, 유지(=존재[有]의 지분[支])습기란 내생의 과보를 초래하는 업종자로서, 이것이 소위 '업'을 가리키는 것이다. 이 세 가지 습기가 윤회의 원인이라는 것은, 업 한 가지만으로 중생이 윤회하는 것이 아니라는 것과 동시에, 나머지 두 습기가 윤회의 필수적인 요인이 된다는 것을 의미한다.

이 이론에 따라 죽음에 이른 중생이 재생하는 과정을 간략히 설명하면 다음과 같다. 무명에 사로잡힌 중생에게는 일체 현상을 유위로서 형성하여 식별하는 의식이 끊어진 적이 없으므로, 죽음에 임한 그에게 이 의식(=소위 재생연결식)이 나타난다. 이 의식이 윤회의 직접적인 원인인데, 이것은 업과 필연적인 인과관계에 있는 것이 아니라, 일체 현상을 유위로서 형성하여 식별하는 명언습기가 직접적인 원인이다. 이 의식이 다시 명언습기의 힘에 의해 나와 남을 분별하고 또 나의 신체를 분별하는데, 다시 아집습기의 힘에 의해 나와 내 것에 대한 집착을 일으키면, 유지습기의 힘에 의해 마치 누군가가 데려다 놓는 듯이, 장래 자신의 신체를 이룰 모태가 이 의식에게 나타나서 입태한다는 것이다.57 이렇게 보면 유지습기, 즉 업은 윤회의 필

• • • • • • • • • • • • • •

55 이하 졸역『주석 성유식론』 p.760 이하 참조. '습기'란 익힌 기운이라는 뜻이다.
56 '유위법의 종자'란 유위법을 낳는 씨앗이라는 뜻이니, 유위를 형성하는 것은 그 유위를 가리키는 명칭과 언어[名言]에 의지한다는 점에서, 이 명칭과 언어를 익힌 기운[習氣]이 유위를 형성하는 바탕이 된다는 것이다.

수조건이기는 하지만 충분조건은 아니고, 가장 직접적인 원인은 명언습기이며, 윤회에서 가장 힘을 발휘하는 것은 아집습기라고 할 수 있다. 요컨대 이 세 가지 습기가 함께 작용해야 윤회가 이루어진다는 것이다. 아라한에게 기왕의 업이 있는데도, 윤회하지 않는 것은 존재의 실상을 봄으로써 이 명언습기와 아집습기가 소멸했기 때문이라고 이해할 수 있다.

이런 맥락에서 보면 ⑩ 존재의 원인인 ⑨ 취착도 윤회의 바탕인 업을 적취하는 것만을 가리키는 것이 아니라, 죽음에 임한 중생의 위와 같은 아집습기의 발현을 가리키는 것에 주된 의미가 있다. 왜냐하면 전자의 의미라면 이 취착을, 그 원인인 '갈애'나 그 결과인 '존재'에 대응하여, 여섯 가지 대상에 대한 취착이나 세 가지 주체에 대한 취착으로 정의하면 충분할 것인데도, 경전에서 이 취착을 그와 달리 '욕취·견취·계취·아취'의 네 가지로 정의하고 있기 때문이다.

그렇다면 이 네 가지 취착은 어떤 의미에서 열거된 것일까? 고래로부터의 이론서에서도 이런 맥락에서의 설명을 찾기 어렵다. 혹시 다음과 같은 의미가 아닐까 추측해 본다. 네 가지 중 최후의 '아취'는

• • • • • • • • • • • • • •

57 대승경전에 이 구조를 설명하는 글이 발견되는데, 《대승입능가경》(제6권)에서 "장식(=제8 아뢰야식)이 몸을 버리면, 의意(=제7 말나식)가 이에 여러 취趣를 구하니[藏識捨於身 意乃求諸趣] 식(=제6 의식)이 이어 경계 비슷한 것을, 보고 나서 탐내어 취하네[識述似境界 見已而貪取]"라고 말한다.(=졸역 『대승입능가경』 p.603의 계송 ⑭⑭) 여기에서 '의가 여러 취를 구한다'는 것은 아집습기의 힘에 의해 구하는 것을, '식이 경계 비슷한 것을 본다'는 것은 명언습기의 힘에 의해 분별하는 것을 각각 나타낸다.

아집습기에 공통되는 나와 내 것에 대한 집착을 말한 것이고, '욕취'는 우리와 같은 인간을 비롯한 욕계 존재의 원인이 되는 집착이며, '견취'는 선정 등을 가장 뛰어난 청정이라고 집착하는 것이므로 색계와 무색계 존재의 원인이 되는 집착이고, '계취'=계금취는 개나 소처럼 행동하는 따위가 열반에 이르는 길이라고 집착하는 것이므로 축생계 존재의 원인이 되는 집착이라는 것이다. 말하자면 네 가지 취착은 죽음에 임한 중생의 아집습기의 발현을, 그 결과인 '존재'의 관점에서 공통되는 원인(=아취)과 개별적인 원인(=나머지 3취)으로 열거한 것이라고 이해하는 것이다.

이렇게 보면 이 십이인연 중 ⑩ 존재는, 죽음에 임해 나타난 재생연결식이 명언습기와 아집습기의 힘에 의해 모태에 탁태함으로써 장래 태어날 존재가 형성된 것을 가리킨다. 그리고 그 원인이 되는 ⑨ 취착은 당해 생애에 내생의 존재의 원인이 되는 업을 형성하는 것을 가리킴과 동시에, 그 생의 죽음에 임해 작용하는 아집습기의 발현을 나타내는 것이다.

다만 이렇게 해석하면 이 '존재'는 현생에 속하는 것이 아니라, 현생의 결과로서, 내생에 속하는 것이다. 기존의 불교이론에서 이를 현생에 만든 내생의 원인으로서 현생에 속하는 것이라고 보는 것과 배치된다. 그렇지만 이렇게 해석하면 12인연이 모두 필연적 인과연쇄로서의 의미를 갖지만, 기존의 불교이론에서처럼 이를 업존재로 보는 한, 그 결과인 '태어남'과 필연적 인과관계에 있는 것으로 보기 어렵다는 난점이 있다. 충분한 논의가 필요한 대목이다.

이제 이 연기관의 위와 같은 해석에 의해 십이연기의 유전문과 환멸문의 의미를 정리해 보자.

먼저 유전문이다. 일체가 연기하고 있는 법계의 실제 모습을 있는 그대로 알고 보지 못하는 중생은, 이 '무명' 때문에 여러 가지 조건들에 의해 연기한 모든 법을 유위로 '형성'하여 '의식'하므로 안팎의 모든 법을 '명색'으로 파악하고, 이에 의해 인식대상을 '여섯 가지 대상으로서 받아들이니', 감관[根]·대상[境]·의식[識]의 삼자가 화합한 '접촉'이 일어난다. 이 접촉이 일어나면 그 대상으로부터 주어진 괴로움과 즐거움 등의 '느낌'을 받아들이면서 그 대상과 주체에 대해 '갈애'를 일으키고, 이를 증폭시켜 그 대상을 움켜잡으려는 '취착'을 일으켜 업을 쌓다가, 죽음에 임해 나와 내 것에 대한 '취착'을 일으켜 의식이 나의 신체를 구하면, 쌓인 업의 힘에 의해 내생의 신체를 이룰 모태가 의식 앞에 나타나니, 의식이 이에 찾아듦으로써 '존재'가 형성된다.

이렇게 형성된 '존재'에 기초해 내생의 오온이 출현하는 '태어남'이 있고, 내생의 중생이 태어나면 살아가면서, 다시 '무명'에 의해서 연기하는 법을 유위로 '형성'하여 '명색'으로 '의식'하고 '여섯 가지 대상으로 받아들여' '접촉'을 일으키며 그 대상으로 인해 괴로움과 즐거움 등의 '느낌'을 감수함으로써 '갈애'와 '취착'을 일으켜 갖가지 업을 짓다가, 늙어서 죽음에 임하면 다시 나와 내 것에 대한 '취착'을 일으켜 '존재'를 형성하고, 이 존재가 형성되면 다시 '태어나' 같은 과정을 반복하면서58 '늙고 죽는다'.

· · · · · · · · · · · · · ·

58 내생의 존재가 살아가는 과정을 12인연에 의해 다시 한 번 설명한 것은, 이 2세 인과로써 중생의 윤회가 충분히 설명된다는 것을 나타내고자 한 것이다.

이것이 십이연기의 유전문의 뜻이니, 이렇게 보면 늙음·죽음은 내생의 존재로 태어난 중생이 내생에서 다시 갖가지 괴로움을 받으면서 내내생으로 유전하는 과정을 축약한 것이라고 말할 수 있다. 그러므로 이 십이연기는 삼세양중의 인과가 아니라, 현생─내생이라는 2세의 인과를 설명하는 것이면서, 중생의 무한한 윤회를 충분히 나타낸다. 이렇게 보면 십이연기는 '존재─태어남─[무명─형성─의식─명색─육입─접촉─느낌─갈애─취착]─노사'의　순서로　배열하는 것도 가능하다. 그럼에도 불구하고 무명을 앞에 내세운 것은 가장 중요한 것을 먼저 가리키기 위한 것이라고 할 수 있다.

　여기에서 두 가지 연기관이 가리키는 인과를, 도표로써 대비해 보이면 다음과 같다.

[표6] 양 연기관의 인과 대비

연기관 (1) 삼세양중인과설											
전생원인		현생결과					현생원인			내생결과	
無明	行	識	名色	六入	觸	受	愛	取	有	生	老死
무명	형성	의식	명색	육입	접촉	느낌	갈애	취착	존재	태어남	늙음죽음
현생결과						현생원인			내생결과		
연기관 (2) 이세일중인과설											

　마지막으로 이 십이연기의 환멸문의 의미를 음미함으로써 십이연기의 의미를 정리해 보자. 자신의 해탈을 알고 보며 '무명을 완전히

소멸'시킨 아라한은, 연기하는 법계의 실제 모습을 알고 보기 때문에 일체 현상을 유위로 '형성하지 않고', 있는 그대로 알고 볼 뿐, 이를 '의식으로 식별하지 않는다'. 그러면 그는 법계의 모든 현상을 있는 그대로 무위로 알고 볼 뿐이므로 그에게 의식으로 분별되는 '명색은 출현하지 않고', 따라서 그의 감관은 외부의 법을 여섯 가지 '대상으로서 받아들이지 않으니', 그에게 무명과 함께 하는 '접촉은 일어나지 않고', 무명촉에 의거한 '대상으로부터의 느낌을 감수하지 않는다'. 그러므로 그에게는 그 대상 및 향수 주체에 대한 '갈애나 이에 기초한 취착은 일어나지 않고', 죽음에 임해서도 나와 내 것을 분별하지 않으며 나와 내 것에 대한 취착을 일으키지 않으므로 그에게 내생의 '존재는 형성되지 않고', 존재를 전제로 하는 그의 '태어남은 이미 다해서 다시는 재생하지 않는다'.

이것이 유전문의 십이인연이 모두 소멸한 아라한의 해탈이다. 십이연기의 환멸문에 대해 붓다께서, "무명이 남김 없이 소멸하기 때문에 형성이 소멸하고, 형성이 소멸하기 때문에 의식이 소멸하며, 의식이 소멸하기 때문에, 명색이 소멸하고, 명색이 소멸하기 때문에 육입이 소멸하며, 육입이 소멸하기 때문에 접촉이 소멸하고, 접촉이 소멸하기 때문에 느낌이 소멸하며, 느낌이 소멸하기 때문에 갈애가 소멸하고, 갈애가 소멸하기 때문에 취착이 소멸하고, 취착이 소멸하기 때문에 존재가 소멸하며, 존재가 소멸하기 때문에 태어남이 소멸하고, 태어남이 소멸하기 때문에 늙음·죽음 등이 소멸한다. 이와 같이 전체 괴로움의 무더기가 소멸한다"[59]라고 **말씀하신 것은**

59 SN 12:1 연기경과 《잡아함경》(제12권) 제284 대수경을 각각 대표로 하여, 초기경전에 수없이 등장하는 표현이다.

바로 이것을 의미하는 것이다.

십이연기의 이해(3)

독자들께서는 어떻게 읽으셨는지 모르겠다. 필자는 수많은 전문가들의 오래된 견해에도 불구하고, 두 번째 연기관이 논리적이면서 이해하기도 쉬운 것이라는 생각을 지울 수 없다. 나아가 이것은 뒤의 도성제에서 볼 수행의 이치와도 잘 부합된다. 반면 첫 번째 연기관은 이와 배치되는 경전의 글이 곳곳에서 발견되기조차 한다.

그렇다면 양자 중 두 번째 연기관을 받아들일 수밖에 없지 않는가? 그렇지만 아쉽게도 그러기 어려운 이유가 있다. 첫 번째 연기관의 입장에서 말씀하신 것이라고 볼 수밖에 없는 경전의 말씀이 몇 가지 발견되기 때문이다.

그 첫째는 ② 형성을, 신체적 형성[身行], 언어적 형성[口行], 정신적 형성[意行]이라는 세 가지 형성이라고 설명하는 경전60의 글이다. 이것을 두 번째 연기관과 배치되는 것이라고 보는 이유는, 두 번째 연기관에서의 형성은 기본적으로 유위의 형성을 의미하는 것인데, 이 유위의 형성은 세 가지 형성 중에서는 정신적 형성의 도움을 받는 언어적 형성이라고 보아야 하기 때문이다. 이 점은 앞의 세 가지 습기를 설명하는 글에 그 근거가 나타나 있다. 그런데도 이 형성을 언어적 형성 한 가지

---

60 《잡아함경》(제12권) 제298 법설의설경과 SN 12:2 분석경을 각각 필두로 여러
　　경전에서 이와 같이 설명하고 있다.

나 정신적 형성과 언어적 형성의 두 가지로 설명하지 않고, 세 가지 형성으로 설명한 것은, 이 형성을 세 가지 업으로 이해하는 첫 번째 연기관과 부합하는 것이라고 이해된다는 것이다.61

둘째는 첫 번째 연기관의 설명에서 본 것처럼 이 ② 형성을, 공덕이 되는 형성[福行], 불공덕이 되는 형성[非福行], 공덕·불공덕이 없는 형성[無所有行=不動行]의 세 가지로 설명하는 경전의 글62이다. 이것은 명백히 위 형성을 업으로 이해해야 하는 근거가 되는 글이다.

셋째는 ③ 의식을 재생연결식으로 이해하는 것으로 볼 수밖에 없는 경전63의 글도 있다.

> (세존) "아난아, 만약 의식이 어머니 태에 들어가지 않았더라도 명색이 있어 이 몸을 이루었겠느냐?"
> (아난) "없었을 것입니다."
> (세존) "아난아, 만약 의식이 태에 들어갔더라도 곧 나왔다면 명색이 정精과 모이겠느냐?"

· · · · · · · · · · · · · ·

61 다만 유위의 형성인 언어적 형성은 정신적 형성과 함께 신체적 형성의 도움도 받는다고 이해할 수는 있다. 이렇게 본다면 이것이 두 번째 연기관을 배척해야 하는 결정적 근거가 된다고 볼 것은 아니다.

62 《잡아함경》(제12권) 제292 사량경思量經에서, "복된 형성을 지으면 선한 의식이 생기며, 복되지 않고 불선한 형성을 지으면 불선한 의식이 생기고, [복·비복이] 있는 바 없는 형성을 지으면 [선·불선이] 있는 바 없는 의식이 생기므로, 이로써 그 의식은 형성이 원인이고, 형성에서 일어나며, 형성에서 생기고, 형성이 굴린 것"이라는 등으로 설명하신다.

63 의식과 명색은 상호 조건이 됨을 밝히는 《중아함경》(제24권) 제97 대인경大因經에서의 글인데, 이와 상응하는 DN 15 대인연경에도 같은 취지의 글이 있다.

(아난) "모이지 못했을 것입니다."

(세존) "아난아, 만약 어린 남아나 여아의 의식이 처음부터 끊어지거나 부서짐으로써 있지 않았다면 명색이 점점 자랄 수 있겠느냐?"

(아난) "없을 것입니다."

(세존) "아난아, 그러므로 이것이 명색의 원인이고, 명색의 일어남이며, 명색의 근본이고, 명색의 조건이라고 알아야 하니, 이 의식을 말하는 것이다. 왜냐하면 의식을 조건하여 곧 명색이 있는 것이기 때문이다. …

아난아, 만약 의식이 명색을 얻지 못하고, 의식이 명색에 서지 못하며 의지하지 못한다면, 의식에 과연 태어남이 있고 늙음이 있으며 병듦이 있고 죽음이 있으며 괴로움이 있겠느냐?"

(아난) "없을 것입니다."

(세존) "아난아, 그러므로 이것이 의식의 원인이고, 의식의 일어남이며, 의식의 근본이고, 의식의 조건이라고 알아야 하니, 이 명색을 말하는 것이다. 왜냐하면 명색을 조건하여 곧 의식이 있는 것이기 때문이다.

아난아, 이것을 명색을 조건하여 의식이 있고, 의식을 조건하여 또한 명색도 있다는 것이다."

이상의 여러 경문은 두 번째 연기관만이 옳다고 주장할 수 없게 만든다. 그렇다면 첫 번째 연기관이 옳다고 보아야 하는가 하면, 그렇다고 할 수도 없다. 왜냐하면 두 번째 연기관을 설명하는 글의 서두에서 밝힌 것처럼, 이것 이상으로 첫 번째 연기관을 옳은 것으로 채택하기 어려운 근거들이 있기 때문이다.

그렇다면 어떻게 해야 하는가? 십이연기는 두 가지 연기관의 뜻을 함께 함축하고 있는 것으로 보아야 한다는 결론에 이른다. 붓다께서는 복합적인 의미를 담아서 이 십이연기문을 시설하신 것으로 이해된다. 붓다께서 여러 곳에서 "이 연기는 참으로 심오하다"라고 말씀하신 것은, 이를 단순하게 이해하려는 것을 경계시키려고 한 말씀이라고 보아야 할 것이다.

누가 윤회하는가

이제 괴로움이 일어나는 원인에 대한 설명을 마쳤다. 마지막으로 윤회와 관련하여 남는 의문을 해결할 차례이다.

불교의 윤회에 대해 많이 하는 질문은, '나'가 없다면서 도대체 누가 윤회한다는 것인가 라는 것이다. 바라문교에서 말하는 '아트만'과 같은 불변의 존재가 있어서 윤회한다고 한다면 쉽게 이해할 수 있다. 그러나 불교에서는 불변의 존재는 커녕 일시적이라도 영속적 존재는 없다고 하지 않는가? 다시 말해서 무아의 이치와 윤회는 어떻게 서로 조화될 수 있는가 라는 것이다.

확실히 윤회란 과거 생과 현재 생, 현재 생과 미래 생이 서로 별개가 아님을 전제로 하는 개념이다. 그리고 무아를 표방하는 불교에서는 그 어떤 생에서도 영속적 존재로서의 '나'는 없다고 하는 것이므로, 그 각각 두 개의 생 사이에 동일성을 가진 존재는 인정될 수 없다. 그럼에도 이 두 가지를 함께 수용하는 불교의 윤회―흔히 이를 '무아윤회無我輪廻'라고 표현한다―는 어떻게 가능한 것일까?

이에 대한 해답은 이미 나와 있다. 앞에서 우리는 오취온을 살펴보면서, 기억의 원리에 대해 오온의 상속이 그것을 가능케 한다는 것을 보았는데, 윤회도 마찬가지 원리에 의해 설명된다.

과거 생으로부터 현재 생으로 오온은 상속되고, 현재 생으로부터 미래 생으로 오온은 상속된다. 이 상속되는 오온은 서로 동일한 것이 아니지만, 서로 아무런 관계가 없는 것도 아니다. 말하자면 뒤의 생의 오온은 앞의 생의 오온의 상속자이다. 요컨대 전후 두 개의 생 사이에 동일성을 가진 존재는 인정되지 않고, 따라서 '나'라고 하는 영속적 존재는 없지만, 뒤의 생의 오온은 앞의 생의 오온을 상속한 것, 곧 윤회한 것이라는 말이다. 그럼에도 불구하고 실제로 이 의문이 생겼다면, 그것은 지금까지 설명해 온 이런 불교의 이치를 잊고, 잠시 원래의 '상식'적인 사고방식으로 되돌아갔기 때문일 것이다.

그런데 이 점에 대해 의문이 부각되어 자세한 설명이 되어있는 경전은 찾기 어렵다. 다만 아래와 같은 글64만이 발견되는데, 이것도 위와 같은 의문을 전제로 한 설명은 아니다.

> 눈[眼]은 생길 때에도 온 곳[來處]이 없고, 소멸할 때에도 가는 곳[去處]이 없다. 이와 같이 눈은 진실치 못하게 생기고[不實而生], 생기고 나서는 다 소멸하니, 업과 과보[業報]는 있지만 행위의 주체[作者]는 없고, 이 온이 소멸하고 나면 다른 온이 상속할 뿐이다[此陰滅已 異陰相續].
>
> … 귀·코·혀·몸·뜻에서도 또한 이렇게 말한다.

• • • • • • • • • • • • •

64 앞 글은 《잡아함경》(제13권) 제335 제일의공경第一義空經의 글이고, 뒷 글은 《장아함경》(제17권) 제28 포타바루경布吒婆樓經의 글인데, 앞 경은 니까야에 상응하는 것이 없고, 뒷 경은 DN 9 뽓타빠다경[Poṭṭhapāda sutta]과 상응하는 것이다.

비유하자면 우유와 같습니다. 우유가 변하여 낙酪이 되고, 낙이 생소生酥가 되며, 생소가 숙소熟酥가 되고, 숙소가 제호醍醐가 되므로, 제호가 제일인데, 우유로 있을 때는 우유라고 이름할 뿐, 낙이나 소나 제호라고 이름하지 않으며, 이와 같이 점점 나아가 제호가 되면 그 때에는 제호라고 이름할 뿐, 우유라고 이름하지 않고, 낙이나 소라고 이름하지 않습니다.

이 문제가 특별히 거론 대상이 되지 않은 까닭은, '누가 기억하고, 누가 행위하며, 누가 느끼는가' 라고 하는 차원의 문제라고 보기 때문일 것이다. 그렇지만 명확히 설명되어 있지 않기 때문에 의문이 제기될 여지가 있다. 앞에 나온 메난드로스 왕이라면 이 질문을 빠트릴 사람이 아니다. 이 부분을 한역 《나선那先비구경》(3권본의 상권)의 글로써 보겠다. 왕이 "존자여, 다시 태어난 자와 죽어 없어진 자는 같습니까, 다릅니까?"라고 묻자, 나가세나가 "같지도 않고 다르지도 않습니다"라고 대답한 다음, 비유를 들어 설명해 나간다.

(나가세나 비구) "비유하면 사람이 등불을 켜는 것과 같습니다. 그 등불은 밤새도록 타겠습니까?"
(밀린다 왕) "그렇습니다. 밤새도록 탈 것입니다."
(비구) "등불 가운데 있는 심지불이 하룻밤 동안 계속되면 이전의 등불[故火]이 빛을 냅니까? 한밤중에 이르러 이전의 등불이 빛을 냅니까? 새벽에 이르러 이전의 등불이 빛을 냅니까?"
(왕) "이전의 등불이 빛을 내는 것이 아닙니다."
(비구) "하룻밤 동안 등불이 탈 때 한밤중에 이르면 다시 등불을 켭니까? 새벽이 올 때 다시 등불을 켭니까?"

(왕) "다시 켜지 않습니다. 불이 계속되기 때문에 한 심지의 등불이 새벽까지 갑니다."

(비구) "사람의 정신精神이 계속해 상속相續하는 것도 이와 같습니다. 하나가 가면 하나가 옵니다. 사람은 정신을 따라 생生에서 노사老死에 이릅니다. 뒤의 정신은 다시 다음의 생으로 향합니다. 계속해서 상속하는 이것은, 이전의 정신도 아니지만 이전의 정신과 별개인 것도 아닙니다[展轉相續 是非故精神 亦不離故精神]. 사람이 죽은 이후 정신은 향했던 그 생에 있게 됩니다.

비유하면 우유로 낙酪을 만들고 그 낙의 윗기름[上肥]을 취해 볶아서 제호를 만드는 것과 같습니다. 제호와 낙의 윗기름으로 다시 우유를 만든다고 한다면, 그런 일이 있을 수 있겠습니까?"

(왕) "그런 일은 있을 수 없습니다."

(비구) "사람의 정신은, 우유가 있어 우유에서 낙이 만들어지고 낙에서 기름이 만들어지며 기름에서 제호가 만들어지듯이, 사람의 정신도 이와 같이 정신을 따라 태어나고, 태어나서는 성장하고, 성장해서는 늙으며, 늙어서는 죽음에 이릅니다. 죽음 후 정신은 다시 삶을 받습니다. 한 몸이 죽은 뒤에는 또 다시 한 몸을 받습니다. 비유하여 두 심지가 서로 연이어서 타는 것과 같습니다."

이와 같이 무아윤회는 오온의 상속으로 충분히 해명될 수 있다. 다만 여기에서는 그렇게 상속되는 것이 '정신精神'이라고 표현하고 있는 점이 주목된다. 앞에서 보았듯이 '정신'이란 오온 중 신체 즉 색온을 제외한 4무색온을 가리키는 것이다. 그러므로 이 표현은 윤회 과정에서는 오온 중 4온만이 상속하고, 색온 즉 신체는 상속하는 것이 아님을 나타낸다. 이와 같이 오온 전체가 상속하지 않고, 4온만이 상속하면서 새로운 몸, 즉 색온과 결합하여 오온을 이루더라도, 이 오온은 전생의 오온과 완전히 별개의 것이라고는 말할 수 없을 것이므로, '무아윤회'가 성립됨에는 아무런 지장이 없다.

이렇게 보면 앞의 글에 나오는 등불의 비유나 우유와 제호의 비유는 '상속'의 뜻을 보이는 비유로서는 훌륭하지만, 정신의 상속과 신체의 교체라는 두 가지 현상이 함께 이루어지는 윤회를 보이는 비유로서는 부족하다는 느낌이 없지 않다. 현대의 연구자들이 새로운 비유를 모색하는 이유는 아마 여기에 있을 것이다. 근래 스리랑카의 나라다Narada (1898~1983) 스님이 그의 『불교입문』에서 든 나비의 비유도 그 중의 하나이다.

처음에는 알이었다가, 유충으로 변하고, 그 다음에는 번데기로 발전하며, 마지막에는 나비로 변한다. 나비는 번데기와 동일한 것도 아니고 전혀 다른 것도 아니다. 여기에도 역시 생명의 흐름 내지는 연속성이 있다.65

보다 근접한 비유는 오스트리아 출신의 현대 철학자 비트겐슈타인 Wittgenstein(1889~1951)이 언어의 성격을 분석하면서 쓴, 실과 섬유의 비유에 착안해서 만든 것66이라고 생각된다. 이것은 실이 오온을 상징

• • • • • • • • • • • • •

65 주민황 역 p.154(2000년, 도서출판 숨).
66 이것은 전재성 박사의 『초기불교의 연기사상』 p.366(2002년 한국빠알리성전 협회)에 기술되어 있는데, 그 창안자가 누구인지는 분명하게 드러나 있지 않다. 실과 섬유의 비유는 루트비히 비트겐슈타인의 『철학적 탐구』 p.71(이영철 역, 2006년 책세상)에 나오는 아래의 글을 가리킨다. 「우리는 우리의 數 개념을,

하는 다섯 색깔의 섬유 다섯 가닥으로 엮여 있는데, 그 각각의 섬유는 어느 것도 처음부터 끝까지 끊어짐 없이 연결되어 있는 것이 아니고, 모두가 중간 어딘가 끊어진 곳이 여러 군데 있다고 생각하면 매우 흡사해진다. 그 다섯 가닥은 모두 끊어진 데가 있지만, 같은 곳에서 함께 끊어져 있지 않는 한 전체로서의 실은 끊어지지 않는다는 것이다.

만약 다섯 가닥 중 어느 가닥이 끊어짐 없이 처음부터 끝까지 연결되어 있다면, 그것을 '영속적 개체' 내지 '자아'라고 말할 수 있을지 모르지만, 그렇지 않다는 것이다. 또 만약 그 다섯 가닥이 한 곳에서 모두 함께 끊어진다면 실은 서로 별개가 되어 버리겠지만, 그렇지 않으므로 하나의 실로서의 일관성을 유지한다는 뜻이 된다. 그 다섯 가닥이 같은 곳에서 함께 끊어진다면, 그것은 열반을 증득하여 윤회에서 벗어나는 것을 의미할 것이다. 그러므로 윤회에서 벗어나지 않는 한 다섯 가닥은 결코 같은 곳에서 함께 끊어질 수 없다.

업보와 윤회

무아윤회와 관련하여 흔히 제기되는 의문 중에는, 만약 윤회의 주체가 없다면 누가 업을 짓고 누가 그 과보를 받는가 라는 것도 있다. 앞의 십이인연 중 '형성'의 설명에서도 잠시 나왔듯이, 불교에서는 업을 지

• • • • • • • • • • • • • •

우리가 실을 자을 때 섬유에 섬유를 꼬아 만들듯이 연장한다. 그런데 실의 강도는 그 어떤 섬유 하나가 그 실의 전체 길이를 관통해 지나감에 있는 것이 아니라, 많은 섬유들이 서로 겹침에 있는 것이다.」

으면 그 결과로서 반드시 과보를 받는다고 말하기 때문에 생길 수 있는 의문이다. 그렇지만 이 문제 역시 상속의 원리에 의해 해명이 될 수 있음은 이제 구체적으로 설명하지 않아도 알 수 있으리라고 생각한다. 앞에 나온 제일의공경에서, "업과 과보[業報]는 있지만 행위의 주체[作者](나 그것을 받는 자[受者])는 없다"라는 글도 바로 그 뜻이다.

오히려 의문은 업과 과보의 필연적인 상관성이 어떤 구조 속에서 확보되는가 라는 점인데, 그것은 기본적으로 '업'의 개념 자체에서 찾을 수 있다고 설명된다. 이 경우 '업'은 두 가지 관점에서 이해해야 한다.
먼저 업을 가리키는 빠알리어 '깜마kamma'(범어 '카르마 karma')는 '행위'를 뜻하는 'kr'에서 나온 말인 것에서 알 수 있듯이, '업'은 근본적으로 '행위'를 뜻하고, 업의 '과보'는 행위의 '결과'를 뜻한다는 점이다. 이것이 무엇을 의미하는가 하면 업과 과보란, 우리가 흔히 생각하는 것 ─우리는 이 관계를, 어떤 사람이 행한 선행과 악행은 빠짐없이 리스트에 기록되고, 후에 그것들에 대한 심판을 받는 관계로서 생각하는 경향이 있다─처럼 도덕적 법칙이 아니라 자연적 법칙이라는 것이다. 그래서 불교에서 이 업과 과보의 관계는 도덕율道德律이 아니라 인과율因果律의 범주에 속한다고 표현한다.
도덕율이라면 행위에 대해 심판하는 초월자를 상정하게 되고, 행위와 결과에 대한 가치판단을 전제로 하기 때문에, 그 상관관계의 필연성은 흔들릴 여지가 있을 것이다. 그렇지만 업과 과보라는 것이, 어떤 행위가 있으면 반드시 그 결과가 있고, 어떤 작용이 있으면 반드시 그 반작용이 있게 되는 인과율의 범주에 속하는 것이라면, 근원적으로 그 상관관계의 필연성은 흔들릴 수 없게 된다. 필연성의 제1차적 근거는 바로 여기에 있다.

　다음은 '업'은 행위자의 모든 행위를 가리키는 것이 아니라, 의도적인 행위만을 가리킨다는 점이다. 그래서 붓다께서는, "만약 의도적으로 업을 지으면, 현세에 받거나 후세에 받거나 반드시 그 과보를 받는다고 나는 말하지만, 만약 의도적으로 짓지 않았다면, 이로써 반드시 과보를 받지는 않는다고 나는 말한다"라고 말씀하시고,67 또 "의도[cetanā]를 업이라고 나는 말한다. 의도한 뒤에 신체적으로, 언어적으로, 정신적으로 업을 짓는다"라고 말씀하셨다.

　업은 이와 같이 신체적·언어적·정신적인 것 세 가지로 분류된다. 불교에서 ① 살생殺生, ② 주지 않은 것을 취함[不與取], ③ 삿된 음행[邪淫], ④ 거짓말[妄語], ⑤ 이간하는 말[兩舌], ⑥ 거친 말[麤語], ⑦ 쓸데없는 말[綺語], ⑧ 탐욕[貪], ⑨ 성냄[瞋], ⑩ 어리석음[癡]을 열 가지 악한 업[십악업十惡業]이라고 하는데, 그 중 앞의 세 가지는 신체적인 업[身業]이고, 가운데 네 가지는 언어적인 업[口業]이며, 뒤의 세 가지는 정신적인 업[意業]이다. 그리고 이 열 가지에 상반되는 성질의 열 가지68를, 열 가지 선한 업[십선업十善業]이라고 한다. 업은 위와 같이 세 가지로 분류되지만, 그 본질은 모두 의도[思]에 있으므로, 앞의 두 가지 업도 신체적·언어적으로 표출된 행위 그 자체가 아니라, 그 표출된 행

· · · · · · · · · · · · · ·

67 이는 《중아함경》(제3권) 제15 사경思經에서의 말씀이고, 이어지는 것은 AN 6: 63 통찰경[Nibbedhika sutta]에서의 말씀이다.

68 이 열 가지는, ① 살생치 않음, ② 주지 않은 것을 취하지 않음, ③ 삿된 음행하지 않음, ④ 거짓말하지 않음, ⑤ 이간하는 말 하지 않음, ⑥ 거친 말 하지 않음, ⑦ 쓸데없는 말 하지 않음, ⑧ 탐욕 없음, ⑨ 성냄 없음, ⑩ 어리석음 없음이라고 표현한다.

위에 내재하는 의도가 그 업의 본질을 이룬다.

이와 같이 업은 의도적인 행위만을 가리키고, 의도가 업의 본질을 이룬다고 하는 것은, 그 업이나 그 결과가 행위자의 내면, 즉 의식구조를 형성한다는 의미를 갖는다. 말하자면 그것들이 자신의 의식구조를 형성하고, 그렇게 형성된 의식구조가 계속해서 상속되는 것이다.

예를 들어 어떤 사람이 선한 의도를 가지고 선한 행위를 한다면, 그 사람의 의식구조는 선하게 형성되고, 악한 의도를 가지고 악한 행위를 한다면, 그의 의식구조는 악하게 형성된다. 그렇게 형성된 의식은 변화가 주어지지 않는 한 자신의 신체의 단절, 즉 죽음에도 불구하고 후생으로 상속하여 계승될 것이다. 업이 죽음을 뛰어넘어서 반드시 그 과보를 초래하는 필연성의 또 다른 근거는 바로 여기에 있다.

다만 업과 과보 사이의 필연적 상관성은 두 가지 측면으로 나누어 생각해 볼 필요가 있다. 하나는 업에 의해 형성되는 의식구조로서의 과보이다. 이 경우 업은 일으키는대로 즉시 그 과보가 의식에 반영되고, 그렇게 반영된 상태가 순차 상속된다고 할 수 있는데, 이것은 죽음이 사이에 있더라도 마찬가지이다.

그렇기 때문에 어떤 사람의 금생의 의식상태는 전생의 최종적인 의식상태가 상속된 것이다. 물론 금생에서 일으킨 업은 그것대로 현재의 의식에 반영되어 있다. 그리고 금생의 최종적인 의식상태는, 죽음 후 내생에서의 의식상태로 그대로 이어지게 된다. 이와 같이 다음 생에 상속되는 의식상태는 그 전생의 업과 과보가 총체적으로 반영된 최종적인 의식상태라고 할 수 있는데, 이와 같이 다음 생에 육도六道 중의 어떤 세계에 어떤 의식이 과보로서 이어지는가를, 총체적 과보라는 뜻에서 '총보總報'라고 부른다.

우리가 이제 윤회를 어느 정도 수긍하는 단계에 이르렀다면, 나의 전생은 어땠으며, 나의 내생은 어떨 것인지 궁금해 할 수 있다. 그렇지만 이 의식상태에 관한 한 전혀 궁금할 이유가 없다. 지금 현재의 의식상태에서, 내가 금생에서 의식에 심은 업의 과보를 제외한 것이 금생 최초에 받았던 총보 그것이고, 이것은 바로 전생 최종 단계의 의식일 것이기 때문이다. 마찬가지 구조로 금생의 최종 단계의 의식구조가 바로 내생에서 내가 최초에 갖게 될 총보로서의 의식상태라는 결론이 된다. 출전이 분명치 않은 상태로 널리 알려져 있는 아래의 게송은 바로 이 점을 정확히 가리키고 있다.

전생의 일을 알고 싶은가[欲知前生事]
금생에 받은 그것이라네[今生受者是]
내생의 일을 알고 싶은가[欲知來生事]
금생에 만드는 그것이라네[今生作者是]

위와 같은 총보로서의 의식상태는, 누가 마음대로 변경할 수 있는 성질의 것이 아니라는 점은 누구나 이해할 수 있을 것이다. 그런데 업의 과보 중에는 위와 같은 총보만 있는 것은 아니다. 이와 같은 의식상태 외에도 각 개인은 여러 가지 점에서 많은 차이를 갖고 태어난다. 그 개인간의 차이가 모두 업의 과보인 것은 아니지만, 적지 않은 특징들은 과거생의 업의 과보라고 불교는 말한다.

이 점에 관하여 붓다께서는 이교도 청년 수바Subha로부터, "참으로 인간들은 목숨이 짧기도 하고 목숨이 길기도 하며, 질병이 많기도 하고 질병이 없기도 하며, 용모가 추하기도 하고 용모가 아름답기도 하며, 권세가 있기도 하고 권세가 없기도 하며, 빈궁하기도 하고 부유하기도 하며, 비천하기도 하고 고귀하기도 하며, 우둔하기도 하고 현명하기도 합니다. 어떠한 원인과 어떠한 조건 때문에 인간의 모습을 한 인간들 사이에 이와 같이 천하고 귀한 차별이 있습니까?"라는 질문을 받고는 대답하시기를,[69]

중생들은 자신의 업을 소유하는 자이고, 그 업을 상속하는 자이며, 그 업을 모태로 하는 자이고, 그 업을 친지로 하는 자이며, 그 업을 의지처로 하는 자입니다. 업이 중생들을 차별하여 천하고 귀한 상태가 생겨납니다.

라고 하신 다음, 그 구체적인 응보관계를,
   '살생 → 단명, 불살생 → 장수',
   '상해 → 다병多病, 불상해 → 무병無病',
   '분노 → 불단정不端正, 무분노 → 단정',
   '질투 → 무권세無權勢, 무질투 → 권세',
   '교만 → 비천, 무교만 → 존귀',
   '무보시 → 빈궁, 보시 → 부유',
   '무질문無質問 → 우둔, 유질문 → 현명'으로 대비하여 설명하셨다.
   앞에서 본 '총보'에 대하여, 총보와 함께 하는, 이러한 개인 간의 구체적인 차별을, 개별적 과보라고 해서 '별보別報'라고 하는데, 이 별보와 업 사이의 상관관계는 참으로 알기 어렵다. 범부로서는 그 메커니즘을 상상하기조차 어려운 것이 사실이다.

•••••••••••••
69 MN 135 짧은 업분석경[Cūḷakammavibhaṅga sutta]에서의 말씀이다.

그렇다고 해서 이것에 우연성이 개재되거나 필연성이 떨어지는 것이라고 할 수 있는가 하면, 그렇게 볼 수도 없다. 왜냐하면 붓다께서 위 설명에 이어서 다음과 같이 이 응보관계 역시 인과율에 의거하고 있음을 분명히 밝히고 계시기 때문이다.

> 이와 같이 목숨을 짧게 만드는 행위는 목숨이 짧은 운명으로 이끌고, 목숨을 길게 만드는 행위는 목숨이 긴 운명으로 이끌며, 질병이 많게 만드는 행위는 질병이 많은 운명으로 이끌고, 질병이 없게 만드는 행위는 질병이 없는 운명으로 이끌며, 용모를 추하게 만드는 행위는 용모가 추한 운명으로 이끌고, 용모를 아름답게 만드는 행위는 용모가 아름다운 운명으로 이끌며, 권세가 없게 만드는 행위는 권세가 없는 운명으로 이끌고, 권세가 있게 만드는 행위는 권세가 있는 운명으로 이끌며, 빈궁하게 만드는 행위는 빈궁한 운명으로 이끌고, 부유하게 만드는 행위는 부유한 운명으로 이끌며, 비천한 가문에 태어나게 만드는 행위는 비천한 가문에 태어나는 운명으로 이끌고, 고귀한 가문에 태어나게 만드는 행위는 고귀한 가문에 태어나는 운명으로 이끌며, 우둔하게 만드는 행위는 우둔한 가문에 태어나는 운명으로 이끌고, 현명하게 만드는 행위는 현명한 가문에 태어나는 운명으로 이끕니다.

뿐만 아니라 경전의 설명을 종합하면, 업에 과보가 감응感應하는 관계의 필연성은 그 누구도 바꿀 수 없다고 한다. 붓다께서는 일체 지혜를 갖춘 분이어서 모든 것을 아시는 분이기는 하지만, '전능全能'하신 분은 아니라고 하는데, 그 주된 이유가 업의 과보만은 붓다께서도 바꾸실 수 없기 때문이라고 할 정도이다.

붓다로부터 제자들 중 '신통의 힘에서 제일'이라는 평가를 받고 있던 마하목갈라나Mahāmoggallāna大目犍連가 이교도들의 집단폭력을, 신통력으로써 피하지 않고 순순히 받아들여 죽음에 이른 사실70은 이 점을 웅변하는 것이다. 죽음에 앞서 사리뿟따로부터, "왜 신통으로 피하지 않았는가?"라는 물음을 받고는, "내가 본래 지은 업은 매우 깊고 무거운데, 반드시 과보를 받아야지 결코 피할 수는 없으며, 공중에서 이 과보를 받을 것도 아니기 때문"이라고 대답한다. 경전에서 그 필연성은 다음과 같이 읊어지고 있다.

죄와 복의 업이 있을 뿐이니[唯有罪福業]
만약 사람이 이미 지었다면[若人已作者]
이것이 곧 자기의 소유여서[是則己之有]
그는 곧 항상 지니고 가며[彼則常持去]
태어나든 죽든 버리는 일 없어[生死未曾捨]
형체 따르는 그림자와 같다오[如影之隨形]71

허공도 안 되고 바다 속도 안 되며[非空非海中]
깊은 산 바위 틈에 숨어서도 안 되네[非隱山石間]
이 세상 그 어디에서도[莫能於此處]
지은 악의 재앙은 피할 수 없네[避免宿惡殃]

• • • • • • • • • • • • • •

70 《증일아함경》(제18권) 제26 사의단품四意斷品의 제9경에 나오는 내용이다.
71 이는 《잡아함경》(제46권) 제1233 명종경命終經에 나오는 게송이고, 이어지는 것은 한역 《법구경》(=빠알리어명 《담마빠다Dhammapada》) 제9 악행품의 제12 게송이다.

이렇게 보면 업에 대하여 과보가 감응하는 시기는 한 가지가 아님을 알 수 있다. 불교는 이것을 세 가지로 구분한다. 즉 업을 지은 그 당대에 과보가 감응하는 것과 바로 다음 생에 감응하는 것 및 제3의 생 이후에 감응하는 것인데, 이를 차례대로 현보現報, 생보生報, 후보後報라고 부른다.

업과 과보의 상관관계를 설명하면서 덧붙이지 않으면 안 될 것 두 가지를 언급해 두고자 한다.

그 중 하나는 응보가 필연적이라고 해서, 동일한 업이 항상 동일한 과보를 가져오는 것은 아니라는 점이다. 다시 말해서 업과 과보의 응보 관계가 무차별적이고 기계적으로 나타나는 것은 아니다. 왜냐하면 업을 지은 사람이 다르면, 그 업과 관계되는 환경 기타의 다른 조건들도 다를 수밖에 없는데, 그 때 그 다른 조건들 역시 과보를 형성하는데 영향력을 갖기 때문이다. 그래서 동일한 업도 그 환경과 조건이 어떠한가에 따라, 사소한 업이 그에 상응하는 것으로 여겨지는 것보다 훨씬 무거운 과보를 가져오기도 하고, 반대로 무거운 업이 사소한 과보를 가져오는 데 그치기도 한다.

경전에서는 이것을 양적으로는 소금덩이의 비유로써, 질적으로는 밭갈이의 비유로써 설명하고 있다. 소금덩이의 비유란, 발우鉢盂의 적은 물에 소금덩이를 넣으면 발우의 물은 짜져서 먹을 수가 없게 되지만, 그만큼의 소금을 갠지스 강에 던진다면 갠지스 강물은 짜져서 마실 수 없게 되지는 않는다는 것이다.[72] 그리고 밭갈이의 비유란, 농부가

••••••••••••

72 AN 3:99 소금덩이경에 나오는 비유이다.

땅을 잘 갈고 잡초를 제거한 뒤에 좋은 종자를 뿌리면 거기에서의 수확
이 한량없지만, 그 농부가 땅을 잘 갈지 않고 잡초들을 제거하지도 않
은 채 종자를 뿌리면 수확이 보잘 것 없는 것과 같다는 것이다.[73]

그리고 다른 하나는 이 업과 과보의 관계를 이해하는 시각에 대해서
이다. 많은 사람들은 이 관계를 대체로 운명론적이고 숙명론적인 시각
으로 이해하고 있는 것이 아닌가 하는 점이다. 만약 그렇게 이해한다면
이것은 오해라고 말하고 싶다. 왜냐하면 이 응보관계는 능동적이고 창
조적인 메시지라고 이해되어야 하기 때문이다.

물론 우리가 이 생에서 태어나면서 받은 과보로서의 조건을 바꿀 수
없다는 점에서는 숙명적이라고 말할 수 있다. 그러나 그것은 우리가 우
리 삶의 조건으로서 이미 수용하고 있던 것이다. 이 응보관계가 우리에
게 전하는 진정한 의미는, 지금 이후의 조건은 우리가 만드는 것이라는
데 있다. 금생에서의 미래의 조건은 물론, 내생에서의 조건 역시 우리
가 지금 만들어가는 것이다. 그러므로 이것은 결코 운명론으로 이해되
어서는 안 될 것이다. 현재의 우리 삶의 조건 때문에 이것을 운명론으
로 해석한다면, 그것은 업과 과보의 진정한 의미를 발견하지 못한 것이
라고 아니할 수 없다.

이해의 지평을 넓혀서

• • • • • • • • • • • • • •
73 《증일아함경》(제51권) 제52 대애도반열반품大愛道般涅槃品의 제7경에 나오는
    비유이다.

이상과 같은 불교의 시각을 받아들인다면, 현실의 삶에서 발견되는 수많은 모순과 난제에 대한 해법이 손쉽게 발견될 수도 있다. 그것은 인과관계의 틀을 우리 눈에 보이는 하나의 생에만 국한해서 볼 것이 아니라, 전생과 후생까지 그 범위를 넓혀서 보아야 한다는 것이다. 아래에서 이런 시각에 기초해서 몇 가지 문제에 대해 생각해 보겠다.

사람들이 가장 혼란스러워 하는 문제는 아마, 선행을 거듭하는 사람에게는 가혹한 상황이 끊임없이 함께 하고, 악행을 거듭하는 사람일수록 계속 부귀를 누리는 부조화가 아닐까 한다. 불교는 지금까지 보아온, 윤회를 거듭하면서 전개되는 인과응보의 구조에 의해, 이에 대한 가장 분명하고 간결한 해답을 제시한다. 지금 겪고 있는 현실의 가혹함과 부귀는 전생에서의 악행과 선행에 대한 과보이고, 지금 행하고 있는 선행과 악행에 대한 과보는 행위 후에 반드시 받게 된다는 것이다.

다음 생각해 볼 수 있는 것으로 사형제도의 존폐문제가 있다. 알다시피 사형제도는 무거운 범죄를 저지른 자에 대하여 그 생명을 박탈하는 극단적인 형벌을 가하는 것인데, 이런 제도가 존재한다는 사실에 의한 위협의 힘으로 그런 범죄를 사전에 예방하고, 그럼에도 불구하고 그런 범죄가 행해졌을 경우 그 범죄인을 사회에서 영원히 추방함으로써 사회를 보호하자는 데 그 존재이유가 있다.

그러나 이 제도는 여러 가지 면에서 문제가 있다 해서 존폐가 논의되고 있고, 실제로 폐지한 나라도 적지 않다. 그렇지만 불교적인 시각이 폐지의 근거로서 열거되지는 않는다. 비록 표면적으로 내세울 수는 없다 해도, 실제로는 이것이 가장 중대한 이유 중의 하나로 고려되어야 한다고 생각한다.

불교적 시각으로 풀이하면 이렇게 말할 수 있다. 어떤 극악한 범죄를 저지른 범인이 자신의 행위가 가진 의미를 제대로 이해하지 못한 채 원한과 분노를 안고 극형을 받았을 경우, 그가 다시는 이 사회에 복귀하지 않는다면 모르지만, 만약 그가 응보과정을 거친 후 언젠가 다시 인간으로 윤회하여 이 사회에 복귀한다면 어떻게 될까 라는 것이다. 상상하기 어려운 잔학한 범죄를 저지르거나, 혹 어느 정도의 두뇌까지 갖추고 태어난다면 아주 지능적인 연쇄살인범이 되는 것이 아닐까?

실제로 극형을 선고받은 범인의 성장과정을 살펴보면, 결손가정에서 자라는 등 불우한 배경이나 환경이 없지는 않지만, 그렇다고 해도 그와 같이 잔학한 범죄에 이른 것을 수긍할만한 연결고리를 발견하기는 쉽지 않다. 혹시 과거의 우리가 분노와 원한을 품은 그에게 극형을 가했던 것은 아니었을까? 이렇게 생각한다면 중죄인일수록 극형이 아니라, 가능한 한 오래도록 깨우쳐 그가 우리의 안전한 이웃으로 복귀하도록 돕는 편이 우리 사회의 보호에 더 효과적인 방법이 될 것이다.

마지막으로 자살의 문제도 이런 시각에서 생각해 보아야 한다. 언론의 보도를 종합해 보면, 사람이 자살을 하는 동기나 배경에는 크게 두 가지가 있다고 할 수 있다. 하나는 '나'에 대한 부당한 대우에 대해 가장 강력한 항의抗議를 표현하려는 것이고, 다른 하나는 삶이 너무나 고통스러워서 그 종지부를 찍고 싶다는 것이다. 전자는 자신의 부존재[無有]를 수단으로 사용하려는 것이고, 후자는 자신의 부존재 자체를 목적—이것이 바로 존재 소멸에 대한 갈애[무유애無有愛]이다—으로 하는 것이므로, 어느 경우나 의도하는 것은 자신의 부존재이다. 그러나 불교의 시각에 의하면, 열반을 증득하지 않는 한 그 의도는 결코 성취될 수 없다.

만약 자살하려는 생각을 가진 사람이 이와 같은 불교의 가르침을 이해한다면 실행에 옮길 수 있을까? 전자의 경우라면 항의의 표현을 위해 실행할 수도 있지 않겠느냐 라고 할지 모르겠다. 그러나 그것은 이 가르침을 진정으로 이해하지 못했기 때문에 나온 발상이라고 생각한다. 자신의 의식을 발전시킬 기회를 스스로 포기하고 생명을 끊은 사람의 내생에, 과연 지금만한 환경이 주어질 수 있을까? 비록 과보가 보응報應하는 구체적 모습을 알 수 없기는 하지만, 그렇게 보응하는 섭리는 아마도 있을 수 없을 것이다. 오랫동안 인간으로 복귀하기 어려울 것이고, 또 언젠가 복귀한다고 해도 훨씬 가혹한 운명을 갖고 태어날 것이 아닌가 두렵다. 이렇게 이해한다면 그 누구든, 어떤 의도나 목적을 위해서든 자살이라는 수단만은 결코 선택하지 않아야 할 것이다.

우리가 삶에서 부닥치는 난제 중에는 이와 같은 불교적 시각에서 해법을 찾을 수 있는 것들이 이 외에도 적지 않다. 혹시 주위에 해결하기 어려운 문제가 있다면, 이렇게 이해의 지평을 넓혀서 한번 생각해보기 바란다.

여기에서 선가에서 수행을 독려하기 위해 흔히 드는 '맹구우목盲龜遇木'의 우화74를 소개하고 싶다.

비유하자면 대지가 모두 큰 바다로 될 때 수명이 한량없는 겁인 눈먼 거

• • • • • • • • • • • • • •
74 《잡아함경》(제15권) 제406 맹구경盲龜經에 나오는 우화인데, '맹구부목浮木'이라고도 한다. SN 56:47−48 구멍경①·②에도 같은 우화가 나온다.

북[盲龜] 하나가 있어, 백 년에 한 번씩 그 머리를 (바다 밖으로) 내미는 데, 바다 가운데에 구멍이 하나만 있는 뜬 나무[浮木]가 바람을 따라 동쪽으로 서쪽으로 파도에 표류하는 것과 같다. 이 눈먼 거북이 백 년에 한 번씩 그 머리를 내밀면 이 구멍을 만날 수 있겠는가? …

눈먼 거북과 뜬 나무는 비록 어긋나다가 혹 다시 서로 만나기도 하겠지만, 어리석은 범부가 다섯 갈래 윤회세계에서 표류하다가 잠깐이나마 사람의 몸으로 돌아가는 것은 그것보다 훨씬 어렵다.

이와 같이 이해한다면 우리가 지금의 삶을 살면서 해야 할 일이 과연 무엇인지는 자명하다. 길이 아득하다고 해서 그냥 가만히 앉아 있을 수는 없는 일이다.

제3장

괴로움을 끝내려면

이제 괴로움의 소멸에 이르는 길, 즉 도성제에 대해 설명하겠다.

　시작하기에 앞서 멸성제보다 이 도성제를 먼저 설명하는 이유를 밝혀둘 필요가 있다. 왜냐하면 앞서 보았듯이 사성제는 고·집·멸·도의 순서로 되어 있어서, 도성제보다 멸성제를 먼저 설명해야 하기 때문이다. 붓다께서 사성제를 이와 같은 순서로 배열하신 것은 이유가 없지 않을 것이다.[1] 그런데도 두 가지 진리의 순서를 바꾸어 설명하는 것은, 이것이 불교에 입문하는 사람을 위한 글이기 때문이다. 그들에게 깨달음은 아직 멀리 있으니, 괴로움이 소멸된 경지(＝멸성제)는 그 길(＝도성제)보다 더 멀리 있어서, 이렇게 순서를 바꾸는 편이 이해하기에 더 효과적이라고 생각한다.

수행의 원리

　그러면 괴로움을 끝내려면 어떻게 해야 하는가?

　그 해답은 이미 주어져 있으니, 괴로움이 연기하는 구조를 거스르는

---

1 《구사론》(제22권)에서는 깨달음의 단계에서 관찰하여 확인[現觀]하는 순서가 그러하기 때문이라고 설명한다.

길이 바로 그것이다. 앞에서 본 연기의 정형적 표현에서, '이것이 없을 때 저것이 없고, 이것이 소멸하므로 저것이 소멸한다'는 것이 이 길을 가리킨다. 그래서 이것을 '되돌려서 소멸시킨다'는 뜻에서 '환멸還滅'이라고 표현한다. 이 환멸의 구체적인 구조를 경전2의 글을 통해 먼저 보도록 하겠다.

　나는 그 때 이런 생각을 하였다. '어떤 법이 없기 때문에 곧 늙음·죽음이 없고, 어떤 법이 소멸하기 때문에 늙음·죽음이 소멸하는가?'
　곧 이치에 맞게 사유해서, '태어남이 없기 때문에 늙음·죽음이 없고, 태어남이 소멸하기 때문에 늙음·죽음이 소멸한다'는 여실한 통찰[無間等]을 일으켰다.
　이와 같이 태어남·존재·취착·갈애·느낌·접촉·육입처·명색·의식에 대해서도 자세히 말씀하셨다.
　나는 다시 이와 같이 사유하였다. '어떤 법이 없기 때문에 형성이 없고, 어떤 법이 소멸하기 때문에 형성이 소멸하는가?'
　곧 이치에 맞게 사유해서, '무명이 없기 때문에 형성이 없고, 무명이 소멸하기 때문에 형성이 소멸한다.' 형성이 소멸하기 때문에 의식이 소멸하고, 의식이 소멸하기 때문에 명색이 소멸하며, 명색이 소멸하기 때문에 육입처가 소멸하고, 육입처가 소멸하기 때문에 접촉이 소멸하며, 접촉이 소멸하기 때문에 느낌이 소멸하고, 느낌이 소멸하기 때문에 갈애가 소멸하며, 갈애가 소멸하기 때문에 취착이 소멸하고, 취착이 소멸하기 때문에 존재가 소멸하며, 존재가 소멸하기 때문에 태어남이 소멸하고, 태어남이

・・・・・・・・・・・・・・

2 《잡아함경》(제12권) 제287 성읍경城邑經의 글이다.

소멸하기 때문에 늙음·병듦·죽음과 근심·슬픔·번민·괴로움이 소멸하니, 이와 같고 이와 같이 해서 순전한 괴로움의 큰 무더기가 소멸한다는 것을 여실하게 통찰하였다.

이렇게 보면 괴로움을 없앨 수 있는 계기는 여러 곳에 있음을 알 수 있다. 태어남이 없었다면 늙음·죽음과 괴로움은 없을 것이고, 또 존재가 없었다면 태어남과 늙음·죽음, 그리고 괴로움도 없을 것이다. 그 앞의 단계로 나아가서도 그러하다. 취착이 없었다면, 갈애가 없었다면, 느낌이 없었다면, 접촉이 없었다면, 육입처가 없었다면, 명색이 없었다면 괴로움은 없을 것이다. 의식이 없었다면, 형성이 없었다면, 그리고 무명이 없었다면 물론 괴로움도 없을 것이다.

그러므로 십이인연 중 어느 한 가지만 영원히 없앨 수 있다면 괴로움은 없어진다. 그런데 뒤의 요소들은 그것을 없애더라도 그 뿌리가 살아 있는 것이 된다. 예를 들면 금생의 동인動因인 갈애를 없앨 수 있다고 하면 괴로움이 없겠지만, 그 갈애를 일으키는 뿌리―무명으로부터 느낌까지 모두가 그 뿌리이다―가 살아 있으므로, 언젠가는 갈애가 소생하고, 그에 따라 괴로움도 다시 일어나게 된다. 무명을 제외한 요소들은 모두 그러하다. 이것은 무명이 없어지지 않는 한 그 나머지 요소들은 근원적으로 소멸될 수 없다는 것을 의미하는 것이기도 하다.

그런데 무명은 원인이 없는가 하면, 무명도 번뇌를 조건으로 해서 일어나는 것이라 함은 앞에서 보았다. 그렇지만 무명의 원인인 번뇌는 다시 무명을 원인으로 해서 일어나는 특이한 구조로 되어 있음을 상기하기 바란다. 그러므로 무명이 없어지면 번뇌도 없어지고 괴로움도 없어지므로, 무명이 모든 것의 근원인 셈이다. 따라서 괴로움을 영원히 없애려면 그 근원이 되는 무명을 소멸시켜야 한다는 말이 된다.

그런데 무명이란 무엇인가? 앞의 집성제에서 살펴 본 무명에 대한 설명을 인용해 보면, 「무명에서 결여되었다고 하는 그 지혜는 여러 가지 지식을 말하는 것이 아닐 뿐만 아니라, 세간적인 지혜로움 따위를 말하는 것도 아니다. 이것은 연기의 이치와 사성제를 아는 것을 의미하는데, 보고 들어서 알거나 사유해서 아는 것, 즉 의식의 차원에서 아는 것으로는 충분하지 않다. 이것은, 일체가 연기하고 있는 법계에서의 모든 현상이 일어나고 변화하며 사라지는 실제 모습을, 의식의 분별을 거치지 않고, 있는 그대로 알고 보면서, 이에 기초해서 네 가지 성스러운 진리를 내면적으로 확인할 수 있는 지혜를 말한다」라고 하였다. 그리고 이 지혜의 대상으로서 연기의 이치와 사성제를 든 것은, 연기의 이치는 이 지혜의 원인의 측면이고, 사성제는 그 결과의 측면이어서 함께 드는 것이라고 하였다.

이렇게 보면 수행의 일차적 목표는 연기의 이치를 확인하는 것, 구체적으로 말하자면 '법계에서의 모든 현상이 일어나고 사라지는 실제 모습을, 의식의 분별을 통하지 않고, 있는 그대로 보아' 모든 현상이 무상無常하고 괴롭고[苦] 실체가 없다[無我] 라는 삼법인三法印을 확인하는 것이라고 할 수 있다. 이를 줄여서 표현한다면, '의식으로 분별하지 않고' 현상을 '있는 그대로 관찰'하는 것이라고 할 수 있다.

여기에서 '의식으로 분별하지 않고'라는 표현이 덧붙여진 것은, 두 가지로써 그 이유를 설명할 수 있다. 첫째는 우리의 의식이 활동하는 동안에는 의식으로 욕망을 절제하는 것이 이치상 가능3하다고 해도, 죽음의 순간에 임해 의식이 제대로 작동되지 않을 때에는 의식으로 욕망을 절제하는 것이 가능하지 않다는 점에 있다. 그런데 앞에서 본 것처럼 우리가 내생의 몸을 갖게 되는 것은, 이 죽음의 순간에 나와 내 것을 분별하는 의식이 집착을 일으키는 것이 직접적인 원인이므로, 바로 그 순간에도 의식이 욕망과 집착을 일으키지 않아야 한다. 그러려면 나와 내 것을 분별하는 의식의 상속이 일어나지 않게 함으로써 나와 내 것에 대한 집착을 일으키지 않게 해야 하는데, 그것은 평소 의식의 매개 없이 모든 현상이 무상함을 통찰해야만 가능하다는 것이다. 이 책의 '서장'에서 도성제를 가리켜 '이 세상의 모든 현상이 마치 흐르는 물처럼 붙잡을 수 없는 것이라는 사실을 직접 보고 알아야 한다'라고 표현한 것은 바로 이것을 의미하는 것이다.

둘째는 이것이 '있는 그대로 관찰'하지 못하게 하는 원인이면서 그 징표徵表이기 때문이다. 연기의 이치에 의하면, 있는 그대로의 현상은 분별分別, 즉 나누어서[分] 구별[別]될 수 있는 것이 아니다. 이런 분별은 무명을 조건으로 한 형성이 원인이 되어서 일어나는 것임은, 앞의 십이연기에 대한 설명에서 보았다. 우리는 무명으로 인한 오랜 습관 때문에 현상을 분별함으로써, 현상을 있는 그대로 보지 못하고 있는 것이다. 그러므로 분별하지 않는다고 해서 바로 현상을 있는 그대로 볼 수 있는 것은 아니지만, 적어도 분별을 하고 있는 한 현상을 있는 그대로 보지 못한다.

바로 여기에 수행의 원리가 있다. 그것은 분별을 멈추고, 현상을 있는 그대로 관찰해야 한다는 것이다.

• • • • • • • • • • •
3 '이치상 가능'하다는 것은 실제로는 가능하지 않을 것이라는 뜻이다.

수행의 두 바퀴

그래서 불교의 수행은, 분별을 멈추는 것과 현상을 관찰하는 것, 두 가지를 익히는 것이라고 말할 수 있다. 이것을 한역에서는 멈출 '지止' 자와 관찰할 '관觀'자를 써서 '지·관'이라고 표현하는데, 빠알리어로는 '사마타samatha奢摩他'와 '위빳사나vipassana毘婆舍那'라고 한다. 전자는 고요함 내지 평온함을 뜻하고, 후자는 꿰뚫어 봄 내지 통찰洞察을 뜻한다. 그래서 한역에서 전자는 적정寂靜, 후자는 관찰觀察이라고도 번역하였다.

전자는 분별을 멈춰서 마음이 집중된 상태, 곧 선정禪定[定]을 얻는 것을 목적으로 하고, 후자는 현상을 관찰함으로써 현상의 실제 모습[실상實相]을 아는 지혜[慧]를 얻는 것을 목적으로 한다. 그러므로 불교 수행의 요체는 사마타와 위빳사나를 닦아서, 선정과 지혜를 얻는 것이라고 요약할 수 있다. 흔히 이야기하는 '지관止觀겸수兼修' 내지 '지관止觀쌍운雙運'이나 '정혜定慧쌍수雙修'라는 말은 바로 이것을 가리키는 것이다. 수행의 기록들을 보면 이 말이 무수히 언급되고 있다. 그러므로 이것을 불교 수행의 두 가지 축 내지는 두 개의 바퀴라고 표현할 수 있다. 현재 세계에는 세 가지 모습의 불교가 있다고 설명했는데, 그 어느 불교에서도 이 점은 아무런 차이가 없다.

그렇지만 이 두 가지가 축이 된다고 해서, 두 가지가 같은 차원에 있다고 보아서는 안 된다. 앞에서도 언급하였다시피 분별을 멈추려는 것은, 그것이 실상을 관찰하는 것을 방해하기 때문이지, 그 자체는 수행의 최종 목적이 아니다. 목적은 어디까지나 실상을 관찰해서 보는 것이다. 바꾸어 말한다면 분별을 멈추지 않고서도 현상의 실제 모습을 있는 그대로 볼 수 있다면, 사마타 수행은 반드시 필요한 것이 아닐 수도 있다. 바로 이 점이 불교 수행의 큰 특징이고, 붓다의 위대한 발견이었던 것이다.

흔히 붓다 재세시 수행방법에는 고행에 의한 해탈을 추구하는 고행苦行주의와 선정에 의한 해탈을 추구하는 수정修定주의의 두 가지가 있었다고 설명된다. 후자는 당시 인도사회에 널리 행해지고 있던 수행법으로서, 최고 단계의 선정을 닦으면 모든 괴로움에서 벗어날 수 있을 것이라고 해서 추구되던 방법이다. 붓다께서 이와 같은 선정의 수행을 최고 수준까지 성취하신 것은 널리 알려져 있다. 그렇지만 선정은, 그것에 들어있는 동안에는 번뇌와 괴로움이 전혀 일어나지 않지만, 이는 잠복하고 있는 것일 뿐이므로, 선정에서 나왔을 때 다시 되살아나는 것을 막을 수 없다.

한편 전자는 당시의 자이나교[Jainism]에서, 전생의 업에 의해 금생 이후에 받을 괴로움이 결정되어 있으므로, 그렇게 받아야 할 괴로움을 고행에 의해 금생에서 미리 다 받아 버리고, 새로운 업을 짓지 않으면 생사의 윤회에서 해탈할 수 있다고 하는 논리를 근거로 해서 추구하던 것이다. 붓다께서는 인간이 할 수 있는 고행을 극단까지 실행하여 죽음 직전에 이르렀음에도 해탈은 기대할 수 없었다. 그래서 붓다께서는 제3의 길을 찾아 나섰다. 그리고 마침내 그것을 찾아 내셨으니, 그것이 바로 이 '지혜'에 의해 괴로움의 근원, 즉 무명을 끊는 것이었다.

그러므로 우리는 수행에 앞서 위 두 개의 바퀴 사이의 이와 같은 상관관계를 이해하고 있을 필요가 있다. 그렇지 않으면 실제 수행에서 오류를 범할 수 있기 때문이다. 수행의 실제에서 '지관쌍운'이나 '정혜쌍수'를 끊임없이 언급하는 이유는, 대부분 수행자가 지혜 쪽이 아닌 선정 쪽에 치우친 허물을 깨우치고자 하는 것이다. 그러므로 이에 대한 이해는 실제 수행에서 일어나는 문제에 대한 해법을 찾는 데에도 관건이 될 수 있을 것이다.

삼학三學과 팔정도八正道

이제 위와 같은 이해 아래 실제 수행을 어떻게 하는지 알아보아야 할 단계가 되었다. 그러나 불교는 이 수행에 전제를 한 가지 더하고 있다. 그것은 수행의 기초가 되는 마음과 몸[심신心身]을 청정히 하는 것이다. 말하자면 청정한 마음으로 절제된 생활을 해야 한다는 것인데, 이것을 '계戒sīla'라고 해서, 계를 지켜야 한다[지계持戒]고 말한다.

이것이 필요한 이유는 심신의 청정이 뒷받침되지 않으면, 마음의 오염과 혼란 때문에 마음의 집중=선정을 이룰 수 없고, 나아가 지혜의 성취도 기대할 수 없기 때문이다. 선정과 지혜를 기대할 수 없을 뿐만 아니라, 착각을 일으키고 기이한 현상에 오염되어 자신과 남을 해치기까지 한다. 그래서 불교에서는 선정과 지혜 두 가지 외에, 계에 기초한 생활[계행戒行]을 수행의 필수적 요소로 들고, 이 계행·선정·지혜 세 가지를 묶어서 계·정·혜 삼학三學이라고 부른다.

이것이 곧 불교 수행의 요체가 되는데, 붓다께서는 이 삼학을 여덟 가지로 풀어서 수행을 실천하는 도로 만드셨으니, 그것이 곧 팔지성도八支聖道, 즉 여덟 가지 요소로 구성된 성스러운 도이다. 흔히 이를 줄여서 팔정도八正道라고 말하는데, 그것은 ① 바른 견해[정견正見], ② 바른 사유[정사유正思惟], ③ 바른 말[정어正語], ④ 바른 행위[정업正

業], ⑤ 바른 생계[정명正命], ⑥ 바른 정진[정정진正精進], ⑦ 바른 알아차림[정념正念], ⑧ 바른 삼매[정정正定]이다. 요컨대 붓다께서 가르치신 내용에 따라 이 여덟 가지를 닦고 행하면 법계의 진실을 볼 수 있고, 괴로움의 완전한 소멸에 이르게 된다.

이 팔정도는 실제 수행에 유용하도록 삼학을 펼친 것이니, 바른 견해와 바른 사유의 두 가지는 '혜'를 펼친 것이고, 바른 말, 바른 행위, 바른 생계의 세 가지는 '계'를 펼친 것이며, 바른 정진, 바른 알아차림, 바른 삼매의 세 가지는 '정'을 펼친 것이다. 그렇지만 바른 정진과 바른 알아차림은 실제로 지혜를 닦는 데 필수적이므로, 이 두 가지는 정·혜에 공통되는 요소라고 말하기도 한다.

그런데 앞서 본 수행의 원리에 의하면 삼학은 계→정→혜의 순서라고 말할 수 있는데, 팔정도는 왜 이 순서와 달리 열거되고 있을까? 지혜는 선정에 의지하여 실현될 수 있고, 선정은 계행에 기초하여 성취될 수 있다면, 지혜가 최후에 열거되어야 하는 것이 아닌가? 옳은 지적이지만, 위와 같은 팔정도의 순서는 실수로 잘못 배열한 것이 아니라, 신중한 고려 결과 결정된 것이다. 최종적으로 실현될 지혜는 수행의 시작 전에 수행의 방향과 목표로서 이해되고 있어야 한다는 고려 끝에 이렇게 배열한 것이다.

따라서 팔정도 중의 바른 견해와 바른 사유는 교법에 대한 이해와 신뢰를 통해 확립되어야 할 것이면서, 팔정도의 수행을 통해 확인되어야 할 것이다. 그래서 최초에 열거된 바른 견해는 '진리를 따르는 바른 견해'라고 하고, 이것이 수행을 통해 확인되면 '진리를 관통하는 바른 견해'라고 표현하기도 한다. 또 수행 결과 이 바른 견해가 확인되기에 이르면 이것은 명칭을 바꾸어 '바른 지혜'라고 이름하고, 이 바른 지혜로써 실현되는 최종적인 해탈을 '바른 해탈'이라고 이름하는데,4 팔정도에 이 바른 지혜와 바른 해탈 두 가지를 더한 것을 무학의 10지분[無學十支]이라고 이름한다. 다만 경전5에 따라서는 탐욕·성냄·어리석음에서 해탈한 것을 바른 해탈이라고 하고, 이렇게 해탈하였음을 아는 것을 바른 지혜라고 한다고 하면서, 두 가지의 순서를 바꾸어 열거하기도 한다.

팔정도의 이해에 있어서는 삼학과 팔정도, 나아가 무학의 10지분 사이의 이와 같은 관계를 반드시 기억하고 있어야 한다. 이를 도표로써 정리해 보이면 다음과 같다.

[표 7] 삼학과 팔정도

팔정도								지혜(확인)	
지혜(방향)		계행			선정			지혜(확인)	
바른 견해	바른 사유	바른 말	바른 행위	바른 생계	바른 정진	바른 알아차림	바른 선정	바른 지혜	바른 해탈
무학의 10지분									

이하에서는 팔정도의 순서에 따라 실제 수행할 내용을 살펴 보기로 하겠다.

• • • • • • • • • • • • • •

4 MN 117 위대한 마흔경[Mahācattārīsaka sutta].
5 위 MN 117과 상응하는 《중아함경》(제49권) 제189 성도경聖道經 및 《중아함경》 (제47권) 제179 오지물주경五支物主經 등.

바른 견해[정견. 삼마samma딧티diṭṭhi]

팔정도 중 첫 번째 바른 견해는 바르게 알고 보아야 한다[知見]는 것
인데, 어떻게 알고 보는 것이 바르게 알고 보는 것일까?

이것이 수행을 통해 최종적으로 확인됨으로써 괴로움에서의 해탈이
라는 결과를 가져오는 것임을 생각하면, 이것은 소위 명지明智와 다른
것이 아닐 것이다. 그래서 경전에서도 이것을 명지의 내용6처럼 "괴로
움을 알고, 괴로움의 일어남을 알며, 괴로움의 소멸을 알고, 괴로움의 소멸에
이르는 길을 알면, 이를 일러 바른 견해라고 한다"라고 설명한다. 바른 견
해를 설명하는 것이 이 내용뿐이라면, 바른 견해는 명지처럼 사성제와
그 원인이 되는 연기의 이치를 이해하고 신뢰하는 것이라고 설명하면
족하고, 다시 더 덧붙일 것이 없을 것이다.

그런데 다음과 같이 바른 견해를 두 가지로 나누어 설명한 경7이 있
어 주목된다.

어떤 것이 바른 견해이겠는가? 말하자면 바른 견해에는 두 가지가 있으니,
번뇌가 있고 취착이 있어 선취善趣8로 향해 구르는 세속의 바른 견해9가 있

• • • • • • • • • • • • • •

6 붓다께서 SN 12:2 분석경에서 무명을 가리켜, "비구들이여, 괴로움에 대해 지혜
가 없고, 괴로움의 일어남에 대해 지혜가 없으며, 괴로움의 소멸에 대해 지혜가 없
고, 괴로움의 소멸에 이르는 길에 대해 지혜가 없다면, 이것을 무명이라고 한다"라
고 설명하셨음을 앞의 집성제에서 밝혔다.

7 《잡아함경》(제28권) 제785 광설팔성도경廣說八聖道經인데, 이 경 역시 MN 117
위대한 마흔경과 상응하는 것이다.

8 윤회하는 육도 중 좋은 세계인 인간과 천상의 세계를 가리키는 것이다.

9 이를 상응하는 MN 117 위대한 마흔경에서는 "번뇌가 있어 공덕과 함께 하나 내적

고, 번뇌가 없으며 취착이 없어 바르게 괴로움을 다하고 괴로움의 끝으로 향해 구르는 성스러운 출세간의 바른 견해가 있다.

어떤 것이 번뇌가 있고 취착이 있어 선취로 향해 구르는 바른 견해인가? 만약 그가 보시가 있고 말씀이 있고 재계[齋]10가 있으며, 선행이 있고 악행이 있고 선행·악행의 과보가 있으며, 이 세상이 있고 다른 세상도 있으며, 부모가 있고 중생의 태어남이 있으며,11 세간에 후생의 존재를 받지 않는 아라한이 있다고 안다면, 이를 번뇌가 있고 취착이 있어 선취로 향해 구르는 세간의 바른 견해라고 이름한다.

어떤 것이 번뇌가 없으며 취착하지 않아 바르게 괴로움을 다하고 괴로움의 끝으로 향해 구르는 성스러운 출세간의 바른 견해인가? 말하자면 성스러운 제자가 괴로움을 괴로움이라고 사유하고, 일어남·소멸[도 같으며]·길을 길이라고 사유하되, 번뇌 없는 사유와 상응시켜 법을 가려 택하고 분별하며 추구해서 깨달아 안 지혜로써 깨달음을 여는 것을 본다면, 이것을 번뇌가 없으며 취착하지 않아 바르게 괴로움을 다하고 괴로움의 끝으로 향해 구르는 성스러운 출세간의 바른 견해라고 이름한다.

이 글은 후자의, '사성제를 바르게 알고, 번뇌 없는 사유와 상응시켜 법을 가려 택하고 분별하며 추구해서 깨달아 안 지혜로써 깨달음을 여는 것을 보는,

· · · · · · · · · · · · · · ·

토대(=재생을 초래하는 내적 토대라는 의미)로 성숙되는 바른 견해"라고 표현하고, 이어지는 것은 "번뇌가 없어 세간을 벗어나는 도의 지분인 성스러운 바른 견해"라고 표현하고 있다.

10 '재계'는 부정不淨을 경계하여 몸을 깨끗하게 하는 것을 말한다.

11 이 "재계가 있으며, 선행이 있고 악행이 있고 선행·악행의 과보가 있으며, 이 세상이 있고 다른 세상도 있으며, 부모가 있고 중생의 태어남이 있으며"라고 한 부분은 그 앞의 제784경에서와 동일하다는 취지에서 생략되어 있다.

바르게 괴로움을 다하고 괴로움의 끝으로 향해 구르는 성스러운 출세간의 바른 견해'가 본래 의미의 바른 견해임을 전제하면서도, 전자의 소위 '선취로 향하게 하는 세간의 바른 견해'를 바른 견해에서 배제하지 않은 것에 의미가 있다. 붓다께서 이렇게 세간의 바른 견해를 바른 견해에 포함시키신 것은, 괴로움의 소멸이라는 것이 매우 멀고 힘든 여정이라는 것을 감안하셨기 때문이라고 생각된다. 그렇게 긴 여정임을 전제한다면 지금 당장 출세간의 바른 견해를 실현하는 길에 나서지 못하는 사람들에게는, 그 실현에 유리한 여건을 조성하는 이해와 행동을 취하도록 격려할 필요가 있을 것이다.

　여기에서 '보시가 있고 말씀이 있고 재계가 있다'는 것은 보시를 비롯하여 공덕이 되는 행위들은 중요한 선행이 된다는 것을 뜻하고, '선행이 있고 악행이 있고 선행·악행의 과보가 있다'는 것은 업에는 필연적으로 과보가 따른다는 인과의 법칙을 신뢰한다는 것을 뜻하며, '이 세상이 있고 다른 세상도 있다'는 것은 업보에 따른 재생이 있다는 것과 눈에 보이는 것을 넘어선 세상이 있다는 것을 인정한다는 뜻이고, '부모가 있고 중생의 태어남이 있다'는 것은 부모와 자식을 봉양하는 등의 도덕적 의무를 소홀히 하지 않는다는 뜻이며, '세간에 후생의 존재를 받지 않는 아라한이 있다'는 것은 붓다의 가르침에 따라 열반을 실현한 성자가 있다는 것을 의심하지 않는다는 뜻일 것이다.

　이렇게 여러 가지가 열거되고 있지만, 그 핵심은 두 번째로 열거된 인과의 법칙에 대한 신뢰라고 이해된다. 이 인과의 법칙을 신뢰한다면 악취로 인도하는 악업을 피하고, 선취로 인도하는 선업을 행할 것이기 때문이다. 이러한 선업은 번뇌가 있고 취착이 있는 것이어서, 지금 당장 괴로움의 끝으로 향해 구르지는 못하지만, 그에 유리한 여건의 선취로 인도할 것이고, 그렇게 되면 언젠가는 괴로움의 끝을 향하는 출세간의 길로 들어설 것이라고 기대되는 것이다.

길을 떠나는 사람에게 방향과 목표만큼 중요한 것은 없다. 아무리 열심히 길을 가더라도 방향과 목표가 잘못 설정되었다면 결코 목적지에 이르지 못한다. 팔정도 중 바른 견해와 바른 사유가 방향과 목표에 해당하지만, 두 가지 중에서는 첫 머리에 열거된 바른 견해가 기본이 되는 것12이니, 이것의 중요성은 아무리 강조해도 지나치지 않다. 이에 붓다께서도 일찍이 다음과 같이 말씀하셨다.13

비구들이여, 삿된 견해[邪見]14만큼 아직 생기지 않은 악하고 불선한 법들을 생기게 하며, 이미 생긴 악하고 불선한 법들을 늘리고 증대시키는, 어떤 다른 법도 나는 아직 보지 못하였다. …

비구들이여, 바른 견해만큼 아직 생기지 않은 선법들을 생기게 하며, 이미 생긴 선법들을 늘리고 증대시키는, 어떤 다른 법도 나는 아직 보지 못하였다. …

비구들이여, 삿된 견해만큼 아직 생기지 않은 선법들을 생기지 않게 하며, 이미 생긴 선법들을 끊어버리는, 어떤 다른 법도 나는 아직 보지 못하였다.

비구들이여, 바른 견해만큼 아직 생기지 않은 악하고 불선한 법들을 생기

· · · · · · · · · · · · · ·

12 그 실질적인 의미는 뒤의 바른 사유 항목에서 드러날 것이다.
13 AN 1:17:1-4경에서의 말씀이다.
14 '삿된 견해[邪見]'는 바른 견해와 반대되는 견해를 가리킨다. 이 삿된 견해를 비롯하여 삿된 사유, 삿된 말, 삿된 행위, 삿된 생계, 삿된 정진, 삿된 알아차림, 삿된 선정의 여덟 가지를, 팔정도에 반대되는 삿된 것이라고 하여 '팔사도八邪道'라도 부르기도 한다.

지 않게 하며, 이미 생긴 악하고 불선한 법들을 끊어버리는, 어떤 다른 법도 나는 아직 보지 못하였다.

바른 사유[정사유. 삼마sammā 상깝빠saṅkappa]

팔정도 중 두 번째 바른 사유는 바르게 사유해야 한다는 것인데, 어떻게 사유하는 것이 바르게 사유하는 것인가?

경전15에서는 이를 보통, 출리出離하는 사유, 성냄 없는[無恚] 사유, 해치지 않는[不害] 사유의 세 가지라고 설명한다. '출리'란 문자적으로는 벗어나고 떠난다는 뜻인데, 여기에서는 탐욕에서 출리하는 것을 가리키는 것으로, 탐욕을 대치對治16하는 것이다. 그리고 성냄 없음과 해치지 않음의 두 가지는 함께 성냄을 대치하는 것이다. 경전에서는 왜 탐욕과 성냄이라는 두 가지 번뇌를 대치하는 것으로 설명했을까?

그것은 이런 관점에서 생각할 수 있다. 팔정도 중 바른 견해와 바른 사유 두 가지는 수행 결과 확인되기에 이르면 바른 지혜라고 부르게 되고, 이 지혜가 성취되면 바른 해탈에 이르게 된다. 무엇에서 해탈하는가 하면, 괴로움에서 해탈하고, 그 원인 되는 탐욕·성냄·어리석음―줄여서 탐貪·진瞋·치癡라고 부른다―에서 해탈한다. 그래서 앞에서 인용한 경전17에서도 이 세 가지에서 해탈한 것을 바른 해탈이라고 한다고

---

15 《잡아함경》(제28권) 제784 사정경邪正經 및 SN 45:8 분석경 등.
16 '대치'란 어느 특정한 사항을 상대하여 다스린다는 뜻이다.
17 위 삼학과 팔정도 항에서 인용한 《중아함경》(제49권) 제189 성도경 및 (제47권) 제179 오지물주경 등.

하였으니, 이 세 가지는 번뇌 중에서도 다른 모든 번뇌의 근본이 되고, 최종적으로 괴로움의 근본이 된다고 해서 근본 번뇌라고 부른다. 그렇다면 바른 견해와 바른 사유는 이 탐욕·성냄·어리석음으로부터의 해탈과도 관련되어야 할 것이다. 그런데 바른 견해는 무명에서 벗어난 명지를 지향하는 것이므로, 어리석음으로부터의 해탈로 이끄는 것이다. 그렇다면 이 바른 사유는 탐욕과 성냄으로부터의 해탈로 이끄는 것으로 설정되어야 하는 것이다.

또한 다음과 같은 관점도 가능하다. 앞에서 모든 괴로움의 원인은 우리의 욕망에 있으므로, 괴로움에서 벗어나려면 욕망에서 벗어나야 하는데, 우리의 의식으로써 욕망에서 벗어나는 것에는 한계가 있으므로, 욕망에서 완전하게 벗어나려면 무명에서 벗어나는 길밖에 없다고 하였다. 결국 우리가 괴로움에서 벗어나려면, 우리는 항상 욕망과 무명에서 벗어남을 지향해야 한다는 결론이 된다. 그런데 바른 견해는 무명에서 벗어남을 지향하는 것이니, 욕망에서 벗어남을 지향하는 장치가 필요하다. 바른 사유는 이 욕망에서 벗어남을 지향하는 장치로서 설정된 것이다. 욕망은 그것을 충족시키는 대상에 대한 탐욕과 그 충족을 방해하는 것에 대한 성냄이라는 두 가지 양상으로 전개되기 때문이다. 그래서 탐욕과 성냄은 마치 동전의 앞면과 뒷면처럼 표리관계에 있다고 한다. 이런 구조에서 바른 사유는 탐욕에서 벗어남을 지향하는 사유와 성냄에서 벗어남을 지향하는 사유의 두 가지로 구성된 것이다. 전자는 욕망의 충족을 구하는 자신에 대한 시각을 교정하기 위한 것이고, 후자는 욕망의 충족을 방해하는 타인에 대한 시각을 교정하기 위한 것이라고 할 수도 있다.

그런데 성냄에서 벗어남을 지향하는 것으로는 무엇 때문에 성냄 없는 사유 외에 해치지 않는 사유 한 가지를 더 추가하였을까? 그것은 이 타리他의 마음을 '자비심'으로 표현하신 붓다의 가르침과 무관하지 않다. 이 자비는 타인에 대해 행복하기를 바라는 자애[慈]와 고통에서 벗어나기를 바라는 연민[悲]의 두 가지로 나눌 수 있다. 그래서 자애는 성냄 없음으로 표현되고, 연민은 해치지 않음으로 표현된 것이다.

이렇게 보면 바른 사유는 수동적인 사유로 그칠 것이 아니라, 적극적인 계발이 요구되는 것이다. 출리하는 사유를 위해서는 대상의 청정치 못함을 계속 관찰하는 부정관不淨觀과 탐욕은 어떤 것이든 괴로움의 원인이 됨을 항상 성찰하여 새기는 사유 등이 권장되고, 성냄 없는 사유와 해치지 않는 사유를 위해서는 자애[慈], 연민[悲], 더불어 기뻐함[喜], 평정[捨]이라는 네 가지가 내 마음에 한량없이 충만하게 하는 사무량심四無量心18을 닦는 것이 권장된다. 그렇게 적극적으로 계발할 뿐만 아니라, 무명의 소멸에 이르기까지 수행의 전 과정에서 늘 염두에 두고 지녀야 할 사유라고 말할 수 있겠다. 일찍이 붓다께서도 이 바른 사유의 실천에 대해 다음과 같이 말씀하셨다.19

• • • • • • • • • • • •

18 사무량심을 '자·비·희·사'라고 약칭하기도 하는데, 경전에서는 이를 정형적으로, "자애[慈]와 함께 하는 마음을 한 방위에 두루 채움을 성취하여 노닐고, 이와 같이 둘·셋·넷의 방위와 사유四維(=네 간방)·상하의 모두에 널리 두루 자애와 함께 하는 마음을, 원한 맺음이 없으며 성냄 없고 다툼 없이 지극히 넓고 매우 크며 한량없이 잘 닦아서 일체 세간에 두루 채움을 성취하여 노닐며, 연민[悲]과 더불어 기뻐함[喜]도 이와 같이 하고, 평정[捨]과 함께 하는 마음을, 원한 맺음이 없으며 성냄 없고 다툼 없이 지극히 넓고 매우 크며 한량없이 잘 닦아서 일체 세간에 두루 채움을 성취하여 노닌다"라고 표현한다.
19 《중아함경》(제25권) 제102 염경念經의 글인데, MN 19 두 가지 사유경이 이와 상응하는 것이다.

내가 과거에 아직 위없이 바른 깨달음을 깨닫지 못하였을 때, '나는 차라리 모든 생각20을 구별해 두 부분으로 만들어서, 욕망의 생각, 성냄의 생각, 해침의 생각을 한 부분으로 하고, 욕망 없는 생각, 성냄 없는 생각, 해침 없는 생각을 다시 한 부분으로 하는 것이 좋겠다'라고 생각하였고, 그런 뒤 나는 곧 모든 생각을 구별해 두 부분으로 나누어서, 욕망의 생각, 성냄의 생각, 해침의 생각을 한 부분으로 하고, 욕망 없는 생각, 성냄 없는 생각, 해침 없는 생각을 다시 한 부분으로 하였다.

나는 이렇게 행한 뒤 멀리 떠나 홀로 머물고 있으면서 방일함 없는 마음으로 수행에 정성으로 힘쓸 때 욕망의 생각이 생기면, 나는 곧 욕망의 생각이 생기면 자신을 해치고 남을 해치고 둘 모두를 해치며 지혜를 사라지게 하고 번거로움과 수고로움이 많아 열반을 증득하지 못한다는 것을 깨달았고, 자신을 해치고 남을 해치고 둘 모두를 해치며 지혜를 사라지게 하고 번거로움과 수고로움이 많아 열반을 증득하지 못한다는 것을 깨닫자 곧 빨리 그것을 소멸시켰다.

다시 성냄의 생각과 해침의 생각이 생기면, 나는 곧 성냄의 생각과 해침의 생각이 생기면 자신을 해치고 남을 해치고 둘 모두를 해치며 지혜를 사라지게 하고 번거로움과 수고로움이 많아 열반을 증득하지 못한다는 것을 깨달았고, 자신을 해치고 남을 해치고 둘 모두를 해치며 지혜를 사라지게 하고 번거로움과 수고로움이 많아 열반을 증득하지 못한다는 것을 깨닫자 곧 빨리 그것을 소멸시켰다.

나는 욕망의 생각이 생겨도 받아들이지 않고 끊어 없애고 버렸으며, 성냄의 생각과 해침의 생각이 생겨도 받아들이지 않고 끊어 없애고 버렸다.

· · · · · · · · · · · · · · · ·

20 이 '생각[念]'을 상응하는 MN에서는 '사유[vitakka]'라고 표현하고 있다.

왜냐하면 그것으로 인해 반드시 한량없는 악하고 불선한 법이 생기는 것을 내가 보았기 때문이다. …

비구가 사유하는 바를 따르고 생각하는 바를 따르면 마음이 곧 그 가운데서 즐기니, 만약 비구가 욕망의 생각을 많이 생각하면 곧 욕망 없는 생각을 버리고, 욕망의 생각을 많이 생각하면 그 때문에 마음이 곧 그 가운데서 즐기며, 만약 비구가 성냄의 생각과 해침의 생각을 많이 생각하면 곧 성냄 없는 생각과 해침 없는 생각을 버리고, 성냄의 생각과 해침의 생각을 많이 생각하면 그 때문에 마음이 곧 그 가운데서 즐긴다.

이렇게 비구가 욕망의 생각을 여의지 못하고 성냄의 생각을 여의지 못하며 해침의 생각을 여의지 못하면, 곧 태어남·늙음·병듦·죽음과 시름·근심·울부짖음에서 벗어날 수 없고, 모든 괴로움에서도 떠날 수 없다.

바른 말[정어. 삼마sammā와짜vācā]
바른 행위[정업. 삼마sammā깜만따kammanta]
바른 생계[정명. 삼마sammā아지와ājīva]

다음으로 바른 말, 바른 행위, 바른 생계의 세 가지는 삼학 중 계에 포함되는 것이다. 다만 팔정도의 내용을 구성하는 이 세 가지는 그에 앞선 바른 견해와 바른 사유의 바탕 위에서, 그에 뒤따르는 바른 정진, 바른 알아차림, 바른 삼매를 닦는 길잡이 역할을 행하는 것이다. 따라서 이것들이 포함된다고 말한 그 계는 재가자·출가자가 수계受戒 의식을 통해 수지하는 계, 즉 5계·8계21·10계·6법계·구족계22 등과는 구별된다. 왜냐하면 그런 의식을 통하여 수지한 계는 규율에 의해 수지하는 자의 윤리적 덕성을 높이는 것을 목적으로 하는 것인 반면, 여기에서 말한 계는 자발적인 실천에 의해 선정·지혜의 수행 바탕이 되는 정신적 순화를 목적으로 하는 것이기 때문이다. 이런 의미상의 차이가 있다는 점을 이해해야 한다.

이런 점에서 이 세 가지는 말·행위·생계—이것은 일상생활의 모든 면을 포괄하는 것이다—를 '바르게' 행해야 한다는 적극적 표현의 형식을 띠고 있지만, 그와 동등하게 바르지 못한 말·행위·생계를 피해야 한다는 뜻을 포함한다고 이해해야 한다. 바르지 못한 것이 마음을 불안하게 하고 어지럽혀서 수행을 장애하는 것은, 바른 것이 가져다주는 마음의 안정과 평화 못지않게 경계해야 할 것이기 때문이다. 뒤에서 보는 경전의 표현에도 이 점이 나타나고 있음을 주목하기 바란다.

한편 내용의 측면에서 바른 말은 언어적 선업을 행하는 것이고, 바른

••••••••••••••

21 '5계'와 '8계'는 재가자가 수지하는 계이고, 뒤의 세 가지는 출가자가 수지하는 계이다. 그 중 '5계'는 ① 살생하지 않을 것[불살생不殺生], ② 주지 않은 것을 취하지 않을 것[불투도不偸盜], ③ 삿된 음행을 행하지 않을 것[불사음不邪婬], ④ 거짓말을 하지 않을 것[불망어不妄語], ⑤ 술을 마시지 않을 것[불음주不飮酒]의 다섯 가지인데, 앞의 세 가지는 바른 행위와 내용을 같이 하는 것이다. '8계'는 재가자가 제한된 기간의 출가시 지켜야 할 여덟 가지 계로서, 전자 중 네 번째를 '음행하지 않을 것[불음不婬]'으로 바꾼 다섯 가지에, ⑥ 높은 자리에 앉거나 호화로운 침상을 사용하지 않을 것, ⑦ 몸에 향수를 바르거나 장신구를 착용하지 않고 가무歌舞 등의 오락에 참여하지 않을 것, ⑧ 때 아닌 때에 먹지 않을 것의 세 가지를 더한 것인데, '팔관재계八關齋戒', '팔재계八齋戒' 등으로도 부른다.
22 '10계'는 구족계를 받기 전의 사미·사미니가 수지하는 열 가지 계이고, '6법계'는 사미니가 구족계를 받기 전 2년 동안(=이 기간의 사미니를 '식차마나'라고 부른다) 수지하는 여섯 가지 계이며, '구족계'는 비구·비구니가 수지하는 계로서, 비구의 경우 250계가 있고, 비구니의 경우 348계가 있다고 한다.

행위는 신체적 선업을 행하는 것이다. 그리고 바른 생계는 이런 바른 말과 바른 행위를 장애하지 않는 방법으로 생계를 유지해야 한다는 것이므로, 언어적·신체적 선업을 돕는 것이다. 말하자면 이 세 가지는 앞서 본 10선업 중 언어적 선업 네 가지와 신체적 선업 세 가지를 이루게 하는 것이다. 한편 10선업의 나머지인 정신적 선업 세 가지 중, 어리석음 없음은 바른 견해에 의해, 탐욕 없음과 성냄 없음은 바른 사유에 의해 그 성취가 지향되고 있다. 이렇게 보면 팔정도 중 앞의 다섯 가지는 10선업을 이루고 10악업을 피하는 것을 내용으로 하고 있다는 것을 알 수 있다. 결국 팔정도는 열 가지 선업의 바탕 위에서 선정과 지혜를 닦는 구조로 되어 있는 셈이다. 이상에서 설명한 이해 아래 바른 말, 바른 행위, 바른 생계 각각의 구체적인 내용을 경전의 설명을 중심으로 해서 간략히 알아 보겠다.

먼저 바른 말은 거짓말하지 않는 것[불망어不妄語], 이간하는 말 하지 않는 것[불양설不兩舌], 거친 말 하지 않는 것[불악구不惡口], 쓸데없는 말 하지 않는 것[불기어不綺語]의 네 가지로 설명된다.

그 중 거짓말하지 않는 것에 대해 경전에서는 다음과 같이 설명한다. 인용한 경전 중 앞 것은 《중아함경》(제3권) 제16 가람경伽藍經에서의 설명이고, 뒷 것은 《앙굿따라 니까야》 10:176 쭌다경[Cunda sutta]에서의 설명인데,23 뒤의 세 가지에 대한 설명에서도 같다.

23 후자의 경문은 대림 역 한글 AN 제6권 pp.452—453에서 인용하면서, 일부 표현을 수정하였다.

[중아함경] 많이 들은 성스러운 제자는 거짓말을 떠나고 거짓말을 끊어, 진실하게 말하며 진실한 말을 즐기고 진실한 말에 머물러 움직이지 않으므로 모든 것을 믿을 수 있으며 세간을 속이지 않으니, 그는 거짓말을 그 마음에서 깨끗이 씻어냅니다.

[AN] 여기 어떤 사람은 거짓말을 버리고 거짓말에서 멀리 떠난다. 그는 법정에서나 회의에서나 친척들 사이에서나 조합원들 사이에서나 왕 앞에 증인으로 출석해서나, "오시오, 선남자여, 그대가 아는 것을 말해 주시오"라고 질문을 받았을 때, 그가 알지 못하면 "나는 알지 못합니다"라고 말하고, 알면 "나는 압니다"라고 말하며, 보지 못했으면 "나는 보지 못했습니다"라고 말하고, 보았으면 "나는 보았습니다"라고 말한다. 이와 같이 자신의 목적을 위해서나 남의 목적을 위해서나 세속적인 어떤 목적을 위해서도 고의로 거짓말을 하지 않는다.

경전의 설명을 보아서 알 수 있듯이 거짓말하지 않는 것은 거짓말을 해서는 안 된다는 소극적 측면과 진실을 말해야 한다는 적극적 측면을 함께 갖고 있다. 그리고 '고의로 거짓말을 하지 않는다'라는 표현으로 알 수 있듯이 거짓인지 여부를 결정하는 기준은 말하는 사람의 의도이다. 따라서 거짓인 것을 진실인 것으로 알고 말한 경우는 이에 위반되는 것이 아니라고 알아야 한다.

네 가지 구업 중에서는 이 거짓말하지 않는 것이 가장 중요한 요소라고 이해된다. 거짓말은 사람들 사이의 신뢰를 해쳐서 사회의 근간을 무너뜨릴 뿐만 아니라, 있는 그대로의 진실을 알고 보고자 하는 수행자의 의식구조마저 무너뜨리기 때문이다. 일찍이 붓다께서 외아들인 라훌라Rāhula에게 다음과 같은 간곡한 교계教誡의 말씀을 주신 것도 이러한 이유 때문이었을 것이다.[24]

세존께서는 곧 대야를 잡고 물을 쏟아 조금 남기신 뒤 물으셨다.

"라훌라야, 지금 내가 이 대야를 잡고 물을 쏟아 조금 남긴 것을 보았느냐?"

라훌라가 대답하였다.

"보았습니다, 세존이시여."

붓다께서 라훌라에게 말씀하셨다.

"말하자면 알면서 거짓말을 하고도 부끄러워하지 않고 뉘우치지 않고 수치스러워함 없으며 부끄러워함 없는 저들의 도가 보잘것 없는 것도 이와 같다고 나는 말한다. 라훌라야, 저들은 또한 짓지 못하는 악이 없다. 그러므로 라훌라야, 이와 같이 배워서 농담으로라도 거짓말을 해서는 안 된다."

세존께서 다시 물이 조금 남은 대야를 잡고 모두 쏟아 버리고 나서 물으셨다.

"라훌라야, 다시 물이 조금 남은 대야를 내가 잡고 모두 쏟아 버리는 것을 너는 보았느냐?"

라훌라가 대답하였다.

"보았습니다, 세존이시여."

붓다께서 라훌라에게 말씀하셨다.

"말하자면 알면서 거짓말을 하고도 부끄러워하지 않고 뉘우치지 않고 수

• • • • • • • • • • • • •

24 《중아함경》(제3권) 제14 라운경羅云經에서 옮긴 것인데, 이는 MN 61 암발랏티까에서 라훌라를 교계한 경[Ambalaṭṭhika rāhulovāda sutta]과 상응하는 것이다.

치스러워함 없으며 부끄러워함 없는 저들의 도가 다 버려진 것도 또한 이와 같다고 나는 말한다. 라훌라야, 저들은 또한 짓지 못하는 악이 없다. 그러므로 라훌라야, 이와 같이 배워서 농담으로라도 거짓말을 해서는 안 된다."

세존께서는 다시 그 빈 대야를 잡고 땅에 엎어 놓으신 뒤 물으셨다.

"라훌라야, 다시 내가 빈 대야를 잡고 땅에 엎어 놓는 것을 너는 보았느냐?"

라훌라가 대답하였다.

"보았습니다, 세존이시여."

붓다께서 라훌라에게 말씀하셨다.

"말하자면 알면서 거짓말을 하고도 부끄러워하지 않고 뉘우치지 않고 수치스러워함 없으며 부끄러워함 없는 저들의 도가 엎어진 것도 또한 이와 같다고 나는 말한다. 라훌라야, 저들은 또한 짓지 못하는 악이 없다. 그러므로 라훌라야, 이와 같이 배워서 농담으로라도 거짓말을 해서는 안 된다."

세존께서는 다시 그 엎어진 물그릇을 잡고 일으켜 위로 향하게 하신 뒤 물으셨다.

"라훌라야, 다시 내가 엎어진 물그릇을 잡고 일으켜 위로 향하게 하니 비고 공허한 것25을 너는 보았느냐?"

라훌라가 대답하였다.

"보았습니다, 세존이시여."

붓다께서 라훌라에게 말씀하셨다.

"말하자면 알면서 거짓말을 하고도 부끄러워하지 않고 뉘우치지 않고 수

• • • • • • • • • • • • • •

25 《중아함경》에는 '비고 공허한 것'이라는 이 표현이 없지만, 상응하는 MN 61경에 있는 이 표현이 있는 편이 말씀의 취지를 이해하기에 좋을 듯하여 보충하였다.

치스러워함 없으며 부끄러워함 없는 저들의 도가 위로 향해 비고 공허한 것도 또한 이와 같다고 나는 말한다. 라홀라야, 저들은 또한 짓지 못하는 악이 없다. 그러므로 라홀라야, 이와 같이 배워서 농담으로라도 거짓말을 해서는 안 된다.”

다음 이간하는 말은 성내는 마음에서 파생된 증오나 질투 등이 원인이 되어, 사람들 사이를 분열시키기 위해 하는 말이다. 이 이간하는 말을 하지 않는 것에 대해 경전은 다음과 같이 말한다.

[중아함경] 많이 들은 성스러운 제자는 이간하는 말을 떠나고 이간하는 말을 끊어, 이간하지 않는 말을 행하며 남을 깨뜨리려고 하지 않으므로 이쪽에서 들은 것을 저쪽에 말해 이쪽을 파괴하려고 하지 않고, 저쪽에서 들은 것을 이쪽에 말해 저쪽을 파괴하려고 하지 않으며, 갈라진 사람들은 화합시키고자 하고, 화합한 사람들에 대해서는 환희하며, 파당을 만들지 않고 파당을 즐기지 않으며 파당을 찬양하지 않으니, 그는 이간하는 말을 그 마음에서 깨끗이 씻어냅니다.

[AN] 그는 중상모략을 버리고 중상모략을 멀리 떠난다. 여기서 듣고서 이들을 이간시키려고 저기서 말하지 않는다. 저기서 듣고서 저들을 이간시키려고 여기서 말하지 않는다. 오히려 그는 이와 같이 분열된 사람들을 합치고, 우정을 장려하며, 화합을 좋아하고, 화합을 기뻐하고, 화합을 즐기며, 화합하게 하는 말을 한다.

다음 거친 말은 성내는 마음이 원인이 되어, 듣는 사람에게 고통을 주기 위한 말이다. 이 거친 말을 하지 않는 것에 대해 경전은 다음과 같이 말한다.

[중아함경] 많이 들은 성스러운 제자는 거친 말을 떠나고 거친 말을 끊어, 만약 누군가의 말이 말씨가 거칠거나 사납고 나쁜 소리가 귀에 거슬려서, 대중들이 기뻐하지 않고 대중들이 사랑하지 않으며, 남으로 하여금 괴롭게 하여 안정을 얻지 못하게 한다면 이러한 말을 끊고, 만약 누군가의 말이 맑고 온화하고 부드럽고 윤택하여, 듣기에 좋으며 마음에 들고 기뻐할 만하며 사랑할 만하고, 남으로 하여금 안락하게 하며, 말소리가 분명함을 갖추어 남으로 하여금 두렵게 하지 않고 남으로 하여금 안정을 얻게 한다면 이러한 말을 하니, 그는 거친 말을 그 마음에서 깨끗이 씻어냅니다.

[AN] 그는 욕설을 버리고 욕설을 멀리 떠난다. 그는 유순하고, 귀에 즐겁고, 사랑스럽고, 가슴에 와 닿고, 점잖고, 많은 사람들이 좋아하고, 많은 사람들의 마음에 드는 그런 말을 한다.

끝으로 쓸데없는 말26은 아무런 의미 없는 말을 늘어놓는 것이다. 이것은 자신이나 남에게 번뇌만 일으킬 뿐, 아무런 가치가 없는 것이므로 절제해야 한다고 불교에서 특히 강조하는 것이다. 이 쓸데없는 말을 하지 않는 것에 대해 경전에서는 다음과 같이 말한다.

••••••••••••••

26 '쓸데없는 말[samphappalāpā]'에 해당하는 한역어 '기어綺語'는 아름답게 꾸민 말이라는 뜻이니, 쓸데없는 말의 한 종류를 채용해 번역어로 쓴 것이다. 여기에서는 빠알리어 원어의 뜻을 따라 '쓸데없는 말'로 번역하였다.

[중아함경] 많이 들은 성스러운 제자는 쓸데없는 말을 떠나고 쓸데없는 말을 끊어, 때에 맞게 말하며 진실하게 말하고 법에 맞게 말하며 이치에 맞게 말하고, 쉽게 말하며 쉽게 말하는 것을 즐거워하고, 일이 때를 따라 적절함을 얻도록 잘 가르치고 잘 꾸짖으니, 그는 쓸데없는 말을 그 마음에서 깨끗이 씻어냅니다.

[AN] 그는 잡담을 버리고 잡담을 멀리 떠난다. 그는 적절한 시기에 말하고, 사실을 말하고, 유익한 말을 하고, 법을 말하고, 율을 말하며, 가슴에 담아둘 만한 말을 한다. 그는 이치에 맞고, 절제가 있으며, 유익한 말을 적절한 시기에 한다.

다음 바른 행위는 살생하지 않는 것[불살생不殺生], 주지 않은 것을 취하지 않는 것[불투도不偸盜], 삿된 음행을 하지 않는 것[불사음不邪淫]의 세 가지로 설명된다.

먼저, 살생하지 않는 것은 다른 사람을 죽이지 않는 것에 한정되지 않고, 뒤의 경전에서 보는 것처럼 모든 생명체의 생명을 해쳐서는 안 된다는 것을 의미한다. 그 배경은 모든 생명체는 생존의 욕구를 갖는다는 사고에 있다. 나아가 이것은 생명을 빼앗아서는 안 된다는 것만이 아니라, 의도적으로 생명체의 신체를 해치거나 괴롭히는 행위도 해서는 안 되는 것이라고 이해되어야 한다. 경전에서는 여기에서 나아가 자비심으로 모든 생명체를 유익케 하는 행위까지 요구하고 있음에 유의할 필요가 있다. 이런 뜻을 경전은 다음과 같이 설명한다.[27]

· · · · · · · · · · · · · ·
27 이하 세 가지 항목에서도 앞 것은 《중아함경》(제3권) 제16 가람경에서의 설명

[중아함경] 많이 들은 성스러운 제자는 살생을 떠나고 살생을 끊어, 칼과 몽둥이를 내쳐 버리며, 수치스러워함이 있고 부끄러워함이 있으며, 자비심이 있어 나아가 곤충에 이르기까지 모두에게 이익을 주려고 하니, 그는 살생을 그 마음에서 깨끗이 씻어냅니다.

[AN] 여기 어떤 사람은 생명 죽이는 것을 버리고 생명 죽이는 것을 멀리 떠난다. 몽둥이를 내려놓고 칼을 내려 놓는다. 양심적이고 동정심이 있으며 모든 생명의 이익을 위하고 연민하면서 머문다.

다음 주지 않은 것을 취하지 않는 것은 좁은 의미에서는 도둑질을 해서는 안 된다는 것이지만, 여기에 한정되지 않고 강도나 사기 등처럼 남의 의사에 반해 재물을 취하는 일체 행위를 해서는 안 되는 것이라고 이해되어야 한다. 경전에서는 여기에서 나아가 대가를 바라지 않고 아낌없이 보시하기를 요구하고 있는 점에 주목할 필요가 있다. 이것을 경전은 다음과 같이 설명한다.

[중아함경] 많이 들은 성스러운 제자는 주지 않은 것 취함을 떠나고 주지 않은 것 취함을 끊어, 주는 것이라야 취하며, 주는 것 취하는 것을 즐기고, 항상 보시하기를 좋아하여 환희하면서 아낌이 없고 그 대가를 바라지 않으니, 그는 주지 않은 것 취하는 것을 그 마음에서 깨끗이 씻어냅니다.

[AN] 그는 주지 않은 것 취하는 것을 버리고 주지 않은 것 취하는 것을 멀

· · · · · · · · · · · · · · ·
이고, 뒷 것은 AN 10:176 쭌다경에서의 설명이다.

리 떠난다. 그는 마을에서나 숲속에서 남의 재산과 재물을 도적질로써 취하지 않는다.

마지막으로 삿된 음행을 하지 않는 것은 몇 가지 검토해야 할 사항이 있다. 첫째 '삿된 음행'이라고 하였으므로 삿된 것 아닌 음행은 허용된다. 그러므로 이는 일체 음행이 허용되지 않는, 비구와 비구니, 사미와 사미니 및 팔관재계를 받은 재가자[28]에 대해서는 적용되는 것이 아니다. 둘째는 어떤 것이 삿된 것인가 라는 문제인데, 이는 음행이 허용되지 않는 상대방을 규정하는 방법으로 설명된다. 이것을 남자의 관점에서 살펴 보면, ① 다른 남자와 결혼하였거나 사실상 결혼관계에 있거나 약혼한 여자, ② 부모나 친척 기타 보호자의 보호를 받고 있는 여자, ③ 근친이나 비구니 등 사회적 전통이나 관습 및 국법에 의해 상대자로 삼지 못하도록 금지된 여자가 이에 해당하는 것으로 설명된다. 여자의 관점에서 상대방 남자도 같은 방식으로 파악되어야 할 것이다. 셋째 폭력이나 강압에 의해 이루어지는 음행도 허용되지 않는다고 보아야 할 것이다. 다만 이 경우 그 상대방은 이것을 위반한 것으로 볼 것이 아니다. 경전은 이 삿된 음행을 하지 않는 것에 대해 다음과 같이 설명한다.

[중아함경] 많이 들은 성스러운 제자는 범행梵行[29] 아닌 것을 떠나고 범

---

28 팔관재계는 그 기간 동안 일체 음행을 하지 않는 것이 계의 한 조목이 된다는 것을 앞에서 설명하였다.
29 '범행'은 청정한 행위라는 뜻이고, 그 아래의 '묘행'은 좋은 행위라는 뜻이다.

행 아닌 것을 끊어, 힘써 범행을 닦으며 정성으로 묘행妙行에 힘써, 청정하여 더러움이 없고 욕망을 떠나 음행을 끊으니, 그는 범행 아닌 것을 그마음에서 깨끗이 씻어냅니다.

[AN] 그는 삿된 음행을 버리고 삿된 음행을 멀리 떠난다. 그는 어머니가 보호하고 아버지가 보호하며 오빠가 보호하고 언니가 보호하며 친지들이 보호하고 남편이 있고 몽둥이로 보호하고 혼약의 화환을 두른 그러한 여인과는 성행위를 하지 않는다.

다섯 번째로 바른 생계는 잘못된 방법이 아닌 올바른 방법으로 생계를 유지해야 한다는 것이다. 바른 생계가 아닌 삿된 생계는 그에 앞서는 바른 말과 바른 행위를 장애할 뿐 아니라, 더 나아가면 바른 견해와 바른 사유를 장애하기까지 함으로써, 수행의 기반을 무너뜨리는 결과를 초래한다.

다만 어떤 것이 바른 방법인가는 재가자와 출가자에 따라 그 내용이 다르다. 출가자의 경우 걸식과 무소유의 정신이 원칙이 되어야 한다고 말할 수 있다. 그 구체적인 내용은 《디가 니까야》 제1 범망경의 앞 부분에 비교적 상세히 설명되고 있는데, 사기·점술·요술·대금업 등이 특히 피해야 할 행위로 열거되기도 한다.[30]

한편 재가자의 경우에는 몇 가지 원칙으로 정리할 수 있다. 첫째 합법적인 방법으로 재산을 취득해야 하고, 불법적인 방법에 의존해서는 안 되며, 둘째 평화적인 방법으로 취득해야 하고, 폭력적인 방

••••••••••••

30 앞에 나온 MN 117 위대한 마흔경.

법에 의존해서는 안 되며, 셋째 정직한 방법으로 취득해야 하고, 속이는 방법에 의존해서는 안 되며, 넷째 어떤 경우에도 남에게 피해를 주거나 고통을 주는 방법에 의해서는 안 된다는 것 등인데, 무기·사람·동물·술·독약의 매매를 특히 피해야 할 수단으로 열거하기도 한다.31

바른 정진[정정진. 삼마sammā와야마vāyāma]

이상 다섯 가지 도로써 수행의 방향과 기초가 설정되고 다져지면 선정과 지혜를 얻는 본격적인 수행에 나아가게 된다. 붓다께서 그 첫 단계로 바른 정진을 설정하신 것은 수행의 기반이 되는 동력이 되기 때문일 것이다.

일반적으로 '정진'은 불굴의 정신으로 힘써 노력한다는 의미인데, 이 '정진' 앞에 '바른'이라는 수식어가 붙은 것에도 범상치 않은 뜻이 있다. 우선 이에 관한 경전32의 설명부터 살펴 보자.

비구가 ① 이미 생긴 악법[已生惡法]은 끊기 위해 의욕을 일으키고 방편33을 구하여 온 마음을 다해 정성으로 힘쓰고, ② 아직 생기지 않은 악법[未生惡法]은 생기지 않게 하기 위해 의욕을 일으키고 방편을 구하여 온

. . . .

31 AN 5:177 판매경.
32 《중아함경》(제49권) 제189 성도경의 내용인데, 대부분의 경전에서 바른 정진은 이와 같이 설명되고 있다.
33 '방편方便'이란 적절한 수단이나 방법을 뜻하는 말이다.

마음을 다해 정성으로 힘쓰며, ③ 아직 생기지 않은 선법[未生善法]은 생기게 하기 위해 의욕을 일으키고 방편을 구하여 온 마음을 다해 정성으로 힘쓰고, ④ 이미 생긴 선법[已生善法]은 머물도록 잊지 않고 물러나지 않게 하며, 더욱 늘리고 널리 퍼지게 하며, 닦고 익혀서 원만히 갖추어지게 하기 위해 의욕을 일으키고 방편을 구하여 온 마음을 다해 정성으로 힘쓴다면, 이를 일러 바른 정진이라고 한다.

말하자면 바른 정진은 첫째 의욕을 일으키고, 방편을 구하여, 온 마음을 다해 정성으로 힘쓰되, 둘째 무슨 일이든 힘써 노력하는 것이 아니라, 위에서 열거한 네 가지 일에 힘써 노력해야 한다는 것이다. 그러므로 위와 같이 노력해야 할 일이 아닌 것에 노력하는 것은 바른 정진이 아니다.

경전에서 말하는 네 가지 일을 정리해 보면 다음과 같다. ① 악법이 이미 생겼으면[已生惡] 끊도록, ② 아직 생기지 않았으면[未生惡] 생기지 않도록, ③ 선법이 아직 생기지 않았으면[未生善] 생기도록, ④ 이미 생겼으면[已生善] 머물며 원만히 갖추어지도록 한다는 것이다. 그래서 불교이론에서는 이 네 가지를 바르게 힘써 노력한다는 뜻에서 '사정근 四正勤'[34]이라고 표현한다.

그렇다면 어떤 것이 악법이고 어떤 것이 선법인가? 여러 가지가

• • • • • • • • • • • •

34 이를 '사정단四正斷'이라고 표현하기도 했는데, 선법도 악법과 번뇌를 끊게 하는 것이라는 점에서, 네 가지 모두 '끊는다'는 뜻을 갖는다는 이유에서의 번역이었지만, 신역(=당나라 시대의 대역경가 현장의 한문번역을 가리킴. 그 이전의 한문번역은 '구역'이라고 칭함)에서 '사정근'으로 바꾸었다.

있을 것이다. 대표적인 것만 해도 악법으로는 10불선업과 갖가지 번뇌를 들 수 있고, 선법으로는 10선업과 37보리분법菩提分法35을 들 수 있다. 그런데 불교에서 선·악은 도덕적인 선·악을 의미하기 보다는, 불교의 목적인 선정과 지혜를 성취함에 유익한 것을 선, 해로운 것을 불선 내지 악이라고 부르는 점과,36 10선업이나 10악업은 이 바른 정진에 앞선 다섯 가지 도로써 갖추거나 피할 것이 이미 요구되고 있는 점 등에 비추어 볼 때, 여기에서의 악법과 선법은 모든 악법과 선법을 가리킨다기 보다는, 다음 단계의 선정과 지혜를 성취함에 직접 관련되는 것에 주안점이 있다고 할 수 있다. 이런 뜻에서 악법은 다섯 가지 덮개[오개五蓋]37를 가리키고, 선법은 일곱 가지 깨달음의 지분[칠각지七覺支]을 가리킨다고 설명하는 것이 보통이다. 그러나 반드시 이들에 한정된다고 볼 것은 아닐 것이다.

어떻든 이 바른 정진은 팔정도에서는 삼학 중의 선정을 펼친 것이라고 하면서도, 실제로는 선정과 지혜에 공통되는 것이라고 앞에서 설명한 바 있다. 이 설명은 '힘써 노력한다'는 정진이 선정과 지혜에 모두 해당하는 것이기 때문이라기 보다는, 정진할 일의 대상인 악법이나 선법이 선정과 지혜 양쪽 모두 그 성취를 장애하거나 촉진시키

• • • • • • • • • • • •

35 '보리', 즉 깨달음을 실현하게 하는 원인이 되는 법이면서, 깨달음의 내용을 구성하는 법이라는 37가지 법을 말하는데, 사념처·사정근·사여의족·오근·오력·칠각지·팔정도의 각 구성요소들을 합치면 37(=4+4+4+5+5+7+8)가지가 된다.
36 이 선법과 악법을, 니까야에서는 '아꾸살라akusalā 담마dhammā'와 '꾸살라kusalā 담마dhammā'라고 표현하는데, '아꾸살라'와 '꾸살라'도 유익하지 않다와 유익하다는 뜻이다.
37 니까야에서는 '다섯 가지 장애[pañcanīvaraṇa]'라고 표현되고, 특별히 '덮는다'는 의미가 포함되어 있지 않아서, '다섯 가지 장애'라고 많이 번역되고 있다.

기 때문이라고 이해되어야 한다.

'오개五蓋'는 이 다섯 가지 법이 마음을 덮어서[蓋] 선정과 지혜를 일어나지 못하게 장애한다는 뜻에서 붙여진 명칭인데, 탐욕, 성냄, 혼침惛沈과 수면睡眠, 들뜸[掉]과 후회[悔], 회의적 의심의 다섯 가지이다. 다섯 가지 중 탐욕과 성냄이 마음의 집중이나 현상을 있는 그대로 보는 지혜를 장애하는 가장 강력한 요인이 될 것이라는 점은 어렵지 않게 이해할 수 있다. '혼침'은 게으름, 굼뜸, 흐리멍텅함 따위를 가리키고, '수면'은 졸림을 가리키는 것으로, 이 두 가지는 정신적으로 침체된 상태를 나타낸다. 다음 '들뜸'은 마음이 들떠 교란되고 흥분된 상태를 가리키고, '후회'는 실수를 저지른 것에 대한 후회와 이로 인한 불안 등을 가리키는 것으로, 이 두 가지는 정신적으로 동요된 상태를 나타낸다. 마지막 '회의적 의심'은 지금 자신의 수행이 과연 옳은 것인지 그른 것인지 확신이 없는 것을 의미한다. 따라서 이 뒤의 세 가지는 모두 어리석음의 부류이다.

여기에서 장애의 하나인 '회의적 의심'과 관련하여 조금 덧붙여 두고 싶은 것이 있다. 수행의 장애인 이 의심을 불교이론서에서는 불佛·법法·승僧이라는 세 가지 보배, 곧 삼보三寶에 대한 의심을 가리킨다고 설명하는 것이 보통이다. 비록 세 가지로 설명하고 있지만, 그 모두가 불교의 가르침, 즉 법法을 가리킨다고 해석할 수도 있다. '불佛'은 법法을 깨달아서 펴신 분을 가리키고, '승僧'은 법을 실천하고 가르치는 분을 가리키기 때문에 삼보는 모두 불교의 가르침[法]을 지향하고 있는 것이다. 그러므로 이 회의적 의심은 가르침에 대한 의심을 뜻한다고 말할 수도 있다. 이 가르침을 전폭적으로 신뢰한다고 해도, 수행의 진전을 이루기는 쉽지 않다. 하물며 회의적 의심을 갖고서야 어떻게 수행의 진전을 이룰 수 있겠는가? 다시 한 번 강조하건대 수행은 가르침을 이해하고 신뢰하는 데서 출발해야 한다. 그러려면 가르침을 충분히 듣고 읽어서 배우고[聞] 사유해서[思] 그에 대한 이해가 확고하게 서야 한다.

우리는 오랫동안 선불교의 흐름 속에 있었기 때문에 실제 수행을 중시한다. 이것이 매우 소망스러운 현상임은 두 말할 여지가 없다. 그런데 어찌된 영문인지 이것을 가르침에 대한 이해는 그다지 필요하지 않은 것으로 오도誤導하는 근거로 삼는 사람들이 있다. 극단적으로 가르침에 대한 이해는 깨달음에 방해가 된다는 오해까지 있는 상황이다. '문자를 세우지 않는다[不立文字]'라거나, '이 문 안에 들어오려면 알음알이[知解]를 두지 말라[入此門來 莫存知解]'라는 선문禪門의 경구驚句를 바로 그렇게 이해하는 것이다. 이것은 대단히 잘못된 일이다.

이런 경구들의 취지는 의식으로 분별해서는 실상을 볼 수 없으므로, 이것을 경계해야 한다는 지극히 당연한 이치를 표방하고 있는 것이다. 보고 들음[聞]과 사유함[思]에 의해 먼저 가르침의 이치를 이해함으로써 관찰할 대상을 충분히 알고 있지 않고서는, 실제 모습을 알고 본다는 것은 불가능하다고 생각한다. 많이 알아야 한다는 것이 아니다. 그러나 적어도 불교의 근본원리는 정확하게 알고 있어야 한다. 불교 수행의 요점을 정리한 팔정도에서, 바른 견해[正見]가 제일 앞자리에 위치하고 있는 것은 바로 이러한 이유에서이다. '회의적 의심'만 있어도 수행이 성취될 수 없는데, 무지해서 관찰할 대상이 무엇이고 왜 관찰해야 하는지를 알지 못하고서 깨달음을 이룬다는 것은 있을 수 없는 일일 것이다.

간혹 이에 대해 다음과 같은 의문을 제기하는 분들이 있다. 선불교의 기록을 보면 경전공부를 전혀 하지 않고서, 혹은 일자무식으로서 깨달음을 성취한 분들도 등장하지 않는가 라는 것이다. 그렇지만 이것은 그의 삶을, 기록으로 남겨진 그 당대에 한정하여 보았기 때문에 생긴 오류일 뿐이다. 그 기록이 만약 사실이라면, 그 수행자는 전생에 깨달음의 성취 직전 단계까지 이르렀던 분이거나, 혹은 이미 깨달음을 이루었던 분이었다고 보아야 한다. 뒤에서 보는 것처럼 이미 깨달음을 이루었던 분도 재생하는 경우가 있기 때문이다.

요컨대 수행에 앞서 우리는 적어도 두 가지 사항을 기억하고 있어야 한다. 첫째 청정한 심신의 기초 없이 깨달음이란 있을 수 없는 일이라는 것과, 둘째 가르침에 대한 바른 이해와 확신 없이 깨달음이란 결코 있을 수 없다는 것이다. 세친이 《구사론》(제22권)에서, "어떠한 방편을 닦아야 견도見道38에 나아갈 수 있는가?" 라는 물음을 일으킨 다음, 답으로 제시한 다음의 게송은 수행의 요점을 가장 적절하게 밝히고 있다.

진리를 보는 도에 나아가려면[將趣見諦道]
마땅히 계戒에 머물러서 부지런히[應住戒勤修]
문聞·사思·수修의 지혜를 닦아야 하네[聞思修所成]

그런데 이 오개가 이미 생겼다면 끊기 위해, 또 아직 생기지 않았다면 생기지 않게 하기 위해, '의욕을 일으키고 방편을 구하여 온 마음을 다해 정성으로 힘쓴다' 라고 하였는데, 어떤 방편을 구해야 하는가? 이미 생긴

• • • • • • • • • • • • •
38 이 '견도'가 흔히 '깨달음'이라고 표현되는 것인데, 그 의미는 뒤의 멸성제에서 다시 설명될 것이다.

경우와 아직 생기지 않은 경우 방편은 반드시 같지 않다.

우선 이미 생긴 경우 다섯 가지 모두에 공통으로 대응할 수 있는 방편과 다섯 가지 각각에 개별적으로 대응하는 방편이 있다고 설명된다.[39] 우선 전자의 방편으로는, ① 악법을 일으킨 것에 대해 수치스러워하고 부끄러워하는 마음을 일으키는 것, ② 의도적으로 마음을 다른 것으로 돌리는 것, ③ 반대로 그 악법에 정면으로 마주하여 그 성격을 조사하고 원인을 파악함으로써 소멸시키는 것, ④ 의지력으로 그 악법을 가라앉히고 일어나지 못하게 억누르는 것 등이 거론된다. 후자의 방편으로는, 탐욕에 대해서는 그 대상의 무상함과 부정함을 거듭 관찰하는 것이 권장되고, 성냄에 대해서는 자비심을 일으키거나 사무량심을 닦는 것이 권장되며, 혼침과 수면에 대해서는 밝은 광명의 지각을 일으키거나 행선行禪을 하거나 죽음을 거듭 관찰하는 등이 권장되고, 들뜸과 후회에 대해서는 호흡과 같은 어떤 하나의 대상에 마음을 돌려 집중하는 것이 권장되며, 회의적 의심에 대해서는 그 대상을 탐구하고 토론하며 문답하거나 연기의 이치를 사유하는 등의 방법으로 해소하는 것이 권장된다.[40]

다음 아직 생기지 않은 경우에는 다섯 가지 모두에 대해서, 감관을 단속하고, 이치에 맞지 않는 사유[41]가 일어나지 못하게 제어하는 방법

....

39 이미 생긴 악법을 끊고, 아직 생기지 않은 악법을 일어나지 않게 하는 방편에 대해서는 비구 보디의 『팔정도』pp.133-144(전병재 역. 2009년 고요한 소리)에 자세한 설명이 있다.
40 이 개별적 방편에 관하여는 《잡아함경》(제27권) 제715 식경食經 및 이와 상응하는 SN 46:2 몸[身]경[Kāya sutta] 및 46:51 자양분경[Āhāra sutta] 참조.
41 이어지는 글에서 말하는 것처럼, 연기하는 현상들은 어느 것이나 '무상하고, 따

이 권장된다. 악법이 일어나 심신을 괴롭히는 주된 원인은 우리의 감관을 통해 제공되는 인식대상들에 대해, 그것들은 어느 것이나 무상하고, 따라서 괴로운 것이며, 실체라고 할 만한 것이 없는 것인데도, 겉 모습이나 세부적인 특징에 사로잡혀 지혜롭게 대처하지 못하기 때문이다. 그러므로 이 인식대상들에 대한 정보가 우리에게 제공되는 바로 그 순간 이것을 놓치지 않고 알아차림으로써 우리의 감관을 단속하고, 이치에 맞지 않는 사유가 일어나지 못하게 제어하는 것이 가장 효과적인 대처방법이 된다.

그러니 붓다께서 이 점을 얼마나 강조하셨겠는가? 지면관계로 여기에서는 하나의 경42만을 인용하는데, 저녁 예불시마다 그 전문을 독송하는 사찰이 있는 경이기도 하다.

> 이 여섯 가지 감관[六根]을 조복하지 않고 걸어 잠그지 않으며 수호하지 않고 붙잡아 지키지 않으며 닦고 익히지 않으면 미래세에 반드시 괴로운 과보를 받는다. …
>
> 어떤 것을 여섯 가지 감관이라고 하는가? 안근을 조복하지 않고 걸어 잠그지 않으며 수호하지 않고 닦고 익히지 않으며 붙잡아 지키지 않으면 미래세에 반드시 괴로운 과보를 받고, 이·비·설·신·의근도 또한 이와 같다.

• • • • • • • • • • • • • • •

라서 괴로운 것이며, 실체라고 할 만한 것이 없는 것'이다. 모든 현상들에 대해 이와 같이 사유하는 것을 '이치에 맞는 사유[여리작의如理作意]'라고 하고, 이와 반대로 생각하는 것을 '이치에 맞지 않는 사유[비여리작의 내지 비리작의非理作意]'라고 한다.

42 《잡아함경》(제11권) 제279 조복경調伏經에서의 붓다의 말씀인데, 이와 상응하는 SN 35:94 육촉입처경[Chaphassāyatana sutta]에도 같은 내용의 글이 있다.

어리석고 들음 없는 범부는 눈의 감관으로 형색을 보면 표상을 붙잡아 받아들이고 세부적인 특징을 붙잡아 받아들이며, 그 눈의 감관이 향해 나아가는 것에 맡긴 채 율의律儀[43]를 붙잡아 지녀 머물지 못함으로써 세간의 탐욕·근심과 악하고 불선한 법이 그 마음을 뚫게 하므로, 이들은 율의를 붙잡아 지녀서 눈의 감관을 막고 지킬 수 없다. 귀·코·혀·몸·뜻에서도 또한 이와 같다. 이와 같이 여섯 가지 감관을 조복하지 않고 걸어 잠그지 않으며 수호하지 않고 붙잡아 지키지 않으며 닦고 익히지 않으면 미래세에 반드시 괴로운 과보를 받는다.

어떤 것이 여섯 가지 감관을 잘 조복하고 잘 걸어 잠그며 잘 수호하고 잘 붙잡아 지키며 잘 닦고 익혀서 미래세에 반드시 즐거운 과보를 받는 것이겠는가?

많이 들은 성스러운 제자는 눈으로 형색을 보더라도 형색의 표상을 취하지 않고 세부적인 특징을 취하지 않으므로, 그 눈의 감관이 향해 나아가는 바에 맡겨도 항상 율의에 머물러 세간의 탐욕·근심과 악하고 불선한 법이 그 마음을 뚫지 못하니, 능히 율의를 일으켜 눈의 감관을 잘 지키는 것이다. 귀·코·혀·몸·뜻에서도 또한 이렇게 한다. 이를 여섯 가지 감관을 잘 조복하고 잘 걸어 잠그며 잘 수호하고 잘 붙잡아 지키며 잘 닦고 익혀서 미래세에 반드시 즐거운 과보를 받는 것이라고 이름한다.[44]

• • • • • • • • • • • • •
43 '율의'는 행동을 규율하여 제어한다는 뜻이다.
44 그 외 같은 뜻을 설명하는 다음 두 가지 경문도 정독해 보기 바란다.
"…모든 감관의 문을 지키며 마음을 지키고 바르게 알아차려서, 눈으로 형색을 볼 때에도 표상을 취하지 않을 것이다. 만약 눈의 감관에서 율의치 않음에 머물면 세간의 탐욕·근심과 악하고 불선한 법이 늘 그 마음을 뚫을 것이므로, 지금 눈에서 바른 율의를 일으키는 것이다. 귀·코·혀·몸·뜻에서 바른 율의를 일으키는 것

한편 선법의 대표라고 할 수 있는 칠각지는 알아차림·택법擇法·정진·기쁨·경안輕安·삼매·평정[捨]의 일곱 가지를 그 내용으로 하는데, 이들은 깨달음을 이루기 위해서는 닦아서 갖추어야 할 것임과 동시에, 깨달음을 이루면 그 구성요소로서 갖추게 된다는 뜻에서 '깨달음의 지분'이라고 명명한 것이라고 하였다. 이 일곱 가지는 위와 같이 알아차림으로 시작하여 평정으로 끝나는 순서로 열거되는데, 이는 무작위로 열거된 것이 아니라, 계발하고 발전시키는 순서에 따라 배열된 것이다.

따라서 이 칠각지를 알아차림에서 시작한다는 것은, 선정과 지혜의

• • • • • • • • • • • • • •

도 그와 같다."(=《잡아함경》 제24권 제636 비구경 등)

"내적인 법 중에서 아직 생기지 않은 악하고 불선한 법은 생기게 하며, 이미 생긴 악하고 불선한 법은 거듭 생기며 증대되게 하고, 아직 생기지 않은 선법은 생기지 못하게 하고, 이미 생긴 것은 곧 물러가게 하는 하나의 법으로서, 이른바 이치에 맞지 않는 사유와 같은 것을 나는 보지 못하였다. 여러 비구들이여, 이치에 맞지 않는 사유는 아직 생기지 않은 탐욕의 덮개는 생기게 하고, 이미 생긴 것은 거듭 생기며 증대되게 하고, 아직 생기지 않은 성냄·수면·들뜸후회·의심의 덮개는 생기게 하며, 이미 생긴 것은 거듭 생기고 증대되게 하며, 아직 생기지 않은 알아차림각분覺分(='각지覺支'와 같은 뜻)은 생기지 못하게 하고, 이미 생긴 것은 물러가게 하며, 아직 생기지 않은 택법·정진·기쁨·경안·삼매·평정각분은 생기지 못하게 하고, 이미 생긴 것은 물러가게 한다. 아직 생기지 않은 악하고 불선한 법은 생기지 못하게 하며, 이미 생긴 것은 끊어지게 하고, 아직 생기지 않은 선법은 생기게 하며, 이미 생긴 것은 거듭 생기고 증대되게 하는 하나의 법으로서, 이른바 이치에 맞는 사유와 같은 것을 나는 보지 못하였다. 비구들이여, 이치에 맞는 사유는 아직 생기지 않은 탐욕의 덮개는 생기지 못하게 하고, 이미 생긴 것은 끊어지게 하며, 아직 생기지 않은 성냄·수면·들뜸후회·의심의 덮개는 생기지 못하게 하고, 이미 생긴 것은 끊어지게 하며, 아직 생기지 않은 알아차림각분은 생기게 하고, 이미 생긴 것은 거듭 생기며 증대되게 하고, 아직 생기지 않은 택법·정진·기쁨·경안·삼매·평정각분은 생기게 하고, 이미 생긴 것은 거듭 생기며 증대되게 한다."(=《잡아함경》 제27권 제716 일법경一法經)

성취를 위해 이 바른 정진의 다음 단계에서 바른 알아차림을 닦을 때, 이것을 칠각지로 성숙시키도록 항상 주의를 기울이고 노력해야 한다는 의미를 함축한 것이다. 이 칠각지의 경우에는 바로 이 점이, 아직 생기지 않은 경우에는 생기게 하는 방편이 되고, 이미 생긴 경우에는 머물고 원만하게 갖추어지게 하는 방편이 된다.

그 요지를 간략히 설명하면 다음과 같다. 수행자는 외부대상에 대한 정보가 감관을 통해 제공되면 이것을 놓치지 않고 알아차리고,(=알아차림) 그것이 선법인지 악법인지 검토하여 가려서 선택한다.(=택법) 그래서 선법이면 머물고 원만히 갖추어지도록, 악법이면 소멸하도록 의욕을 일으키고 방편을 구하여 온 마음을 다해 정성으로 힘쓴다.(=정진) 이런 정진이 궤도에 이르면 내적으로 기쁨이 일어나 확산되는데,(=기쁨) 이것이 더욱 진전되면 행복한 느낌이 온 몸에 충만하다가 점점 고요해 지면서 몸과 마음이 지극히 가벼워진다.(=경안) 이와 같은 가벼움이 더욱 무르익으면 특별히 노력하지 않더라도 저절로 마음이 대상에 집중되고,(=삼매) 정신적 침체와 정신적 동요, 양쪽에서 모두 벗어나므로 재촉할 필요도 없고 제어할 필요도 없이 모든 현상을 있는 그대로 잘 관찰하는 상태가 된다.(=평정)

바른 알아차림[정념. 삼마sammā사띠sati]

이제 불교 수행의 핵심이라고 할 수 있는, 바른 알아차림으로 나아갈 차례이다.

앞서 여러 번 설명했듯이 우리가 괴로움에서 벗어나려면 의식의 매개를 거치지 않고, 연기하는 모든 현상의 실제 모습을 있는 그대로 알고 볼 수 있어야 한다. 붓다께서 이 일은 누구라도 현상의 실제 모습을 관찰함으로써 이루어낼 수 있는 일이라고 보셨다.

다만 이 관찰은 우리가 평소 해오던 대로 사물을 관찰함으로써는 이룰 수 없다. 왜냐하면 우리는 평소 사물을 보고 관찰할 때 우리의 관념과 선입견이 이끄는 대로 사물의 겉 모습이나 세부적인 특징을 붙잡을 뿐, 사물을 있는 그대로 보지 못하기 때문이다. 붓다께서 말씀하신 관찰은, 모든 현상이 일어나고 사라지는 실제 모습을, 우리의 관념과 선입견은 물론, 좋아하거나 싫어함, 판단이나 의지 등을 개입시키지 말고, 있는 그대로 놓치지 말고 바라만 보는 것이다.

이것은 우리의 관념과 선입견 등이 개입하기 이전의 모습을 바라보는 것이므로, 아이러니컬하게도 이런 것들을 개입시키지 않은 채 바라보려는 우리의 의식적인 노력이 없이는 가능하지 않다. 왜냐하면 의식적으로 노력하지 않으면 우리는 다시 관념과 선입견 등이 개입된 상태로 사물을 바라보게 되어 버리기 때문이다. 이와 같이 우리의 의식적인 노력에 의해 모든 현상이 일어나고 사라지는 실제 모습을 있는 그대로 놓치지 않고 바라보는 것이 바로 이 '알아차림'이다.

이 알아차림을 빠알리어로는 '사띠sati'라고 표현하는데, 기억하는 것을 뜻하는 'smr'에서 파생된 말이라고 한다. 한문으로는 마음[心]을 지금[今] 현재에 둔다는 뜻을 나타내어 '염[念]'자45로 번역하였고, 우리 말로는 '알아차림' 외에 '마음챙김'이나 '새김' 등으로도 번역되는데, 이것을 불교이론에서는 기억을 일으키는 심리작용이라고 설명한

• • • • • • • • • • • • • • •

45 '염念'자는 지금 '금今'자 아래에 마음 '심心'자를 둔 구조로 되어 있다.

다.46 위 우리말 번역어들을 비교해 보면, 이 사띠 그 자체를 나타내는 것은 '알아차림'이고, '마음챙김'은 이 '알아차림'을 가능하게 하는 노력의 측면이, '새김'은 알아차림에 의해 생기는 효과의 측면이 각각 부각된 용어라고 생각된다. 필자는 이 사띠를, 기억을 일으키는 심리작용으로 이해하는 대다수 불교이론서의 글에 근거하여 '새김'이라고 번역하여 왔지만, 앞으로 이 실제 수행에서 행해지는 '사띠'47는 알아차림으로 번역하고자 한다. '새김'보다는 '알아차림' 쪽이 그것이 하는 일을 직접적으로 나타내므로, 읽을 때 이해하기 쉬울 것이라고 생각되기 때문이다.

어떻든 알아차림은 마음을 챙기는 의식적인 노력으로 행하는 것이지만, 그 알아차림 자체는 아무런 조작을 가하지 않고, 있는 그대로 주시만 하는 것이다. 말하자면 생각하지 않고 판단하지 않으며 좋아하거나 싫어하지 않고 의도하지 않으며 계획하지 않고 상상하지 않으며, 마치 방관자처럼 바라만 보는 것이다. 대신 방관자처럼 바라만 본다고 해서 건성건성 대략 보는 것이 아니라, 모든 현상이 일어나고 사라지는 모습을 놓치지 않고 주의 깊으며 끈기 있게 계속 지켜 보아야 한다.

· · · · · · · · · · · · · ·

46 예컨대 《구사론》(제4권)에서는 "반연한 것을 분명히 기억해서 잊지 않게 하는 것을 말한다[謂於緣 明記不忘]"라고 설명하고, 《성유식론》(제5권)에서는, "일찍이 경험한 경계를 마음으로 하여금 분명히 기억하게 해서 잊지 않는 것을 체성으로 하고[於曾習境 令心明記不忘 爲性], 삼매의 의지처인 것을 업으로 한다[定依 爲業]"고 설명한다.
47 '사띠'는 실제 수행에서 알아차림을 행하는 경우 외에, 예컨대 불·법·승 삼보를 계속해서 새기는 경우 등 여러 국면에서도 사용되는 용어이다.

이 알아차림은 현상의 실제 모습을 관찰하는 위빳사나 수행과 마음을 집중시키는 사마타 수행의 양쪽 모두에 필수적인 방법으로서 사용되는데, 어느 쪽인가에 따라 그 역할이 조금 달라진다. 사마타 수행의 방법으로 쓰일 때에는 마음이 집중의 대상을 벗어나지 않는지 감시하는 역할을 주로 행하면서, 마음에 일어나는 현상들을 살펴서 이들이 마음의 집중을 장애하는 덮개로 발전하지 못하도록 통제하거나 축출하는 역할도 아울러 행한다. 반면 위빳사나 수행의 방법으로 사용될 때에는 일어나고 사라지는 모든 현상들의 개별적 특성과 보편적 특성을 이해함으로써 실제 모습을 알게 하고, 이것이 진전되어 깨달음을 얻기에 이르도록 계발하고 촉진하는 역할을 행한다.

이와 같이 알아차림은 괴로움을 끝내기 위해 우리가 닦고 익혀야 할 모든 수행을 실제로 실천하는 방법이다. 누구든 이 알아차림이 없다면 마음의 집중은 물론, 모든 현상의 실제 모습을 알고 본다는 것은 불가능하다. 그러므로 알아차림은 괴로움의 끝이라는 멀고 긴 목표에 이르는 '유일한 길'이라고 말할 수 있다. 붓다께서는 바른 알아차림에 대해, "비구가 몸[身]을 몸 그대로 관찰하고, 느낌[受]·마음[心]에서도 같으며, 법法을 법 그대로 관찰한다면, 이를 일러 바른 알아차림이라고 한다"라고 말씀하시면서,48 위와 같은 뜻을 다음과 같이 말씀하셨다.49

이것은 중생들을 청정하게 하고, 근심과 탄식을 다 건너게 하며, 고통과

• • • • • • • • • • • • • •

48 《중아함경》(제49권) 제189 성도경의 표현이다.
49 SN 47:1 암마빨리경, 47:18 범천경, DN 22 대념처경, 《잡아함경》(제24권) 제607 정경淨經, 제610 정념경正念經 등 여러 경에서 같은 뜻을 말씀하셨다.

괴로움을 사라지게 하고, 옳은 방법을 얻게 하며, 열반을 실현하게 하는 유일한 길[ekāyana magga]이니, 그것은 네 가지 알아차림의 확립[cattāro satipaṭṭhānā][四念處]50이다. 무엇이 네 가지인가?

비구들이여, 여기 비구는 몸[身]에서 몸을 관찰하며 머물면서 열심히 알고51 알아차려서 세상에 대한 탐욕과 근심을 버리고, 느낌[受]에서 느낌을 관찰하며 머물면서 열심히 알고 알아차려서 세상에 대한 탐욕과 근심을 버리며, 마음[心]에서 마음을 관찰하며 머물면서 열심히 알고 알아차려서 세상에 대한 탐욕과 근심을 버리고, 법法에서 법을 관찰하며 머물면서 열심히 알고 알아차려서 세상에 대한 탐욕과 근심을 버린다.

한편 이 알아차림의 대상은 붓다의 위 설명처럼 몸[身]·느낌[受]·마음[心]·법法이라는 네 가지로 크게 구분되는데, 이를 '네 가지 알아차림의 토대[사념처四念處]'52라고 부른다. 여기에서 '몸'은 신체적인 현상들을 말하는 것이고, 나머지 세 가지는 모두 정신적인 현상들을 말하는 것인데, 오온 중 '몸'은 색온을 가리키고, '느낌'은 수온, '마음'은 식온,

••••••••••••

50 빠알리어 '빠타나paṭṭhāna'에는 토대 또는 확립이라는 뜻이 있다. 한자 '처處'에는 토대 내지 대상이라는 뜻과 처소 내지 머묾이라는 뜻이 있으니, 본문의 경우 네 가지 알아차림에 머묾이라고 번역할 수 있다.

51 '알고'라는 표현과 '알아차려'라는 표현이 겹쳐 있어, 어색한 느낌이 없지 않을 것이다. 여기에서 '안다'는 것은 빠알리어 '삼빠자나sampajāna'를 번역한 것인데, 어떤 행위를 행하더라도 분명히 '알면서' 행한다는 뜻이고, '알아차린다'는 것은 앞에서 설명해 온 것처럼 행위의 의도 등과는 무관하게 어떤 현상이든지 일어나면 일어나는 대로 사라지면 사라지는 대로 놓치지 않고 '알아차린다'는 뜻이어서, 뜻에 차이가 있다. 한역 경전에서는 이것이 대부분 순서가 바뀌어서 '정념정지正念正知'라고 표현되고 있다.

52 그에 해당하는 빠알리어와 한역어는 역시 '짯따로사띠빠타나'와 '사념처'이다.

'법'은 상온과 행온을 가리키는 것이라고 할 수 있다.

이 네 가지가 알아차림의 토대라고 해도 실제 수행에 임하기 위해서는 그 대상을 좀더 세분화하여 살펴 보아야 할 것인데, 경전 중 이를 가장 자세히 세분화하여 설명하고 있는 것은 뒤의 부록에 첨부한, 알아차림의 토대에 대한 긴 경[Mahāsatipaṭṭhāna suttanta][대념처경大念處經]53이다. 여기에서는 '몸'을, 들숨날숨, 몸의 네 가지 자세, 알면서 행함, 서른두 가지 몸의 깨끗지 못함, 사대, 묘지에서의 아홉 가지 모습으로 세분하여 관찰하고, '느낌'을, 괴로움, 즐거움, 괴롭지도 않고 즐겁지도 않음이라는, 기본되는 세 가지 느낌과, 세속적 대상에 기초한 세 가지 느낌과 비세속적인 대상에 기초한 세 가지 느낌으로 세분하여 관찰하며, '마음'을, 탐욕이 있는 마음과 탐욕이 없는 마음, 성냄이 있는 마음과 성냄이 없는 마음, 어리석음이 있는 마음과 어리석음이 없는 마음, 침체된 마음과 산란한 마음, 고귀한 마음과 고귀하지 않은 마음,54 위[上]가 있는 마음과 위가 없는 마음, 집중된 마음과 집중되지 않은 마음, 해탈한 마음과 해탈하지 않은 마음의 열여섯 가지로 세분하여 관찰하고, '법'을 다섯 가지 덮개, 오취온, 십이처, 칠각지, 사성제로 세분화하여 관찰하는 것으로 열거하고 있다.

이렇게 세분화하여 설명하고 있기는 하지만, 이것들도 역시 이해

• • • • • • • • • • • • • •

53 뒤의 부록에서 보는 것처럼 이는 DN 22이다.
54 '고귀한 마음'이란 색계와 무색계의 마음을 말하고, '고귀하지 않은 마음'이란 욕계의 마음을 말하며, 이어지는 '위가 있는 마음'은 욕계의 마음을 말하고, '위가 없는 마음'은 색계와 무색계의 마음을 말한다고 설명된다. 그리고 후자의 둘 중에서는 색계의 마음이 위가 있는 마음이 되고, 무색계의 마음이 위가 없는 마음이 된다고 한다.

를 위한 큰 구분일 뿐이다. 미묘하고 복잡하게 일어나고 소멸하는 현상들에 대해 실제 수행을 적용하기 위해서는 그 대상이 훨씬 더 세분화되어야 할 뿐만 아니라,55 그런 현상들을 어떻게 알아차려야 하는지에 대해서도 좀더 자세한 설명이 필요하다. 자세한 안내 책자가 많이 발간되어 있기도 하지만,56 실제 수행은 지도자의 도움이 필수적이라고 생각되므로, 이에 대한 설명은 이 정도로 마친다.

바른 삼매[정정. 삼마sammā사마디samādhi]

바른 정진과 바른 알아차림을 갖추면, 마음이 이리저리로 들떠 움직이지 않고 하나의 대상에만 집중되는 바른 삼매를 이룰 수 있다. 그래서 경57에서는 바른 삼매를 다음과 같이 표현한다.

비구가 감각적 욕망을 떠나며 악하고 불선한 법을 떠나, (초선에서) 나아가 제4선의 증득을 성취해 노닌다면, 이를 일러 바른 삼매라고 한다.

....
55 위와 같이 세분화된 대상 중 '들숨날숨'에 대해서는 SN 54:1 일법경 등 제54 상윳따에 20개 경의 설명이 있다.
56 최근 『마하시 사야도의 위빳사나 수행방법론(1·2)』(비구 일창 담마간다 역, 2013년 이솔출판)이라는, 매우 자세하게 설명된 책자가 출간되었다.
57 《중아함경》(제49권) 제189 성도경聖道經의 표현이다. SN 45:8 분석경 등에서는 초선 내지 제4선을 구성요소와 함께 비교적 자세하게 설명하지만, 그 내용은 같다.

이 삼매의 기초 개념과 초선 내지 제4선의 의미 등은 앞의 제1장 제2절에서 간략히 설명한 바 있다. 이 삼매는 사마타 수행에 의해 이루게 되는데, 이것은 마음을 하나의 대상에 집중시키는 수행이므로, 마음을 집중시킬 대상을 먼저 선택해야 한다. 상좌부 불교의 수행 이론서인 《청정도론》58에서는 이 사마타 수행의 대상으로 다음과 같은 40가지를 열거하고 있다.

①~⑩ 다른 것이 섞여 있지 않고 하나의 대상만이 두루 가득해 있는, 소위 까시나kasiṇa[遍處, 一切處] 열 가지—땅·물·불·바람, 청·황·적·백의 네 가지 색깔, 광명, 허공

⑪~⑳ 부었고, 검푸르고, 문드러지고, 끊어지고, 뜯어 먹히고, 흩어지고, 난도질당하여 뿔뿔이 흩어지고, 피가 흐르고, 벌레가 바글거리고, 해골이 된, 주검의 열 가지 더러운 모습[부정상不淨相]

㉑~㉚ 붓다, 법, 승가, 계戒, 보시, 천신, 죽음, 고요함[upasama]을 계속 새김[隨念], 몸에 대한 알아차림, 들숨날숨에 대한 알아차림

㉛~㉞ 자애·연민·기뻐함·평정의 사무량심

㉟ 음식에 대한 혐오의 지각

㊱ 사대의 분석

㊲~㊵ 공무변처·식무변처·무소유처·비상비비상처

이들 중 마지막 네 가지는 무색계선의 대상이고, 나머지 서른여섯 가지는 색계선의 대상이다. 전자는 후자를 성취한 다음 성취할 수 있는

---

58 대림 역 한글 《청정도론》 제1권 p.315 이하.

것이므로, 처음 수행하는 사람은 앞의 서른여섯 가지 중 하나를 선택해야 한다.

이 대상들은 수행자의 기질에 따라 적합하고 적합하지 않음이 있다고 한다. 그래서 위 이론서는 수행자의 기질에는 탐하는 기질, 성내는 기질, 어리석은 기질, 믿는 기질, 이지적인 기질, 사색적인 기질의 여섯 가지가 있다고 설명하면서, 그 기질에 맞는 대상을 구체적으로 제시하고 있다. 한편 앞서 본 《구사론》(제1권)에서는 오직 더러운 모습을 관찰하는 것[不淨觀]과 들숨날숨을 관찰하는 것[持息念]의 두 가지 문[門]이 있을 뿐이라고 단언하면서, 전자는 탐하는 기질에게 적합하고, 후자는 이지적인 기질에게 적합하다고 단순화하고 있다. 이런 설명은 어떤 대상을 선택해 수행하는가에 따라, 성취가 빠르기도 하고 어렵기도 하다는 것을 나타낸다. 따라서 수행자는 이 대상을 임의로 선택할 것이 아니라, 지도할 스승으로부터 받는 것이 이상적이라고 하겠다.

다만 처음 수행하는 사람의 경우, 특별히 이것이 적합하지 않다고 볼만한 특이한 기질의 소유자가 아니라면, 들숨날숨을 관찰하는 방법이 널리 추천된다. 마음이 갖가지 생각으로 어지럽게 방황하는 것은 대부분의 사람들이 그 기질과 무관하게 보편적으로 직면하는 문제인데, 들숨날숨을 관찰하는 것이 이런 방황을 해소하는 가장 간명하고 효과적인 주제이기 때문이다. 게다가 이것은 언제나 자신의 몸과 함께 하는 것이어서, 수행을 위해 특별한 준비를 갖출 필요가 없다는 편리함이 있기도 하고, 수행이 깊은 단계에 이른 수행자에게도 적합한 주제가 되므로,[59] 수행의 진전에 따라 특별히 바꿀 필요가 없다는 이점도 있다.

∙∙∙∙∙∙∙∙∙∙∙∙∙∙
59 《잡아함경》(제29권) 제807 일사능가라경과 이와 상응하는 SN 54:11 잇차낭

이제 이 들숨날숨의 알아차림을 통한 선정의 수행 과정을 간략히 살펴 볼텐데, 이것을 《청정도론》60에서는 《상윳따 니까야》 54:9 웨살리경[Vesālī sutta]에 의거해 자세히 설명하고 있다.

먼저 수행자는 숲속으로 가거나 나무 아래로 가거나 빈 방으로 가거나 해서 가부좌 자세를 취하여 몸을 바로 세우고 전면에 알아차림을 확립하고 앉아서, 알아차리면서 숨을 들이쉬고 숨을 내쉬는데, 길게 들이쉴 때에는 길게 들이쉰다고 분명히 알고, 길게 내쉴 때에는 길게 내쉰다고 분명히 알며, 짧게 들이쉴 때에는 짧게 들이쉰다고 분명히 알고, 짧게 내쉴 때에는 짧게 내쉰다고 분명히 아는 등, 위 경에서 열거한 열여섯 가지 방법으로 수행한다. 마음을 집중하여 알아차리면서 호흡하되, 알아차림을 놓치면 놓치는 대로 곧 바로 알아차려서 다시 호흡으로 돌아와 알아차리기를 거듭 반복한다.

이것을 지속적으로 반복하여 수행이 궤도에 들어서면, 수행을 장애하는 탐욕, 성냄, 혼침과 수면, 들뜸과 후회, 의심이라는 다섯 가지 덮개가 마음에 나타나 수행을 장애하기 시작한다. 어떤 경우 이런 장애는 단순히 알아차림만으로 바로 사라지기도 하지만, 때로는 매우 강해서 좀더 강력하게 대처하지 않으면 계속 맴돌면서 사라지지 않는 경우도 있다. 이럴 때에는 주된 집중 대상을 일시 제쳐 두고, 앞서 설명한 공통적이거나 개별적인 방법61을 동원해 대처할 필요가 있다.

이런 노력이 계속되면 선정의 구성요소가 될 사항들이 드러나, 이것

••••••••••••••

갈라경에서 붓다께서는, 이 들숨날숨에 대한 알아차림을 통한 삼매를, 성자의 머묾이고, 범천의 머묾이며, 여래의 머묾이라고 칭하신다.

60 대림 역 한글 《청정도론》 제2권 p.83 이하 참조.

61 앞의 '바른 정진' 항목에서 설명한 오개의 대처방법을 말한다.

들이 힘을 얻어서 다섯 가지 덮개에 대처[62]하는 방법으로 수행자를 돕는다. 이렇게 되면 수행의 장애들이 가라앉으면서 집중 대상 쪽에서도 심적인 영상이 나타나는데, 이를 '익힌 표상[uggaha nimitta]'이라고 한다. 여기에서 수행이 더 진전되면 언젠가 '마치 익힌 표상을 부수고 나오는 것처럼 그보다 백 배, 천 배 더 청정하여' 순수하고 결점이 없는 표상이 나타나는데, 이를 '닮은 표상[paṭibhāga nimitta]'이라고 한다. 이것이 나타나면 반드시 장애는 억압되고 가라앉으며, 근접삼매[근분정近分定]를 거쳐 본삼매=근본삼매[근본정根本定]에 들게 된다.

본삼매란 닮은 표상에 대한 집중이 지속되면서 선정의 구성요소들이 분명하게 나타나는, 이름 그대로의 본삼매를 말하는데, 앞에서 설명된 초선初禪부터가 이에 해당한다. 근접삼매란 닮은 표상이 나타나기는 하였지만, 얼마 지나지 않아 그 표상이 사라져 버리므로 다시 그것을 일으켜야 하는 등, 아직 선정의 구성요소들이 견고하지 않은 단계를 말한다. 위 논서에서 근접삼매는 마치 어린아이를 일으켜 세워 놓으면 계속해서 바닥에 넘어지는 것과 같고, 본삼매는 건강한 사람이 자리에서 일어나 오랫동안 서 있을 수 있는 것과 같다고 비유한다.

그러므로 수행자는 이 닮은 표상이 나타나면 '이 표상 보호하기를, 위대한 제왕[轉輪聖王]이 될 태아를 보호하듯' 해야 한다고 한다. 거처와 음식 등 모든 환경이 표상을 보호하기에 적당한지 점검하여 취사取

· · · · · · · · · · · · · ·

62 마음을 대상으로 인도하는 '사유'는 혼침과 수면을 대치하고, 마음을 대상에 붙들어 매는 '숙고'는 의심을 대치하며, '기쁨'은 성냄을 대치하고, '즐거움'은 들뜸과 후회를 대치하며, 심일경성은 탐욕을 대치한다.

捨해야 하고, 사람들과의 접촉이나 담론을 피해야 한다고 한다. 그렇게 해서 이 표상에 대한 집중이 밤과 낮이 다하도록 오랫동안 지속되면, 다섯 가지 장애가 사라지고 선정의 구성요소들이 견고하게 드러나는 본삼매에 진입한다.

그 후 수행자는 본삼매에 들고, 머물고, 나오고 하는 것이 자유자재하게 되도록 수행을 반복해야 한다. 그래서 이것이 자유자재하게 되면 초선에 대해서, 이것은 다섯 가지 덮개와 가깝고, 마음을 대상으로 인도하고 붙들어 매는, ① 사유와 ② 숙고라는 두 가지 구성요소가 거칠어서 결점이 크다고 보고, 이들을 가라앉힌 집중을 닦아 제2선에 든다. 그런 다음 다시 제2선에 대한 자유자재를 얻은 후 다시, ③ 삼매에서 생긴 기쁨[喜]이라는 구성요소를 버린 제3선에 들고, 다시 마찬가지 방법으로 ④ 즐거움[樂]이라는 구성요소를 버리고, '평정한 알아차림이 청정[捨念淸淨]한 제4선'에 들게 되는데, 여기에서 최고 수준의 집중이 성취된다. 그리고 이 제4선을 기초로 해서 무색계선에 드는 수행도 할 수 있게 된다.

수행자가 이와 같이 바른 삼매를 성취하면, 앞에서 본 전생을 기억하는 지혜를 비롯한 초월적 정신능력을 얻을 수 있는 등 많은 유익함을 얻는다. 그렇지만 무엇보다도 중요한 것은, 고도의 집중력의 성취에 의해 위빳사나 수행의 기초가 굳건해지는 것이라고 할 것이다.

바른 지혜와 바른 해탈을 향해

이 바른 삼매가 팔정도의 마지막에 놓여 있다고 해서, 바른 삼매가 수행의 최종 목표라는 것을 의미하는 것이 아님은 앞에서 이미 본 것과 같다. 이 바른 삼매가 갖추어지면 이에 기초해서, 처음에 방향과 목표로 설정한 바른 견해와 바른 사유를 확인하는 작업이 필요한데, 이것이 바로 위빳사나 수행이다.

따라서 이 위빳사나 수행에 의해 바른 견해와 바른 사유가 확인되어야 비로소 팔정도의 수행이 완결된다. 그래서 처음의 바른 견해가 수행을 통해 확인되면 이것을 '진리를 관통하는 바른 견해' 내지 '바른 지혜'라고 이름하고, 이 바른 지혜에 의해 괴로움의 근본이 되는 탐욕·성냄·어리석음에서 해탈하는 것을 '바른 해탈'이라고 이름하며, 이와 같이 해탈하면 어리석음에서의 해탈을 표명한 바른 견해와 함께, 탐욕·성냄에서의 해탈을 표명한 바른 사유가 동시에 확인된다고 하였다. 바른 삼매가 팔정도의 최후에 열거된 것은 이와 같은 의미이다.

그런데 앞에서 인용한 경에서는 '초선에서 나아가 제4선의 증득을 성취하여 노니는 것'을 바른 삼매라고 한다고 하였다. 그렇다면 사마타 수행에 의해 초선 내지 제4선이라는 본삼매를 성취해야만 위빳사나를 수행할 수 있는 것인가?

위 경의 말씀은 그것이 원칙이고, 그렇게 하는 편이 소망스럽다는 뜻을 나타낸 것이다. 그렇지만 아래에서 드는 자료들에 의하면 반드시 그래야만 하는 것은 아니다. 불교 수행의 최종 목적은 선정의 성취가 아니라, 실상을 관찰하여 여실하게 알고 보는 것에 있기 때문이다. 따라서 본삼매 수준의 선정을 성취하지 않고서도 현상의 실제 모습을 있는 그대로 알고 볼 수 있다면, 사마타 수행은 반드시 필요한 것이 아닐 수도 있다. 그렇지만 마음의 집중이 필요 없다는 것은 아니다. 그래서 반드시 지·관 내지 정·혜를 쌍수雙修해야 한다고 말한다.

그렇다면 사마타 수행을 먼저 하지 않고 어떻게 한다는 것일까? 그 것은 바로 위빳사나 수행을 하면서, 그 수행에 마음의 집중이 동반되게 하는 것이다. 위와 같은 선정의 성취를 위한 사마타 수행을 선행 내지 전제하지 않는다는 뜻에서, 이것을 '순수 위빳사나[suddha vipassanā]' (또는 '마른 위빳사나')라고 부르는데, 그 원리는 다음과 같다.

원래 현상이 일어나고 사라짐을 따라서 관찰하는 위빳사나 수행과, 마음을 하나의 대상에 집중하는 사마타 수행은 성질상 양립할 수 없는 것이다. 그래서 사마타 수행에 의해 본삼매 수준의 선정을 성취한 수행 자라도, 현상의 실상을 관찰하는 위빳사나 수행은 선정에 든 상태에서 하는 것이 아니라, 선정에서 나와서 행한다고 한다. 그런데 현상이 일 어나면 일어나는 대로, 또 사라지면 사라지는 대로 그들 현상 자체만을 집중하여 관찰하고, 그 외의 다른 대상으로 마음이 쏠리지 않는다면, 그것도 마음이 집중된 상태라고 할 수 있다. 이것을 불교이론에서는 찰 나삼매[khaṇika samadhi]＝순간삼매라고 부르는데, 이 찰나삼매의 연속 에 의해서도 근접삼매에 이를 수 있다고 한다. 그런데 현상의 실상을 보는 지혜는 본삼매 수준의 집중을 요하는 것은 아니고, 근접삼매 수준 의 집중에 기초해서도 성취할 수 있다는 것이다.

이 순수 위빳사나 수행법이 붓다 재세시에도 인정되었던 것은 분명하 다. 경전 여러 곳에서 선정의 성취와 무관하게 위빳사나를 닦아 지혜를 얻고 해탈을 이룬 아라한이 있다는 사실이 언급되고 있기 때문이다.[63]

• • • • • • • • • • • • • •

63 《잡아함경》(제14권) 제347 수심경須深經과, 이와 상응하는 SN 12:70 수시마경
[Susīma sutta], 《중아함경》(제51권) 제195 아습구경阿濕具經과, 이와 상응하는
MN 70 끼따기리 설법경[Kīṭāgiri sutta] 등. 이를 '지혜에 의한 해탈[혜해탈慧解脫
paññavimutta]'이라고 이름하는데, 다만 지혜에 의한 해탈을 한 아라한 모두가 본

그래서 사마타 수행에 의해 본삼매를 성취한 다음 위빳사나를 닦는 수행자를 '사마타 수행자[samatha yānika]'라고 부르고, 선정의 성취는 추구하지 않고 순수하게 위빳사나를 닦는 수행자를 '위빳사나 수행자[vipassanā yānika]'라고 불렀다.

그렇지만 경전에서 선정 수행의 유익함은 누누이 강조하는 반면, 이 순수 위빳사나 수행법의 실천을 권유하는 글은 찾아보기 어려운 점으로 미루어 보면, 이 수행법이 널리 권장된 것은 아니었던 것으로 보인다. 그 이유는 앞에서도 언급한 것처럼 사마타 수행을 선행하지 않으면 위빳사나 수행의 진전이 더디기 때문으로 생각된다. 극단적으로 처음 수행을 시작하는 사람이 순수 위빳사나 수행법을 택할 경우, 그 생에서는 결코 견도見道=깨달음을 성취할 수 없다는 견해마저도 눈에 띈다.

그렇지만 후대로 오면 이 수행법이 점점 널리 인정되기에 이른다. 이런 변화는 간이簡易한 수행법을 선호하는 수행 풍토를 반증하는 것이다. 어떻든 상좌부불교, 초기불교 최대의 부파였던 설일체유부, 후대의 티베트불교 모두 그 이론서에서,64 찰나삼매의 연속에 의해서도 견도의 성취가 가능하다는 것이 공식적으로 표방되고 있다. 또 선불교의 간

• • • • • • • • • • • • •

삼매를 전혀 성취하지 못한 수행자인 것은 아니다. 제9의 멸진정까지 모든 단계의 선정을 완전하게 성취하지 못한 채 위빳사나를 닦아 해탈에 이르렀다면, 예컨대 제6의 식무변처선까지 성취하였든, 제4선까지만 성취하였든(=이들은 '바른 삼매'를 성취하였다고 말할 수 있다), 또는 전혀 본삼매를 성취한 일이 없든(=이 경우만 순수 위빳사나 수행자이다), 모두 지혜에 의한 해탈을 한 아라한이라고 부르기 때문이다.

64 상좌부불교는 《청정도론》 제3권, 설일체유부는 《아비달마대비바사론》 제94권, 티베트불교는 15세기초 쫑카파 스님이 지은 『람림첸모(보리도차제광론)』에서 그 근거를 찾아볼 수 있다.

화선 수행법도 그 명칭이 뜻하는 것과는 달리65 기본적으로 이 수행법의 계열에 속하는 것이라고 할 수 있다. 화두話頭에 간절한 의심을 일으켜서 이것에 집중하는 간화선은, 지속적인 관찰의 연속에 의해 집중을 일으키는 이 수행법의 원리와 다르지 않기 때문이다.

이런 모든 사정을 종합해 보면, 오늘날에는 이 쪽이 오히려 주류적인 수행법으로 된 것이 아닌가 생각된다.

이제 위빳사나 수행의 방법과 내용을 살펴보아야 할 차례이다. 그런데 그 개요는 앞의 바른 알아차림 항목에서 이미 간략히 보았으니, 몸·느낌·마음·법이라는 네 가지 대상에 대해 알아차림을 행하는 것이다. 그 내용이 《디가 니까야》 제22 알아차림의 토대에 대한 긴 경, 즉 대념처경大念處經에 자세히 설명되어 있는데, 상좌부불교에서는 이 경의 내용을 준거로 삼아 수행한다. 따라서 이 경은 위빳사나 수행의 기준이 되는 매우 중요한 경이므로, 읽어볼 수 있도록 우리말 번역문을 이 책의 끝에 부록으로 첨부해 두었다.

위빳사나 수행은 연기하는 모든 현상이 그 대상으로 될 수 있지만, 현실적으로 구체적인 수행은 수행자 자신에게 일어나는, 수행자 자신이 경험하는 현상들을 그 대상으로 삼는다. 다시 말해서 수행자 자신에게 일어나는 신체적·정신적 현상들을 대상으로 삼아서, 그것들이 무상하고 괴로운 것이며 나라고 할 만한 실체가 없는 것임을 관찰하는 방법

．．．．．．．．．．．．．．

65 선불교가 선종禪宗, 간화선 등 '선禪'이라는 명칭과 결합된 것은, 가르침의 이치를 탐구하는 것[教敎]보다 실제 수행을 중시한다는 것에서 비롯된 것이지, 선정 수행을 목표로 한다는 것을 가리키는 것은 아니다.

으로 진행한다.

그 시작은 바른 삼매를 닦는 방법과 크게 다르지 않으니, 먼저 숲속으로 가거나 나무 아래로 가거나 빈 방으로 가서 가부좌 자세를 취하여 몸을 바로 세우고 전면에 알아차림을 확립하고 앉아서, 알아차리면서 호흡을 관찰하는 방법으로 시작한다. 호흡을 관찰하는 수행은, 호흡이 들어오고 나가는 코 끝의 한 지점을 마음으로 응시하면서 호흡이 들어오고 나가는 것을 알아차리거나, 또는 호흡의 영향으로 복부가 팽창하고 수축하는 것을 알아차리는 방법 모두 가능하다.

처음에는 호흡이 들어오고 나가는 것만을 알아차리는 것도 쉽지 않지만, 이것을 알아차리는 것에 익숙해지면 호흡이 들어오고 나가는 전 과정을 알아차리게 되고, 나아가 호흡이 나간 다음 다시 들어오기까지에는 꽤 많은 시간이 있다는 것을 알게 된다. 그러면 그 시간에 자신의 둔부가 바닥의 한 지점에 앉아 있음을 알아차리고, 더 여유가 생기면 다리와 바닥의 닿음을 알아차리는 방식으로 관찰 대상을 늘려 나간다. 처음에는 잡념이 많이 생기고, 다리의 저림이나 통증이 많이 일어나는데, 이것들도 관찰 대상이 된다.

수행할 때 앉는 자세로서 한쪽 발이나 양쪽 발을 반대편 허벅지 위에 올리는 가부좌跏趺坐를 권하는데, 이것은 수행이 깊어졌을 때 수행의 지속을 돕기 위한 것이므로, 처음부터 절대적으로 취해야 하는 것은 아니다. 의자에 앉아서 하는 것도 가능하고, 졸림을 제어할 수만 있다면 누워서 하는 것도 가능하다고 말한다. 그리고 잡념도 이것이 일어나는 것을 막으려고 할 것이 아니라, 이것이 일어나는 것을 놓치지 않고 알아차리는 것이 중요하다. 간화선에서 '망념이 일어나는 것을 두려워하지 말고, 다만 그 망념이 일어났음을 알아차리는 것이 늦는 것을 두려워하라[不怕念起 只怕覺遲]'라는 격언이 있는데, 그와 꼭 같다.

위빳사나 수행에서는 좌선坐禪 못지 않게, 걸으면서 하는 행선行禪도 중요한 비중을 차지한다는 것이 선정 수행과 다른 점이라고 할 수 있다. 이 행선은 발의 움직임을 관찰하는 것인데, 처음에는 양쪽 발이 움직이는 것을 왼 발, 오른 발로 나누어 알아차리고, 이것이 익숙해지면 걸음걸이마다 발을 들어올리고, 내밀고, 내려놓는 세 단계로 구분하여 알아차린다. 더 익숙해지면 의도하고, 들고, 내밀고, 내려놓고, 바닥에 닿는 등 알아차릴 대상을 늘려 나간다.

이와 같이 위빳사나 수행은 호흡의 들어오고 나가는 것을 기본으로 해서, 점차 알아차림의 대상을 늘려 나간다. 처음에는 기본 되는 호흡을 알아차리는 것에서 벗어난 현상들에 대한 알아차림을 확보한다는 차원에서 알아차림의 대상을 늘리지만, 나중에는 사념처 모두에 대해 관찰을 확보하기 위한 의도적 차원에서 알아차림의 대상을 늘린다. 이를 위해 좌선할 때와 행선할 때 일어나고 사라지는 현상들을 알아차림은 물론, 일상생활의 모든 영역을 알아차림의 대상으로 확장시킨다.

처음에는 현상의 일어나고 사라짐을 알아차리지 못하고 놓치는 경우가 많지만, 수행이 진전되면 놓치는 경우가 점점 줄어드는 것은 당연하다. 수행이 계속되면 더욱 많은 현상들이 더욱 빨리 수행자의 알아차림의 영역 안에 들어오고, 더 익숙해지면 크게 노력하지 않아도 거의 모든 현상들의 일어나고 사라짐이 수행자에게 저절로 드러나듯 알고 보는 단계에 이른다.

또 처음에는 수행자 자신에게 일어나고 사라지는 현상들을 개별적으로 관찰하지만, 수행이 진전되면 수행자 자신에게 일어나고 사라지는 현상들의 특성으로 미루어, 다른 사람에게 일어나고 사라지는, 같은 성품의 현상들도 그 특성이 다르지 않으리라는 것을 유추하여 관찰하며, 이를 통해 그러한 성품의 현상들은 보편적으로 그 특성이 모두 다르지 않으리라는 것까지 유추하여 관찰한다. 불교이론에서 전자를 별상염주別相念住라고 부르고, 후자를 총상염주總相念住라고 부르는데,66 이 총상염주는 뒷날 사성제의 진리성을 확인하는 바탕이 되는 관찰방법이 된다.

이렇게 수행이 진전되어 모든 현상들의 일어나고 사라짐이 빠짐 없이 수행자에게 드러나 알아차리게 되면, 수행자는 모든 현상들은 이것을 알아차리는 마음과 한 쌍67으로 일어날 뿐, 이런 신체적·정신적 현상들 외에 다른 것은 있을 여지가 없다는 사실과, 모든 현상들은 조건에 따라 순간적으로 일어났다가 조건에 따라 순간적으로 소멸할 뿐이라는 사실을 알게 된다. 그렇게 되면 수행자는 이를 통해서, 모든 현상들은 무상하고, 따라서 그것들은 불만족스러운 것이며, 거기에 어떤 실체 같은 것은 있지 않다는 것과, 존재하는 것은 오직 신체적 현상과 정신적 현상뿐, 그 외에 따로 '나'라거나 '사람'이라는 등의 영속적 실체는 존재하지 않는다는 것을 알게 된다. 이것을 《청정도론》에서는 '일어나고 사라짐을 관찰하는 지혜'라고 이름하는데, 이것이 바로 모든 현상의 실제 모습을 있는 그대로 알고 보는 지혜의 첫 단계에 해당한다. 그러

66 '별상염주'란 개별적인 현상의 모습을 알아차리며 머문다는 뜻이고, '총상염주'는 현상들의 총체적인 모습을 알아차리며 머문다는 뜻이다.
67 말하자면 '호흡의 들어옴과 이것을 알아차리는 것', '호흡의 나감과 이것을 알아차리는 것', '의도와 이것을 알아차리는 것', '발을 내려 놓음과 이것을 알아차리는 것' 등이다.

나 이것은 아직 분별에 의한 지혜이지, 무분별지無分別智는 아니므로, 수행자는 무분별지가 나타날 때까지 이 현상들에 대한 관찰을 지속해 나가야 한다.

주의할 것은 이 때 수행자에게 나타나는 '위빳사나의 오염[觀隨染]'이다. 《청정도론》[68]은 그러한 것으로 ① 광명 ② 희열 ③ 경안輕安 ④ 확신 ⑤ 분발 ⑥ 행복 ⑦ 지혜 ⑧ 확립 ⑨ 평온 ⑩ 욕구의 열 가지가 있다고 설명한다. 이것들은 수행자들로 하여금 그것을 좋아하고 집착하게 함으로써 수행을 방해하기 때문에 '오염upakkilesa'이라고 이름한 것이다.

이 중 처음의 광명 한 가지만 구체적 예를 들어 설명한다면, 수행자가 앉아 있는 자리만큼 비추면서 광명이 일어나, 어떤 사람에게는 실내 전체를, 어떤 사람에게는 실외의 수행처 부근을, 어떤 사람에게는 지상으로부터 하늘까지 뻗쳐서 나타난다고 한다. 수행자는 이것 때문에 자신이 도를 얻은 것으로 착각할 수도 있다. 그러나 이것은 도를 얻은 것이 아님은 물론, 얻기에 가까운 징표마저도 아니며, 오히려 본격적인 위빳사나의 초보단계에서 일어나는 것이라고 설명하고 있다. 그러므로 수행자는 이것에 집착하거나 마음을 빼앗기지 말고 수행을 계속해야 한다.

여기에서 수행이 더 진전되는 과정은 《청정도론》에 자세히 설명되어 있는데, 이해를 위해 여기에 그 요지만을 간략히 옮긴다.

• • • • • • • • • • • • • •

68 대림 역 한글 《청정도론》 제3권 pp.269-276 참조. 이를 '위빳사나의 경계'라고도 부른다.

수행자에게 모든 현상의 일어나고 사라짐을 관찰하는 지혜가 생기고 나서 더 수행해 나가면, ① 모든 현상은 무너지고 만다는 것과, 이 무너짐을 관찰하여 아는 지혜도 역시 무너지고 만다는 것을 관찰해 아는 '무너짐의 지혜'가 생기고, ② 이 지혜가 진전되어 모든 현상의 무너짐을 확고하게 알고 봄에 이르면 모든 현상에 대해 '두려워하는 지혜'가 생기며, 여기에서 나아가면 ③ 형성된 것의 '위험을 관찰하는 지혜', ④ 형성된 것의 '역겨움을 관찰하는 지혜', ⑤ 형성된 것에서 '벗어나기를 바라는 지혜'가 생긴다. ⑥ 그렇게 되면 벗어남의 실현을 위해 형성된 것을 '깊이 숙고하여 관찰하는 지혜'를 일으켜서, 형성된 것은 무상하고, 괴로운 것이며, 부정不淨한 것이고, 실체가 없는 것이라고 본다. ⑦ 이렇게 형성된 모든 것의 성품을 알면 '형성된 것에 대한 평정한 지혜'가 일어난다.

　이런 지혜가 일어난 단계에 이르면, 수행자는 일어나고 사라지는 현상들을 고요하고 평정하게 알아차릴 뿐, 번뇌를 일으킬 만한 대상들에 대해 전혀 마음을 기울이지 않는다. 아무리 마음에 드는 대상이라 해도 좋은 것이라고 생각하지 않고, 아무리 싫어하는 대상이라 해도 싫은 것이라고 생각하지 않으니, 탐욕과 성냄은 물론 다른 갖가지 번뇌를 일으키지 않는다. 이런 수행자가 번뇌를 조복하여 작동치 못하게 한 정도는, 의식이 작용하는 차원에서는 깨달음을 실현한 성자의 그것과 크게 다르지 않다. 그러나 수행자에게 필요한 것은 의식이 제대로 작용하지 않는 단계에서 분별과 집착을 일으키지 않는 것이므로, 여기에서 수행을 멈추어서는 안 된다.

　그래서 다시 이런 평정함으로써 모든 현상들의 일어나고 사라짐을 지속적으로 관찰해 나가면, 언젠가는 모든 현상의 실제 모습을 있는 그대로 알고 보는 무분별지를 일으키는 단계에 이른다. 이 지혜가 일어나면 수행자는 사성제의 진리를 확인하여 알게 되고, 그렇게 되면 그 자연적인 흐름을 따라서 무명이 사라진 '바른 지혜'를 얻으며, 모든 번뇌와 괴로움에서 완전히 벗어나는 '바른 해탈'을 얻음은 이어서 설명하는 것과 같다.

제4장

괴로움의 영원한 소멸

이 책의 초판에서는 괴로움의 완전한 소멸에 이르기 전의 '깨달음'에서부터 그 완전한 소멸에 이르는 중간 과정은 여전히 수도修道 과정에 속한다고 해서 도성제에서 설명했지만, 이번에는 이 부분을 괴로움의 소멸에 대한 진리[멸성제滅聖諦]를 설명하는 제4장으로 옮겨 수록하였다. 이 부분은 수도 과정이지만, 수도의 결과를 다루는 부분이므로 사실상 멸성제의 일부를 구성한다고 볼 수 있기 때문이다.

깨달음

수행자는 수행이 깊어지면 연기하는 현상의 실제 모습을, 의식의 분별을 통하지 않고 여실하게 알고 보는 체험에 이르게 되는데, 이것을 '깨달음'이라고 말한다. 그렇지만 이 말은 한 가지 뜻으로만 쓰이는 것이 아니다. 혼동을 피하기 위해 그 쓰임을 정리해 둘 필요가 있다.

깨달음은 우선 크게 '해오解悟'와 '증오證悟'의 둘로 나눌 수 있다. 전자는 의식으로 이해하여 깨닫는 것이고, 후자는 앞에 나온 '증득'이라는 말과 같은 차원으로, 의식의 분별을 통하지 않고 체험하여 깨닫는 것이다. 의식의 이해에 의하여 깨닫는 '해오'는, 의식의 메커니즘이 작동되지 않는 생사生死의 단계에서는 그 힘을 전혀 발휘할 수가 없다. 그러므로 생사에서의 해탈을 말하는 불교에서의 '깨달음'은 '증오'를 말하는 것이고, '해오'를 말하는 것이 아니다. 그렇지만 해오가 불필요한 것인가 하면 그렇지는 않다. 해오에 의하여 바른 견해를 세우지 않고서는 '깨달음'도 요원할 것이기 때문이다.

다음 '증오'로서의 깨달음도 한 가지 뜻으로만 이해되는 것은 아니다. 경전에 의하면 적어도 세 가지 단계가 있다. 처음은 범부가 지금까지 설명한 수행에 의하여 의식의 분별을 통하지 않고 모든 현상의 실상을 알고 보는 소위 '견도見道', 다음은 이미 견도를 성취한 성자가 수행을 거듭해서, 존재로 이끄는 모든 결박[結]을 모두 끊어 더 이상 윤회세계로 돌아오지 않고, 배울 것이 없게 되는 '무학도無學道', 마지막은 중생의 제도를 위해 일체 지혜를 갖추게 되는 '금강무간도金剛無間道'[1]이다. 처음 것은 성자의 첫 단계인 '수다원須陀洹'의 지위에 드는 깨달음이고, 둘째 것은 '아라한阿羅漢'의 지위에 이르는 깨달음이며, 마지막 것은 '붓다'의 지위에 이르는 깨달음이다.

그러므로 앞에서 본 수행에 의해 의식의 분별을 통하지 않고 처음으로 현상의 실상을 알고 보는 이 '깨달음'은 '견도'를 가리키는 것이다.

다만 선불교에서는 그 깨달음이 어떠한 것인지 구체적으로 밝히지 않는다. 이런 불교이론상의 깨달음의 단계로써 논의하는 것 자체를 탐탁하게 여기지 않는 듯하다. 아마 그것은 선불교가 의지하고 있는 성불

••••••••••••••

1 금강에 비유되는 고도의 선정[금강유정金剛喩定]이 나타남과 동시에 일어나는 도라는 뜻인데, 아라한이 되는 무학도도 이 금강유정이 나타날 때 일어나는 것이므로, 역시 금강무간도라고 표현하기도 한다. 본문에서는 혼동을 피하기 위해 용어를 달리 사용하였다.

成佛이론 때문이 아닐까 한다.

　여기에서 그것을 최대한 단순화해서 살펴본다면, 이 성불이론은 일체 중생에게 붓다의 성품이 있다는 대승불교의 불성佛性사상 내지 여래장如來藏사상이, 중국에서 선종이 형성될 무렵 전통사상의 영향으로 널리 확산된 체용體用이론2과 결합함으로써 그 이론적 근거가 확보된다. 그래서 모든 중생의 마음은 그 본성이 붓다의 그것처럼 청정하고－이것을 자성청정심自性淸淨心이라고 표현한다－, 이 청정한 성품에 기초하여 모든 잡염雜染되거나 청정한 현상들이 일어난다고 한다. 그러므로 이와 같은 자신의 마음의 본성에 미혹하면 중생이 되고, 마음을 되돌려 그 청정한 본성을 본다면[見性] 이로써 바로 붓다를 이룬다는 것이다.

　선불교의 문헌을 살펴보면 많은 선사禪師들이 이 이론에 의거하고 있음을 알 수 있다. 그래서 선불교에서는 '성품을 보아서 붓다를 이룸[견성성불見性成佛]'과 '단번에 바로 여래의 지위에 듦[일초직입여래지一超直入如來地]'3을 표방한다. 이것은 붓다 개념의 중대한 발전이라고 할 수 있다. 그렇지만 기존의 불교이론과 조화시키기 어려운 면이 있는 것은 사실이다. 그렇기 때문에 선불교는 기존의 불교이론에 의거하기를 거부하는 것인지 모른다.

　그러면 견도란 어떤 것일까? 견도의 단계에 이르면 의식의 분별을

▪▪▪▪▪▪▪▪▪▪▪▪▪

2 모든 현상의 배후를 따져보면, 그것을 일어나게 하는 궁극의 본체[體]가 있고, 모든 현상은 그 본체의 작용[用]으로서 일어나는 것이라고 이해하는 이론을 말한다.
3 영가현각永嘉玄覺(665~713) 선사의 『증도가證道歌』에 나오는 표현이다.

통하지 않고 모든 현상의 실상實相을 보게 된다고 했는데, 그것이 어떠한 모습인지 궁금할 것이다. 그런데 경전이나 이론서에서 이에 대해 이해하기 쉽게 설명하고 있는 것을 찾아보기는 어렵다. 그 이유는 크게 두 가지로 생각할 수 있다. 첫째는 이에 대한 자세한 설명은 수행자를 잘못 인도하고, 또 수행자의 상태를 점검하는 데에도 방해가 되므로, 일부러 피했다는 것이다. 둘째는 이 세상 사람들에게 전혀 경험된 적이 없는 세계의 일이므로, 이 세상의 언어로 묘사하는 것이 매우 어렵다는 것이다.

그러므로 이것을 여기에서 설명하는 것은 적절한 일이 아니다. 그렇지만 이것을 전혀 설명하지 않는다면, 불교의 근본 골격을 알리려는 이 글의 목적은 달성되기 어려울 것이다. 그래서 무모함을 무릅쓰고 가능한 설명을 모색해 보고자 한다. 다행히 이론서 등에 전혀 설명이 없는 것은 아니므로, 여기에서는 그 흔치 않은 설명과 수행자의 체험에 의한 진술 및 지금까지 보아온 불교의 이치 등에 근거해, 그것이 나타나는 모습을 중심으로 간략히 설명하려고 한다. 그러나 이것은 어디까지나 이치를 설명하는 것일 뿐, 실제의 체험을 진술하는 것은 아니라는 점을 염두에 두기 바란다.

먼저 불교이론서의 설명 두 가지를 인용한다. 앞의 것은 《청정도론》에 나오는 설명이고, 뒤의 것은 《구사론》을 저술한 세친이 그의 말년에 쓴 《유식삼십송唯識三十頌》이라는 글에서 견도의 지위를 설명한 게송(제28송)이다.

모든 표상이라는 대상과 진행이라는 대상이 방해로 나타나고, 수순隨順하는 지혜를 반복해서 일으키는 것이 끝날 때,[4] 표상이 없고 진행이 없고 형성됨을 여의었고 소멸인 열반5을 대상으로 종성種姓gotrabhū의 지혜가 일어난다. 이것은 범부의 종성, 범부의 이름, 범부의 경지를 초월하여, 성자의 종성, 성자의 이름, 성자의 경지에 들어가는 것이다.

만약 어느 때 인식대상[所緣]에 대해서[若時於所緣]
지혜가 전혀 얻을 것이 없으면[智都無所得]
그 때 유식唯識에 머무는 것이니[爾時住唯識]
이취의 모습[二取相]을 떠나기 때문이네[離二取相故]

앞의 글에서는 "표상이 없고 진행이 없고 형성됨을 여의었고 소멸인 열반을 대상으로 종성의 지혜가 일어난다"라고 한 부분이 주목의 대상이다. '종성의 지혜'는 이에 의하여 범부의 가문으로부터 성자의 가문으로, 종족의 성격이 바뀌는 지혜임을 말하는 것으로서, 견도의 징표가 되는 것이다. 그런데 이 지혜는 '표상이 없고 진행이 없고 형성됨을 여의었고 소멸'인 열반을 대상으로 일어난다고 하였다. 쉽게 말해서 표상이 없어짐, 즉 무상無相이 체험된다는 것이다.

다음 뒤의 글에서는 "인식되는 대상에 대해서, 지혜가 전혀 얻을 것이 없으면 … 이취의 모습[二取相]을 떠나기 때문"이라고 한 부분이 주목된다. '인식되는 대상에 대해서, 지혜가 전혀 얻을 것이 없으면'이라고 한 앞 부분

• • • • • • • • • • • •
4 '수순하는 지혜'란 현상의 세 가지 특징을 그대로 따르는 지혜를 말하는데, 이 때가 견도의 직전이다.
5 인용문 전체의 번역은 대림 역 한글 《청정도론》 제3권 pp.346~347의 표현이다. 영역본에서는 이 부분을, "nibbāna, ending, that is signless, procedure-less, without complexes"라고 번역하고 있다.

의 표현은, 인식되던 대상이 없어진다는 것을 가리킨다. 그리고 그 이유를 뒷 부분에서 '이취의 모습[二取相]을 떠나기 때문'이라고 설명하였다. '이취'란 소취所取와 능취能取, 즉 인식대상과 인식주체를 가리키는 말이다. 그러므로 '이취의 모습을 떠난다'는 것은, 관찰되던 대상과 이것을 관찰하는 마음이 함께 사라진다는 뜻이 된다. 앞의《청정도론》의 글에서는 관찰하는 마음을 언급하지 않고 있지만, 알아차림의 대상이 없어지면, 이것을 알아차리는 마음도 함께 없어지게 되므로, 결국 두 글이 뜻하는 것은 동일하다는 결론이 된다.

그 외에 티베트불교나 선불교의 문헌에서도 같은 취지의 설명을 찾아볼 수 있다. 티베트불교의 초창기에 기초를 다진 인도의 까말라실라Kamalaśīla[蓮花戒](740~795)가 남긴 『중관수습차제中觀修習次第』(상편)에도, 능취와 소취의 두 가지 모습을 여의는 그 때에 진실 속에 들어간다고 설명하고 있다.6 한편 선종의 대주혜해大珠慧海 선사도 깨달음[悟]을, "얻을 것이 없음을 깨닫는 것[悟無所得]"이라고 정의한 바 있다.7 앞에서의 설명에 비추어 보면, 이들도 모두 같은 내용을 가리키는 것임을 알 수 있다.

결국 '견도'의 모습은 어디에서나 동일하게 파악되고 있다는 결론이 된다. 수행자가 지속적으로 알아차려 오던 대상과 이것을 알아차리는 마음이 한꺼번에 사라져버린다는 것이다. 미얀마의 위빳사나 수행 지도자인 마하시 사야도는 이것을 다음과 같이 설명한다.8

• • • • • • • • • • • • •

6 중암의 『수습차제연구』 p.337(2006년 불교시대사).
7 그가 남긴 『돈오입도요문론頓悟入道要門論』에서 '돈오'를 정의하면서, 「'돈'이란 단박에 망념을 없앰이고, '오'란 얻을 것이 없음을 깨닫는 것[頓者 頓除妄念, 悟者 悟無所得]」이라고 하였는데, 이것은 선불교에서 널리 인용되고 있는 '돈오'의 정의이다.

대상과 새김(=알아차림. 이하 같다)들이 모두 '탁'하며 끊어져 멈추어 버렸다. 덩굴 줄기를 칼로 끊어내듯이 대상과 새김들이 '탁'하며 끊어져 버렸다. 매우 무거운 짐을 내려놓듯이 대상과 새김들이 완전히 끊어져 버렸다. 잡아당겨 움켜쥐던 곳에서 벗어나듯이 대상과 새김들에서 벗어나 버렸다. 매우 단단히 묶여 있던 속박에서 갑자기 벗어나듯이 대상과 새김들로부터 벗어나 버렸다. 대상과 새김들이 사라지는 모습이 마치 등불이 '휙' 꺼져 버리듯이 매우 빠르다. 어둠 속에서 밝음으로 즉시 도달하듯이 대상과 새김들로부터 벗어나 버렸다. 얽매임 속에서 자유로운 상태로 '쏙' 하며 이르듯이 대상과 새김들로부터 벗어나 버렸다. 물속에 '쏙' 가라앉듯이 대상이나 새김이 모두 가라앉아 버렸다. 달려오던 이를 가로막아 갑자기 밀어내듯이 대상과 새김이 멈추어 버렸다. 대상과 새기는 마음이 모두 사라져 버렸다.

그렇다고 의식을 잃어버린 것은 아니다. 의식은 더없이 뚜렷하다. 다만 처음에는 이 사건은 잠깐 동안 일어났다가 사라지는 것이 보통이라고 한다. 그래서 이 사건이 일어나면, 수행자는 이 사건이 다시 일어나고 그 시간이 오래 지속되도록 수행을 반복해야 한다.

그렇게 해서 다시 일어나면 충분한 시간을 가지고 그 사태의 실상을 확인해야 한다. 그러면 수행자는 명징한 의식―다만 이 단계에 이르면 뒤에서 보는 것처럼 '의식'이라고 부르지 않고 '지혜'라고 부른다―으로, 이것이 전혀 경험해 본 적이 없던 사건이라는 것을 알게 된다. 마치 꿈만 꾸던 사람이 처음으로 꿈에서 깬 것과 같고, 물속에서만 살아서

. . . .
8 앞에 나온 『마하시 사야도의 위빳사나 수행방법론(2)』 pp.106-107.

물속 아닌 세상이라는 것을 상상조차 하지 못했던 수중생물이 처음으로 물 밖의 세상을 본 것에 비견할 수 있는 사건이다.

사건의 진상은 다음과 같다. 현상을 이것과 저것으로 나누어 인식하던 분별, 그리고 관찰 대상과 그것을 알아차리는 마음으로 나누어져 있던 분별이 사라져버린 것이다. 말하자면 밝음[明]을 가로막고 있던 분별이라는 장막이 사라지고 밝음이 드러난 것이다.

분별이 사라지므로 그것에 기초한 고정된 모습[相]이 사라지고, 객관과 주관과의 분립分立 또한 사라진다. 이 모든 것을 보고 있는 마음이 없어지지는 않았지만, 분별에 기초한 '나'라는 것은 찾아도 찾을 길이 없다. 이것을 무분별지無分別智라고 하는데, 정체지正體智 또는 근본지根本智라고도 부른다. 대승경전에서 반야般若라고 표현하는 것은 바로 이것을 가리킨다. 현상의 실제 모습[실상實相]을 알고 본다는 것은, 이와 같이 먼저 표상 없음[無相]과 나 없음[無我]이 직접적으로 체험되는데, 표상 없음이 인식대상의 실상이고, 나 없음이 인식주체의 실상이다. 그리고 그것을 통해서 무상無常·괴로움[苦]·실체 없음[無我]이라는 모든 현상의 세 가지 특징 및 연기의 이치가 확인되는 것이다.

그러면 수행자는 그 경험의 토대 위에서 다시 의식을 일으켜, 이 세상의 삶이 괴로움이라는 것과, 그리고 그 괴로움이 일어나는 원인과 조건을 확인할 수 있고, 나아가 그 괴로움이 완전히 소멸한 경지가 있다는 것과, 지금까지 해 온 수행에 의해 그것이 성취될 수 있다는 것을 확신하게 된다. 말하자면 사성제를 차례대로 확인하는 것이다. 이것을 분별지라고도 하고, 후득지後得智 내지 세속지世俗智라고도 부른다.

앞의 집성제에서 무명에 상대되는 명지를 정의하여, 연기의 이치와 사성제를 알고 보되, 의식의 분별을 거치지 않고 모든 현상의 실제 모습을 알고 보면서, 이에 기초해서 사성제를 내면적으로 확인하는 지혜를 말한다고 하였는데, 위의 무분별지가 전자를 알고 보는 것이고, 분별지가 후자를 확인하는 것이다. 다만 이로써 무명이 아직 완전히 사라진 것은 아니니, 명지를 가리고 있는 두터운 장막은 걷혔지만, 아직 얇은 장막들은 걷히지 않았기 때문이다. 그 기초가 확고히 놓였으니, 그 위에 서서 이 얇은 장막들을 걷어내는 수행이 더 요구되는 것이다.

흐름을 따라서

이와 같이 도를 직접 본 수행자는 평생 동안, 아니 여러 생 동안 그 공부만을 해온 것과는 비교가 되지 않는다. 이것을 일단 본 것만으로, 앞에서 본 것처럼 성자의 가문으로 종성이 바뀐다. 그래서 이런 수행자는 성자의 '흐름[流]'에 '들었다[預·入]'고 해서 수다원須陀洹sotāpatti이라고 부르고, 한역해서는 '예류預流' 또는 '입류入流'라고 하였다.[9]

불교에서는 중생이 욕계·색계·무색계의 삼계三界로 재생하는 원인이 되는 번뇌에 열 가지가 있다고 하는데, 이를 열 가지 결박[십결十結]이라고 한다. 그 중 다섯 가지는 아래의 욕계에 재생하는 원인이 된다고 해서 오하분결五下分結[10]이라고 하고, 나머지 다섯 가지는 위의 색계

• • • • • • • • • • • • •

9 대승불교에서는 초지初地보살이라고 한다. 대승불교에서는 붓다가 되기 전의 성자를 열 단계로 나누어 초지 내지 제10지 보살이라고 하는데, 수다원은 성자의 첫 단계라는 뜻이 된다.

10 삼계 중 욕계는 아래의 세계라는 뜻에서 하계라고 하고, 색계와 무색계는 위의 세계라는 뜻에서 상계라고 하며, '분'은 원인이라는 뜻이다. 따라서 '오하분결'은

와 무색계에 재생하는 원인이 된다고 해서 오상분결五上分結이라고 하는데, 오하분결은 유신견·계금취견戒禁取見·의심·탐욕·성냄의 다섯 가지이고, 오상분결은 색애色愛·무색애無色愛·거만·들뜸·무명의 다섯 가지이다.

수다원은 모든 현상의 실제 모습을 이미 보았으므로, 이 실제 모습과 어긋나는 유신견·계금취견·의심의 세 가지 번뇌가 완전히 소멸된다. 오온에 '나'라고 할 만한 영속적 개체가 없음을 견도의 체험에서 확인하였으므로 유신견이 없어지고, 열반에 이르는 길을 확신하게 되었으므로 계금취견―열반에 이르는 길이 될 수 없는 잘못된 계율[계금戒禁]을 그 길이라고 잘못 알고 집착하는 것을 말한다―이나 회의적 의심이 사라지는 것이다.

수다원은 이와 같이 모든 현상의 실제 모습과 어긋나는 번뇌를 일으키지는 않지만, 이것으로 무명이 완전히 뿌리뽑히지는 않는다. 무수한 세월동안 생사에 윤회하면서 심어진 선천적인 번뇌가 남아 있기 때문이다. 그 대표적인 것이 탐욕과 성냄 및 어리석음이지만, 이들 외에도 거만과 들뜸이 윤회의 종식을 장애한다고 한다.

이 선천적 번뇌들의 뿌리는 매우 깊다. 얼마나 깊은가 하면, 수다원에서 이 번뇌들이 완전히 뿌리뽑힌 아라한阿羅漢arhat이 될 때까지, 많으면 일곱 번의 윤회를 더 거칠 수 있다고 한다. 이를 칠유七有 또는 극칠반생極七返生[11]이라고 부른다. 그렇게 많은 시간이 걸릴 수 있지만,

....

하계의 원인이 되는 다섯 가지 결박이라는 뜻이고, 뒤에 나오는 '오상분결'은 상계의 원인이 되는 다섯 가지 결박이라는 뜻이다.
11 '칠유'란 일곱 번의 재생이 있을 수 있다는 뜻이고, '극칠반생'은 최대한[極] 일곱 번[七] 반복하여[返] 재생한다[生]는 뜻이다. '일곱 번'의 의미에 대해서는 이론異

다시 악취惡趣에 떨어지거나 퇴보하는 일은 없다고 한다. 그러므로 윤회한다고 해도 인간과 하늘세계에만 태어나게 된다.

흐름에 든 성자는 자신이 걸어온 길을 되돌아 본다. 그리고 자신에게 남아 있는 번뇌가 무엇인지 점검하여 확인한다. 이제는 확신을 가지고 가장 효과적인 방법을 이용하여 수행을 하게 되는데, 이와 같이 흐름에 든 성자가 닦는 수행을 '수도修道'라고 부른다. 선불교에서는 깨달음 후에 그 깨달음을 보호하고 다지는 '보임保任'―보호임지保護任持[12]의 줄임말로, 선문에서는 보통 '보림'이라고 읽는다―이 필요하다고 하는데, 이것은 이 수도과정을 뜻하는 것으로 보인다. 선불교에서 이와 같은 용어를 선택하는 것은, 그들이 표방하는 견성성불의 이치상 그들의 깨달음은 완성된 깨달음이어야 하기 때문일 것이다.

어떻든 이 수도에 의해 먼저 탐욕 중 감각적 욕망에 대한 탐욕[욕탐欲貪]과 성냄이 먼저 제거된다. 왜냐하면 이것이 남아 있는 번뇌 중 가장 거친 것이기 때문이다. 그렇다고 이것이 단번에 제거되는 것은 아니다. 불교이론서에서는 이 욕탐과 성냄의 품류를 가장 거친 상상품으로부터 상중·상하·중상·중중·중하·하상·하중·하하에 이르기까지 9품으로 나누는데, 수도에 의해 이들 중 중하품까지 6개 품류가 끊어질 정도로 옅어지면 이런 성자를 사다함斯陀含sakadāgami이라고 부른다. 이 단계의 성자는 이제 이 세상으로의 한 번의 윤회 안에 아라한이 되므로, 한 번만 온다는 뜻에서 '일래一來'라고 부른다.

여기에서 더 진전되면 욕탐과 성냄이 완전히 소멸하여, 다시 욕계로 윤회하는 일은 없고, 따라서 이 세상에서 아라한이 되지 못하면 색계나 무색계로 가서 열반을 실현할 수 있는 단계가 있게 된다. 이 단계의 성자는 아나함阿那含anāgami이라고 부르는데, 다시는 욕계로 돌아오지 않는다는 뜻에서 '불환不還' 또는 '불래不來'라고 부른다. 그만큼 모든 현상을 보는 눈이 깊어졌음을 나타내는 것이다.

수행이 더 깊어져 마지막 단계에 이르면, 수행자는 일체 분별이 사라진 모든 현상의 실제 모습을 의식의 매개를 거치지 않고, 있는 그대로 확고하게 알고 본다. 이 단계에 이르면 의식이 제대로 작동하지 않는 죽음의 순간에 이르러서도 나와 내 것을 분별하지 않고, 따라서 나와 내 것에 대한 집착을 일으키지 않으므로, 다시는 재생하지 않게 된다. 이 단계에 이른 수행자를 아라한이라고 부른다.

여기에서 성자의 단계와 끊어진 오하분결·오상분결을 알기 쉽게 도표로써 정리해 보이면 다음과 같다.

[표8] 성자의 단계와 오하분결·오상분결

수다원(예류)	사다함(일래)	아나함(불환)	아라한(불생)
유신견·계금취견·의심	욕탐·성냄 (중 거친 6품)	욕탐·성냄 (중 미세한 3품)	색탐·무색탐·거만·들뜸·무명
오하분결			오상분결

아라한은 오하분결과 오상분결을 포함한 모든 결박을 제거하여 완

전한 열반을 실현한 성자이다. 아라한은 더 배울 것이 없으므로 무학無學이라고 하고, 그래서 아라한이 되는 단계의 도를 무학도라고 부른다. 또 아라한이 되면 모든 번뇌가 사라지고 다시는 재생하지 않는다고 해서 불생不生[13]이라고 부른다. 경전에서는 이 뜻을, '나의 태어남은 이미 다했고[我生已盡] 범행은 이미 확립되었으며[梵行已立] 할 일은 이미 다해서[所作已辦], 후생의 존재를 받지 않을 것을 스스로 안다[自知不受後有]'라고 정형적으로 표현한다.

어떻게 알 수 있을까? 메난드로스 왕의 물음에 대해 나가세나 비구는 다음과 같이 대답하였다.

> 비유하면 농부가 곡식을 심어 수확을 많이 해서 창고에 가득 채워두었지만, 세월이 가도 씨를 뿌리지 않고 경작하지도 않고서 곡식을 써 버리기만 한다면, 창고가 비어버릴 것이라는 사실을 그 농부가 알 수 있는 것과 같습니다.
>
> 재생을 가져오는 원인과 조건이 모두 종식되었다는 사실로부터, 그는 재생하지 않을 것이라는 사실을 스스로 아는 것입니다.

그러면 얼마나 수행하면 이와 같은 완전한 열반을 실현할 수 있을까? 붓다께서는 7년이면 성취할 수 있다고 말씀하셨다. 뒤의 부록에 첨부된 《대념처경》의 끝에도 같은 취지의 말씀이 있다. 그러나 조건이 없지는 않다. 이 기간은 믿음·건강·정직·노력·지혜의 다섯 가지 요소

· · · · · · · · · · · ·

13 '불생'은 다시 재생하지 않는다는 뜻과 함께, 번뇌가 생기지 않는다는 뜻을 함께 나타낸다.

를 갖추고, 붓다를 스승으로 삼아 수행한다는 최선의 여건을 전제로 한 것이다.14

그러면서 칠 년으로부터 육 년, 오 년 점점 줄여 마지막으로 단 7일만이라도 수행한다면 궁극의 지혜를 실현할 수 있다고 하셨다. 이것은 뛰어난 자질을 가진 수행자를 염두에 둔 설명일 것이다. 그러나 뛰어난 자질이란 무엇이겠는가? 이 공부에서 뛰어난 자질이란, 거듭 닦아 숙련되는 것을 말하는 것이 아니겠는가? 만약 그렇게 볼 수 있다면 뒤에 말씀하신 기간은 과거 생에서의 수행기간을 제외한, 이번 생에서의 수행기간만을 한정하여 말씀하신 것이라고 이해할 수도 있을 것이다.

몇 십 년의 수행을 하고서도 깨달음을 성취하지 못하는 예가 많지 않은가 라는 의문이 들 수도 있다. 그렇지만 그것은 그만큼 수행에 전념하지 못했거나, 아니면 수행 여건에 뭔가 결함이 있었음을 말하는 것이라고 이해해야 할 것이다.

열반

그렇다면 이렇게 해서 실현된 열반涅槃이란 과연 어떠한 것일까?

열반의 빠알리어 '닙바나nibbāna'는 문자적으로, 불어서 불이 꺼져버린 상태를 뜻한다. 모든 번뇌의 불꽃이 꺼져버린 것을 뜻하는 것이다. 완전한 열반을 성취한 아라한에게는 욕망이나 성냄의 불꽃이 모두 꺼져버렸음은 물론, 그 뿌리가 되는 무명도 완전히 끊어졌다. 다시는 그

• • • • • • • • • • • • • • •

14 MN 85 왕자 보디경[Bodhirājakumāra sutta]에서 이 조건과 함께 말씀하셨다.

에게 욕망이나 성냄이 일어나지 않는다. 그에게서 온갖 종류의 괴로움은 모두 영원히 종식되었고, 그러므로 그는 매우 평화롭고 지극히 평온하다. 우리가 사는 이 세상의 언어로 말한다면, 이것이 열반이라는 상황의 핵심이다.

이 세상의 언어로 이것을 더 이상 묘사하는 것은 불가능하다고 한다. 왜냐하면 우리가 사용하는 언어는, 우리가 경험하고 인식하는 일들을 나타내기 위해 만들어진 것인데, 열반은 사람들에게 전혀 경험되지도 않고 인식되지도 않은 세계이기 때문이다. 오직 이것을 실현한 성자만이 스스로 내면적으로 깨닫는 것[自內證]이다. 다시 말해서 그것은 삼계三界로 나타나는 이 '세상'에 속해 있는 것이 아니다. 이것을 붓다께서는 이렇게 설명하셨다.[15]

> 비구들이여, 이러한 세계가 있다. 거기에는 땅도 없고 물도 없고 불도 없고 바람도 없다. 공무변처도 없고 식무변처도 없고 무소유처도 없고 비상비비상처도 없다. 이 세상도 저 세상도 없고, 해도 달도 없다.
>
> 비구들이여, 거기에는 오는 것도 없고 가는 것도 없고 머무는 것도 없고, 죽음도 없고 태어남도 없다고 나는 말한다.
>
> 의지처를 떠나고 유전流轉을 떠났으며 대상을 떠난 이것이야말로 괴로움의 종식이다.

이 세상의 언어로 더 이상 설명해야 한다면, 긍정적인 표현은 매우

---

15 《쿳다까 니까야》에 속하는 《우다나Udana》(=자설경自說經 또는 감흥게라고도 칭함) 8:1 열반경에서의 설명이다.(=전재성 역 한글 《우다나》 pp.214-215)

제한적이어서, 종극終極·진리·적정寂静·지복至福·피안彼岸 등과 같은 상징적 내지 비유적 지시어16로 나타낼 수밖에 없다. 그래서 부정적인 표현이 많이 동원된다. 풀려남[해탈解脫], 형성되지 아니한 것[무위無爲], 번뇌 없음[무루無漏], 고요한 소멸[적멸寂滅], 그쳐 사라짐[지멸止滅], 볼 수 없음[무견無見], 언어적 유희 없음[무희론無戲論], 갈애의 다함[애진愛盡], 탐욕을 여읨[이탐離貪], 재난 없음[무재난無災難], 집착 없음[무착無著] 등이 그것이다.

이와 같이 부정적 표현으로 묘사된다고 해서, 이것이 부정적 상황인 것은 물론 아니다. 존재하지 않는 것은 더더구나 아니다. 이것은 형성된 것이 아닌 유일한 것이고, 그야말로 변함없이 '존재'하는 것이다. '존재'한다고 해서 어느 곳에 위치하고 있다는 것은 물론 아니다. 앞의 경전에서 붓다께서는 이것을 다음과 같이 표현하셨다.17

> 비구들이여, 태어나지 않고 생성되지 않고 만들어지지 않고 형성되지 않은 것이 있다.
>
> 비구들이여, 만약 그 태어나지 않고 생성되지 않고 만들어지지 않고 형성되지 않은 것이 없다면, 이 세상에서 태어나고 생성되고 만들어지고 형성된 것으로부터의 벗어남은 시설施設될 수 없을 것이다.
>
> 비구들이여, 태어나지 않고 생성되지 않고 만들어지지 않고 형성되지 않은 것이 있으므로, 태어나고 생성되고 만들어지고 형성된 것으로부터의

•••••••••••••

16 그 외 경전에 등장하는 긍정적 표현에는, 극묘極妙, 지극히 보기 어려움[極難見], 견고함, 안온, 섬, 동굴, 피난처, 귀의처, 궁극[究竟] 등이 있다.
17 《우다나》 8:3 열반경(=전재성 역 한글 《우다나》 p.216).

벗어남이 시설될 수 있는 것이다.

이 열반의 상황에 대한 경전의 설명을 조금 더 살펴 보자면, 가장 구체적인 것은 《이띠웃따까Itivuttaka》18에 나오는 다음과 같은 설명일 것이다. 글에서 '유여의有餘依열반'이라고 한 것은, 열반을 성취하여 번뇌는 모두 사라졌으나, 육신은 아직 살아 있는 상태를 가리킨다. 이에 대비해서 소위 죽음에 이르러 육신마저 소멸한 상태는 '무여의無餘依열반'이라고 한다. 여기에서 '여의餘依'란 남아 있는[餘] 신체라는 뜻인데, 신체가 모든 현상이 일어나는 의지처[依]이기 때문에 붙여진 명칭이다.

비구들이여, 무엇이 유여의열반의 세계인가?
비구들이여, 여기에 한 아라한인 비구가 번뇌를 파괴하고 해야 할 일을 다 마치고 무거운 짐을 내려놓고 최고의 이상을 실현하고 존재에의 속박을 끊었으며 궁극적인 지혜에 의해서 해탈했다.
그러나 그에게 다섯 감관은 남아 있으며 그것에서 분리되지 않았기 때문에 쾌·불쾌를 경험하고 즐거움과 괴로움을 느낀다. 그에게는 탐욕이 소멸되고 성냄이 소멸되고 어리석음이 소멸되었다.
이것을 비구들이여, 유여의열반의 세계라고 한다.

이 설명의 전반부는 모든 번뇌의 속박에서 해탈하였음을 가리킨다

---

18 《여시어경如是語經》이라고 한역한다. 역시 《쿳다까 니까야》에 속하는 경전의 하나로서, 본문은 그 44번째 경전이다.

는 것을 알 수 있다. 그러면서 후반부에서 "다섯 감관은 남아 있으며, 그 것에서 분리되지 않았기 때문에 쾌·불쾌를 경험하고 즐거움과 괴로움을 느끼 지만, 탐욕·성냄·어리석음은 소멸되었다"라고 한다. 열반을 실현한 아라 한은 신체의 다섯 감관이 남아 있으므로 이를 통한 감각과 느낌은 있지 만, 그 '느낌의 일어남과 소멸과 맛들임과 재난과 벗어남에 대하여 여실하게 알기 때문에'[19] 그것에 집착하지도 않고 분노하지도 않는다. 그것들은 과거 업의 과보인 신체가 소멸하면 저절로 진정될 것임을 알기 때문에, 조금도 동요 없이 지극한 평정을 유지하는 것이다.

그러면 목석과 같은가? 결코 그렇지 않을 것이다. 아라한은 자신의 능력이 미치는 범위에서 모든 중생들을 돕고 깨우치는 삶을 영위할 것 이다. 그러나 자아관념을 비롯한 온갖 번뇌의 오염에서 벗어나 있기 때 문에 그것으로 만족할 뿐, 세간 사람들이 끊임없이 경험하는 이로움과 해로움[利衰], 헐뜯음과 기림[毀譽], 칭찬과 비난[稱譏], 괴로움과 즐거 움[苦樂][20] 등에 초연하다.

단순히 그것뿐인가, 그렇게 어렵게 수행해서 성취한 열반이라면 좀 더 고차원적인 그 무엇이어야 하지 않는가 라고 생각하는 사람이 있을 지 모르겠다. 만약 그렇게 생각한다면 반문해 보아야 한다. 이 이상의 어떤 고차원이 있을 수 있는가? 궁극적인 진리를 깨달았고, 모든 종류

• • • • • • • • • • • • • •

19 《잡아함경》(제17권) 제470 전경箭經 및 이와 상응하는 SN 36:6 화살경[Salla sutta]에서의 설명이다.

20 흔히 이를 세간팔법世間八法 또는 세간팔풍世間八風이라고 표현한다. '헐뜯음과 기림'은 사실에 근거한 것이 아니라는 점에서, 사실에 근거한 '칭찬과 비난'과 다 르다고도 말하고, 등 뒤에서 말하는 것이라는 점에서, 면전에서 말하는 '칭찬과 비난'과 다르다고도 말한다.

의 괴로움으로부터 영원히 벗어나, 지극한 평화를 누린다. 이것이 경전에서 말하는 바로 그 '지복至福', 가장 높은 차원의 행복이 아닐까?

혹시 무슨 휘황찬란한 유토피아 같은 것을 상상했을지 모르겠다. 경전에서도 온갖 찬사를 동원하여 열반을 미화하고 있기 때문이다. 그렇지만 경전의 그와 같은 찬사는 열반의 즐거움을 능가하는 것이 있을 수 없다는 것을 묘사하기 위한 것일 뿐이다. 열반의 즐거움은 감각적 쾌락이나 물질적인 것과는 전혀 관계가 없는 것이다. 그런데도 그와 같은 상상을 한다면, 그것은 환상에 지나지 않는다.

그러면 무여의열반의 세계는 어떠할까? 앞에 나온 《이띠웃따까》에서 붓다께서는 다음과 같이 설명하셨다.

비구들이여, 무엇이 무여의열반의 세계인가?
비구들이여, 여기 아라한인 한 비구가 번뇌를 파괴하고 해야 할 일을 마치고 무거운 짐을 내려놓고 최고의 이상을 실현하고 존재에의 속박을 끊었으며 궁극적인 지혜에 의해 해탈했다.
비구들이여, 그에게 느껴진 모든 것은 그 어느 것도 그가 향유享有한 것이 아니므로 여기서 완전히 식어 버릴 것이다.
이것을 비구들이여, 무여의열반의 세계라고 한다.

이 글의 전반부는 유여의열반과 마찬가지로 모든 번뇌가 소멸하였음을 나타낸다. 유여의열반과 다른 것은 후반부인데, 이제 업의 과보인 신체의 다섯 감관이 소멸하였으므로 그것을 통한 느낌 역시 사라지겠지만, 그것들은 그 이전에도 그가 향유한 것은 아니었다는 것을 나타내고 있다. 결국 '남은 신체[餘依]'의 소멸에 불구하고 상황에는 변화가 없다는 것이다.

이제 그는 이 존재의 세계에서 완전히 사라져 버렸다. 다시는 이 세계에 모습을 드러내지 않는다. 그렇다고 그가 어느 다른 곳으로 간 것은 아니다. 붓다께서는 바차婆蹉라는 수행자와의 대화를 통해, 이것을 불의 꺼짐에 비유하여 설명하셨다.[21]

(붓다) "마치 어떤 사람이 그대 앞에서 불을 태운다면 그대는 불이 타는 것을 보겠습니까? 곧 그대 앞에서 불이 꺼지면 그대는 불이 꺼지는 것을 보겠습니까?"

(바차) "그럴 것입니다. 구담瞿曇[22]이시여."

(붓다) "만약 어떤 사람이 그대에게, '아까는 불이 탔는데 지금은 어디에 있는가? 동쪽으로 갔는가, 서쪽이나 남쪽이나 북쪽으로 갔는가?'라고 묻는다면, 그대는 어떻게 말하겠습니까?"

(바차) "구담이시여, 만약 누군가가 와서 그렇게 묻는다면 저는 이렇게 대답하겠습니다. '내 앞에서 불타는 것이 있었던 것은 섶의 인연 때문에 탔으니, 섶을 더하지 않는다면 불은 곧 영원히 사라지고 다시는 일어나지 않는다. 동쪽이나 서쪽, 남쪽, 북쪽으로 갔는가 라고 한다면 이것은 곧 그렇지 않다.'라고"

(붓다) "나도 또한 그렇게 말합니다."

• • • • • • • • • • • • •

21 《잡아함경》(제34권) 제962 견경見經 및 이와 상응하는 MN 72 불의 비유와 왓차곳따경[Aggivacchgotta sutta]에서의 설명이다.
22 '구담'은 붓다의 종족명 '고따마Gotama'의 음역어이다.

이제 필자가 할 수 있는 설명은 끝났다. 그럼에도 아직 미심쩍은 점이 남아 있을지 모르겠다. 그러면 어떠하다는 것인가? 아주 없어져버렸다는 것인가? 아직 열반을 체험하지 못한 사람으로서 충분히 가질 수 있는 의문이라고 생각된다. 일찍이 우빠시와Upasīva라는 이교도 역시 붓다께 이것을 여쭈었는데, 붓다께서는 아래와 같이 설명하셨다.23

(붓다) "우빠시와여, 가령 바람의 힘에 의해 꺼진 불꽃은 소멸되어 헤아려지지 못하듯, 정신적인 것들24에서 해탈한 성자는 소멸되어 헤아려질 수 없게 됩니다."

(우빠시와) "소멸해버린 것입니까, 혹은 존재하지 않는 것입니까, 혹은 영원한, 질병을 여읜 상태입니까? 성자시여, 그것을 제게 말씀해 주십시오. 당신이 깨우친 것이 이것이기 때문입니다."

(붓다) "우빠시와여, 소멸해버린 자는 헤아려질 기준이 없습니다. 그들이 언명할 수 있는 것은, 그에게는 없는 것입니다. 모든 현상들이 깨끗이 끊어지면, 언어의 길도 완전히 끊어져 버리는 것입니다."

---

23 《쿳다까 니까야》에 속하는 《숫따니빠따Suttanipāta》 5:7 청년 우빠시와의 질문 [Upasīvamāṇavapucchā]에서의 설명인데, 전재성 역 《숫따니빠따》 개정판 p.856에서 옮겼다.
24 정신적 현상인 4무색온을 가리키는 것이다.

제5장

불교의 변화

불교의 원형과 변화

위의 4개 장에서 설명한 것이 붓다께서 가르치신 불교의 원형이다. 물론 이것이 붓다께서 가르치신 내용의 전부는 아니지만, 나머지는 이와 직·간접적으로 관련된 것이거나, 아니면 세상 사람들을 교화하기 위한 부수적인 것이어서, 그 요체要體는 여기에서 벗어나지 않는다.

그러나 불교를 조금 일찍 배운 분들은 불교가 이와 같은 것이라고 소개받지 못했을지 모른다. 이유가 없지 않다. 불교는 붓다 입멸후 2,500여 년이란 장구한 세월이 경과하면서 큰 변화를 겪었는데, 그 변화된 불교에서는 불교의 원형을 잘 노출시키지 않고 있었기 때문이다. 그래서 과거에는 많은 분들이 이렇게 원형이 노출되지 않은, 변화된 모습의 불교를 주로 소개받아 왔다.

필자는 이것을 수면 위에 드러난 빙산이나 코끼리를 삼킨 보아뱀1과 같다고 비유해 왔다. 그 바탕이나 원형이 드러나지 않아, 겉으로는 그 바탕이나 원형과 다른 모습으로 보인다는 뜻이다. 예를 들자면 우리는 대승불교권에 속해 있기 때문에 불교를 접할 때 대승경전을 주

----
1 프랑스 작가 생떽쥐베리의 소설 『어린 왕자』 첫머리에 등장하는 그림을 가리킨다.

로 보게 되는데, 대승경전에서는 불교의 원형에 대한 설명을 대부분 생략하고 있다. 그것은 대승불교가 이 원형적인 가르침을 배격하기 때문이 아니다. 대승경전은 이 가르침을 전제로 해서, 이것을 대승불교가 추구하는 것에 맞추어 재해석하고 있는 것이다.

우리가 잘 아는 《반야심경》을 먼저 살펴 보자. 경전은 시작하자마자 다음과 같이 말한다.

> 관자재觀自在보살께서 깊은 반야바라밀다를 행하실 때에 오온이 모두 공空임을 비추어 보시고 일체 괴로움을 건너셨다.
>
> 사리뿟따여, 신체가 공空과 다르지 않고 공이 신체와 다르지 않으니[色不異空 空不異色], 신체가 곧 공이요 공이 곧 신체이며[色卽是空 空卽是色], 느낌·지각·형성·의식도 또한 그러하다.

아무런 설명도 없이 바로, 우리가 앞서 보아온 오온에 대해 공의 성품으로 보아야 함을 밝힘으로써 그 연생적緣生的 성격을 천명하고 있다.

혹 이 경전은 워낙 짧으니까 그럴 수밖에 없다고 생각한다면, 《금강경》을 한 번 보도록 하자. 이 경전도 그 첫머리에서,

> 만약 보살에게 '나'란 상[我相], '사람'이란 상[人相], '중생'이란 상[衆生相], '수명의 주체'란 상[壽者相]이 있다면 보살이 아니기 때문이다.

라고 하고, 곧 이어서,

> 무릇 모든 표상은 모두가 허망한 것이니[凡所有相 皆是虛妄], 만약 모든

표상이 표상 아님을 본다면 곧 여래를 보리라[若見諸相非相 卽見如來].

라고 설명한다. 거두절미한 채 무아無我와 무상無相의 이치를 설명하고 있지 않은가? 경전의 목적이나 길이에 따라 정도와 방법의 차이일 뿐, 모두 같다고 말할 수 있다.

그렇기 때문에 우리가 불교를 전체적으로 이해하려면 이 원형적 불교가 어떤 과정을 거쳐 어떤 모습으로 변화했으며, 그 변화된 모습이 원형과는 어떤 관계에 있는지 파악해야 한다. 그런데 그 변화의 요지는 이 책의 '서장'에서 이미 간략히 밝힌 바 있다. 그 부분을 상기하기 바라면서, 여기에서는 부파불교의 내용을 좀 자세히 살펴 보는 것으로, 불교의 변화에 대한 설명을 시작하기로 하겠다.

제1절 부파불교

경전의 결집과 부파불교

북인도의 조그만 나라 까삘라왓투에서 태어나 세수 35세에 완전한 깨달음을 얻은 뒤 45년 동안 가르침을 펴신 붓다께서는 80세에 이르러 다음과 같은 말씀을 유훈으로 남기고 열반에 드셨다.[2]

• • • • • • • • • • • • •

2 DN 16 대반열반경에서의 말씀인데, 각묵 역 한글 DN 제2권 p.283 및 p.205에서 옮겼다.

아난다여, 내가 가고난 후에는 내가 그대들에게 가르치고 천명한 교법 [法]과 계율[律]이 그대들의 스승이 될 것이다. …

아난다여, 그러므로 여기서 그대들은 자신을 섬으로 삼고 자신을 귀의 처로 삼아 머물고, 남을 귀의처로 삼아 머물지 말라. 법을 섬으로 삼고 법 을 귀의처로 삼아 머물고, 다른 것을 귀의처로 삼아 머물지 말라.

이런 유훈이 없었더라도 제자들로서는 붓다께서 남기신 가르침을 수집하여 보존하는 것이 가장 시급한 일이었을 것이다. 그래서 붓다 의 맏제자였던 마하깟사빠Mahākassapa3는 붓다 입멸 직후 500명의 아라한을 마가다Magadha국의 수도 라자가하Rājagaha의 칠엽굴七葉窟 에 소집하여, 교법[法dhamma]과 계율[律vinaya]을 수집하였다. 이것 을 불교역사에서는 제1차 결집結集이라고 부른다.

그렇지만 이 때에는 결집했다고 해도 글로써 적어 보전했던 것은 아니다. 먼저 아난다가 교법을 암송暗誦하고, 우빠알리Upāli4가 계율 을 암송하면, 그것이 정확한 것인지에 대한 논의를 거쳐서 내용에 이 의가 없으면, 참석한 대중들이 함께 암송함으로써 불설佛說로서 확 정하였을 뿐이다. 이렇게 확정된 교법과 계율이 글로 옮겨져 각각 경 장經藏Suttapitaka과 율장律藏Vinayapitaka5으로 보존된 것은 훨씬 이후의

●●●●●●●●●●●●●●

3 한역명은 마하가섭摩訶迦葉. 붓다의 10대 제자 중 한 사람으로, 붓다로부터 두타頭 陀 제일이라는 평가를 받았고, 중국 선종의 제1조로 추앙된 분이다. 붓다 자신이 후계자로 지목했던 사리뿟따와 마하목갈라나는 붓다 재세시 이미 입멸하였다.
4 역시 붓다의 10대 제자 중 한 사람으로, 붓다로부터 계율을 지님[지율持律]에 있 어 제일이라는 평가를 받았으므로, 계율의 암송자가 되었다.
5 수행자의 계율 및 교단의 규칙 등을 집성한 것을 '율장'이라고 하고, 붓다께서 말

일인데, 그 시기는 대체로 서력기원전 4세기 내지 2세기 경이었던 것으로 추정한다.

이런 과정을 거쳐 만들어진 경장으로 오늘날 현존하는 것은, 남방에서 보존된 니까야와 북방에서 한역된 아함경의 두 종류가 있다. 그 중 니까야에는 《상윳따 니까야》, 《맛지마 니까야》, 《디가 니까야》, 《앙굿따라 니까야》, 《쿳다까 니까야》의 다섯 가지가 있고, 아함경에는 《잡아함경》, 《중아함경》, 《장아함경》, 《증일아함경》의 네 가지가 있음은 뒤의 부록에서 밝히는 것과 같다. 이들이 불교경전의 원형임은 두말할 필요가 없다.

붓다 입멸 직후에는 이렇게 수집된 교법과 계율에 대해 크게 이해를 달리 하는 일은 없었을 것이다. 그렇지만 세월이 경과함에 따라 교법과 계율에 대해 이해를 달리하는 일이 적지 않게 발생하였을 것임은 쉽게 짐작할 수 있다. 분열을 막기 위한 노력에도 불구하고 마침내 분열은 피할 수 없었다.

최초의 분열은 붓다 입멸로부터 약 100년이 지난 무렵 이루어졌다. 서인도의 장로 야사Yasa가 중인도의 도시 웨살리를 방문했다가, 왓지Vajjī족 출신 비구들이 10가지 사항(소위 십사十事)6을 합법적

· · · · · · · · · · · · ·

쏨하신 가르침 중 율장에 속하는 것을 제외한 것을 '경장'이라고 한다.

6 그 내용은, ① 원칙적으로 먹을 것을 다음 날까지 비축해서는 안 되지만, 부패하지 않은 식염은 비축하여 써도 된다[角鹽淨], ② 비구들은 정오까지 식사해야 하지만 해시계가 손가락 두 마디 정도 넘어갈 때까지는 먹어도 무방하다[二指淨], ③ 비구가 술을 마셔서는 안 되지만, 약용으로 마시는 것은 허용된다[治病淨]는 것 등 열 가지이다.

으로 시행하고 있는 것을 보고, 그것이 계율에 위반되는 것임을 지적하였다. 그러나 그것이 받아들여지지 않자 웨살리에서 700명의 아라한들을 소집하여 심사한 끝에, 십사는 계율에 위반되는 것임을 확인하였다.[7] 그러자 시대적 변화에 따라 교리와 계율을 신축적으로 이해하려는 왓지족 출신의 비구들은 별도의 모임을 갖고 십사를 합법으로 승인함으로써 공식적으로 교단의 분열이 이루어졌다. 이렇게 분열되어 나온 교단을 대중부大衆部Mahāsaṃghika라고 부르고, 이에 대해 전통적 입장을 고수한 기존 교단을 상좌부上座部Theravāda라고 부른다.

이렇게 근본根本분열한 교단은 그 후 교법과 계율의 해석을 둘러싸고 분열에 분열을 거듭하여, 불멸 후 400년 무렵에는 위의 근본 2부파를 포함하여 20여 부파로 지말支末분열하기에 이르는데,[8] 이 시

· · · · · · · · · · · · · ·

7 이 때 주로 율장을 중심으로 한 경전의 결집이 다시 이루어졌는데, 이를 제2차 결집이라고 부른다.

8 이 부파의 분열 과정을 설일체유부의 세우世友Vasumitra가 쓴 《이부종륜론異部宗輪論》에 의해 정리하면 다음과 같다. 대중부에서는 먼저 일설부一說部·설출세부說出世部·계윤부鷄胤部의 3부가, 다음 다문부多聞部가, 다음 설가부說假部가, 다음 제다산부制多山部·서산주부西山住部·북산주부北山住部가 각각 분파되어 나와 본말 9부파로 되었다. 상좌부에서는 처음 설일체유부說一切有部, 다음 설일체유부에서 독자부犢子部가, 다시 독자부에서 법상부法上部·현주부賢冑部·정량부正量部·밀림산주부密林山住部의 4부가, 다음 설일체유부에서 화지부化地部가, 다시 화지부에서 법장부法藏部가, 다음 설일체유부에서 음광부飮光部가, 끝으로 설일체유부에서 경량부經量部가 분파되어 나와 본말 11부파로 되었다(다만 남방 상좌부에서의 설명은 이와 다소 다르다). 이 불교 부파 중에서는 원 상좌부와 원 대중부, 그리고 상좌부에서 지말분열한 설일체유부와 정량부의 4개 부파가 후대에 이르기까지 비교적 강한 세력을 유지하고 있었다고 한다. 그러나 오늘날까지 큰 영향을 미치고 있는 것은, 아직도 부파로서의 전통을 유지하고 있는 상좌부, 부파 자체는 소멸하였

기의 불교를 부파部派불교라고 부른다.

부파불교 시대의 각 부파는 전승되어 온 경장을 기준으로 교법을 탐구하여 체계적인 이론을 정립하는 작업을 수행하였다. 그런 체계화의 필요가 있었던 것은, 원래 붓다의 설법은 가르침을 받는 사람에게 필요한 것을 그때 그때 제공하는 방식이었고, 전체적으로 체계화된 이론을 마련해서 한 것은 아니었기 때문이다.[9] 이 말은 붓다의 설법에 이론적 체계가 결여되어 있었다는 것을 뜻하는 것은 아니다. 붓다께서 설법하실 때에는 항상 이치를 갖추어 말씀하셨던 것은 잘 알려진 일이다. 그렇지만 그 이치는 어디까지나 실천, 즉 수행을 위한 원리로서 가르침을 받는 사람이 먼저 이해해야 할 바를 제시한 것이므로, 전체적인 체계를 갖추는 것은 별도의 작업이 필요한 것이었다. 그래서 만년에는 붓다께서도 친히 교법을 체계화하는 일에 상당히 신경을 쓰신 것으로 알려져 있다.

이런 필요에 따라 각 부파에 의해 체계화된 불교이론의 연구성과를 논장論藏abhidhammapitaka이라고 하는데, 이 논장이 기존의 경장·율장과 함께 삼장三藏을 구성한다. 이 삼장의 정립은 부파불교의 가장 큰 업적이다. 그래서 이 시대의 불교를 특히 아비달마abhidharma불교라고도 부르는데, 아비달마란 '법[dharma]에 대한[abhi]' 연구[대법對法]라는 뜻[10]이다.

지만 부파의 이론을 통해 영향을 미치고 있는 설일체유부와 경량부 정도이다.

9 그래서 붓다의 설법방식을 보통 '대기對機설법'이라고 부르는데, 병에 맞추어 약을 준다고 하는 '응병여약應病與藥'이라는 말로 비유한다.

10 다만 상좌부 계통에서는 '아비abhi'를 '수승殊勝하다'는 뜻으로 이해하여, 아비달마를 '수승한 법'이라고도 풀이한다. '아비달마'는 범어 '아비다르마abhidharma'와

이 아비달마의 교학은 대단히 복잡하고 난해하지만, 그 요점은 붓다께서 가르치신 사성제를 체계적으로 설명하는 것에 있다. 그런데 이 작업을 대부분의 부파는, 우리의 인식대상이 되는 기본적인 현상들[諸法]을 체계적으로 분류하는 것－이를 '제법諸法분류'라고 한다－에서 시작하였다. 그런데 이 제법분류는 모든 불교이론의 기본이 되는 것이기도 하고, 뒤에서 보는 것처럼 대승불교의 비판의 대상이 되기도 한 것이었으므로, 여기에서 좀 더 자세히 살펴보도록 하겠다.

제법분류

앞에서 자세히 설명한 것처럼 이 세상의 모든 현상[法]은 연기의 이치에 따라 수많은 조건들의 화합에 의해 일어나고, 일어나자마자 또 다른 무수한 조건들의 영향을 받아 변화하며, 그 다음 순간에도 지속적으로 변화하는 것이므로, 결코 자기동일성을 가진 '존재'란 있을 수 없다. 따라서 이와 같이 연기하고 있는 현상들의 실제 모습을 그대로 본다면, 이것을 고정된 현상으로 포착하여 규정하는 것은 사실상 불가능한 일이다. 왜냐하면 그것들은 순간적인 것이어서, 파악하려는 순간 이미 변화하여 소멸해 버리기 때문이다.

그러나 그렇다고 해서 그런 현상들에 대한 규정을 포기한다면, 현상들의 상호관계를 파악해서 불교의 체계를 세우는 일도 성취될 수

· · · · · · · · · · · · ·

빠알리어 '아비담마abhidhamma'의 한역어 '阿毘達磨'를 음으로 옮긴 것인데, 우리나라에서는 이 세 가지 명칭이 다 사용되고 있다.

없고, 모든 현상의 실제 모습을 있는 그대로 알고 보게 함으로써 사람들을 깨달음의 세계로 이끌려고 하는 불교의 목적도 달성하기 어렵다. 왜냐하면 모든 현상의 실제 모습을 알고 보는 것은, 우리의 기존 관념이 개입하기 전 실제로 일어나고 사라지는 현상을 관찰하는 수행을 통해서만 가능하지, 기존 관념이 이미 개입된 관습상의 명칭이나 개념을 관찰하는 방법을 통해서는 가능하지 않을 것이기 때문이다. 그래서 이와 같이 모든 것이 끊임없이 연기하는 법계에서 실제로 일어나고 사라지는, 기본 현상들을 포착하여 그 성격을 규정하고, 그 현상들 상호간의 관계를 파악하려는 노력을 시도하지 않을 수 없다. 이런 노력의 성과가 앞서 말한 제법분류이다.

따라서 부파시대의 각 부파에서는 먼저 실제로 일어나고 사라지는 기본적 현상들을 추출하고, 이와 대비하여 이런 조건적 발생이라는 제약에서 벗어난 법이 있는지 여부를 탐구해서 제법분류의 체계를 정립하였다. 이런 체계 중에서 전자는 유위법有爲法이라고 부르고, 후자는 무위법無爲法이라고 부른다.

유위법은 근본적으로는 연기의 이치에 따라 조건적으로 발생한 현상을 가리키는 개념이다. 그런데 이와 같이 조건적으로 발생한 현상은 연기의 이치에 따라 일어났다가 변화하고 소멸하는 것이다. 이와 같이 연기의 이치에 따라 발생한 현상은 그것이 전혀 없었던 것은 아니지만[비무非無], 그렇다고 해서 이를 그대로 포착하려고 하면 이미 다른 것으로 변화하고 소멸해 버리므로, 포착하려던 순간의 모습 그대로 포착될 수 없는 것[비유非有]이다. 그래서 이처럼 있는 것도 아니지만 그렇다고 해서 없는 것도 아닌, 즉 비유비무非有非無가 모든 현상의 실제 모습이라고 함은 앞의 집성제에서 이미 밝혔다.

이와 같은 성격의 유위법은 그 있음[有]의 측면을 부각시키면 실제와는 같지 않은 모습이 될 수밖에 없다. 말하자면 이것은 있는 그대로가 아닌, 어느 정도 인위人爲가 가해진 것이다. 이런 인위는 실상에 무지한 무명에 기인한 것은 아니라고 하더라도, 무명 때문에 실제 모습을 있는 그대로 보지 못하여 '존재'로서 '형성[行]saṅkhāra'한 것과 외형상 유사한 것이 된다. 앞서 인용한 경전에서 형성을, '유위有爲saṅkhata를 만든다'라고 표현했는데, 유위법이란 이와 같이 조건에 의해 형성되어 변화하고 소멸할 수밖에 없는 현상을, 그 실제 모습을 무시하고 인위를 가해 고정적인 현상으로 만든 것이라는 의미도 갖는다.

이렇게 보면 제법분류에서는 무위법을, 연기라는 조건적 발생의 제약, 즉 생멸生滅의 제약에서 벗어난 법을 가리키는 것이라고 정의하지만, 다른 한편으로는 연기적 실상에 유위를 가하지 않은, 있는 그대로의 진실을 가리키는 의미도 있다고 함은 앞의 집성제에서 이미 보았다. 이런 복합적인 의미는 각 부파가 체계화한 제법분류에도 영향을 미친다.

여기에서는 부파불교 시대의 가장 대표적인 분류법이라고 할 수 있는 설일체유부의 '5위五位 75법'을 중심으로, 제법분류를 간략히 살펴보겠다.[11]

. . . .

11 이에 대한 설명은 세친의 《구사론》 제1~5권에 의한 것이다. 대략의 윤곽을 알리기 위한 것이므로, 자세한 설명을 피하고 개념의 요지만을 제시하니, 개별적인 의미까지 파악하는 것은 다음 기회로 미루기를 권한다. 좀 더 자세한 설명이 필요하다면, 권오민 저 『아비달마불교』(2003년 민족사)를 참조하라.

이 부파는 제법을 우선 유위법(72법)과 무위법(3법)의 둘로 나눈다. 그리고 유위법을 다시 물질적 현상인 색법色法(11법)과 비물질적 현상으로 나눈 다음 후자를, 다시 ① 정신적 현상인 심법心法(심왕법心王法이라고도 함. 1법), ② 이 심법과 상응相應하는 심소법心所法(심소유법心所有法이라고도 함. 46법)[12] 및 ③ 심법과 상응하지 않는 심불상응행법心不相應行法(14법)으로 나눈다. 따라서 제법은 (1) 11색법, (2) 1심법, (3) 46심소법, (4) 14심불상응행법, (5) 3무위법이라는 다섯 가지 범주(=5위)의 75법으로 분류된다.

이들 중 (1) 색법은 그 성격에 따라 안·이·비·설·신의 오근五根과 색·성·향·미·촉의 오경五境에, 무표색無表色[13] 한 가지를 더하여 11가지가 된다.

다음 (2) 심법이란 인식대상에 대한 총체적 인식을 가리키는 것으로서, 오온 중의 식온을 가리키는 것이다.

다음 (3) 심법과 함께 작용하는 개별적 심리작용들을 가리키는 심소법은 크게 여섯 종류로 나뉜다.

첫째 선善이거나 불선不善이거나 무기無記[14]이거나를 불문하고 일

⋯⋯⋯⋯⋯

12 '상응'은 ① 서로 대응된다는 뜻 외에, ② 서로 대등한 관계에서 함께 작용한다는 뜻을 갖는다. 심소법은 심법과 대등한 관계에서 함께 작용하는 개별적 심리작용을 가리키는 것으로서, '심상응행법'이라고도 부른다.

13 설일체유부에서는 5근과 5경에 의지한 행위가 일어나는 순간, 겉으로 드러나지 않는 또 다른 모습의 색법을 낳아, 이것이 잠재하고 있다가 다른 조건이 성숙됨을 기다려 과보를 초래한다고 하는데, 전자(=5근과 5경)를 겉으로 드러난 색법이라고 하여 표색表色이라고 하고, 후자(=표색에 의해 일어나는 또 다른 색법)를 무표색無表色이라고 한다. 이 후자는 5근과 5경에 포함되지 않고 의근意根의 인식대상이 되므로, 법처에 포함되는 색법[법처소섭색法處所攝色]이라고 한다.

체 마음에서 언제나 함께 일어나는 심리작용인 '대지법大地法'15에는 감각접촉[觸], 작의作意, 느낌[受], 지각[想], 생각[思], 욕구[欲], 승해勝解, 알아차림[念], 집중[定], 지혜[慧]의 열 가지가 있다.16

둘째 선한 마음에서만 두루 함께 일어나는 심리작용인 '대선지법大善地法'에는 믿음[信], 불방일不放逸, 경안輕安, 평정[捨], 참慚, 괴愧, 무탐無貪, 무진無瞋, 불해不害, 정진[勤]의 열 가지가 있다.17

• • • • • • • • • • • • • •

14 불교에서는 괴로움이 소멸된 열반(=승의선勝義善)과 이런 열반의 실현에 유익한 것을 선으로 삼는데, 후자에는 그 자체의 성품이 선(=자성선自性善)인 3선근善根(=무탐無貪·무진無瞋·무치無癡)과 참慚·괴愧, 이러 선법과 상응하여 일어나는 심·심소법(=상응선相應善), 이런 선법들에 의해 일어나는 행위(=등기선等起善) 등이 있고, 불선은 이와 상반되는 것을 말한다. 그러므로 불선에는 생사(=승의불선), 3불선근(=탐·진·치)과 무참·무괴(=자성불선) 및 상응불선, 등기불선 등이 포함된다. 그리고 이와 같은 선이나 불선이라고 결정할 수 없는 중성적인 성품을 무기라고 하는데, 이것에는 번뇌와 상응하여 성도聖道를 장애하는 유부有覆무기와, 번뇌와 상응하지 않으므로 성도를 장애하지 않는 무부無覆무기의 두 가지가 있다고 설명된다.

15 '대'는 언제나 함께 작용한다는 뜻이고, '지'는 활동영역의 뜻이니, 여기에서는 심소의 활동영역인 심왕을 가리킨다. 따라서 '대지법'이란 언제나 심왕과 함께 작용하는 법이라는 뜻이다. 뒤에 나오는 대선지법 등의 명칭도 같은 방식으로 이해할 수 있으니, '대선지법'은 선한 마음과 언제나 함께 작용한다는 뜻이고, '대불선지법'은 불선한 마음과 언제나 함께 작용한다는 뜻이며, '대번뇌지법'은 번뇌 등에 오염된 마음과 언제나 함께 작용한다는 뜻이다.

16 따라서 설일체유부(줄여서 '유부'라고도 한다)에서는, 어떤 마음이 일어났다면 반드시 이 열 가지 심소법이 함께 일어났다고 본다. 그러나 상좌부에서는 이 열 가지 중 접촉, 작의, 느낌, 지각, 생각, 집중의 여섯 가지(여기에 정신적인 명근 한 가지를 더한 일곱 가지)만을 언제나 함께 작용하는 심소법이라고 보고, 대승의 유식에서는 앞의 다섯 가지만이 언제나 함께 작용하는 심소법(=변행遍行심소)이라고 본다. 이 중 '작의'는 인식대상에 대한 주의 내지 관심을 일으키는 심리작용이고, '승해'는 인식대상을 인정해서 결정하는 심리작용이다.

셋째 불선한 마음에서만 두루 함께 일어나는 심리작용인 '대불선지법大不善地法'에는 무참無慚과 무괴無愧의 두 가지가 있다.

넷째 염오한 마음[染汚心]18에서 두루 함께 일어나는 심리작용인 '대번뇌지법大煩惱地法'에는 어리석음[癡], 방일, 해태懈怠, 불신不信, 혼침惛沈, 들뜸[掉擧]의 여섯 가지가 있다.

다섯째 일부 염오한 마음에서 각각 따로 일어나는 심리작용인 '소번뇌지법小煩惱地法'19에는 분노[忿], 덮음[覆], 인색[慳], 질투[嫉], 고뇌[惱], 해침[害], 원한[恨], 아첨[諂], 속임[誑], 교만[憍]의 열 가지가 있다.20

여섯째 선·불선·무기의 어떤 마음과도 함께 일어날 수 있는 심리작용인 '부정지법不定地法'에는 사유[尋], 숙고[伺], 수면睡眠, 후회[惡作], 탐욕[貪], 성냄[瞋], 거만[慢], 의심[疑]의 여덟 가지가 있다.

(4) 다음 심불상응행법은 색법이 아니고, 그렇다고 심법과 함께 작용하는 심리작용도 아니면서, 유위를 형성하는 법을 가리키는데, 이것에 속하는 것으로는 득得·비득非得,21 동분同分,22 명근命根,23 무상

• • • • • • • • • • • • • •

17 '참'·'괴' 두 가지 심리작용의 성격을 이해하는 것에는 많은 논란이 있어, 의견이 일치되지 않는다. 《잡아함경》(=제26권의 제679 광설학력경廣說學力經 및 제691 광설칠력경廣說七力經)에서는 참은 (자신에 대해) 수치스러워하는 것이고, 괴는 (남에 대해) 부끄러워하는 것이라고 설명한다. 뒤에 나오는 무참과 무괴는 그 반대의 심리작용이다. 그리고 '경안'은 몸과 마음이 가볍고 편안해서 선법을 감당하는 심리작용이고, 나머지는 용어의 문자적인 뜻과 같은 심리작용들이다.
18 번뇌의 성품인 불선과 유부무기를 합쳐 '염오'라고 한다.
19 이것들은 각각 별도로 일어나고, 다른 소번뇌지법과는 함께 일어나지 않는 특성을 갖는다.
20 이들 중 '덮음'은 자신의 허물을 은폐하는 심리작용이고, 나머지는 문자적인 뜻과 같은 심리작용들이다.

과無想果·무상정無想定·멸진정滅盡定,24 생生·주住·이異·멸滅,25 명신名身·구신句身·문신文身26의 14가지를 든다.

한편 (5) 무위법으로는 허공·택멸擇滅·비택멸非擇滅의 세 가지를 든다. 그 중 허공은 공간적 점유성을 갖는 물질의 운동을 가능하게 하는 절대 공간을 가리킨다. 다음 택멸이란 법을 간택擇하는 지혜에 의해 획득된 소멸[滅]이라는 뜻으로서, 열반을 가리키는 것이다. 비택멸이란 법의 간택이 아니라[非擇], 조건의 결여에 의해 저절로 획득된 소멸[滅]도 생멸의 제약에서 벗어난 무위법의 하나라는 것이다. 따라서 이것은 조건의 결여에 의해 획득된 소멸이라기 보다는, 조건의 결여에 의해 생길 수 없게 된 법이라고 말하는 편이 알기 쉽고, 그런 뜻에서 연결불생법緣缺不生法이라고 표현하기도 한다.

• • • • • • • • • • • • •

21 중생들로 하여금 어떤 법을 얻게 하고, 얻지 못하게 하는 힘을 말한다. 예컨대 범부와 성자는 번뇌 없는 법의 득·비득에 의하여 차별된다는 등과 같다.

22 중생들을 같은 부류끼리 서로 같게 하는 상사성을 말한다. 예컨대 인간은 인간으로서의 동분, 축생은 축생으로서의 동분이 있어, 다른 부류와 차별되는 등이다.

23 중생들로 하여금 일생 동안 생존을 가능케 하는 수명을 말한다.

24 마음과 마음의 작용을 일시적으로 소멸케 하는 힘을 말하는 것으로서, 멸진정은 성자가 비상비비상처에서 닦는 선정, 무상정은 범부가 색계 제4선에서 닦는 선정이고, 무상과는 후자의 과보로서 무상천無想天에서 태어나 얻는 것이다.

25 연기하는 현상에 인위를 가해 유위법으로 만들면, 그 유위법은 필연적으로 생겨나고[生], 머물면서[住], 달라지며[異], 소멸하는[滅] 네 가지 양상을 갖게 되는데, 이와 같은 유위법의 네 가지 양상, 즉 사상四相을 말한다.

26 말의 의미를 드러나게 하는 힘을 말하는 것으로, 명신은 명칭(=단어), 구신은 문구(=구절), 문신은 단위 음소 내지 글자를 말한다.

[표9] 제법의 분류

상좌부	설일체유부	대승 유식
[색법:28] ① 구체적인 물질[18] 지·수·화·풍계, 안·이·비·설·신근, 색·성·향·미경, 여성·남성, 심장토대, (물질의)명근, 영양소 ② 추상적인 물질[10] 空界, 몸·말의 암시, 물질의 가벼움·부드러움 ·적합함, 생·주·이·멸	[색법:11] 안·이·비·설·신근, 색·성·향·미·촉경, 무표색	[색법:11] 안·이·비·설·신근, 색·성·향·미·촉경, 법처소섭색
[심법:1] 마음	[심법:1] 마음	[심법:8] 6식, 말나식, 아뢰야식
[심소법:52] ① 觸·작의·受·想·思·定· 명근 ② 欲·尋·伺·승해·勤·희 열 ③ 癡·무참·무괴·들뜸 ④ 貪·瞋·慢·疑·邪見· 嫉·慳·후회·해태·혼침 ⑤ 信·念·慚·愧·無貪·無 瞋·捨, 몸·마음의 경안, 몸·마음의 가벼움, 몸·마음의 부드러움, 몸·마음의 적합함, 몸·마음의 능숙함, 몸·마음의 올곧음 ⑥ 正語·正業·正命, 연민·기뻐함·慧	[심소법:46] ① 觸·작의·受·想·思· 欲·승해·念·定·慧 ② 信·불방일·경안·捨 ·慚·愧·無貪·無瞋·不 害·勤 ③ 무참·무괴 ④ 癡· 방일·해태·불 신·혼침·들뜸 ⑤ 忿·覆·慳·嫉·惱· 害·恨·諂·誑·憍 ⑥ 貪·瞋·慢·疑·수면 ·후회·尋·伺	[심소법:51] ① 觸·작의·受·想·思 ② 欲·승해·念·定·慧 ③ 信·불방일·경안·捨 ·慚·愧·無貪·無瞋·無 癡·不害·勤 ④ 貪·瞋·癡·慢·疑, 惡見 ⑤ 忿·覆·慳·嫉·惱·害 ·恨·諂·誑·憍, 무참·무괴, 혼침·들뜸 불신·해태·방일·失念· 산란·不正知, ⑥ 후회·수면·尋·伺
[무위법:1] 열반	[불상응행법:14] 득·비득, 동분, 명근, 무상정·멸진정·무상 과, 명신·구신·문신, 생·주·이·멸	[불상응행법:24] 득, 명근, 衆同分, 異生 性, 무상정·멸진정·무 상과, 명신·구신·문신, 생·주·이·멸, 流轉, 定異, 상응, 勢速, 次第, 方·時·數, 화합성·불화합성
	[무위법:3] 허공, 택멸, 비택멸	[무위법:6] 허공, 택멸, 비택멸, 不動, 想受滅, 진여

이상이 설일체유부에서 분류한 5위 75법인데, 상좌부나 대승의 유식이론에서의 분류는 이와 다르다. 상좌부에서는 심불상응행법은 인정치 않고, 색법 28가지, 심법 1가지와 심소법 52가지에, 무위법으로는 열반 1가지만 인정하여, 모두 네 가지 종류의 82가지 법으로 분류하고,27 유식이론에서는 다섯 가지 범주로 나누는 것은 같지만, 포함하는 법의 내용이 달라져 제법을 5위 100법으로 분류한다.28

이상의 세 가지 분류가 현재의 불교이론에 남아 있는 가장 중요한 분류법인데, 번거로움을 피하여 자세한 설명은 생략하고, 각각에 소속된 법의 명칭만을 앞 면의 도표에 요약해 두었다.29

제법의 실재성

그런데 여기에서 가장 중요한 의미를 갖는 것은, 설일체유부에서 이 75법을 '승의제勝義諦paramatthasacca'30라고 해서, 궁극적으로 실

• • • • • • • • • • • • • •

27 대림·각묵 공역『아비담마 길라잡이』상권 p.46. 상좌부는 도표에서 보는 것처럼 설일체유부에서 불상응행법으로 분류한 법의 상당수를 색법과 심소법에 소속시키고 있다.

28 졸역『주석 성유식론』p.221 이하 참조.

29 하나의 표 안에 모두 수용하기 위하여 단어가 짧은 한역어를 사용하면서, 의미를 이해하기 어려운 것은 한자로 썼다.『아비담마 길라잡이』에서 상좌부의 용어는 우리말로 번역된 용어를 사용하고 있으므로 이를 그대로 옮겼지만, 유부나 유식과 같은 뜻의 법인 경우에는 그에 해당하는 한역어로 바꾸어 실었다.

30 이는 최고라는 뜻의 '빠라마parama'와 이치라는 뜻의 '앗타attha', 그리고 진리라는 뜻의 '삿짜sacca'의 합성어이다. 따라서 이는 승의(=최고의 이치 내지 뛰어난 이치)의 진리라는 뜻이고, 뒤에 나오는 세속제는 세속의 진리라는 뜻이 된다. 한

재하는 것으로 본다는 점이다. 다시 말해서 이 법들은 진실로 있는 것[眞實有]으로서, 더 이상 분해될 수 없는 현상의 궁극적 단위라는 것이다. 이것은 대승불교에서 매우 중시하고 있는 관점이므로, 《구사론》31의 설명을 인용하여 그 의미를 좀 더 자세히 살펴 본다.

만약 어떤 사물[物]에 대한 지각이 그것이 파괴될 때 곧 없어진다면 그 사물은 세속제世俗諦라고 이름하니, 마치 항아리가 깨어져 조각이 되면 항아리라는 지각은 곧 없어지는 것과 같다. 옷 따위도 역시 그렇다. 또 어떤 사물이 지혜로 분석되어 제거될 때 그것에 대한 지각이 곧 없어진다면 역시 세속인 것이니, 마치 물[水]이 지혜로써 물질[色] 등으로 분석될 때 물이라는 지각은 곧 없어지는 것과 같다. 불 따위도 역시 그렇다.

즉 그 사물이 아직 파괴되거나 분석되지 않았을 때 세속의 지각과 명칭[世想名]으로써 시설하여 '그것'이라고 하는 것이니, 시설하여 있는 것[施設有]이기 때문에 세속이라고 이름하는 것이다. 세속의 이치[世俗理]에 의거하여 항아리 따위가 있다고 말할 경우, 이것이 진실이고 허위가 아니라면 세속제라고 이름하는 것이다.

만약 사물이 이와 다르다면 승의제라고 이름한다. 말하자면 그 사물에 대한 지각은 그것이 파괴되더라도 없어지지 않고, 그리고 지혜로써 다른 것으로 분석되더라도 그것에 대한 지각이 그대로 있다면, 그 사물은 승의제하고 이름한다. 마치 물질[色] 등의 사물은 부서져 극미極微32에 이르거

자 '諦'에는 이치, 도리, 진리라는 의미가 있는데, 불교에서 이런 뜻으로 사용될 때는 '체'가 아니라 '제'라고 읽는다.
31 제22권(대정신수대장경 제29책 p.116 중단 이하).
32 물질을 분석해 더 이상 분해할 수 없을 때까지 분할하여 이른 물질의 최소 단위

나, 혹은 수승한 지혜로써 맛[味] 따위로 분석되어 제거된다고 하더라도 그것에 대한 지각은 항상 있는 것이다. 느낌[受] 따위도 역시 그렇다. 이것들은 진실로 있는 것[眞實有]이기 때문에 승의라고 이름하는 것이다. 뛰어난 뜻의 이치[勝義理]에 의거하여 물질 등이 있다고 말할 경우, 이것이 진실이고 허위가 아니라면 승의제라고 이름하는 것이다.

그러므로 이 법들은 그 자신만의 고유한 성질, 곧 자성自性sabhāva을 가지며, 모든 현상들이 이루어지는 원인과 조건이 된다고 한다. 그리고 이와 같은 승의제가 아닌 것은 모두 세속의 관념이나 관습에 의한 세속제世俗諦samuttisacca로서, 실재하는 것이 아니라는 것이다.

이런 시각은 상좌부에서 그들의 82법을 보는 시각도 마찬가지이다.33 부파들 사이에 실재하는 것으로 보는 법의 내용은 서로 다르지만, 자신들이 분류한 법의 실재성을 인정하는 것은 대부분의 부파가 마찬가지이다.

한편 여기에서 더 나아가 설일체유부에서는 특이하게, 현재의 법의 실재성 뿐만 아니라 과거와 미래의 법의 실재성까지 인정한다. 그 근거로는 크게 두 가지를 든다. 첫째 대상이 있기 때문이라고 한다. 즉 인식[識]은 내적 인식기반[根]과 외적 인식대상[境]을 조건으로 하여 생기는 것이라 함이 불교의 근본원리인데, 우리가 과거와 미래의 법을 인식할 수 있다는 것은 그 대상인 과거와 미래의 법이 실재하기 때문이라는 것이다. 둘째 결과가 있기 때문이라고 한다. 업이라

를 말한다.
33 앞에 나온 『아비담마 길라잡이』 상권 pp.46–47 참조.

는 원인이 있음으로 말미암아 과보라는 결과가 있다는 것 역시 불교의 근본원리인데, 결과로서 현재의 과보가 있다는 것은 과거의 원인이 있다는 것을 의미하고, 현재에 원인되는 업을 짓는다는 것은 미래의 과보도 지금 있다는 것을 의미한다는 것이다. 그러므로 현재의 법뿐만 아니라, 과거와 미래의 법도 실재한다는 것이다.[34] 그래서 이 부파를 과거·현재·미래 삼세三世의 일체법이 실제로 있다[실유實有]고 설說하는 부파라고 해서, '설일체유부說一切有部'라고 이름하였다.

그렇다면 부파불교에서는 불교의 근본이라 할 연기의 이치를 부정하는 것인가? 왜냐하면 앞에서도 언급한 것처럼 이와 같은 법의 실재성을 부각하면, 연기적 현상의 실제 모습과는 괴리될 수밖에 없기 때문이다. 대승불교에서 주된 비판의 대상으로 삼은 것도 바로 이 관점이었다.

그렇지만 부파불교에서는 법의 찰나생멸론이 연기의 이치에서 이탈하는 것을 방지한다고 이해한다. 다시 말하면 위와 같이 법은 실재하지만, 생기하였다가 다음 찰나에 소멸하고, 다시 조건과 화합하여 새로운 법이 생기하는 것이므로, 연기의 이치에서 벗어나지 않고, 그러면서도 다음 찰나의 법은 앞 찰나의 법을 상속한 것이므로, 업의 이치, 나아가 불교의 근본원리에도 어긋나지 않는다는 것이다. 이 점

•••••••••••••

34 이 부파의 이와 같은 입장을 흔히 '삼세실유三世實有 법체항유法體恒有'라는 슬로건으로 표현한다. 그런데 현실의 세계에서 삼세의 차이가 경험되는 이유에 대해서는 여러 가지 주장이 있다. 그 중 가장 유력한 것은 삼세의 법이 각각 작용하는 상태가 다르기 때문이라고 보는 견해이다. 즉 과거는 법이 작용을 마친 상태, 현재는 법이 작용하고 있는 상태, 미래는 법이 아직 작용하지 않고 있는 상태에 있기 때문이라는 것이다.

에 대하여는 뒤에서 다시 또 살펴보게 될 것이다.

아무튼 이 시기의 불교는 큰 틀로 볼 때 붓다께서 가르치신 가르침을 대체로 따르고 있었다고 말할 수 있다. 불교의 원형에서 크게 벗어나지 않았다는 뜻에서 원형적인 모습의 시대라고 말할 수 있다.

제2절 대승불교

대승불교의 발생

이와 같이 붓다의 가르침을 체계화한 부파불교의 중심 세력은 비구, 즉 출가 수행자의 집단이었다. 이들은 국왕이나 귀족 등 사회지배계층의 재정적 지원 아래 세속을 떠난 승원僧園에서 승단僧團을 이루어 수행과 연구에 전념함으로써 불교이론의 체계화에 성공할 수 있었다.

그런데 이들이 이런 일에 매진하고 있을 무렵, 불교 역사에서 가장 큰 변화를 가져온 새로운 움직임이 싹트고 있었으니, 그것이 바로 대승불교운동이다. 대승불교란 그 명칭처럼 깨달음으로 가는 수레에 많은 대중을 실어 나르는 것이 붓다의 진정한 뜻임을 표방하는 불교이다. 붓다께서 중생들을 제도할 능력을 갖춘 제자들이 배출되자마자 그 제자들에게 하신 다음과 같은 전법傳法선언35은 대승이 붓다의

••••••••••••••
35 SN 4:5 올가미경[Pāsa sutta]② 및 이와 상응하는 《잡아함경》(제39권) 제1096

진정한 뜻이라고 표방할 만한 근거가 되기에 충분해 보인다.

> 비구들이여, 나는 사람과 천신의 모든 올가미에서 벗어났고, 그대들도 또한 사람과 천신의 모든 올가미에서 벗어났다.
>
> 비구들이여, 많은 사람의 이익을 위하고 많은 사람의 행복을 위하며, 세상을 연민하고 천신과 인간의 이상·이익·행복을 위해 유행遊行을 떠나라. 둘이서 같은 길을 가지 말고 하나하나씩 가라.
>
> 비구들이여, 법을 설하라. 처음도 훌륭하고 중간도 훌륭하며 끝도 훌륭하고, 뜻과 표현을 구족한 법을 설하여, 더할 나위 없이 완벽하고 청정한 범행을 드러내어라. …
>
> 비구들이여, 나도 우루웰라에 있는 장군촌으로 법을 설하러 갈 것이다.

그래서 대승불교는 대중의 교화와 인도, 즉 이타利他를 외면하거나 등한시하고, 개인적 해탈이라는 자리自利만을 추구하는 것은 붓다의 가르침에서 벗어난 것이라고 본다. 따라서 수행자의 최고의 가치는 이타에 놓여져서, 자신의 수행은 효과적인 이타를 위한 수단이고, 이타행은 자리행의 완성에 필수불가결한 요소라고 본다. 이와 같은 이념은 더할 나위 없이 훌륭한 것이어서, 그 방법과 수단이 이치에 어긋나지 않는 한 흠잡을 수도 없고 비난할 수도 없는 것이다.

이 대승불교운동이 언제 시작되었는지 알 수 있는 직접적인 기록은 없다. 다만 이 운동의 주창자들은 이것이 불교의 진정한 뜻임을

승삭경繩索經에서의 선언이다. 인용문은 각묵 역 한글 SN 제1권 pp.407-408의 것을 약간 수정하여 옮긴 것이다.

역설하는 경전을 왕성하게 편찬해 내었으므로, 그런 경전의 편찬과 번역시기를 통하여 그 출현시기를 추정할 수 있을 뿐인데, 대략 기원 전 1세기 무렵일 것으로 본다.[36]

그렇다면 이 대승불교운동이 일어난 원인은 무엇이었을까? 여러 가지 양상으로 전개된 운동의 성격으로 미루어 그 원인을 단순하게 보기는 어렵다. 이 운동이 표방했던 명분을 감안하면, 기존 불교가 대중의 교화와 인도에 소홀했던 점에 그 주된 원인이 있었던 것은 분명해 보인다. 이것은 몇 백 년 동안 계속되어 온 교리화와 분파화의 피할 수 없는 결과였는지 모른다. 기존 출가비구들의 교단은 지배계 급의 비호와 지원 아래 민중과 유리된 승원에 안주하면서 수행과 교 리 연구, 다른 부파와의 교리 논쟁에 몰두했었다는 것이다.

이렇게 진행된 불교의 교리화는 그렇지 않아도 쉽게 실천하기 어 려운 불교를, 이해하기조차 어렵게 만드는 결과를 초래했다는 것은 부정하기 어려운 사실이다. 이런 사실이 민중들을 교화 인도하는 것 에 최우선의 가치를 두어야 하고, 그러기 위해 불교를 민중들이 쉽게 접근할 수 있도록 변화시켜야 한다는 자각과 비판을 불러일으켰다 는 것이다.

현실적으로는 때마침 일고 있던 비불교적인 문화적 분위기의 확 산이 이런 자각과 비판에 큰 자극제로 작용했을 것이다. 즉 비슈누 Viṣṇu신의 은총에 의해 신과의 합일合一을 이루어 해탈할 수 있음을

....
36 늦어도 1세기 뒤로는 가지 않고, 빨라도 기원전 1세기 앞으로는 가지 않는 것으 로 본다고 함은 '서장'에서 밝힌 바 있다.

표방한 비슈누교 운동이 그 무렵 중인도에서 크게 성공을 거두는 등 바라문교의 토착문화 수용을 통한 대중화운동37이 활발하게 진행되고 있었고, 베다 시대 이래 인도사회에 고유한 토착적 기도문화나 그 무렵 서북인도를 통치하던 그리스인들에 의한 신에 대한 예배문화38 등도 확산되고 있었다고 한다. 이런 분위기는 불교계의 위기의식을 불러 일으키기에 충분한 것이었다. 세속의 민중들은 극단적인 금욕과 엄격한 수행 및 난해한 교리의 가르침보다는, 절대자에게 의지하고 그 은총에 의해 구원받는 길을 선호하는 경향이 있기 때문이다.

한편으로는 깨달음을 성취하는 일을 점점 이루기 어렵게 되었다는 사실이 무엇보다도 크게 작용하였을지 모른다는 생각이 들기도 한다. 붓다 재세시에는 스승도 뛰어나고 제자들도 그 근기가 뛰어나서, 열반을 실현한 아라한만 해도 적어도 수천 명은 되었던 것이 경전의 기록상 분명하다. 그렇지만 뛰어난 스승이 입멸한 지 수백 년이 지나고, 불교를 따르는 수행자들의 근기도 뒤떨어져서, 깨달음을 성취하는 수행자의 수가 점점 줄어들었을 것임은 어렵지 않게 짐작할 수 있다. 이런 사정에 앞서 본 갖가지 원인들이 복합적으로 작용하여 변화가 촉발되었으리라는 것이다. 만약 붓다 재세시처럼 깨달음을 성취하는 것이 어렵지 않았다면, 웬만한 사정으로는 변화의 움직임

• • • • • • • • • • • • •

37 에띠엔 라모뜨 저, 호진 역『인도불교사Ⅰ』pp.760−771(2006년 시공사) 참조. 이것은 기존의 바라문교가 토착문화를 흡수하여 대중화함으로써 힌두교로 변모하는 움직임의 시작이다. 이 힌두교의 대중화노력은 대승불교의 발생뿐만 아니라 그 전개에도 지속적으로 영향을 미치다가 마침내 인도불교를 흡수 통합하여, 인도에서 불교가 쇠멸하는 원인으로 작용한다.
38 앞의『인도불교사Ⅰ』pp.840−846 참조.

을 만들어내기 어려웠을 것이다.

　이런 사정들의 복합적인 작용으로 기존 불교에 대한 반성과 비판의 움직임이 일어났다. 승단 내부로부터의 개혁운동도 없지 않았을 것이고, 승단 외부로부터도 혁신운동이 일어났을 것이다. 이런 혁신운동을 일으킨 세력은 그 전개 양상으로 미루어 한 둘 정도가 아니라 여러 종류의 집단이었을 것으로 추정된다. 그리고 그 중심에서 이 운동을 주도한 세력은 불탑佛塔stūpa을 중심으로 형성된 신앙공동체였을 것이라는 가정이 유력한 입장이다.39

　이 집단의 기원은 붓다 입멸 후 분배된 붓다의 사리를 안치한 8기의 불탑에서 유래한다. 붓다께서는 자신의 멸도 후 법에 의지할 것을 유훈하셨지만, 법에 의지한 수행을 일상화하기 어려운 사람들에게, 붓다를 대신한 불탑이 예배와 신앙의 대상이 되는 것을 막기는 어려웠을 것이다. 기원전 3세기 경 아쇼까SAśoka왕이 8기의 불탑 중 7개를 열고, 그 곳에 보존되어 있던 붓다의 사리를 분배하여 인도 전역에 팔만사천 기의 불탑을 건립하였다는 것은 이런 사정을 반영하는 것이다.

• • • • • • • • • • • •

39 대승불교의 원류源流에 대해서는 대체로 네 가지 입장이 있는 것으로 정리된다. 첫째 진보적인 불타관을 가졌던 대중부 등 기존의 부파교단에서 일어났다고 보는 입장, 둘째 바라문교가 대중화하여 힌두교로 재편되는 과정의 하나로서 그 세력에 의해 발생하였다고 보는 입장, 셋째 붓다를 신성화하는 전기[佛傳]문학에서 그 기원을 찾는 입장, 넷째 본문에서처럼 불탑신앙공동체에서 비롯되었다고 보는 입장이다. 각각 상당한 영향을 미쳤을 것으로 생각되는데, 그 어느 하나에서만 비롯되었다고 볼 정도의 근거는 발견되지 않고 있다.

이 불탑에는 갖가지 재물과 토지 등이 기증되었는데, 부파교단의 비구들은 이른바 승보僧寶에 속하기 때문에 계율상 불보佛寶에 속하는 불탑에 거주하거나 관리할 수 없었다고 한다. 그래서 불탑의 유지 관리를 위하여 불탑에 거주하면서, 불탑에 기증되는 재물을 생활기반으로 하는 공동체가 자연적으로 형성되었는데, 불탑의 증가에 따라 이들 세력은 점차 확대되기에 이른다.

이 집단에 속하는 사람들은 초기에는 재가자였을 것이나, 세력의 증가에 따라 이들도 출가 비구와 비슷한 생활을 하면서 점차 전문화하게 되었다. 이것이 비판적 시각에서 새로운 불교운동을 일으킬 기반이 되었다는 것이다. 즉 이들은 전문화에 따라 교학적 지식과 수행의 성취 양면에서 출가 비구 못지 않은 전문가가 되었고, 그러면서 불탑을 중심으로 민중과 밀접한 관계를 형성하여 그들을 인도하며 그들과 고통을 함께 나누는 집단이 되었던 것이다. 이것은 이들이 붓다의 진정한 뜻을 되찾자는 슬로건 아래 대승불교운동을 전개할 수 있는 입지를 확보하였다는 것을 의미한다.

대승의 기본원리(1)

이 대승불교운동은 그 배경이나 규모 등에 비추어 볼 때 단일한 세력에 의해 단일한 움직임으로 전개되었다고 보기는 어렵다. 그래서 여러 세력에 의해 전개되었으리라고 추측하지만, 그들 상호간에 유기적인 관계가 성립되어 있었다고 볼 만한 근거는 없다. 그렇지만 이 운동은 명분을 같이 하여 일어난 것이기 때문에 그 내용으로부터 공통된 원리를 추출하는 것이 그리 어려운 일로는 보이지 않는다.

그 가장 핵심되는 원리는 이타를 최우선으로 삼아야 한다는 것이다. 이 점에서 그들이 가장 주목한 것은 기존 불교40인들의 수행 목표가 열반을 성취한 아라한이 되는 것에 있다는 점이었다.

완전한 열반을 실현했다는 점에서 아라한과 자신 사이에는 아무런 차이가 없다는 붓다의 천명에도 불구하고, 붓다의 제자들은 위없는 깨달음을 이루시어 제자들에게 열반의 길을 열어 보이시고 이끌어 인도하신 붓다와의 차이를 인정하고41 붓다의 지위를 넘보지 않았다. 그래서 제자들의 최종 목적은 아라한이 되어 완전한 열반을 실현하는 것이었는데, 기존 불교의 수행자집단에 속하는 비구들의 목표 역시 다르지 않았다.

그런데 열반을 실현한 아라한은 윤회를 끝내므로 다시 이 세상에 재생하지 않는다. 이 세상에 재생하지 않는다면 이 세상에 있는 중생들을 돕고 인도할 수 없다. 그들도 물론 열반을 실현하기 전에는 그들의 능력이 미치는 범위에서는 중생들을 도울 것이고, 열반을 실현한 다음에도 무여의열반에 들 때까지는 중생들을 도울 것이다. 그렇

• • • • • • • • • • • • • •

40 대승을 설명하는 글에서 '기존 불교'라고 한 표현은, 시기라는 관점에서는 초기불교와 부파불교를 합쳐서 가리키지만, 내용의 적확성이라는 관점에서는 초기불교의 뜻과 상응하지 못한 부파불교만을 가리키는 경우가 많다.

41 아라한과 여래의 차이에 대해 붓다께서는 SN 22:58 정등각자경[Sambuddhasutta]에서, "여래·아라한·정등각자는 아직 일어나지 않은 길을 일어나게 하고, 아직 생기지 않은 길을 생기게 하고, 아직 설해지지 않은 길을 설한 사람으로서, 길을 알고, 길을 찾고, 길에 능숙한 사람이다. 그리고 지금의 제자들은 그 길을 따라가고 머물러서 나중에 그것을 갖추게 된다"라고 설명하셨다. 이와 상응하는 《잡아함경》(제3권) 제75 관경觀經에도 같은 뜻의 말씀이 수록되어 있다.

지만 그것으로 좋은가?

　대승불교 운동자들은 그렇지 않다고 생각하였다.[42] 중생의 인도가 부수적인 것에 불과하고, 수행이 개인적인 해탈의 성취로 그친다면 큰 가치를 부여할 수 없다. 수행의 궁극 목표는 열반을 실현하는 것보다는 중생들을 돕고 인도하는 것이 되어야 한다고 생각하였다. 적어도 표방하는 바는 그러하였다.

　그러면 어떻게 해야 한다는 것인가? 수행자의 목표는 아라한이 아니라, 붓다가 되는 것이어야 한다고 대승불교는 말한다. 앞서 본 붓다의 천명에도 불구하고 아라한과 붓다 사이에 차이가 있다는 것인가? 대승 경론의 설명을 종합하면 중생을 교화하는 능력에 큰 차이가 있다고 한다. 즉 모든 번뇌와 괴로움에서 해탈하고 궁극적 진리를 깨달

. . . .

42 이 점에 대한 대승의 시각을 라다 크리슈난은 다음과 같이 표현한다. 「우리는 철저하게 자기 본위적인 인간−다른 사람에게 전혀 도움이 되지 않는−을 함축하는 아라한의 이상이, 자비와 사랑을 근본으로 삼았던 붓다의 실제적인 인격에 부합되지 않는다고 생각하지 않을 수 없다. … 따뜻함이 결여되고 열정이 없는 아라한의 이상은 영감을 불러 일으키지 못한다. 세계 전체가 수도원이 될 수는 없다. 우리는 남자와 여자, 그리고 어린아이까지 모든 사람을 수도원에 강제징집할 수는 없다. 삶에 대한 혐오가 인간의 삶에 본질적인 모든 것을 대변하지는 않는다. 참된 금욕주의는 세상의 고통에 대한 무관심이 아니라, 삶의 맹렬한 행위 속에서 침묵의 중심을 확립하는 것이다. 우리는 단지 은둔자의 독방에서 평화와 침묵을 향수하는 영혼이 아니라, 야단스러운 세속의 소음 속에서도 그것을 잃지 않는 영혼을 지닐 수 있어야 한다. 소승불교와는 달리 초기불교는 우리가 고통이 있는 곳이나 괴로움이 떠나지 않는 곳에서, 혹은 군중들의 고함소리가 떠들썩한 곳이나 사람들의 출입이 빈번한 곳에서도 우리의 기회를 찾을 수 있어야 한다고 가르친다.」[라다 크리슈난 저, 이거룡 역『인도철학사 Ⅱ』pp.448−449(1996년 한길사)]

았다는 점에서는 차이가 없지만, 아라한은 중생을 제도하기 위해 갖추어야 할 효과적인 수단을 완전히 갖추지는 못하고 있다는 점에서 붓다와는 큰 차이가 있다고 한다.

그 효과적 수단은 크게 두 가지이다. 하나는 일체 지혜[일체지지—切智智]—현상의 실상을 알고 보는 무분별지 및 이에 기초하여 세상의 모든 일을 분별하여 아는 지혜 두 가지를 모두 갖추기 때문에, 지혜[智]라는 글자 둘을 겹쳐 쓴다—이고, 다른 하나는 중생들의 마음의 차별을 알고 그에 따라 장애 없이 가르침을 베풀 수 있는 능력[무애해無礙解]이다. 말하자면 모든 현상의 실제 모습을 포함하여 세상의 모든 일을 알아야 하고, 중생들의 능력의 차이에 맞추어 베풀어 줄 수 있어야 한다는 것이다.

그래서 대승불교에서는 아라한을, 성자의 열 단계[十地] 중 제8 단계인 부동지不動地에 해당하는 수준이라고 하여, 아라한이 대승으로 전향하면 부동지의 보살이 된다고 말한다. 이 부동지의 보살에게는 이타利他를 행하려고 하지 않는 장애가 있는데, 수행에 의해 제9 단계의 선혜지善慧地에 오르면서 이를 극복하여 무애해를 갖추게 되고, 이 선혜지의 보살에게는 모든 법에 자재自在함을 얻지 못한 장애가 있는데, 제10 단계의 법운지法雲地에 이르면서 이를 극복하여 일체지지를 갖추게 된다고 한다. 그런 다음 금강으로 비유되는 고도의 선정[금강유정金剛喩定]이 나타나는 순간, 남아 있던 모든 미세한 장애들을 완전히 극복하고 붓다가 된다고 설명한다.43

따라서 수행의 목표는 열반의 실현이 아니라, 붓다께서 성취하신,

43 졸역『주석 성유식론』(2006년 한산암) pp.936-940.

위없이 바르고 두루하며 완전한 깨달음[무상정변정각無上正遍正覺], 즉 아뇩다라삼먁삼보리阿耨多羅三藐三菩提[44]을 성취하는 것이어야 하고, 수행자의 최고의 가치는 개인적인 해탈이 아니라, 중생을 돕기 위한 지혜와 자비[45]가 되어야 한다고 한다.

여기에서 우리는 두 가지 의문을 떠올리게 된다. 하나는 그러면 어떻게 수행하면 위와 같은 지혜를 갖추어 붓다가 되는가 라는 점이고, 다른 하나는 붓다를 이룬다고 해도 입멸한 후 재생하지 않는 것은 마찬가지라고 한다면, 붓다를 이룬 후 입멸하기까지의 짧은 기간―현재 세의 인간 수명을 고려하면 그 기간은 길어도 수십 년을 넘지 않을 것이다― 동안 중생을 교화하는 일에 그렇게 크게 반응했어야 하는가 라는 점이다. 전자는 대승불교의 이론체계와 관련되고, 후자는 그 실천체계와 관련된다.

이 두 가지 의문은 각각 항목을 바꾸어서 살펴 보기로 하겠다.

대승의 기본원리(2)

• • • • • • • • • • • • •

44 '바르다[正]'는 것은 실상을 알고 보는 무분별지를 가리키는 표현이고, '두루하다[遍]'는 것은 세상의 모든 일을 분별하여 아는 세속지를 가리키는 표현이다. 또 이 '무상정변정각'을 줄여서 '무상정등각正等覺'이라고 표현하는데, 여기에서도 '정正'은 무분별지를 가리키고, '등等'(=모든 일을 그 자체와 '같게' 안다는 뜻)은 세속지를 가리키는 것이다.

45 초기경전에서는 '선정'과 '지혜'를 쌍으로 말하는 경우가 많지만, 대승경전에서는 '지혜'와 '자비'를 쌍으로 말하는 경우가 많은데, 후자에서 '지혜'는 전자의 '선정'까지 포함한 것이다. 따라서 대승에서는 초기경전에서도 자주 등장하는 '자비'를, 중생 제도의 바탕이라는 점에서 '지혜'와 대등한 비중으로 끌어올린다.

그러면 어떻게 해야 붓다가 될 수 있는가?

대승에서는 모든 '법'=현상의 '공'=무상無常함을 '관'찰하는 법공
관法空觀을 닦아야 한다고 말한다. 그래서 대승의 근본원리를 표방하
고 있는 《반야심경》도 그 서두에서, "관자재보살께서 깊은 반야바라밀
다를 행하실 때에 오온이 모두 공임을 비추어 보고 일체 괴로움을 건너셨
다"라고 한 다음, "삼세의 모든 붓다들께서도 반야바라밀다에 의지하기
때문에 아뇩다라삼먁삼보리를 증득하십니다"라고 말하고 있으니, '반야
바라밀다'란 바로 법의 공성空性[46]을 통찰하는 반야가, 번뇌와 생사
의 이 언덕으로부터 해탈과 열반의 저 언덕으로 건너는 수단[47]이 됨
을 가리키는 말이다. 그러므로 법의 공성을 통찰하는 반야바라밀다
가 아뇩다라삼먁삼보리를 증득케 하는 원리이고, 따라서 붓다를 이
루게 하는 원리가 된다는 것이다. 가장 간략한 하나의 경을 인용했지
만, 이것이 붓다를 성취하는 방법이라고 설명하는 것은 대승의 모든
이론에 공통된 것이다.

지금까지의 설명을 잘 이해한 독자라면, 여기에서 다음과 같은 의
문들이 생겼을 것이다.[48] 자신에게 일어났다가 사라지는 신체적·정
신적 현상을 지속적으로 알아차림에 의해, 연기하는 모든 현상의 무
상함을, 의식의 매개를 거치지 않고, 있는 그대로 알고 봄으로써 열
반을 실현한다고 이제까지 설명하지 않았는가? 이 관찰이 바로 법의

• • • • • • • • • • • • •

46 '공성'이란 공(=비유비무)의 성품이라는 뜻이다.
47 '바라밀다Ⓢpāramitā'에는 ① 성취 내지 완성의 뜻과 ② 건너간다는 뜻이 있다.
48 기왕에 대승경전에 익숙한 분이 아닐 것을 전제로 한 표현이다. 이미 대승경전에
   익숙해 있는 분이라면 너무 익숙해 있는 까닭에 의문이 생기지 않을 수도 있기 때
   문이다.

공성을 관찰하는 것이 아니라는 것인가? 또 그 무상함을 의식의 매개를 거치지 않고서 알고 보는 것이 반야가 아니라는 말인가? 그와 같은 법공관의 수행이 깊어짐에 의해 열반을 실현하고 아라한이 된다고 하였는데, 새삼 법공관을 닦아야 붓다가 된다는 대승의 주장은 이제까지의 설명과 맞아 떨어지지 않는다는 의문이다. 어째서 법공관을 닦아야 붓다가 될 수 있다는 것인가?

대승의 주장은, 부파불교에서 그들이 추출한 '제법'이 승의의 실재라고 정의한 것과 밀접한 관련이 있다.

연기의 이치상 모든 법은 여러 조건에 의지해 생멸하고 변화하는 것이므로, 그 유무를 따지자면 있는 것도 아니고 없는 것도 아니라고 말해야 한다고 함은 여러 번 밝혔다. 그래서 붓다께서도 천명하시기를, "세간의 일어남을 여실하고 바르게 알고 본다면 세간에 없다는 것은 있지 않고, 세간의 소멸을 여실하고 바르게 알고 본다면 세간에 있다는 것도 없을 것"[49]이라고 하셨다는 것도 앞에서 보았다. 이런 연기의 이치에서 벗어난 법은 이 세상에 아무 것도 없다는 것이 붓다의 가르침이다. 부파불교에서 추출하였다는 '제법' 역시 다를 리 없다. 이것은 불교의 핵심적인 원리이다. 그런데도 부파불교에서는 '제법'은 승의의 진리[勝義諦]이며, 진실한 실재[眞實有]로서, 각각의 고유한 성품, 곧 자성自性을 가진다고 하였다. 이런 설명은 불교의 근본원리에 어긋나는 것이 아닐 수 없다.

· · · · · · · · · · · ·

49 제2장에서 인용한 《잡아함경》(제12권) 제301 가전연경 및 이와 상응하는 SN 12:15 깟짜야나곳따경에서의 말씀이다.

대승불교는 기존 불교의 자리적自利的 행태를 주된 비판 대상으로 삼았지만, 기존 불교가 완전히 자리 일변도였다고 말할 수는 없었을 것이므로, 이타를 최우선으로 삼아야 한다는 명분만이었다면 그 설득력이 부족했을지도 모른다. 그런데 기존 불교는 불교의 근본원리에 배치되는 교리를 표방하고 있었으니, 놓칠 수 없는 호재였으리라. 대승불교의 핵심적 사상인 공空사상은 바로 이 점 때문에 등장했을 것이다.

대승불교는 그 초창기의 반야부 경전에서 이 점을 본격적으로 비판하고 나섰는데, 여기에서 무상·고·무아라는 삼법인으로 표현되어 오던, 비유비무인 법의 성품을 '공空'으로 규정50하면서, 이 공성을 통찰하는 '반야바라밀다가 모든 붓다의 어머니[諸佛母]'51라고 선언하였다. 그러다가 '제2의 붓다'이며 '모든 종파의 시조'라고 존중받은 나가르주나Nāgārjuna[용수龍樹]52가 출현하여 연기의 이치를 공사상으로 체계화하자, 이것이 이후의 대승불교 경전에 수용되어, 대승불교의 기본적이고 핵심적인 사상이 되었다. 그 요지를 지금의 주제

• • • • • • • • • • • • •

50 '공'을 비유비무인 법의 성격을 나타내는 용어로서 사용한 예가 초기경전에 전혀 없었던 것은 아니지만(예컨대 SN 20:7 쐐기경[Āṇi suutta], 22:122 계戒경[Sīla suutta] 등), 일반화하여 사용한 것은 반야부 경전에서였다. 초기경전인 《잡아함경》에는 법의 성격을 나타내는 용어로서 무상·고·무아와 함께 '공'을 병렬하고 있는 경이 다수 등장하지만, 이와 상응하는 니까야에는 빠져 있는 점에 비추어 보면, '공'이라는 표현은 그 경을 번역한 구나발다라가 임의로 삽입한 것으로 추측된다. '공'의 용례에 대해서는 졸저 『반야심경·금강경』 p.108 이하 참조.

51 《대품반야경》 제14권에서, "반야바라밀은 모든 붓다의 어머니[諸佛母]이다. … 어째서이겠는가? 이 반야바라밀이 모든 붓다를 낳기 때문이다"라고 하였다.

52 초기 대승불교의 이론을 확립한 남인도 출신의 학승으로, 기원후 150년 내지 250년 사이에 활동한 인물이다.

와 관련하여 정리해 보면 다음과 같다.

「(1) 기존 불교에서는 괴로움의 근본인 자아관념의 기초가 되는 오온에는 영속적 개체가 없다는 것을 인정하지만, 이 오온을 구성하는 개개의 제법[53]은 실재한다고 하면서, 이 제법은 각각 자신만의 고유한 성품=자성自性을 갖는다고 말한다.

(2) 그러나 이들 개개의 제법은 전혀 없었던 것은 아니지만, 그렇다고 포착된 그대로 현실에 있는 것도 아님은 연기의 이치상 당연하다. 따라서 이들을 실재라고 보아서는 안 된다.

기존 불교가 말한 '두 가지 진리[이제二諦]'로써 표현한다면, 이들 제법은 세속의 이치[세속제世俗諦]로는 있는 것이라고 말할 수 있지만, 궁극적인 뜻의 진실한 이치[승의제勝義諦]로는 있는 것이라고 말할 수 없다. 왜냐하면 모든 법의 공성이 궁극적인 뜻의 진실한 이치이기 때문이다.[54]

• • • • • • • • • • • • • •

53 부파불교에서 추출한 제법 중 유위법은 오온을 분석한 것으로서 모두 오온에 포섭되는 것이다. 즉 색법은 색온에, 심왕법은 식온에, 심소법 중 느낌과 지각의 심소법은 각각 수온과 상온에 해당하고, 나머지 심소법들과 심불상응행법들은 행온에 포함된다. 다만 무위법은 오온에 포함되는 것은 아니다. 그런데 부파불교에서는 이들 무위법도 실재라고 설명하지만, 대승에서는 이들 무위법은 특정한 상태에 붙여진 명칭 내지 개념일 뿐, 실재가 아니라고 본다.

54 이것은 두 가지 진리의 문자적인 의미는 그대로 따르면서, 그 개념은 설일체유부나 상좌부에서 보는 것과 달리 이해하는 것이다. 이를 재정립한 것은 용수인데, 그는 다음과 같이 이해한다. 「어떤 법이 실재했는가를 떠나, 모든 현상의 진실한 모습을 나타내는 것이 승의제이고, 진실한 모습과는 관계 없이 세간의 언설에 의해 개념지어진 것이 세속제이다. 모든 현상의 진실한 모습은 무분별의 반야에 의해 알려지는데, 그것은 바로 모든 법의 공성이다. 그래서 모든 법의 공성이 바로

(3) 요컨대 오온에는 자아와 같은 영속적 실체가 없을 뿐만 아니라 [인무아人無我 내지 아공我空], 오온이나 이를 구성하는 제법은 실재가 아니고, 이들 법에는 일시적이라도 변함 없이 존속하는 실질 내지 실체는 없다[법무아法無我 내지 법공法空].55

(4) 결국 기존 불교는 아공은 알지만, 법공은 이를 알지 못한다.」

그러나 이와 같은 대승의 주장은 수긍하기 어렵다. 제법을 실재로 보아서는 안되고, 제법에 실체가 있다고 보아서는 안된다는 주장이 수긍하기 어렵다는 것이 아니다. 문제는 대승이 전제로 삼은 것, 즉 기존 불교가 과연 대승의 주장처럼 제법의 무상성과 연기의 이치를 부정하고, 제법에 실체를 인정했는가 라는 점인데, 전혀 그렇다고 볼 수 없기 때문이다.

우선 '기존 불교'라고는 했지만, 부파불교 성립 전 붓다 재세시의 불교에는 대승의 주장과 일치하는 가르침을 전혀 찾아볼 수 없다. 오

• • • • • • • • • • • • • •

승의제이고, 이에 반하여 세간의 언설에 의해 개념지어진 모든 법은 세속제이다. 따라서 세속제에 의하면 제법은 없는 것이 아니지만, 승의제에 의하면 언설에 의해 개념지어진 제법은 있는 것이 아니라는 뜻에서 '없다[無]'고 표현된다.」

55 이와 같은 의미에서 아공과 법공을 이해하면, '공'은 양자 모두 비어서 없다는 뜻이 된다. 즉 오온에는 자아와 같은 영속적 개체가 없고, 법에는 실체가 없다는 뜻이 된다는 것이다. 그렇지만 대승에서의 공의 근본적인 의미는 연기하는 법의 중도적 성격, 즉 있는 것도 아니면서 없는 것도 아닌 성품을 가리키는 것이다. 그래서 이를 본래의 비었다는 뜻의 '공Ⓢsūnya'과 구별하기 위해 '공성空性Ⓢsūnyatā'이라고 표현하기도 한다. 법공에서의 공은 이와 같은 공성의 의미이다. 공을 이와 같은 공성의 의미로 이해하면, '아공'에서의 공은 비유비무의 뜻이 아니라 순수히 비어서 없다는 것이므로, 법공에서의 그것과는 의미에 다소 차이가 있는 것이 된다. 유의해야 할 대목이다.

히려 초기경전에서 붓다께서는 모든 법이 무상함을 말씀하시면서, 이것을 관찰하여 여실하게 보는 것이 해탈의 길이라는 것을, 지나친 것이 아닐까 생각될 정도로 반복하여 말씀하시고 있다. 초기경전을 대표하는 《잡아함경》은 첫 경56에서 이 뜻을 아래와 같이 말씀하신 것으로 시작하여, 오온과 십이처·십팔계를 주제로 한 첫 12권의 경우 거의 대부분 경에서 이와 같은 법공관의 설명이 이루어지고 있다.

> 신체의 무상함을 관찰해야 한다. 이와 같이 관찰한다면 곧 바른 관찰이라고 한다. 바르게 관찰하면 곧 싫어해 떠나려 함이 생기고, 싫어해 떠나면 기뻐함과 탐욕이 다하며, 기뻐함과 탐욕이 다하면 마음이 해탈하였다고 말한다.
> 이와 같이 느낌·지각·형성·의식의 무상함을 관찰하라. 이와 같이 관찰한다면 곧 바른 관찰이라고 한다. 바르게 관찰하면 곧 싫어해 떠나려 함이 생기고, 싫어해 떠나면 기뻐함과 탐욕이 다하며, 기뻐함과 탐욕이 다하면 마음이 해탈하였다고 말한다.

만약 초기경전에서 법공을 모르고 있었다고 말한다면, 붓다에 대한 비방과 모독이 될 것이다. 그런데 부파불교에서 이 원리를 등졌다거나 망각하였다고 할 만한 근거는 찾을 수 없다. 오히려 부파불교에서 편집된 논서들의 내용은 초기경전의 위와 같은 뜻을 그대로 잘 계승하고 있음을 나타낸다.

• • • • • • • • • • • • •
56 제1권 제1 무상경이다. 본문에서 인용한 이 경의 내용은 불교의 요체를 나타내는 경이라고 말할 수 있다.

또 이 점은 앞의 도성제에서 본 실제 수행의 단계에서도 잘 나타난다. 수행자는 자신에게 일어나고 사라지는 현상들을 지속적으로 관찰함으로써 그 모든 현상들이 무상하다는 '법공'을 알게 되고, 그 진전에 따라서 순간적으로 일어났다가 사라지는 그 현상들만 있을 뿐, 그 외에 나라고 할 만한 영속적 개체가 없다는 '아공'을 알게 된다. 그렇지만 이것은 여전히 의식의 매개를 통해서 아는 것일 뿐이므로 수행을 더욱 진전시키게 되는데, 진전된 수행에서도 관찰대상은 마찬가지이다. 그러다가 어느 순간 의식의 매개 없이 모든 현상의 실제 모습을 알고 보는 견도에 이르는데, 그 단계에서 증득되는 것은 법공과 아공 양자 모두이다. 앞의 도성제의 설명에서는 이것을 각각 '표상 없음'과 '나 없음'이라고 표현하였다. 그 증득의 순서를, 수행시의 과정을 따라서 말한다면 아공은 법공을 통해 증득된다고 말할 수 있고, 도를 보는 순간의 동시성에 초점을 맞춘다면 아공은 법공과 함께 증득된다고 말할 수 있다. 어떻든 법공의 증득 없이 아공만 증득되는 경우는 있을 수 없는 일이라고 이해된다.

따라서 실질적인 내용에서는 대승의 주장은 그 근거를 찾을 수 없다. 비판의 근거가 될 만한 것은 부파불교의, '승의의 진리'이며 '진실한 실재'라는, 제법에 대한 정의와 그 제법의 '자성'이라는 표현뿐이다. 그러나 제법은 각각 그 자성, 즉 고유한 성품을 가진다고 말할 뿐, 그 제법이 일시적이라도 영속적 실질 내지 실체를 갖는다고 말하지는 않는다.[57] 오히려 무상과 공성을 강조함으로써 그와 같은 실질

• • • • • • • • • • • • •
57 '자성'은 비록 일시적일망정 중생들에게 일어났다가 사라지는, 공통된 현상을 포

이나 실체를 부정한다는 것을 명백히 하고 있다.

이와 같은 사정을 종합해 보면 진상은 분명해 보인다. 부파불교가 제법을 '실재[實有]'로 정의하고 '자성'을 인정한 것은, 교법을 체계화하고 수행시 관찰할 대상을 명백히 하려는 두 가지 목적 때문이었다. 모든 법은 비유비무라는 중도적 성격을 가지므로, 포착된 그대로 현실에 있는 것은 아니지만, 그렇다고 그 법이 전혀 없었던 것은 아니다. 지금은 사라졌지만, 그것은 순간적이나마 현실에서 실제로 있었던 법이므로, 토끼의 뿔이나 거북의 털과 같은 것이 아닐 뿐만 아니라, 수레나 집과 같은 세속적 개념과도 다른 것이다.[58] 그러므로 이러한 법이 '실제로 일어나서 순간적으로 있었던 상태[實有]'를 포착해서 그 성격을 규정해야 한다. 그렇게 함으로써 그 법들 상호간의 차이를 밝힐 수 있고, 나아가 이들을 유기적으로 조직화함으로써 교법을 체계화할 수 있다. 그리고 세속적 개념과는 다른, 이 실제로 일어나고 사라지는 법을 관찰해 알아차리는 것이 위빳사나 수행의 내용이 되어야 한다. 그래야만 현상의 실제 모습을 알고 볼 수 있지, 이미 세속적 개념이 개입된 것을 관찰해서는 결코 현상의 실제 모습을 알고 볼 수 없다. 이것이 기존 불교의 입장이었던 것이다.

요컨대 부파불교가 제법에 실체가 있음을 인정한 것은 결코 아니었다. 하물며 연기의 이치를 부정하려는 의도가 어찌 있었겠는가. 다

• • • • • • • • • • • • •

착하여, 그 현상을 다른 현상들과 구별 짓는, 고유한 성품이 어떤 것인지를 규정한 것이므로, 어떤 현상의 영속적 존재성을 뜻하는 '실체'와는 다른 개념이다. 따라서 양자는 엄격히 구분되어야 한다.

58 따라서 이들 제법은 수레나, 집, 옷 등과 마찬가지로 세속제라고 표현된다고 하더라도, 그것들과는 성질상 차이가 있는 것이다.

만 그 표현에 오해와 비판의 소지가 있었을 뿐이다.

그렇다면 아라한을 넘어서 붓다가 되는 방법은 무엇인가? 필자의 능력을 벗어난 주제인 것이 명백하지만, 글이 여기에 이르렀으니, 코끼리 다리 만지듯 추리라도 해 보아야 할 책임을 느낀다. 우선 아라한에게는 부족하지만, 붓다가 되기 위해서는 반드시 갖추어야 할 것이라고 대승에서 지적한 내용은 충분히 수긍이 된다. 그것은 크게 두 가지였으니, 하나는 일체지지라는 표현이 나타내는 바, 세상의 모든 일을 알고 보는 지혜이고, 다른 하나는 중생의 능력 차이에 따라 이것을 적절하게 베풀어줄 수 있는 능력이다. 그러면 이것을 어떻게 하면 갖출 수 있을까? 생사의 고해에서 끊임없이 되풀이하여 고통받는 중생들을 구하려는 자비심과 염원, 여기에 기초해 이 세상의 모든 일과 중생들의 마음·행태를 깊이 관찰하여 이해하는 것이 아닐까? 이한 생애에 이룰 수 있는 것은 아닐 것이다. 법공관을 다시 더함으로써 갖출 수 있는 것은 결코 아니리라.

결국 대승불교의 입론立論과 비판은 그 근거가 박약하다는 결론을 내릴 수밖에 없다. 대승불교에서도 이 점을 몰랐을 리 없다고 생각한다. 그렇다면 대승불교는 무엇 때문에 이렇게 무리한 입론과 비판을 하고 나선 것일까? 위에서 본 내용을 종합하면 대승의 위 주장은 기존 불교의 교단을 향한 것이라기보다는 일반 민중을 향한 것이 아닐까 라는 생각이 든다. 그렇게 보면 대략 두 가지 이유를 생각할 수 있을 것같다.

먼저, 대승불교는 많은 대중들을 교화 인도한다는 명분에서 쉽게 접근할 수 있는 불교를 모색하고 있었다. 법공에 초점을 맞춘 이 공사상은 불교의 근본에 부합하면서도, 반야사상과 결합함으로써 쉬운 불교를 가능하게 하는 면이 있다.

즉 반야부 경전에서는 초기불교 이래의 수행법인 팔정도 대신, 이타의 이념을 담은 보시·지계·인욕·정진·선정·반야의 육바라밀을 새로운 수행법으로 제시하는데, 그 중 반야바라밀이 핵심이 된다.[59] 그런데 반야바라밀은 의식의 분별을 통하지 않고 '연기하는 모든 법의 실상'을 알고 보는 반야에 의해 열반과 깨달음의 저 언덕으로 건넌다는 뜻인데, '연기하는 모든 법의 실상'이란 바로 '법의 공성'과 같은 말이다. 그러므로 반야는 의식의 분별을 통하지 않고 법의 공성을 통찰하는 것을 가리키고, 반야바라밀은 이와 같은 법의 공성을 통달하면 어리석음과 괴로움에서 벗어날 수 있다는 것을 뜻한다.

불교의 근본원리와 완전히 부합한다. 그러면서도 단순 명료하다. 물론 그것을 통달하기 위한 실천은 기존 불교와 다를 리 없다. 그렇지만 적어도 이해하기는 훨씬 쉬워 보일 수 있다. 기존 불교가 제시하는, 복잡하고 난해한 이론체계가 필요하지 않다. 어차피 본격적인 수행을 하려는 사람이라면 기존 불교 안으로 들어오지 않을 수 없을 것이다. 그러나 그러지 못할 환경에 있는 사람이나 어려움 때문에 불교에 접근하지 못한 사람에게라면, 이해만이라도 이렇게 쉽게 하는 것이 필요할 것이다. 이타라는 명분과 특별한 관계가 없어 보이는,

• • • • • • • • • • • • •

59 《소품반야경》 제2권에서, "반야바라밀은 다섯 가지 바라밀의 인도자[導]이다. 비유하면 대지 가운데 씨앗을 뿌리면 인연이 화합하여 생장할 수 있지만, 이 땅에 의지하지 않고서는 생장할 수 없는 것과 같다. 아난다여, 이와 같이 다섯 가지 바라밀은 반야바라밀 안에 머물러서 자라날 수 있고, 반야바라밀이 수호하기 때문에 일체지[薩婆若]로 향할 수 있는 것이다"라고 설명한다.

실재에 대한 비판과 공사상이 여기에서 대승의 명분과 연결되고 있는 것이다.

다음, 신생교단인 대승으로서는 이념적으로는 물론 이론적으로도 기존 불교보다 우월함을 보일 필요가 있었을 것이다. 대승이 출가비구의 집단 아닌 세력에 의해 주도된 운동이었을 개연성이 큰 점을 감안한다면, 현실적으로는 이 점이 더 큰 이유였을 수 있다. 신도들에게 비전문가의 집단으로 인식될 경우, 교세의 확장은 커녕 존립마저 위협받을지 모른다는 우려가 있었을 것이기 때문이다. 그래서 기존 불교에서 비판의 여지를 보인, 거의 유일한 소재에 대해 집중적으로 비판을 가함으로써 이론적 우위를 과시하여, 적어도 출가 비구들보다 못하지 않다는 평가를 받고자 했던 것이다.

실제로 이런 필요는 대승경전 곳곳에서 그 흔적을 찾을 수 있다. 대승의 보살들이 신통변화를 나타내는 장면이 자주 등장하고, 깨달음에 이르러야만 알고 보는 승의의 세계에 대해 과도하다고 할 정도로 자주 표현하고 있는 것60은 그 좋은 예이다. 붓다는 물론 사마타 수행을 거쳐 열반을 실현한 아라한61이라면, 범부로서는 상상하기 어려운 신통변화를 나툴 능력을 갖는다.62 그렇지만 이것은 지혜에

••••••••••••••

60 이런 것들이 뒤에서 설명하는 대승경전의 종교적 요소와 합쳐 대승경전을 신비화하고 있는 주된 원인이 된다. 뒤에서 다시 한 번 언급하겠지만, 우리가 대승경전을 볼 때에는 이와 같은 신비주의적 표현들에 현혹되지 않도록 주의를 기울여야 한다.

61 육신통은 색계 4선을 성취해야 나툴 수 있는 것이므로, 사마타 수행을 거치지 않고 열반을 실현한 혜해탈慧解脫아라한은 신통변화를 나툴 능력을 갖지 못한다(《잡아함경》제14권의 제347 수심경須深經 및 이와 상응하는 SN 12:70 수시마경 [Susīma sutta] 등 참조).

의해 괴로움에서 벗어나고자 하는 불교의 본령과는 관계가 없는 것이다. 또 승의의 세계에 대한 표현은 수행자를 오도하는 등 여러 가지 폐단이 있을 수 있다. 그래서 신통변화를 나타내거나 승의의 세계를 표현하는 일은 삼가야 한다는 것이, 붓다 재세시부터의 전통적 분위기였다. 그럼에도 불구하고 대승경전에서는 이에 역행하여 이들을 적극적으로 활용하고 있다고 볼 수 있을 정도로 자주 언급하고 있다. 이것은 대승보살의 능력이 출가 비구의 그것을 초과한다는 것을 나타내고자 하는 의도의 표출이라고 볼 수밖에 없다.

결국 법공관을 닦아야 지혜의 진전을 이루게 되고, 나아가 붓다를 이룰 수 있다는 대승의 주장은 그대로 받아들이기 어렵다. 나아가 아공과 함께 법공을 통찰해야 한다는 대승의 주장은 지극히 옳지만, 기존 불교에 대해 펴야 할 주장은 아니었다.

설명이 여기에 이르렀으니, 한 가지 문제를 제기하지 않을 수 없다. 우리가 법회를 할 때마다 《반야심경》을 독송하는 관행은 이제 재고해야 한다는 것이다. 이 경이 위와 같은 대승의 부적절한 주장을 대변하는 것일진대, 붓다의 가르침을 따르려는 법회에서 어찌 이를

• • • • • • • • • • • • •

62 이를 신족통神足通iddhividha-ñāṇa이라고 하는데, 경전에서는 "원하는 만큼 신통변화를 나툰다. 하나인 채 여럿이 되기도 하고, 여럿이 되었다가 하나가 되기도 한다. 나타났다 사라졌다 하고, 벽이나 담이나 산을 아무런 장애 없이 통과하기를 마치 허공에서처럼 한다. 땅에서도 떠올랐다 잠겼다 하기를 물속에서처럼 한다. 물 위에서 빠지지 않고 걸어가기를 땅 위에서처럼 한다. 가부좌한 채 허공을 날아가기를 날개달린 새처럼 한다. 저 막강하고 위력적인 태양과 달을 손으로 만져 쓰다듬기도 하며, 심지어는 저 멀리 범천의 세상에까지도 몸의 자유자재함을 일으킨다"라고 표현한다(=SN 16:9 선정과 지혜경[Jhānābhiñña sutta]에서의 표현인데, 각묵 역 한글 SN 제2권 p.499에서 옮겼음).

낭송하고 있을 것인가?

대승의 기본원리(3)

다음 두 번째 의문은, 붓다를 이룬다고 해도 입멸한 후 재생하지 않는 것은 마찬가지라고 한다면, 붓다를 이룬 후 입멸하기까지의 짧은 기간 동안 중생을 교화하는 일에 그렇게 크게 반응했어야 하는가 라는 점이다.

기실 대승에서는 붓다를 이루면 죽음을 초월하여 영원히 존속한다고 말하고 싶었을지 모른다. 그래야 아라한을 추구해서는 안 되고 한량없는 중생들을 구하는 붓다 되기를 구해야 한다는 명분과 더욱 부합하기 때문이다. 그러나 열반을 성취하면 삼계의 존재에 대한 갈애가 소멸하므로 다시 삼계에 태어나는 것은 구조적으로 불가능하다는 것이 불교의 근본원리이므로, 이와 충돌되는 주장을 펴기는 어려웠을 것이다. 그래서 충돌을 면할 수 있는 갖가지 방안이 고안된다.

먼저 열반 개념의 변화를 들 수 있으니, 대승불교는 기존의 열반과는 다른, 무주처無住處열반[apratiṣṭhita nirvāṇa]이라는 개념을 새로 등장시킨다. 무주처열반이란 모든 장애에서 벗어난 열반을 실현함으로써 생사에 머물지 않지만, 대비심에 의해 열반에도 머물지 않으며 중생들을 이롭고 안락하게 하는 일을 미래세가 다하도록 한다는 것이다.63 생사에도 머물지 않지만 열반에도 머물지 않으므로, 머무는

• • • • • • • • • • • • •

63 졸역『주석 성유식론』p.964. 대승불교에서는 이 무주처열반의 개념과 함께, 일

곳, 즉 주처가 없는 열반이라는 뜻이다. 이 무주처열반의 개념이 성립된다면, 열반을 실현하면 다시는 삼계에 태어나지 않으므로 중생들을 이롭고 안락하게 하는 일과 무관하게 되는 난점으로부터 벗어나게 된다. 그러나 이것이 어떻게 가능한가?

성자가 되는 견도를 하거나 아라한이 되는 무학도의 단계에 이르더라도, 재생의 근거가 되는 번뇌는 완전히 소멸시키지 않고 남겨둔다[64]거나, 세상 사람들이 받는 것과 같은 분단分段의 삶은 더 이상 받지 않지만, 중생에 대한 연민과 서원에 의한, 불가사의한 변역變易의 삶[의성신意成身 내지 의생신意生身]은 이를 받을 수 있다[65]는 특수한 구조를 창안해 내기도 한다. 그런데 어떤 구조에 의하든, 어떤 형태로 태어나든, 붓다가 되면 다시 태어날 수 있다는 것인가?

붓다를 가리켜 말한 것은 아니라고 할 수밖에 없을 것이다. 그래서 대승불교에서는 아라한을 대신하여, 깨달음을 구하면서 중생을 돕

• • • • • • • • • • • •

체법의 본래 있는 그대로의 이치를 '본래자성청정열반'이라는 개념으로 세운다. 그래서 열반의 개념에는 기존의 유여의·무여의열반과 함께 네 가지 차별이 있다는 이론을 확립하기에 이른다(같은 책 pp.963-964).

64 《섭대승론》(제10권)에서 이르기를, "번뇌를 조복하되 소멸시키지 않는 것이, 주문으로써 해쳐진 독과 같으니[如毒呪所害], 번뇌를 남겨서 번뇌가 다함에 이를 때에 붓다의 일체지를 증득한다"라고 하였다.

65 《성유식론》(제8권)에서 이르기를, "모든 유루의 선·불선의 업으로 감응된, 삼계의 거친[麤] 이숙과異熟果(=업에 의해 받는 후생의 과보)를 말하니, 신체와 목숨[身命]이 짧고 긴 것의 정해진 한정이 있기 때문에 분단이라고 이름한다. 모든 무루의 유분별의 업으로 감응된, 수승하고 미세한[殊勝細] 이숙과를 말하니, 연민과 서원[悲願]의 힘에 의해서 신체와 목숨을 전환하여, 정해진 한정이 없기 때문에 변역이라고 한다. 혹은 의성신이라고 이름하니, 마음의 염원[意願]에 따라 이루어지기 때문이다"라고 하는 등이다.

는, 소위 자리·이타의 보살菩薩bodhisattva[66]이 이상적 인간상으로 제시된다. 대승경전에는 다수의 보살이 등장하는데, 대부분 아라한의 수준을 넘어 거의 붓다의 경지에 이른 이들이니,[67] 그들이 바로 무주처열반의 실현자일 것이다.

그렇지만 이상의 방안들은 모두 붓다 차원에서의 대답은 될 수 없다. 붓다 차원에서의 대답은 기존의 붓다 개념에 머물러서는 가능할 수 없었다. 그래서 붓다 개념의 변화와 전환이 모색되지 않을 수 없었으니, 붓다를 초월적 존재로 승화시키는 일이었다.

그러나 초기불교는 그 반대편에 있었던 것이 분명하다. 비록 초기경전에 붓다 자신을 초인적인 존재로 묘사하는 표현이 등장하지 않는 것은 아니지만,[68] 그것은 세상 사람들이 깨닫지 못한 법을 오직 자신만이 깨달았음을 나타내어 법을 신뢰하도록 인도하고자 하신

• • • • • • • • • • • • • •

66 범어 보디삿뜨와bodhisattva(=빠알리어 보디삿따 bodhisatta)를 음역한 보리살타 菩提薩埵의 준말이다. '보디'는 아뇩다라삼먁삼보리의 줄임말로 깨달음을 뜻하고, '삿뜨와'는 중생을 뜻하는 말이니, 깨달음을 구하는 중생이라는 뜻이다. 이 '보살' 은 초기경전에서는 붓다의 전생前生을 가리키는 말로 쓰였으나, 대승에서는 위로 는 보리를 구하고 아래로는 중생을 교화함[上求菩提 下化衆生]을 목표로 하는, 대승 의 수행자를 가리킨다.

67 문수사리, 관세음, 보현, 미륵 등이 그 예이다.

68 그 예로는 세존께서 DN 16 대반열반경에서 아난다에게, "여래는 원하기만 하면 1겁을 머물 수도 있고, 겁이 다하도록 머물 수도 있다"라고 말씀하신 것이나, MN 26 성스러운 구함경[Ariyapariyesanā sutta]에서 최초의 5비구에게, "비구들이여, 여래를 이름으로 불러서도 안되고, '벗이여'라고 불러서도 안된다. 비구들이여, 여래는 아라한이고, 정등각을 성취한 사람이다. 비구들이여, 귀를 기울여라. 불사 不死가 성취되었다. 내가 이제 가르쳐 주리라"라고 말씀하신 것 등을 들 수 있다.

것이지, 자신을 숭배의 대상으로 삼으려는 것은 아니었다. 붓다께서 "연기법은 여래가 세상에 나왔든 세상에 아직 나오지 않았든 법계에 항상 머문다"[69]라고 하시고, 열반에 드시기 전, "내가 가고난 후에는 내가 그대들에게 가르치고 천명한 교법[法]과 계율[律]이 그대들의 스승이 될 것이다. … 그러므로 여기서 그대들은 법을 섬으로 삼고 법을 귀의처로 삼아 머물고, 다른 것을 귀의처로 삼아 머물지 말라"[70]라고 유훈하셨던 것은, 의지해야 할 대상은 사람이 아니라 법이라는 것을 천명하신 것이다.

그렇지만 붓다의 입멸 후 이것은 점차 변화의 길을 걷는다. 어떤 의도에서든 붓다의 현존이 필요했던 사람들은 입멸한 붓다에 대해 탐구하기 시작하였다. 이들로서는 붓다께서 이 세상에서의 6년간의 출가수행만으로 깨달음을 얻어 붓다가 되었다고는 생각할 수 없었다. 붓다께서는 분명 과거 무수한 생애에 걸쳐 인간으로서 차마 하기 어려운 온갖 어려운 수행을 해 왔기 때문에 금생에서의 수행을 거쳐 비로소 완전한 깨달음에 이를 수 있었을 것이다. 이런 사고와 붓다 자신이 가끔 들려 주셨던 전생담前生譚에 기초하여 붓다의 전기문학이 발전하는데, 여기에서 붓다는 매우 초월적인 존재로 묘사된다.

한편 초기경전에 나타나는 과거 칠불七佛[71]의 존재는, 미래에도

• • • • • • • • • • • • •

69 《잡아함경》(제12권) 제299 연기법경.

70 DN 16 대반열반경.

71 《장아함경》(제1권) 제1 대본경 및 이와 상응하는 DN 14 대전기경[Mahāpadāna sutta] 참조. 다만 학계에는 이 경은 붓다 자신에 의해 설해진 것이 아니라, 붓다 입멸후 형성된 과거불사상에 따라 불전문학으로 만들어진 전설이 역으로 초기경전에 편입된 것이라고 이해하는 견해도 있다[앞의 『인도불교사II』 p.419 및 정승석 역 『대승불교개설』 pp.208-213(1984년 김영사) 등 참조].

붓다께서 출현하실 것이라는 미래불 사상으로 이어진다. 이에 의해 붓다는 오직 한 분만은 아니라는 다불多佛사상이 자연스레 자리잡게 된다. 이러한 다불사상과 석가모니 붓다의 초월성이 합쳐져서, 역사 상 출현한 붓다의 생신生身은 붓다의 본질이 아니고, 보다 본질적인 붓다가 있다는 사고로 발전한다. 붓다께서 깨달아 펴신 법 자체, 즉 법신法身이 붓다의 본질이라는 사고도 그 중의 하나인데, 이는 이후 여러 가지 불신론佛身論으로 발전하게 된다.

이와 같은 초월적 붓다, 여러 붓다, 본질적 붓다 등의 개념은 이윽 고 타방불他方佛사상으로 발전한다. 동방 묘희妙喜세계에 계신다는 아촉불阿閦佛이나 서방 극락정토에 계신다는 아미타불阿彌陀佛72과 같은 것이 그것이니, 이들은 비록 이 세계가 아닌 타방이기는 하지 만, 과거나 미래가 아니라 현재 존재하는 붓다이다.

붓다 개념의 발전은 이것으로 그치지 않았으니, 바로 지금 이 곳에 있는 붓다가 필요하였기 때문이다. 이에 석가모니 붓다께서는 금생 에 비로소 깨달음을 이루신 것이 아니라, 시작도 없는 아득한 먼 태 초에 이미 깨달음을 이루셨으며, 무량한 수명을 갖고 언제나 이 세상 에 실재하신다고 하는 초시간적 붓다의 개념이 등장한다.73 이에 의 하면 금생에 출현하여 깨달음을 이루시고 중생을 교화하시다가 입 멸하신 붓다는, 이 석가모니 붓다께서 중생들을 불도佛道로 이끌기

• • • • • • • • • • • • •

72 아촉불은 《유마경》, 《대보적경》 등에, 아미타불은 《아미타경》 등 정토삼부경 등에 등장하는 붓다이다.
73 《법화경》에서 묘사되는 붓다이다. 아득한 태초에 이미 깨달음을 이룬 이 근원 적 붓다를 본불本佛이라고 칭하고, 금생에 출현하여 붓다를 이루셨다가 입멸하심 을 나타낸 붓다를 적불迹佛이라고 부른다.

위한 방편으로 몸을 나타내셨던 것이라고 한다.

　나아가 비로자나불毘盧遮那佛처럼 삼세에 걸쳐 항상 계실 뿐 아니라, 온 세상에 두루 가득해 계신다는 초시간적 초공간적 붓다[74]의 개념까지 등장하는데, 이와 같이 무한정적이고 보편적인 붓다의 개념은, 모든 중생에게 붓다가 될 수 있는 성품이 갖추어져 있다는 불성사상 내지 여래장사상과 결합하여, 모든 중생에게 여래가 내재해 있다는 내재적 붓다[75]의 개념으로 발전한다.

　한편 위와 같이 추상적인 법을 본체로 하는 법신이 아니면서 역사상 출현한 생신도 아닌 중간적 성격의 붓다 개념은, 기존의 법신·생신 이신설二身說을 삼신설三身說로 발전시킨다. 말하자면 이 세상에 이미 출현했거나 앞으로 출현할 수 있는 역사상 붓다의 근원이 되는 붓다로서, 추상적인 법 아닌 구상적인 붓다가 등장하는 것이다. 자성신自性身·수용신受用身·변화신變化身의 삼신, 법신·보신報身·응신應身(내지 화신化身)의 삼신 등이 그것인데, 여기에서 자성신과 법신은 이신설에서의 법신에, 변화신과 응신(내지 화신)은 이신설에서의 생신에 해당하고,[76] 중간에 있는 수용신과 보신이 새로 생긴 중간적 개념의 붓다로서, 그 의미는 대체로 같다.[77] 즉 이 둘은 중생 교화를 위해 붓다를 이루고자 하는 서원과 수행에 의한 과보[報]로서 받

· · · · · · · · · · · · ·

74 《화엄경》에 등장하는 붓다이다. 비로자나ⓈVairocana는 광명변조光明遍照라고 한역하는데, 지혜의 광명으로 일체 세계를 두루 관찰하여 비춘다는 뜻이다.

75 《대방등여래장경》에서 여러 가지 비유로 묘사되고 있다.

76 다만 경론에 따라서는 응신을 보신과 같은 의미로 사용하는 경우도 있다. 이 경우는 법신·응신·화신의 삼신이 된다.

77 둘의 한역명은 다르지만, 범어로는 같은 'saṃbhoga kāya'이다.

게 된 불신으로서,78 청정한 불국토에서 법락法樂을 스스로 수용하고, 또 이미 견도를 이룬 지상地上보살을 교화하여 법락을 수용케 하는 붓다라는 개념이다. 따라서 이 불신은 범부와 이승二乘79에게는 보이지 않는 붓다라는 점에서 변화신이나 응신(내지 화신)과 다르고, 지상 보살에게는 보이는 붓다라는 점에서 추상적인 법을 본체로 하는 자성신이나 법신과는 다른 것이다.

이상과 같이 형성된 다양한 붓다 개념은 앞서 제시된 두 번째 의문에 대한 해답의 단초가 되기에 충분해 보인다. 그래서 이 의문에 대해서는 굳이 정면으로 대답하지 않는다. 어떻든 이와 같은 다양한 붓다 개념은 불교의 종교적 성격을 형성하고 촉진하는 근거가 된다.

대승불교의 수도

이상에서 본 것이 이타를 최우선으로 하는 가치체계를 세우기 위해 대승불교가 마련한 이론적인 장치라고 할 수 있다. 그런데 이런 이론적인 장치를 갖추는 것만으로 많은 대중을 불교의 수레에 태워야 한다는 대승불교의 이상이 달성될 수는 없다. 그 이상을 실현할 수 있

• • • • • • • • • • • • • •

78 여기까지의 의미에서 보신이라고 부르고, 그 아래의 의미에서 수용신이라고 부른다. 또 수용신 중 스스로 법락을 수용하는 것을 자수용신, 지상地上보살을 교화하여 법락을 수용케 하는 것을 타수용신이라고 부른다.

79 대승은 기존 불교의 가르침을 적은 수레, 즉 소승小乘이라고 폄칭하는데, 소승에는 붓다의 교법을 따르는 성문승聲聞乘과 스스로 연기의 이치를 깨달았으나 중생 교화에는 뜻이 없는 독각승獨覺乘(=연각승緣覺乘)의 2승이 있다고 말한다.

는 실천도를 갖추어야 한다. 초기불교의 수행법인 팔정도에는 대승의 이상이 고려되어 있지 않다고 해서, 대승불교는 새로운 수행법을 마련하였다. 그것이 육바라밀[六度]인데, 육바라밀은 보통 순서를 매겨, 제1 보시布施, 제2 지계持戒, 제3 인욕忍辱, 제4 정진精進, 제5 선정禪定, 제6 반야바라밀의 순서로 든다. 이것을 팔정도와 대비해 보면, 제1의 보시와 제3의 인욕이 독립된 항목으로 추가된 것이 특징인데, 이 둘은 용어 자체가 이타적인 의미를 품고 있다.

우선 대승경전에서 말하는 육바라밀 하나하나의 의미를 간략히 살펴 보자. 우선 보시는 남에게 베푸는 것을 말한다. 베푸는 대상에 따라 재물을 베풀어 주는 재시財施, 법을 가르쳐 주는 법시法施, 마음의 두려움을 없애 주는 무외시無畏施의 셋으로 구분한다. 대승에서는 어떤 경우에라도 자신이 줄 수 있는 모든 것을 아낌없이 주는 것이 완전한 보시, 즉 보시바라밀이라고 설명한다. 보시를 범어로 '다나 dāna'라고 하므로, 이것은 단나檀那바라밀 또는 단檀바라밀이라고 표현하기도 한다.

다음 지계는 계율을 지니고 지키는 것을 말하는데, 대승에서는 남을 위하는 일이라면 비록 정해진 계율에는 어긋나더라도 이것을 실천하는 것이 오히려 계율을 지키는 것이라고 설명한다. 계율을 범어로 '쉴라śīla'라고 하므로, 이것은 시라尸羅바라밀 또는 시尸바라밀이라고도 칭한다.

다음 인욕은 온갖 고난, 박해, 멸시 따위를 참고 견디는 것을 말하는데, 어떤 정도인가 하면 날카로운 칼로 귀와 코를 자르고 손과 발을 베더라도 전혀 마음이 흔들리지 않는 등,80 필설로 다하기 어려운 정도임을 여러 경론에서 다투어 묘사하고 있다. 이런 인욕에는 중생에 대해 인욕하는 생인生忍과 법에 대해 인욕하는 법인法忍의 두 가지가 있다고 설명한다.81 인욕은 범어로 '끄샨띠kṣānti'라고 하므로, 이것은 찬제羼提바라밀이라고도 칭한다.

다음 정진과 선정은 팔정도에서의 그것과 큰 차이가 없고, 반야는 앞에서 이미 간략히 설명하였다. 그리고 정진과 선정은 그에 해당하는 범어 '위리야vīrya'와 '드야나dhyāna'를 따라 비리야毘梨耶바라밀, 선나禪那바라밀(또는 선禪바라밀)이라고도 칭한다. 다만 반야의 경우에는 그 자체가 빠알리어와 범어를 음역한 것이므로 범어에 따른 명칭은 따로 없다.

한편 대승의 중기에 이르면 육바라밀이 십바라밀로 확장되기도 하는데, 추가된 네 가지는 제7 방편方便, 제8 서원[願], 제9 힘[力], 제10 지혜[智]바라밀이다. 그 중 방편은 중생을 구호하는 훌륭한 방편을 완성하는 것을 말하고, 서원은 중생을 구호하려는 뛰어난 서원을 세우는 것을 말하며, 힘은 완전한 깨달음을 얻는데 필요한 모든 힘을 갖추는 것을 말하고, 마지막의 지혜는 중생 구호를 위해 모든 법을 완전히 아는 지혜를 말하는 것이다.

• • • • • • • • • • • • • •

80 《금강경》 및 《대지도론》(제14권)에 나오는 내용이다.
81 《대지도론》에서, "인욕에는 생인과 법인 두 가지가 있다. … 두 종류의 중생이 보살에게 오니, 하나는 공경하고 공양하는 것이고, 다른 하나는 성내고 욕하며 때리고 해치는 것이다. 그 때 보살은 그 마음을 능히 참아서, 공경하고 공양하는 중생에게 애착하지 않고, 악을 가하는 중생에게 성내지 않으니, 이것을 생인이라고 한다"라고 설명하고,(제14권) "그 공양하고 공경하는 법 및 성내고 괴롭히며 음욕婬欲하는 법을 참는 것을 법인이라고 한다. 또한 법인이라 함은 안의 육근에 집착하지 않고 밖의 육진을 받아들이지 않아서, 능히 이 두 가지에 대해 분별하지 않는 것이다"라고 설명한다.(제15권)

이렇게 추가된 넷은 제6의 반야바라밀 중 근본되는 무분별지에 의거해 얻게 되는, 세속의 갖가지 현상들을 분별해 아는 분별지를 분리하여 나눈 것이다. 그래서 전자는 근본지 내지 정체지라고 하고, 후자는 후득지 내지 세속지라고 부른다고 함은 앞에서 이미 보았다. 우리말로 간단히 표현하자면 두 가지 모두 '지혜'라고 부를 수밖에 없지만, 한문경전에서 '지智'와 '혜慧'를 대비하거나 병렬하여 쓰면 전자는 후득지를 가리키고, 후자는 근본지를 가리키는 것이라는 점을 알아 둘 필요가 있다. 그래서 이와 같이 구분할 때에는 제6은 혜慧바라밀이라고 하고, 제10은 지智바라밀이라고 한다. 흔히 '일체지지'라고 해서 '지'라는 글자 두 자를 겹쳐 사용하는 것은, 근본지와 후득지를 합쳐서 가리키는 것이라 함은 앞에서 이미 한번 밝혔다.82 그러므로 육바라밀에서의 반야바라밀은 근본지와 후득지를 포괄하는 것이지만, 십바라밀에서의 반야바라밀은 근본지에 한정된 개념이 된다.

이상과 같은 설명으로 보아 추측할 수 있듯이, 대승불교의 기본적인 수행법은 초기불교의 그것과 크게 다르지 않다. 제1 내지 제3 바라밀은 계에 포함되고, 제4와 제5는 선정에 포함되며, 제6(내지 제10)은 지혜에 포함되는 것이다. 다만 계의 내용 중에 이타의 이상을 담은 보시와 인욕이 독립 항목으로 열거되고 있을 뿐이다. 또 사마타와 위빳사나를 닦아서 깨달음을 이루는 것도 동일하다. 법공관을 강조하는 것이 특별하다고 할 수 있지만, 그것은 앞에서 본 배경 때문

· · · · · · · · · · · · ·

82 이 때 근본지는 '일체지'라고 하고, 후득지는 '일체종지一切種智'(내지 종지)라고 하여 구분하기도 한다.

일 뿐, 다른 내용이 특히 더해진 것은 아니라고 생각된다.

　오히려 주목할 점은 계·정·혜를 닦아서 깨달음을 이루어야 한다는 기존의 어려운 수행법=난행도難行道 대신, 많은 대중들이 현실적으로 쉽게 실천할 수 있는 수행법=이행도易行道를 제시하는 것이다. 이것을 갖추지 못한다면 많은 대중들을 불교의 수레에 태운다는 것은 사실상 어려운 일이기 때문이다.

　그렇다면 가장 쉽게 실천할 수 있는 길은 어떤 것일까? 가장 호소력 있는 것은 초월적 존재에 의지해 구원을 받는 것이다. 이것은 인류의 역사가 증명한다. 그 토대는 앞서 본 것과 같은 다양한 붓다 개념의 형성으로 마련된다. 이런 다양한 붓다 개념의 형성은 이행도를 제시하려는 의도에서 지속적으로 추구된 것일 가능성을 배제할 수 없다.

　그리고 붓다 개념의 발전은 이행도의 다양화를 동반하였다. 처음에는 불탑이나 불상에 예배하고 공양함으로써 공덕을 쌓는다고 하는 소박한 방식에서 출발하여, 현재하는 타방의 붓다를 일심으로 생각하거나 그 명호名號를 욈으로써 그 불국토에 가서 태어난다거나, 나아가 눈에 보이지는 않지만 현재하는 초월적 붓다를 떠올리거나 일심으로 생각하고 기도함으로써 구원을 받는다는 등의 방식으로까지 발전한다.

　이행도는 이것으로 그치지 않았다. 붓다가 아니라 관세음보살 등과 같은, 붓다를 대신하는 대보살에 대한 기원에 의해 구제를 받는다는 보살신앙, 원시적인 방식의 불탑에 공양하는 것보다 진실한 이치를 밝힌 경전에 공양하는 것의 효과가 훨씬 뛰어나다는 이치에 따라

권유되는 경전신앙, 진실한 이치 등을 담은 주문[呪]을 외는 것에 의해 뛰어난 과보를 얻는다는 주문의 암송 등도 등장하게 된다.

바야흐로 불교에 종교적 성격이 더해진 것이다. 인간의 근본[宗]되는 가르침[敎]이라는 의미에서 불교는 물론 종교이다. 그러나 절대자에 대한 믿음에 의지한 구원을 희구하는 신앙체계[religion]를 종교라고 정의하는 한, 초기불교는 종교가 아니었지만, 성격이 바뀐 것이다. 이것은 초기불교에는 결코 없었던 성격이다.

대승비불설大乘非佛說에 대해

이상에서 본 내용이 담겨 있는 대승불교 경전들은 일정 시기에 소수의 그룹에 의해 편찬된 것이 아니라, 긴 세월에 걸쳐 다수의 그룹에 의해 단계적으로 성립된 것으로 보는 것이 일반적인 시각이다. 이렇게 편찬된 대승경전은 그 분량이 대단히 방대하다. 그래서 대승경전은 많은 글을 남겨서 교리적으로 큰 영향을 미친 나가르주나와 바수반두Vasubandhu[한역명 세친世親 또는 천친天親], 두 사람의 활동을 중심으로 그 발전 단계를 구분하는 것이 보통이다. 즉 대승불교의 발생에서부터 나가르주나가 활동한 3세기 중반까지를 초기, 그 이후 바수반두가 활동한 5세기 후반까지를 중기, 그 이후를 후기로 구분하는 것이다.[83]

• • • • • • • • • • • • •

83 나가르주나는 중관사상의 기초를 세웠고, 바수반두는 그의 형인 아상가Asaṅga [무착無著]와 함께 유식사상의 기초를 확립한 인물이므로, 사상적으로 중관사상

이렇게 시대적으로는 3기로 구분하지만, 편집된 경전 분량은 초기쪽이 압도적으로 많고, 중기와 후기에 편집된 것은 훨씬 적다. 중기에 편집된 것으로는 《해심밀경解深密經》, 《능가경楞伽經》 등으로 대표되는 유식사상 계통의 경전과 《대반열반경》, 《승만경勝鬘經》 등으로 대표되는 여래장사상 계통의 경전을 들 수 있고, 후기에 편집된 것으로는 《대일경大日經》, 《금강정경金剛頂經》 등과 같은 밀교 계통의 경전이 거의 전부로서, 이들을 끝으로 경전 편집은 자취를 감춘다. 이렇게 보면 유식과 여래장 및 밀교 계통의 경전을 제외한 대부분의 대승경전이 대승 초기에 성립되었거나 적어도 그 기초가 형성되었다고 말할 수 있다.

이들 대승경전은 지금까지 설명한 성립 시기와 배경 때문에 붓다께서[佛] 친히 말씀하신 것[說]이 아니라고[非] 배척하는 움직임이 있어 왔고, 이런 견해는 오늘날까지도 상존하는데, 이를 대승비불설大乘非佛說이라고 칭한다.

확실히 대승경전에 등장하는 다양한 불신론佛身論과 이행도易行道는, 우리의 경험을 초월하는 것은 논의 대상으로 삼는 것 자체가 거부되고 엄격한 수행이 강조되는 초기경전의 일관된 흐름과 상치된다는 사실을 부인하기 어렵다. 또 대승경전에 등장하는 대보살들은 그 역사적 실존의 자료가 없는 분들이고, 이들 경전이 편집되기까지

· · · · · · · · · · · · · ·

과 유식사상의 기초가 수립된 것이 세 시기의 분수령으로 작용하고 있는 셈이다. 한편 7세기경 밀교의 등장은 대승 후기에 속하는 사건인데, 그 뚜렷한 성격의 차이 때문에 이 이후를 제4기로 구분하는 견해도 있다.

에 이른 전승傳承의 근거도 분명하지 않다는 점84에서 초기경전과는 차별된다. 이런 사정들에 의하면 대승경전이 붓다께서 친히 말씀하신 것이라고 고집하기는 어렵지 않은가 생각된다. 그럼에도 불구하고 대승옹호론자들은 대승경전이 불설佛說이라는 주장을 굽히지 않으므로, 여기에서 그 근거85를 간략히 살펴 보지 않을 수 없다.

첫째 먼저 예언하지 않으셨기 때문이라고 한다. 만약 대승경전이 붓다 입멸 후 어떤 다른 사람들이 정법을 파괴하기 위해 설한 것이라고 한다면, 어째서 세존께서 "장차 두려워할 만한 일들이 일어날 것이다"라는 것 같은 예언을 미리 하지 않으셨겠는가 라는 것이다.

둘째 과거에 함께 유행하였기 때문이라고 한다. 과거에 초기불교의 가르침과 함께 유행했는데, 어찌 대승만 유독 불설이 아니라고 알겠는가 라는 것이다. 이것은 양쪽 경전이 유행한 시점 및 그 선후는 외면한 주장이라고 생각된다.

셋째 다른 부류들의 경계가 아니기 때문이라고 한다. 대승경전의 내용은 광대하고 매우 심오해서 '소승'의 생각으로 알 수 있는 경계가 아니어서, 그들에게는 일찍이 말하지 않았다는 것이다.

넷째 양쪽이 모두 인정한다고 보아야 하기 때문이라고 한다. 만약 대승이 다른 붓다께서 설하신 것일지는 모르지만, 석가모니 붓다의 말

• • • • • • • • • • • • • •

84 유명한 대승경전들은 선정에 들어 붓다를 친견하고 붓다로부터 직접 들었다거나 용궁에 보존되고 있는 것을 가져왔다는 등 근거를 확인하기 어려운 전승설을 전하고 있다.

85 이하의 내용은 《현양성교론》 제20권과 《대승장엄경론》 제1권에 기술된 내용을, 《성유식론》(제3권)에서 종합하여 기술한 내용이다.(=졸역『주석 성유식론』 pp.278-281)

씀은 아니라고 말한다면, 곧 대승의 가르침이 붓다께서 설하신 것이라고 하는 것은 양쪽이 모두 인정하는 셈인데, 붓다들의 지혜는 같기 때문에 석가모니 붓다께서 말씀하신 것과 같다고 알아야 한다는 것이다.

다섯째 있음과 없음 때문이라고 하는데, 이것은 두 가지 경우로 나누어서 말한다. 「만약 대승이 '있다'고 인정한다면, 이 대승을 떠난 대승은 있을 수 없기 때문에 대승의 가르침은 붓다께서 설한 것임을 믿어야 한다. 만약 대승이 '없다'고 말한다면, '성문승'=초기불교의 가르침도 역시 없어야 한다. 대승에서 떠나서는 결정적으로 붓다를 이룰 수 있는 뜻이 없으므로, 누가 세상에 나타나서 성문승을 말하겠는가?」라고 한다.

여섯째 능히 대치하기 때문이라고 한다. 대승경전에 의지해 부지런히 수행하는 자는, 모두 무분별지를 이끌어 증득해서 일체 번뇌를 능히 바르게 대치하므로,[86] 붓다께서 설하신 것임을 믿어야 한다고 한다.

일곱째 뜻이 글과 다르기 때문이라고 한다. 대승경전에서 말한 것은 뜻의 취지가 매우 심오하므로, 그 글만을 따라 뜻을 취해서 문득 붓다의 말씀이 아니라고 비방을 일으켜서는 안 된다는 것이다.

이상이 주된 근거인데, 충분히 수긍되는가? 선뜻 동조하기 어려울 것이다. 그래서 이들의 주장에도 불구하고 현대의 연구자들은 이 문제에 대해 두 가지 관점에서 접근한다. 하나는 역사적인 관점이고,

• • • • • • • • • • • • • •

86 이는 대승의 주장대로 법공관을 닦아야만 무분별지를 증득해서 일체 번뇌를 대치할 수 있고, 기존 불교처럼 아공만을 알아서는 무분별지를 얻을 수 없다는 것을 전제로 한 주장이다.

다른 하나는 교리적인 관점이다. 그래서 역사적인 관점에서는 대승 경전이 불설이라고 보기 어렵지만, 교리적인 관점에서는 이들 경전 도 불교의 내용을 담고 있으므로 붓다의 가르침이나 붓다의 뜻이 아 니라고 말할 수 없다고 한다. 요약하자면 대승은 '비불설非佛說'일 수 있지만, '비불교非佛敎'나 '비불의非佛意'는 아니라는 것이다.[87]

　이런 현대 연구자들의 접근법은 상당한 공감을 불러 일으킨다. 다 만 이렇게 이해한다고 하더라도 교리적 관점에서는 여전히 해결해 야 할 문제가 남는다. 첫째는 방대한 대승경론 전체에 대해 위와 같 은 접근법을 일률적으로 선언하고 말 일은 아니지 않는가 라는 점이 다. 당연한 지적이다. 경론 전체에 대해서는 물론, 개별 경론 하나하 나에 대해서도 일률적으로 적용할 수 있는 것은 아니라고 생각한다. 내용을 세분화하여 판별해야 할 것인데, 내용의 세분화는 잠시 후에 살펴 보기로 하자.

　둘째는 그 세분화된 내용이 불교와 부합하는 것인지, 부합하지 않 는 것인지를 어떤 기준에서 가려야 하는가 라는 점이다. 이 점은 불 설임에 누구도 이의를 제기하지 않는 초기불교의 내용이 판별의 기 준이 되어야 한다고 생각한다. 열반을 앞두고 하셨던 붓다의 아래 유 훈[88]은 이 점을 염두에 둔 것이었다고 생각된다.

　　혹 어떤 비구가, '여러분, 나는 어떤 마을, 어떤 성, 어떤 나라에서 직접 붓

．．．．．．．．．．．．．．
87 정순일 저『인도불교사상사』p.344(2005년 운주사) 참조.
88 《장아함경》(제3권) 제2 유행경遊行經(의 중中)에서의 말씀이다. 이와 상응하는
　　DN 16 대반열반경에도 같은 뜻의 말씀이 있다.

다로부터 들었는데, 이것이 법이고 이것이 율이며 이것이 가르침이라고 직접 받았다'라는 이런 말을 했다고 하자. 그러면 붓다로부터 들었다고 하는 것을 불신해서도 안 되고 헐뜯어서도 안 된다. 응당 여러 경들로써 그 허실虛實을 따지고, 율律에 의거하며 법에 의거해 그 본말本末을 규명해 보아야 한다.

그래서 그가 말한 것이 경에 있는 것도 아니고, 율도 아니며, 법도 아니거든 그에게, '붓다께서 그렇게 말씀하시지 않았다. 그대가 잘못 받아들인 것이 아닌가? 왜냐하면 내가 모든 경에 의거하고 율에 의거하며 법에 의거해 보니, 그대가 먼저 말한 것은 법과 서로 어긋나기 때문이다. 현자여, 그대는 그것을 받아 지니지 말고, 남을 위해 말하지도 말며, 그것을 버려야 한다'라고 말해야 한다.

만약 그가 말한 것이 경에 의거하거나 율에 의거하거나 법에 의거한 것이거든 그에게, '그대가 말한 것은 진정 붓다께서 말씀하신 것이다. 왜냐하면 내가 모든 경에 의거하고 율에 의거하며 법에 의거해 보니, 그대가 먼저 말한 것은 법과 상응하기 때문이다. 현자여, 그대는 그것을 받아 지녀서 널리 남을 위해 말하고, 부디 버리지 말라'라고 말해야 한다.

이 유훈에 의하면 대승경론의 내용이 초기불교에 등장하지 않는 것이라면 그 개개의 내용을, 초기불교의 교법과 계율에 의거하여 그 허실과 본말 등을 따져 보아야 할 것이다. '허실과 본말 등'을 따져야 하므로, 드러난 표현이 아니라 그 뜻이 판별 기준이 되어야 한다. 결코 쉬운 일이 아니므로 함부로 언급할 수 있는 것이 아니다. 또 그 내용이 대단히 방대하므로 여기에서 낱낱이 살펴볼 수 있는 일이 아님은 물론, 유형적으로 살펴 보기도 어려운 일이다.

그렇다고 아무런 노력도 해 보지 않을 수는 없다. 이에 위험을 무릅쓰고 거친 분류와 기준에 의해, 불교와 부합하는 것으로 보기 어려운 바를 유형화해 보이고, 그 나머지 내용 중 불교와 부합하는 것으로 보이는 내용을 밝혀 보이는 시도를 해 보고자 한다. 부디 독자들께서 선의로 그 뜻을 이해해 주기 바란다.

앞서 본 대승불교의 기본원리와 관련시켜 보면 대승경론의 중요 내용은, ① 대승의 이상에 맞춘 이타 우선의 이론체계와 ② 대승의 명분을 내세운 실천체계로서 제시된 이행도의 두 가지를 들 수 있지만, ③ 이타 우선의 이론체계와 관련하여 전개되었기는 하나 이타와는 무관하게 등장한 불교이론, 또 대승불교의 발전에 따라 이타의 이상과는 큰 관계없이 전개된 이론도 포함되어 있다. ①은 대승경론의 이념적理念的 요소, ②는 종교적宗教的 요소, ③은 사상적思想的 요소[89]라고 말할 수 있겠다.

그 중 ①은 대단히 판별해 말하기 어려운 부분이다. 우선 이타를 우선시해야 한다는 대승의 이상에 관한 내용은 불교와 완전히 부합하는 것이라고 해석하고 싶다. 그러나 이를 위해 수립된 이론은 내용 자체 또는 그 전제가 초기불교의 이치와 어긋나는 부분이 많아 보인다. 붓다의 앞서 본 유훈에 의거해 깊이 사유하고 숙고해야 할 부분이다.

다음 ②는 불교의 반대편에 서 있는 것이라고 말할 수 있겠다. 불

• • • • • • • • • • • • •

[89] ①은 이타라는 이념을 따라 이치를 세우고 조직하는 측면을 가리키고, ②는 초월적 존재에 의지해 복과 구원을 희구하는 실천체계라는 측면을 가리키며, ③은 어떤 주제에 대한 이치를 탐구하여 수립한 이론체계 내지 사상체계라는 측면을 가리키는 취지이다.

교가 다층적인 문화현상의 집합체라고 이해할 경우 불교가 아니라
고 말할 수 없을지 모르지만, 적어도 석가모니 붓다께서 말씀하신 가
르침이라는 뜻에서의 불교라고는 말할 수 없는 부분이다.

끝으로 ③에는 불교와 부합하지 않는 부분이 없지 않지만, 상당
부분은 불교와 완전히 일치하는 것이다. 어떤 면에서는 부파불교보
다 불교의 근본에 더 철저하다. 그런데 이 점은 그 뜻을 이해하지 못
하면 알기 어려울 수 있으므로 항목을 바꾸어 살펴 보겠다.

대승불교의 사상

우선 대승 초기에 형성된 공사상은 나가르주나에 의해, 모든 현상
은 연기의 이치에 따라 철저하게 중도中道로 파악되어야 한다는 중
관中觀사상으로 체계화된다. 그 개요는 그의 《중론中論》에 잘 나타
나 있는데, 이에 수록된 아래 게송90은 그 핵심을 알려 준다.

뭇 인연 따라 생겨난 법[衆因緣生法]
이것을 나는 공[無]91이라 하고[我說卽是無]
또한 이것을 가명假名이라 하며[亦爲是假名]
또한 중도中道의 뜻이라 한다네[亦是中道義]

· · · · · · · · · · · · · ·
90 처음 2수의 게송은 구마라집 역 《중론》 제24 관사제품觀四諦品 제18·19게송이
   고, 뒤의 2수의 게송은 글머리의 귀경게歸敬偈인데, 후자는 여덟 가지 아님[八不]
   으로 표현된 중도라는 뜻에서 '팔불중도'라고 칭하는 게송이다.
91 한역본에는 '무無'라고 되어 있지만, 범본에는 '공śūnyatāṃ'이라고 표현되어 있다.

일찍이 어떤 하나의 법도[未曾有一法]

인연 따라 생기지 않음 없었으니[不從因緣生]

이러한 까닭에 일체 법은[是故一切法]

공空 아닌 것이 하나도 없네[無不是空者]

생기지도 않고 소멸하지도 않으며[不生亦不滅]

영원하지도 않고 단절되지도 않으며[不常亦不斷]

동일하지도 않고 다르지도 않으며[不一亦不異]

오지도 않고 나가지도 않네[不來亦不出]

능히 이 인연법을 말씀하시어[能說是因緣]

모든 언어적 유희를 잘 소멸시키신[善滅諸戱論]

붓다께 나 엎드려 예배드리니[我稽首禮佛]

설법자들 중 으뜸이시네[諸說中第一]

이 중관사상은 앞서 본 것처럼 부파불교의 제법실재론을 비판하기 위해 등장한 것인 관계로, 비록 그 전제로 삼은 바에 의도적인 왜곡92이 있기는 하였지만, 그 내용 자체는 불교와 완전히 일치하는 것이니, 연기의 이치에 맞게 사고하고 알아야 한다는 것이다. 좀 더 나아가 보면 드러나겠지만, 대승의 중요한 사상들은 모두 이 연기의 이치의 심오함을 드러내는 것들이다.

• • • • • • • • • • • • • •

92 앞서 밝혔듯이, 부파불교가 제법의 실재성을 인정함으로써 아공은 알지만 법공은 알지 못한다고 비판한 것은, 의도적 왜곡이라는 것이다.

이 공사상 내지 중관사상은 이 책은 물론 불교의 이치를 설명하는 자리에서는 빠지지 않고 언급되는 것이므로 간략히 이 정도로 그치겠다.

다음 살펴 볼 것은 유식唯識사상이다. 유식사상은 대승 중기에 미륵彌勒[93]과 무착에 의해 그 기초가 확립된 사상으로, 중생이 생사에 유전하는 원인 및 깨달음과 열반에 이르는 길을 인식의 원리에 의해 밝히고자 한 것인데, 중관과 함께 대승의 2대 사상을 형성하는 이론이다. 이는 '대승'과 '유식'이라는 두 가지 입장에서 불교이론 전반을 체계화한 것이므로, 그 내용이 대단히 방대하고 복잡해서 간단히 언급하기 어렵지만, '유식무경唯識無境'이라는 것이 기본 개념이 되고 있으므로, 이를 중심으로 그 요체를 살펴볼 수 있다.

유식무경이란 우리가 인식하는 외부세계와 나[94]는 오직 인식으로만 있을 뿐이지, 실제로 그와 같은 대상[境]은 없다는 것이다. 그래서 세친이 저술한 《유식이십론》에서는, "대승에서는 삼계가 오직 식일 뿐[三界唯識]이라고 안립하니, 경[95]에서 삼계는 오직 마음일 뿐[三界唯心]이라고 말하기 때문이다. 여기에서 마음은 뜻으로 심소를 겸하여 말하니, 오직 외부대상[外境]만을 부정할 뿐, 심소는 부정하지 않는다. 내적 인식이 생길 때 외부대상인 것처럼 나타나니, 마치 현기증이 있거나 눈에 백태가 끼면 머리카락이나 파리 따위를 보는 것과 같지만, 여기에는 조금이라도 진실한 뜻이

• • • • • • • • • • • • • •

93 미륵이 실존인물인지, 무착이 내세운 가상의 인물인지에 대해서는 의견이 일치하지 않는다.
94 '외부세계와 나'란 인식대상과 인식주체를 가리키는 것이다.
95 80권본 《화엄경》 제54권에서의 말씀이다.

전혀 없다"라고 하였고, 《유식삼십송》의 제17 게송에서는, "이 모든 식이 분별주관[分別]과 분별대상[所分別]으로 바뀌어 변하니, 이런 까닭에 그것들은 모두 없으며, 따라서 일체는 오직 식일 뿐이다"라고 하였다.

오직 인식일 뿐 그와 같은 외부대상이 없다고 한다면, 우리는 헛 것을 밟고 헛 것을 보며 듣고 있다는 것인가 라는 의심96이 일어날지 모른다. 과거 이 '유식무경'이라는 표현을 설명할 때 그런 의심을 일으키는 것이 당연할 정도로, 충분한 설명이 이루어지지 못했다. 그러나 이것은 그런 의미가 아니다.

'유식무경'은 우리가 인식한 것과 1:1로 합치하는 그런 외부대상은 실제로 없다는 것일 뿐이다. 왜냐하면 우리는 무명에 덮혀서 연기하는 현상들의 실제 모습을 있는 그대로 알고 보지 못하고, 그 피상적인 윤곽만을 붙잡아 유위로 형성해서 의식=식별=인식하기 때문이다. 혹 뛰어난 능력이 있어서 연기하는 현상의 순간적인 단면을 있는 그대로 파악했다고 하더라도, 그 다음 순간 그 현상은 연기의 이치에 의해 이미 다른 현상으로 바뀌어 변하였을 것이므로, 인식한 사람이 파악했던 그 현상은 이미 사라지고 없고 현실에는 실제로 존재하지 않으니, 그가 인식한 것과 1:1로 합치하는 그런 외부대상이 없는 것은 마찬가지이다. 그래서 유식에서는 이 인식을 전환해서 지혜를 얻는, 소위 전식득지轉識得智를 수행의 최종 목표로 내세운다. 따라서 '유식무경'은 정확하게 연기의 이치를 나타낸 표현이고, 유식의 요체는 우리가 앞에서

---

96 인식대상인 '세계'뿐 아니라 인식주체인 '나'에 대해서도 설명해야 하겠지만, 인식주체인 나가 없다는 점에 대해서는 이미 충분히 밝혔으므로, 여기에서는 외부대상에 대해서만 언급한다.

본 불교의 근본원리와 일치하는 것이다.

유식사상에서 한 가지 더 언급할 것은 여덟 가지 의식, 즉 팔식八識을 주장하는데, 이것이 과연 초기불교의 원리와 배치되지 않는가 라는 점이다. 유식에서는 기존의 여섯 가지 의식에 더하여 제7의 말나식末那識과 제8의 아뢰야식阿賴耶識을 주장하는데, 확실히 팔식설은 유식사상 이전에는 있지 않았던 주장으로, 초기불교에 일관된 육식설을 넘어선 것이다.

제8 아뢰야식은 기존 여섯 가지 의식의 배경과 근거가 되는 기층基層 의식을 가리키는 것으로, 재생시 전생과 후생을 연결하는 의식이 되고, 표층表層의식의 결과 및 그 원인이 될 종자를 저장하는 역할을 하면서, 표층의식이 활동하지 않는 동안에도 끊임없이 활동함으로써 자아관념을 일으키는 대상이 된다는 의식97이고, 제7의 말나식은 이 제8식을 자신의 자아라고 집착하는 의식98이다.

그렇지만 팔식설은 그 내용에 있어 초기불교의 가르침에 배치되는

••••••••••••••

97 아뢰야ālaya는 저장[藏]한다는 뜻이다. 그래서 아뢰야식은 장식藏識이라고 번역되는데, 그 역할 때문에 여러 가지 이름이 있으니, 재생연결시 달리[異] 익는다[熟](=업의 선·악의 성품과는 달리 중립적인 무기의 성품이 되고, 전생의 업과는 다른 시기인 후생의 결과로 익는다는 등의 의미)고 해서 이숙식異熟識이라고 이름하고, 표층의식의 종자를 붙잡아 지닌다고 해서 일체종자식이라고도 이름한다.

98 한문으로는 제8식은 '심心'이라고 칭하고, 제7식은 '의意'라고 칭하며, 기존의 6식은 '식識'이라고 칭한다. 그래서 8식을 구분하면서 총칭하여 '심·의·식'이라고 하므로, 초기경전(=《잡아함경》 제12권의 제289·290 들음 없음경①·② 및 이와 상응하는 SN 12:61·62 배움 없음경[Assutavā sutta]①·②)에서 '심·의·식'은 동의어로 사용되는 것과는 다르다.

것이라고 보기 어렵다. 초기불교에서의 육식 중 제6 의식은, 감각적 대상을 인식하는 전5식과는 성격이 다르다는 점만이 기준이 됨으로써 아주 많은 범위를 포괄하고 있는데, 여기에는 성격이 다른 의식들이 포함되어 있으므로, 인식의 원리를 좀 더 세밀하게 이해하기 위해 그 다른 성격의 의식을 상호 구분하여 파악하고자 한 것에 불과하기 때문이다. 아마 붓다께서 후세의 제자들이 이 팔식설을 주장하는 것을 들으신다면, 수긍하실 수 있을 것이 아닌가 생각될 정도로 큰 무리는 없는 이론이다.

그 외 유식사상은 앞서 언급하였듯이 대승과 유식이라는 두 가지 입장에서 불교이론 전반을 체계화한, 방대한 내용을 담고 있는 것이므로, 초기불교와 조화되기 어려운 내용도 적지 않다. 그렇지만 그 핵심원리는 이처럼 초기불교와 충분히 어울릴 수 있는 것이라고 생각한다.

다음으로 볼 것은 화엄사상인데, 화엄사상이란 《화엄경》[99]이 담고 있는 사상이라는 뜻이다. 그런데 《화엄경》은 초기불교의 원리와 중관·유식·여래장·정토 등 대승불교의 모든 사상을 아울러서, 대승불교의 이상이라고 할 성불의 이론과 실천체계를 세운 경전이므로, 대승불교사상의 백화점이라고 부를 수 있을 만큼 많은 사상을 담고 있지만, 다른 대승경전에는 등장하지 않는 법계연기사상이 그 핵심이라고 볼 수 있다.[100]

• • • • • • • • • • • • •

99 이 경의 한역본은 60권본과 80권본의 2종류가 있고, 그 외 그 일부인 입법계품만을 번역한 40권본이 있다.
100 《화엄경》의 가장 권위 있는 주석을 쓴 청량징관은 이 경의 핵심원리를 '부사의不思議인과因果연기緣起이실리實理'법계'라고 표현한다.(=졸역『대방광불화엄경』제

법계연기사상이란 붓다께서 펴신 연기의 이치를, 모든 현상의 갈래를 다 포괄하는 법계의 국면에서 전개하여 밝힌 사상이라고 말할 수 있다. 여기에서는 기존의 연기사상을 업감業感연기 또는 아뢰야식연기101라는 이름으로 부르면서, 이것들은 중생의 유전과 해탈이라는 국면에 한정하여 밝힌, 협소한 것인 반면, 법계연기는 이를 법계라는 광대한 세계로 끌어올린 가장 고차원의 사상이라는 뜻이 담겨 있다. 그러면서 연기의 이치가 전개되는 법계를 이理법계·사事법계·이사理事무애無礙법계·사사事事무애법계의 네 가지로 나누고, 이사무애하며 사사무애한 무애법계가 이 세계의 진실한 성격이라고 하면서, 이를 상입相入상즉相卽이라는 개념에 의해 설명한다.

그렇지만 이 법계연기사상도 역시 초기불교의 연기론에 의해 도출된 것으로서, 그것을 이론적으로 확장하여 전개한 것일 뿐, 새로운 이치라고 말하기는 어렵다. 이를 앞에서 밝힌 초기불교의 연기론에 의해 설명해 보겠다. 우선 4법계의 개념 중 '이理'란 이치라는 뜻이니, 이것은 연기의 이치를 가리키고, '사事'란 현상이라는 뜻이니, 이것은 연기의 이치에 따라 일어난 개별적인 현상들을 가리키는 것이다. 따라서 이법계란 연기의 이치 자체를 가리키고, 사법계는 연기의 이치에 의해 일어난 현상들의 법계를 말하는 것이다. 따라서 사법계는 18계 중의 법계를 포함하여 18계 모두를 포괄하는 것이다. 그리고 이사무애는 이

• • • • • • • • • • • • • •

Ⅰ권 p.238)

101 '업감연기'는 업業에 의해 괴로움의 과보가 감응[感]하는 것을 나타내는 연기라는 뜻으로, 초기불교의 12연기를 가리키는 것이고, '아뢰야식연기'는 중생의 유전과 해탈이 아뢰야식이 바탕이 되어 전개됨을 나타내는 것으로, 유식사상의 연기론을 가리키는 것이다.

연기의 이치와 그에 의해 일어난 개별 현상 사이에는 아무런 장애와 걸림이 없다는 것을 의미하는 것이니, 이는 특별한 설명을 덧붙이지 않아도 이해될 수 있을 것이다. 끝으로 사사무애는 연기의 이치에 의해 일어난 개별 현상들 상호간에도 아무런 장애와 걸림이 없다는 것을 뜻하는데, 이 점은 좀 더 설명이 필요하다고 생각된다. 그런데 이것을 밝히는 것이 바로 상즉상입의 개념이므로, 이에 나아가 알아 본다.

앞에서 여러 번 언급되었듯이 모든 현상[法]이 연기하고 있는 법계에서, 연기한 현상은 무수히 많은 조건들의 영향으로 일어나고, 일어나자마자 무한히 많은 조건들의 영향을 받고 있다고 보지 않을 수 없다. 그렇다면 그 현상은 잠시라도 생긴 그대로 결코 존속할 수 없고, 부단히 변화하고 변모하고 있다고 이해해야 한다. 따라서 법계의 진실한 모습을 보면 어떤 법도 다른 법과 분별分別될 수 없고, 자신만의 고유한 표상을 갖지 못하지만, 그 실상을 보지 못하는 범부는 법의 외형적 표상을 취하여 그 법을 다른 법과 분별하여 인식하는 것이 현실이다. 현실에서 연기는 시·공간의 4차원에서 이루어지고 있지만, 이해의 편의를 위해 이를 뒷면에 보이는 2차원의 간단한 도형을 통해 살펴보자.

이 도형에서 ⓐ 내지 ℗의 16개 사각형은 범부가 법계의 실상을 알지 못하여 어느 한 순간 표상으로 취한 개별적인 법이다. 법계에서 연기하는 현상은 무수히 많아서 헤아릴 수 없지만, 지금은 그 현상이 모두 이 16개뿐인 것으로 보고, 이것이 법계의 전모인 것으로 간주하자. 그리고 여기에서 예컨대 ⓐ와 ⓑ, ⓐ와 ⓔ, 내지 ℗와 ⓛ, ℗와 ⓞ처럼 상호 연접한 것은 직접 상호 작용하고 있는 관계에 있는 법으로 보고, 그렇지 않은 것은 직접적으로는 상호 작용을 하지 않는 것으로 본다.

a	b	c	d
e	f	g	h
i	j	k	l
m	n	o	p

그럴 경우 범부는 실상을 알지 못하여 위 법들을 각각 분별하여 독립된 존재로서 인식하지만, 실제로 위 법들은 연접한 법과 상호 작용을 하고 있으므로 독립된 존재로서 분별될 수 없는 것들이다.

따라서 이와 같이 상호 작용하고 있는 두 개의 법, 예컨대 섯와 섰는 실제로 서로 별개가 아닌 것을 잘못 분별하여 인식한 것이므로, 실제에 의거한다면 섯는 즉 섰이고, 섰도 즉 섯인 관계에 있다. 또 섯와 섰는 각각 즉 [a+b]라고도 할 수 있다. 마찬가지로 세도 역시 즉 ⓚ이며, ⓚ도 즉 세이고, 또 둘 다 즉 [j+k]라고 할 수 있다. 다른 것들도 모두 다 마찬가지이다. 이것이 곧 상즉相卽102의 기본 개념이다.

그런데 이와 같은 상즉의 원리는 상호 작용하는 법 사이에만 성립되는 것은 아니다. 곧 섯와 성는 직접 상호 작용하는 것은 아니지만, 각각 중간의 섰와는 상호 작용하고 있다. 그런데 섯와 섰, 또 섰와 성는 각각 서로 분별될 수 있는 것이 아님에도 실상에 반하여 분별된 것이다. 따라서 섯와 [b+c]는 상즉관계에 있고, 또 [a+b]와 성도 상즉관계에 있으므로, 섯와 성 역시 상즉관계에 있다. 이렇게 보면 한 단계를 더 건너 뛴 섯와 ⓓ 사이라고 하여 다를 리 없다. 나아가 법계에서 가장 상호 작용관계가 약하여, 서로 어떤 관련이 있을 것으로 보이지 않는 섯와 ⓟ도 상즉관계에 있다고 보아야 할 것이다. 왜냐하면 [a+e+i+m]과

102 이렇게 보면 '상즉'은 어떤 것은 그와 다른 어떤 상대방과 별개가 아님을 나타내는 것이니, '서로[相] 곧[卽] 상대방이다'라는 뜻이다.

[n+o]는 각각 분별될 수 있는 것이 아니고, 또 예컨대 [a+b+c+e+f+g+i+j+k+m+n+o]도 분별될 수 있는 것이 아니므로, ⓞ와 상즉관계에 있는 ⓟ는 멀리 섯와도 상즉관계에 있기 때문이다.

이렇게 보면 이 원리는 낱낱 법 사이에만 적용되는 것은 아님을 알 수 있다. 말하자면 섯는 예컨대 [c+d]와도 상즉하고, [m+n]과도 상즉하며, 또 [k+l+o+p]와도 상즉한다. 그 극한까지 나아가면 섯 자신을 제외한 전부, 나아가 섯 자신을 포함한 법계 전부와도 상즉하고 있다. 이렇게 되는 이유는 일체가 연기하는 법계에서는 어느 하나의 법도 독립적인 존재가 아니기 때문이다. 그러니 하나가 곧 여럿이고, 여럿이 곧 하나이며[一卽多 多卽一], 하나가 곧 일체이고, 일체가 곧 하나[一卽一切 一切卽一]라는 이치가 성립될 수 있는 것이다.

상입의 원리는 위와 같은 상즉의 원리에 준해 이해할 수 있다. 섯와 분별될 수 없으며 그와 일체인 관계에 있는 섰는 섯에 들어갈 수 있고, 같은 이유에서 섯 역시 섰에 들어갈 수 있다. 연기적 연결이 약한 섯와 ⓟ 사이가 마찬가지인 것은 물론, 하나와 여럿, 예컨대 섯와 [k+l+o+p] 사이, 또 [a+b+e+f]와 ⓟ 사이도 마찬가지이며, 하나와 일체와의 사이도 마찬가지인 것은 위에서 본 바와 같은 이유에서이다. 그러므로 하나는 여럿에 들어가고, 여럿은 하나에 들어가며[一入多 多入一], 나아가 하나는 일체에 들어가고, 일체는 하나에 들어간다[一入一切 一切入一].

이렇게 보면 상즉은 곧 법계의 일체성을 나타내고, 상입은 법계 현상의 상호의존적 공존성을 나타내는 원리라고 표현할 수 있는데, '하나', '여럿', '일체'의 상호관계에 대한 산술적 고정관념에 매어 있어서는 결코 이해할 수 없는 원리이다. 이와 같은 원리는 시간의 개념까지 동원된 4차원의 법계라고 하여 달라질 리 없고, 더 차원이 확장된다고 하더라도 다름이 없을 것이다. 그래서 이와 같은 원리를 법계의 모든 현상 상호간에 적용하여 이해한 것이 곧 사사무애법계이고, 이런 법계의 현상들과 그 근본되는 연기의 이치 사이의 상호관계로 이해한 것이 이사무애법계이다.

그래서 무애법계의 이치 역시 초기불교에서 붓다께서 밝힌 연기의 이치에서 도출된 개념으로서, 그 성격을 이론적으로 확장하여 전개한 것일 뿐, 새로운 이치라고 말하기 어렵다고 한 것이니, 《화엄경》의 핵심인 법계연기사상도 초기불교와 충분히 조화될 수 있는 것임을 알 수 있다.

마지막으로 한 가지 더 살펴 보아야 할 것은 이른바 여래장如來藏사상 내지 불성佛性사상이다.

여래장사상이란 모든 중생에게는 여래가 간직되어 있지만 드러나지 못하고 있으므로, 중생은 여래의 곳간[藏]이자 여래의 태아라고 보는 사상이다. 《대방등여래장경》에서의, "선남자여, 내가 불안佛眼으로써 일체 중생을 관찰하니, 탐욕·성냄·어리석음의 여러 번뇌 중에서도 여래의 지혜[如來智]와 여래의 눈[如來眼]과 여래의 몸[如來身]이 있어, 가부를 맺고 앉아 엄연히 움직이지 않는다. 선남자여, 일체 중생은 비록 여러 윤회세계의 번뇌의 몸 중에 있지만, 여래장이 있어 항상 오염 없이 덕상德相을 갖추고 있는 것은 나와 다름이 없다. … 선남자여, 모든 붓다의 법은 그러해서, 붓다가 세상에 나왔든 나오지 않았든 일체 중생의 여래장은 항상 머물고 변치 않는다[常住不變]"라는 말씀이 이 사상의 선구가 되었는데,103 이는 인지因地와 과지果地에 통용되는 여래성如來性, 곧 불성佛性을 인지에 한정해서 파악한 개념104이지만, 이 여래장사상은 "일체 중생에게는 모두 불성이 있다[一切衆生 悉有佛性]"105고 선언하는 불성사상으로 발전한다. 이 여래장사상은 중관이나 유식과 같은 뚜렷한 줄기를 형성하지는 못했어도, 대승불교사상의 곳곳에 스며들어서 그것이 미치고 있는 영향력은 중관이나 유식에 못지 않다고 생각된다.

  그렇다면 여래성 내지 불성의 본질은 무엇인가? 이에 관해서는 과거 무수한 이론과 논쟁이 있어서, 여기에서 이를 자세히 밝히기는 적당하지 않다. 다만 현재 이 사상을 이해하는 방식에는 크게 두 가지가 있다고 말할 수 있다. 첫째는 이 여래성 내지 불성이 우리 중생에게 갖추어져 있는 고정 불변의 성품이라고 보는 것이다. 말하자면 모든 중생은 바로 지금 여래 내지 붓다라는 것이다. 다만 현재 번뇌에 덮여 있어서 그것이 드러나지 못하고 있을 뿐이라고 한다. 그러나 이와 같은 이해는 어떤 유형의 영속적 개체도 부정하는, 초기불교 이래의 무아론과 배치될 위험을 안고 있다.

  둘째는 여래장 내지 불성을, 모든 중생에게 여래 내지 붓다가 될 수

•••••••••••••

103 '말씀이 이 사상의 선구가 되었다'라고 하였지만, 이 사상이 이 말씀을 담은 경전을 탄생시켰을 수도 있다. 여래장 계통의 경전인 《부증불감경》·《승만경》 등에도 이와 같은 취지의 말씀이 있다.

104 '인지'는 원인의 단계, '과지'는 결과의 단계라는 뜻으로, 중생은 결과인 붓다가 되기 위한 원인을 닦아야 하는 단계에 있고, 붓다는 그 결과의 단계에 있음을 나타내는 것인데, 인위因位와 과위果位라고도 칭한다. '여래장'은 아직 여래가 드러나지 않고 곳간에 저장되어 있는 상태를 나타내므로, 과지까지 포함한 개념이 아니라 인지에 한정된 개념이라는 것이다.

105 《대반열반경》(=40권본의 제7권, 36권본의 제6권)에서의 유명한 선언이다.

있는 가능성 내지 능력이 있다는 의미로 이해하는 것이다. 이는 《대반열반경》에서, "불성이란 제일의의 공[第一義空]이라고 이름하는데, 제일의의 공은 이름해서 지혜라고 한다"라고 설명하고,106 이에 근거해 세친이 《불성론》에서 '불성이란 곧 인·법 두 가지 공으로 나타나는 진여[人法二空所現眞如]'라고 설명한 글107이 이런 이해를 가능케 한다고 보는 것이다. 이에 의하면 여래장 내지 불성은 두 가지 공으로 나타나는 진여를 증득할 수 있는 가능성 내지 능력이 모든 중생에게 있다는 뜻일 뿐이다. 불성에 관한 이론이 다분히 방편설임을 시사하는, 논서의 아래와 같은 글들108도 이런 이해를 뒷받침한다.

(문) 붓다께서는 무슨 인연 때문에 불성을 말씀하셨는가?

(답) 여래께서는 다섯 가지 과실을 제거하고, 다섯 가지 공덕을 일으키게 하기 위해 일체 중생에게는 모두 다 불성이 있다고 말씀하셨다.

· · · · · · · · · · · · · ·

106 《대반열반경》(=40권본의 제27권, 36권본의 제25권)의 글이다.

107 '진여'란 있는 그대로의 진실을 뜻하는 개념이므로, 본문과 같은 이해를 가능케 한다고 한다. 그러나 이 진여를 이해하는 방식(=예컨대 중생의 마음이 갖추고 있다는 두 가지 측면 중 불변의 진여로 이해하는 방식)에 따라서는 첫째 방식의 이해를 가능케 하는 근거로도 될 수 있다. 본문은 《불성론》 제1권에서의 글인데, 여래장사상에 대한 대표적 논서인 《구경일승보성론》=《보성론》도 여러 곳(=제1·2·3권 등)에서 불성과 진여를 동의어로서 사용하고 있다.

108 본문에 인용한 것은 《불성론》(제1권) 첫머리의 글이다. 위 《보성론》(제4권)도 "겁약한 마음이 있음, 모든 중생을 경시하여 교만함, 허망한 법을 집착함, 진여 불성을 비방함, 신체에 자아[神我]가 있다고 계탁하는, 이러한 등의 다섯 가지 허물을 멀리 여의도록 하기 위해 불성 있음을 말한다. … 그 진여의 성품을 듣는다면 크게 용맹한 힘 그리고 세존을 공경함, 지혜[智], 반야[慧] 및 대비를 일으킨다"라고 하여, 같은 이유를 밝히고 있다.

다섯 가지 과실을 제거한다는 것은, 첫째 중생으로 하여금 하열한 마음을 여의게 하기 위해서이고, 둘째 하품의 사람에 대해 거만함을 여의게 하기 위해서이며, 셋째 허망한 집착을 여의게 하기 위해서이고, 넷째 진실한 법을 비방함을 여의게 하기 위해서이며, 다섯째 아집 我執을 여의게 하기 위해서이다.109

다섯 가지 공덕이라는 것은, 첫째 바른 정진의 마음을 일으키고, 둘째 공경하는 일을 일으키며, 셋째 반야[慧]를 일으키고, 넷째 지혜[智]를 일으키며, 다섯째 대비를 일으키는 것이다.

다섯 가지 공덕에 의해 다섯 가지 과실을 뒤집을 수 있다. 바른 정진에 의해 하열한 마음을 뒤집고, 공경함에 의해 경시하고 거만한 마음을 뒤집으며, 반야에 의해 허망한 생각의 집착을 뒤집고, 지혜의 세속지를 일으킴에 의해 진실한 지혜 및 모든 공덕을 나타낼 수 있기 때문에 진실한 법을 비방함을 뒤집으며, 대비심으로 말미암아 자애하는 생각이 평등하기 때문에 아집을 뒤집는다.

이렇게 보면 여래장사상과 불성사상은 그 표현이 오해의 소지를 안고 있을 뿐, 기본적으로는 초기불교와 완전히 조화될 수 있는 사상이

••••••••••••••

109 이 글에 이어서 셋째 과실을 제거함에 대해서는, "불성이란 곧 인·법 두 가지의 공으로 나타난 진여이다. … 이 이치를 통달한다면 허망한 집착을 여읜다"라고 설명하고, 넷째 과실을 제거함에 대해서는, "비방이라고 말한 것은, 만약 불성을 말하지 않는다면 곧 공을 알지 못하고 문득 실제로 있다고 집착해서 진여를 거슬러 헐뜯으므로, 청정한 지혜와 공덕은 모두 성취되지 못한다는 것이다"라고 설명하며, 다섯째 과실을 제거함에 대해서는, "불성을 말씀하시는 것을 들음으로 말미암아 허망함의 과실과 진실함의 공덕을 알아서 곧 중생에 대해 대비를 일으킨다면, 피차彼此가 없기 때문에 나에 대한 집착을 제거한다는 것이다"라고 설명한다.

라고 하겠다. 그럼에도 현실에서 이 사상은 주로 초기불교와 조화되기 어려운 용법으로 사용되고 있는 것이 아닌가 생각된다. 깊히 유념하여 표현에 신중을 기할 필요가 있다고 하겠다.

이상 대승불교의 중요한 사상들은 초기불교와 충분히 조화될 수 있는 내용을 갖고 있다는 것을 살펴 보았다. 어떤 점에서 이들 사상은 초기불교의 원리에 더욱 철저하기도 하고, 한편으로는 초기불교의 설명으로 잘 드러나지 않았던, 심오한 의미를 드러냄으로써 불교의 시야와 지평을 넓히는 것이기도 하다. 불교의 소중한 유산이라고 생각한다.

그럼에도 불구하고 이것을 불설이 아니라는 이유로 배척하고 불교에서 제외하려는 것은 지나치게 편협한 자세가 아닐까 한다. 다른 한편 우리가 불교를 이해할 때에는 이타를 최우선으로 삼아야 한다는 대승의 이상을 거울로 삼아 비추어볼 필요가 있다. 이런 점에서 초기불교가 대승을 대하는 기존의 자세는 재고될 필요가 있다고 생각한다.

반면 대승불교는 근거가 박약한 '불설'의 주장으로써 정당성을 확보하려는 것이 옳은 태도인지 점검할 필요가 있다. 또 대승불교의 사상이 초기불교에는 없던 고차원의 것이라고 하면서, 대승불교의 우월성을 과시하려는 태도도 온당치 않아 보인다. 위에서 본 것처럼 이들은 초기불교의 원리에 그 근거가 있고, 그 원리로부터 도출되는 것들이기 때문이다.

오히려 대승불교로서는 초기불교를 충분히 이해한 다음 그들의 주장이 불교의 기본원리에 바탕을 둔 것인지, 아니면 그 원리에 어긋나는 것인지 늘 점검해서, 불교를 배우는 사람을 오도하지 않도록 유의하는 것이 더 긴요한 일이라고 생각한다. 이런 점에서 대승이 초기불교를 대하는 기존의 자세 역시 재고되어야 한다.

제3절 선불교

성립과 전개

선불교禪佛敎란 6세기 이후 중국에서 '선종禪宗'이라는 이름 아래 종파의식을 공유한 선승禪僧들이 선대로 거슬러 올라가 자신의 뿌리를 찾아서 법맥法脈을 내세우며 활동한 불교의 한 분파를 일컫는 명칭이다. 여기에서 '선'이란 선정을 뜻하는 범어 드야나dhyāna의 음역어이지만, 선정을 한정하여 가리키기보다는, 선정과 지혜를 얻는 실제 수행을 포괄해서 가리키는 것이라고 이해된다. 말하자면 문자를 통한 이해[교敎]보다는 실제 수행[선禪]을 중시한다는 것이다. 어느 정도인가 하면 이 명칭에 의해 '실제 수행을 결여한, 가르침의 이해만으로는 불교라고 할 수 없다'라고 말하려는 것이다.

선종은 520년 경 인도로부터 양梁나라로 건너와 무제武帝를 만났으나 근기가 맞지 않아, 양자강을 건너 소림사에서 9년 동안 면벽 수행할 무렵 눈 위에 서서 팔을 잘라[立雪斷臂] 법을 구한 혜가慧可에게 법을 전했다는 보리달마菩提達磨가 실질적 시조가 된다. 다만 역사적인 근원을 찾아서, 영산회상靈山會上에서 붓다께서 꽃을 드시자 마하가섭이 미소로써 응답해 붓다의 마음과 계합하였다는 염화시중拈花示衆의 미소라는 설화를 창안해서, 최초의 시조를 마하가섭으로 하고 그로부터 아난 등을 거쳐 제28조 보리달마에 이르렀다는 서천에서의 법맥을 앞세운다. 다만 초기에는 보리달마가 제2조 혜가에게 '여래 심지心地의 요문要門'으로 《능가경》을 전했다는 일화 때문에 이 경을 한역한 구나발다라가 시조로 추앙되는 곡절을 겪기도 하였다.

그 뒤로도 제자들간에 서로 정통성을 확보하려는 다툼 때문에 전법 계통에 상반된 주장이 있어 왔지만, 지금은 그 주류를 확보한 종파에서 내세우는 법맥으로 통일된 모습을 보이는데, 이를 정리하면 다음과 같다. 초조 보리달마, 제2조 혜가, 제3조 승찬僧璨, 제4조 도신道信, 제5조 홍인弘忍, 제6조 혜능慧能까지는 한 사람으로만 전수되다가, 육조 혜능에 이르러 뛰어난 제자가 다수 등장함으로써 법맥은 여러 갈래로 나누어 전개되는데, 그 법맥의 우두머리에 위치한 두 제자는 남악회양南嶽懷讓과 청원행사淸原行思이다. 그 중 남악회양-마조도일-백장회해로 이어진 법맥에서, 황벽희운을 거쳐 임제의현臨濟義玄(?~867)이 등장하여 임제종臨濟宗의 시조가 되고, 위산영우潙山靈祐(771~853)를 거쳐 앙산혜적仰山慧寂(803~887)이 등장하여 위앙종潙仰宗을 형성한다. 한편 청원행사-석두희천 문하에서 약산유엄·천황도오 등이 등장하는데, 그 중 약산유엄-운암담성으로 이어진 법맥에서 조산본적曹山本寂(840~901)과 동산양개洞山良价(807~869)가 등장하여 조동종曹洞宗을 형성하고, 천황도오-용담숭신-덕산선감-설봉의존으로 이어진 법맥에서 운문문언雲門文偃(864~949)이 등장하여 운문종雲門宗을 형성하며, 설봉의존으로부터 현사사비-나한계침으로 이어진 법맥에서 법안문익法眼文益(886~958)이 등장하여 법안종法眼宗을 형성한다. 이렇게 형성된 임제종·위앙종·조동종·운문종·법안종의 다섯 가문을 '오가五家'라고 하는데, 그 중 임제종은 흥화존장-

남원혜옹-풍혈연소-수산성념-분양선소-석상초원으로 이어진 법맥에서 황룡혜남黃龍慧南(1002~1069)과 양기방회楊岐方會(996~1049)라는 뛰어난 두 제자가 등장해서, 황룡파와 양기파의 2파를 형성한다. 이에 이 2파를 더해 '칠종七宗'이라고 불렀으니, 이 오가칠종이 중국 선종의 큰 법맥이다.

우리 나라는 신라시대에 당나라로 유학하여 선종의 선법을 배우고 귀국한 스님들이 구산선문九山禪門110을 형성해서 선종의 선법을 활발하게 전개하였고, 고려시대에 이르러서도 이런 전통이 계승되어 보조지눌, 진각혜심, 태고보우, 나옹혜근, 백운경한 등 뛰어난 선사들이 법맥을 이어왔다. 그러나 조선시대에 이르러서는 유학을 숭상하고 불교를 억압하는 정책의 여파로, 서산휴정과 사명유정 등에 의해 간신히 이어져 오던 법맥이 단절된 채 200년 정도가 지나다가, 구한말에 이르러 경허성우鏡虛惺牛(1846~1912)스님이 끊어진 법맥을 다시 이어서, 그 제자들에 의해 오늘날까지 이어지고 있다고 한다.

이 선종은 불교의 어떤 가르침을 근거로 삼는가?

선에 의해 깨달은 마음을 근본으로 삼아 이를 대대로 인가해 전하는 것을 종지로 삼을 뿐, 어떤 특정한 경전이나 사상을 표방하지는 않는다. 다만 대승불교의 전통 위에서 성립하고 발전한 관계로, 당시 융성한 법맥에 속한 선사들이 설법한 내용과 어울리는 대승사상이 그 이론적 배경이 되는 경향을 나타낸다.

---

110 '9산 선문'은 희양산문·가지산문·실상산문·동리산문·성주산문·사굴산문·사자산문·봉림산문·수미산문이라는 9파의 선문을 가리킨다.

이런 관점에서 시기별로 사상적 배경을 간략히 분석해 보면, 우선 그 성립 초기에는 실질적 시조인 보리달마가 제2조 혜가에게 《능가경》을 '여래 심지의 요문'으로서 전수하였다는 일화111로 추측되듯이, 이 경이 표방한 유식사상이 이론적 배경이 된다. 이 경전은 일체 현상은 자기의 마음이 나타낸 것일 뿐임을 표방하면서, 일체 지위와 점차漸次를 논하지 않고, 단순히 자내증自內證의 지혜를 얻어 위와 같은 진실을 통달하면 정각을 이룬다는, 극히 단순화된 증과證果의 원리112를 제공하는데, 이는 문자를 세우지 않고 또 일체 지위와 점차에 의지하지 않는, 선종 특유의 수증법修證法의 이론적 기초가 될 수 있었을 것이다. 그래서 그 성립 초기에 이 경에서 표방한 사고가 중시되었을 것이라고 생각된다.

그러나 성립기가 지나 안정화의 시기가 되면 대승의 기본사상이라고 할 수 있는 반야공사상이 중시되기에 이르는데, 이는 오조 홍인이 《금강경》 한 권만 지니면 곧 성품을 보아 바로 붓다를 이룰 수 있다고 해서 수지하기를 권하였다는 설화113로써 단적으로 표현된다.

그러다가 선종이 전성기114에 이르면 상황은 크게 바뀐다. 언어와 문자에 의지한 기존 불교에서 탈피하여, '일상의 마음이 도[平常心是

· · · · · · · · · · · · · ·

111 4권본 《능가아발다라보경》 서문에 있는 장지기蔣之奇의 말이다.(=졸역『대승입능가경』 서문 참조)

112 이 극히 단순화된 증과의 원리는 이 경에 국한된 것일 뿐, 유식사상 일반에 공통된 것이 아니다.

113 육조 혜능의 설법집인 『육조단경』에 나오는 설화이다.(=졸역『육조단경(개정판)』 p.66)

114 앞서 본 오가칠종이 성립된 전후의 시기가 선종의 전성기였다고 볼 수 있다.

道]이며, 이 마음이 곧 붓다[卽心是佛]115임'을 표방한다. 다만 분별하는 마음이 가려서 이를 보지 못하고 있을 뿐이므로, 일체 분별을 끊고 본래 붓다인 이 마음을 보면 바로 붓다를 이룬다고 한다. 이 이치 아래에서는 일상의 모든 행동은 어느 것 하나 '진심眞心의 묘한 작용[妙用]'116 아닌 것이 없으니, '있는 곳마다 주인이 되면[隨處作主] 서 있는 곳마다 다 진실[立處皆眞]'117이라고 한다.

여기에서는 스승이 일상의 말과 행동으로 종지를 전하므로, 제자는 일상의 삶에서 깨달음을 드러낸 스승=조사祖師의 말 끝에서 곧 깨달아야 한다[言下便悟]. 마침내 문자와 언어에 의지하지 않는 선종 특유의 선법이 자리잡은 것이니, 이를 조사선祖師禪이라고 이름한다. 이 무렵 수행자는 자연히 기존 경론이 아니라, 일상의 삶에서 깨달음을 드러낸 조사들의 언행을 탐구 대상으로 삼았다. 이런 조사들의 언행을 기록한 것을 조사어록이라고 하는데, 이 무렵 다수의 조사어록이 편찬된다. 선종의 종지를, '직지인심直指人心·견성성불見性成佛·불립문자不立文字·교외별전敎外別傳'118이라는 4구절로 요약하여 표현한 문헌이 편찬된 것도 이 시기였다.

다만 선종이 이렇게 표면적으로 기존 경론에서 탈피한 모습을 보였다고는 하지만, 그 실질로 보면 앞서 본 여래장사상 내지 불성사상

• • • • • • • • • • • • •

115 『마조록』에 나오는 마조도일馬祖道一(709~788)의 말이다.
116 보조국사 지눌의 『진심직설眞心直說』에 나오는 말이다.
117 『임제록』에 나오는 임제의현의 말이다.
118 그 의미는 앞의 '서장'에서 이미 밝혔다. 보리달마가 전한 종지를 이 4구절로 요약하여 표현한 『조정사원祖庭事苑』이라는 문헌이 편찬된 것은 1108년으로 알려져 있다.

을 취하고 있는 징후가 뚜렷해 보인다. 앞서 언급한 조사들의 말은 어느 것 하나 여래장사상 내지 불성사상의 표현 아닌 것이 없어 보이기 때문이다. 지면 관계로 많은 말을 인용하지 못했지만, 조사어록에는 조사들의 이러한 말이 수없이 등장한다.

그러나 이 전성기가 지나면 이와 같은 상황이 점차 완화되면서, 다시 이론적 근거를 갖추고자 하는 교선敎禪일치의 경향이 점점 뚜렷해진다. 이와 같은 흐름의 선종 전통은 그 후로도 면면히 이어져, 오늘날 우리 곁에서도 여전히 숨쉬고 있는 것으로 생각된다.

그렇다면 선종의 실제 수행법은 어떠한가?

현재 선종의 수행법은 12세기 중반 임제종 계열의 대혜종고大慧宗杲(1089~1163)[119] 스님에 의해 간화선看話禪 수행법이 체계화된 이래 간화선이 유일한 수행법으로 자리잡고 있지만, 그 이전에는 수행법이 과연 어떤 것이었는지 알기 어렵다.[120] 다만 간화선 수행법이 위 시기에 체계화되었다는 것이므로 그 이전에도 간화선이 여러 형태로 시행되고 있었을 것이고, 이 체계화는 당시 조동종 계통의 굉지정각宏智正覺(1091~1157)에 의해 선양되고 있던 묵조선默照禪을 비판하면서 이루어진 것이라고 하므로, 묵조선도 상당히 시행되고 있었으리라고 추측된다.

· · · · · · · · · · · · · · ·

119 양기방회로부터 백운수단−오조법연으로 이어진 원오극근의 제자로 알려진 선사이다.
120 다만 선종의 성립 이전에는 사념처를 닦는 방법이 당연하게도 주류를 차지하고 있었던 사실이 확인된다.[＝정성본 저『중국선종의 성립사연구』pp.60−63 (1991년 민족사)]

그 이전에는 어떠했는가? 뚜렷한 설명이 없어 남아 있는 기록으로 추측할 수밖에 없다. 먼저 선종 초기의 경우 보리달마의 저술인 『이입사행론二入四行論』에, "중생은 범부든 성자든 동일하게 진실한 성품이지만, 번뇌에 허망하게 덮여서 이를 드러내지 못하고 있을 뿐임을 깊이 믿고, 허망함을 버리고 진실로 되돌아가 응연히 벽관壁觀에 머문다"라고 한 표현이나, 앞서 본 『육조단경』에, "이 법문은 선정과 지혜를 근본으로 삼습니다. 무엇보다도 미혹하여 지혜와 선정이 다른 것이라고 말하지 마십시오. 선정과 지혜는 체가 하나이지, 둘이 아닙니다. … 마음을 알아 성품을 보면 스스로 불도를 이룹니다"라고 한 표현 등이 주목된다. 왜냐하면 초기불교 이래의 흐름 대로 선정과 지혜를 닦는 것을 수행의 요체로 보고 있다고 이해되기 때문이다. '벽관'이라는 말에서 '벽'은 마음을 장벽처럼 막아 집중하는 것을 나타내고, '관'은 문자 그대로 관찰하는 것을 나타낸다. 이 점은 '묵조'의 경우도 마찬가지이다. '묵'은 집중을 나타내고, '조'는 관찰을 나타내는 단어로 이해되기 때문이다.

뒤에서 보는 것처럼 간화선도 역시 선정과 지혜를 함께 닦는 수행법으로 이해되어야 하므로, 이상의 수행법들은 모두 선정과 지혜를 함께 닦는 것을 표방하는 셈이다. 문제는 관찰 대상인데, 이 점은 뒤의 간화선 항목에서 함께 보기로 하겠다.

다만 선종의 전성기에는 이론적인 기존 경론에서 탈피하여, 일상의 마음이 도이고, 이 마음이 곧 붓다라고 보는 시각이 수행법에도 반영된다. 이런 시각은 '도는 닦는데 속하지 않는다[道不屬修]'라거나 '도는 닦음을 쓰지 않는다[道不用修]'라고 말한 마조도일이나, '본래 붓다이므로 닦음에 의해 이루는 것이 아니다[本來是佛 不假修成]'라고 말한 황벽희운 등에 의해 잘 나타난다. 그러나 이런 시각도 선종의 전성기가 지나면서 기세가 수그러들면 이론적 경향의 변화와 함께 완화되어, 앞서 본 묵조선과 간화선 수행법으로 수렴된다.

어떻든 오늘날 선종의 수행법은 간화선으로 통일된 것으로 보이므로, 이에 대해 항목을 바꾸어 간략히 살펴 보기로 하겠다.

간화선

간화선看話禪이란 화두話頭를 간看한다는 것을 줄인 말인데, '화두'란 우리의 의식으로는 그 뜻하는 바를 이해할 수 없어서 의심을 불러일으키는, 언어로 된 간략한 소재를 가리키는 것이다. 그리고 '간한다'는 것은 그 뜻을 알기 위해 고심하는 것—이를 참구參究한다고 표현한다—을 뜻한다. 그 뜻을 알기 위해 고심하지만, 그 소재 자체가 의식의 분별로써는 이해될 수 없는 것이다. 말하자면 화두는 깨달음에 이르기까지 의심의 대상으로 남아 있어야 하고, 그래야만 참구의 가치가 있다. 만약 의식으로 쉽게 이해될 수 있다면 화두로서의 가치가 없다. 간혹 수행자 중에는 화두의 의미를 알았다고 자랑하면서, 이를 수행이 진전된 징표인듯이 과시하는 예가 있는데, 이것은 이런 수행의 원리를 몰라서 일으키는 넌센스이다.

이런 화두에는 대략 천칠백 가지가 있다고 알려져 있지만, 수행자에게 제시되는 화두는 그렇게 많지 않다. 이해를 돕기 위해 많이 제시되는 화두 몇 가지를 우선 소개한다.

「어떤 스님이 조주종심趙州從諗 선사121에게 물었다.

"개에게도 불성佛性이 있습니까?"

선사가 대답했다.

"없다[無]."

「어떤 스님이 조주 선사에게 물었다

"달마대사가 서쪽(인도)에서 (중국으로) 온 뜻은 무엇입니까[祖師西來意]?"

선사가 대답했다.

"뜰 앞[庭前]의 잣나무[柏樹子]이니라."」

「수산성념首山省念 선사122가 죽비竹篦를 들고 대중들에게 물었다.

"여러분, 이것을 죽비라고 부르면 집착하는 것[觸]이고, 죽비라고 부르지 않으면 등지는 것[背]입니다. 여러분, 무엇이라고 해야 합니까?"」

처음 것은 조주의 구자무불성狗子無佛性 화두, 줄여서 무無자 화두라고 하고, 다음 것은 조주의 정전백수자庭前柏樹子 화두라고 하며, 뒤의 것은 수산의 죽비자竹篦子 화두라고 부른다. 처음 것은 모든 중생에게 불성이 있다고 한 경전의 설명을 전제로 한다. 일체 중생에게는 다 불성이 있다고 했는데, 어째서 조주 스님은 개에게는 불성이 없다고 했을까 라는 것이 참구 대상이다. 다음 것은 달마대사께서 서역에서 중국으로 온 뜻을 묻는데, 어째서 느닷없이 '뜰 앞의 잣나무'라고 대답했을까

• • • • • • • • • • • • • •

121 마조도일의 법을 이은 남전보원의 제자(778~897)이다.

122 임제의현의 법을 이은 흥화존장-남원혜옹-풍혈연소의 제자(926~993)임은 앞에서 밝힌 바 있다.

라는 것이 참구 대상이고, 뒤의 것은 어떻게 대답을 해야 옳은 것일까
라는 것이 참구 대상이다.

　화두를 참구하는 것을 흔히 화두를 든다고 표현하는데, 그 방법은 일
체 다른 생각을 물리치고 화두에만 집중하되, 그에 대해 간절한 의심을
일으킨다는 것이다. 앞에서 든 무자 화두를 예로 해서 구체적인 방법을
설명해 보겠다. 먼저 마음으로 화두의 내용 전부―이를 전제全提라고
한다― 즉,

「(어떤 스님이 조주 선사에게 묻기를) "개에게도 불성이 있습니까?"
(라고 하니)
(선사가 대답하기를) "없다."(라고 하였다)
(경전에서는 일체 중생에게 불성이 있다고 하였는데, 조주 선사는 개에
게는) "어째서 불성이 없다고 했을까?"」

라는 내용을 들고, 그 다음에는 이에 기초해서 의심하는 부분―이를 단
제單提라고 한다― 즉,

"어째서 (불성이) 없다고 했을까?"
(줄여서 "어째서?", 또는 "없다고?", 또는 "무無라고?", 또는 "무無?")

라고 하는 내용만을 반복해서 들어 참구한다. 그러다가 참구 내용이 불
분명해지거나 의심이 잘 되지 않을 때에는 다시 전제를 들어 의심을 일
으킨 다음, 단제를 반복해서 드는 방법으로 참구를 계속하는 것이다.

　무엇보다도 중요한 것은 간절한 의심을 일으켜야 한다는 것이다. 수

행자는 '마치 닭이 알을 품듯[如鷄抱卵], 고양이가 쥐를 잡듯[如猫捕鼠], 굶주린 사람이 밥 생각하듯[如飢思食], 목마른 사람이 물 생각하듯[如渴思水], 어린아이가 어미 생각하듯[如兒憶母] 간절한 마음으로'123 참구해야 한다고 말하고, '수미산을 의지한 것처럼 흔들림 없는 대신심大信心, 마치 부모를 죽인 원수를 만났을 때 그 원수를 당장 한 칼에 두 동강내려는 것과 같은 대분심大憤心, 마치 어두운 곳에서 한 가지 중요한 일을 하고 곧 드러내고자 하나 드러나지 않은 때와 같은 대의심大疑心의 3요소[삼요三要]를 갖추어야 한다'124고 말한다. 이 간절한 의심이 집중과 관찰을 지속시키는 방편이다.

의심을 일으키지 않는 채 화두에만 몰입해 있을 수도 있다. 그러나 이것은 집중만을 닦고 관찰을 하지 않는 셈이 된다. 선정만으로는 무명을 끊을 수 없어, 지혜라는 제3의 길을 개발한 불교의 근본과 어긋나는 바로 그것이 되어 버리는 것이다. 선사들이 '의심하지 않는 것이 큰 병통'이라며, 화두에 의심을 일으키도록 끊임없이 경책하는 것은 이 이유에서이다.

화두의 참구는 대상이 하나만이므로, 위빳사나만큼 걷는 수행에 큰 비중을 두지는 않는다. 걷는 수행은 앉아서 하는 수행의 자세에서 오는 피로와 단조로움을 덜어준다는 정도의 의미를 가질 뿐이다. 그렇지만 결국에는 일상생활의 전부가 수행 과정이 되어야 한다는 점은 마찬가지이다. 그렇게 해서 수행이 깊어지면 어느 순간 망념妄念이 끊어지고 화두에 대한 의심이 저절로 일어나서 지속되는 상태에 도달한다. 이 의심을 지속시켜 계속 참구해 나가면, 이것이 하나의 덩어리[의단疑團]

· · · · · · · · · · · · ·
123 조선시대 서산西山대사의 『선가귀감禪家龜鑑』에 나오는 말이다.
124 고봉원묘高峰原妙(1238~1295) 선사의 『선요禪要』에 나오는 말이다.

를 이루어 홀로 밝게 드러나는 상태를 이루게 된다고 한다.

이렇게 되면 수행자는 이 의심덩어리와 일체가 되어 일상생활의 전 과정에서 화두를 참구할 수 있게 되므로, 이것이 일상에서 끊어짐 없이 지속되도록 해야 한다. 선가에서는 그 심화과정을, 움직이거나 가만히 있거나 한결같은 '동정일여動靜一如', 꿈을 꾸거나 깨어있거나 한결같은 '몽중夢中일여', 깨어있을 때나 깊은 잠 속에서나 한결같은 '오매寤寐일여'의 세 단계로 말하기도 한다. 이 오매일여의 단계에 이르면 '깨달음'이 가까이 온 것이라고 말한다.

여기에서 간화선이 앞서 밝힌 초기불교의 수행법과 얼마나 조화될 수 있는 것인지 알아 볼 필요가 있다. 간화선은 집중과 관찰의 대상이 '동일'하다는 점에서 선정과 지혜를 함께 닦는 '순수 위빳사나' 수행법과 유사하다. 별다른 이론적 기초 없이도 수행을 시작할 수 있도록 극도로 단순화시킨 것이다. 그러나 그 대상이 오직 '하나'만이라는 점에서 신체적·정신적 현상 모두를 관찰 대상으로 삼는 위빳사나와 다르며, 추상적인 소재가 관찰 대상이라는 점에서 현실에서 수행자 자신에게 일어나는 구체적인 현상들을 관찰 대상으로 삼는 위빳사나와 다르다. 외형상으로는 유사할 뿐, 실제 내용에서는 상당히 다른 것이라고 이해된다.

관찰 대상이 동일한 '하나'로 단순하다는 점에서 쉬울 것 같지만, 이 단순히 '하나'만이라는 점이 오히려 어려움으로 작용할 소지도 크다. 그런데다가 지속적으로 의심을 일으키는 일도 또한 쉽지 않을 것이다. 무엇보다도 관찰 대상이 붓다께서 초기불교에서 일관하여 밝히신 것과 다르다는 점이 문제이다. 사념처가 '중생들을 청정하게 하고 근심과 탄식을 다 건너게 하며 고통과 괴로움을 사라지게 하고, 옳은 방법을 얻게 하며, 열반을 실현하게 하는 유일한 길'이라고 붓다께서 말씀하셨고, 불교이론서에도 일관하여 별상염주와 총상염주를 닦아서 깨달음에 이르는 것으로 설명125하고 있다. 이 사념처를 닦지 않고서도 연기하는 모든 현상의 실제 모습을 있는 그대로 알고 볼 수 있는 것일까?

일률적으로 부정할 수는 없을 것이다. 붓다 재세시에도 붓다의 가르침에 의지하지 않고 홀로[獨] 연기의 이치[緣]를 깨달은[覺] 독각獨覺＝연각緣覺이 있었다고 하는데, 그들이 사념처를 닦는 방법에 의해 연기의 이치를 깨달았다고 볼 만한 근거는 없기 때문이다. 그럼에도 사념처를 유일한 길이라고 말씀하신 붓다의 뜻은 사념처를 벗어난 길은 쉽지 않다고 보셨기 때문일 것이다. 이런 점을 감안하면 간화선은 근기가 매우 뛰어난 수행자를 위한 수행법이라고 생각된다.

한편 초기불교의 수행법과 간화선을 서로 비교할 때 놓쳐서는 안되는 또 하나의 관점이 있다. 위빳사나 수행법은 그 자체가 괴로움의 근본이 되는 탐·진·치를 조복하는 수단이 된다는 점이다. 수행자는 자신에게 일어나는 신체적·정신적 현상들을 놓치지 않고 알아차릴 때, 탐욕·성냄·어리석음과 이것들에 근거한 갖가지 번뇌들이 자신에게 일어나고 사라지는 것을 알아차림으로써, 이것에 굴복되지 않고 이것을 제압하고 제거하는 과정을 수행하게 된다. 이 과정이 지속적으로 진행되

---

125 다만 별상염주·총상염주를 닦는 것과 깨달음을 얻는 사이에 적어도 한 번 이상의 도약이 필요한데, 이것을 남방 전통의 상좌부에서는 앞서 본 것처럼 단계적인 지혜로써 설명하고, 북방 전통의 《구사론》(제25권)과 유식(＝《성유식론》 제9권)에서는 난법煖法·정법頂法·인법忍法·세제일법世第一法의 4선근으로 설명하는 점이 다를 뿐이다.

면 비록 깨달음의 단계에 이르지 못한다고 하더라도, 괴로움의 근본이 되는 번뇌를 상당 부분 제거하게 된다. 깨달음을 성취하고 열반을 실현하려는 것은, 의식이 제대로 작동하지 않는 죽음의 단계에서도 욕망과 집착에 굴복되지 않음으로써 재생이 이어지지 못하게 하려는 것이다.

이해를 돕기 위해 점수로써 말한다면, 열반을 실현한 아라한이 제거한 번뇌가 100이라고 한다면, 도를 보는 '깨달음'을 실현한 수다원이 제거한 번뇌는 90정도가 되겠지만, 아직 도를 보지 못한 수행자도 사념처를 잘 닦았다면 80정도의 번뇌는 제거할 수 있다는 것이다. 열반을 실현했는가, 아직 실현하지 못했는가는 죽음의 단계에서 재생가능성 0%와 100%라는 비교될 수 없는 차이를 나타내겠지만, 이 현세에서 번뇌를 제거함으로써 괴로움의 핍박을 받지 않는 정도는 100%와 80%로서 20% 정도의 차이밖에 없게 된다. 초기불교의 가르침에 의해 수행한 남방의 스님들이 깨달음이나 열반을 실현했는지 여부와 관계없이 그 나라 국민들에게 존경받는 것은, 이렇게 번뇌를 제거한 모습이 그들의 언행으로 드러나기 때문이 아닐까 생각된다.

간화선의 경우는 어떨까? 위에서 본 구조의 간화선 수행법은 기본적으로 번뇌를 제압하고 제거하는 과정을 동반하는 것이 아니다. 화두에 집중할 뿐, 자신의 마음에서 번뇌가 일어나고 사라지는 것을 관찰하는 것이 아니기 때문이다. 그렇다고 번뇌를 제압하고 제거하는 효과가 전혀 없다고 보기는 어렵지만, 효과가 크기를 기대하기는 어려울 것이 아닌가 한다.

요컨대 위빳사나 수행법은 계단을 하나씩 하나씩 올라가 목적지에 이르는 구조를 취하고 있는 반면, 간화선은 힘을 축적했다가 일거에 목적지에 오르는 구조를 취하고 있다고 할 수 있다. 선종에서 돈오頓悟를 강조하면서, 점수漸修의 수행법을 비판하는 근거도 여기에 있다. 그러나 점수 없는 돈오란 이치상 있을 수 없다. 그래서 붓다께서도 누누이, "마치 높은 건물에 오르는 네 개의 계단이 있는데. 만약 누군가가 첫째 계단 위에 오르지 않고도 둘째·셋째·넷째 계단에 오르고 높은 건물에 오르겠다고 말한다면 있을 수 없는 일인 것과 같다. 왜냐하면 반드시 첫째 계단을 거쳐야 그런 뒤에 차례로 둘째·셋째·넷째 계단에 오르고 높은 건물에 오를 수 있기 때문이다"126라고 말씀하셨다. 불교를 배우는 사람이라면 깊이 생각할 일이다.

제4절 인도불교의 쇠퇴 이후

대승불교는 그 후기에 이르면, 처음 그들이 대승불교운동을 일으켰던 이상은 망각되고, 다시 부파불교가 걸었던 길을 답습한다. 중관과 유식의 양대 학파에 화엄사상과 여래장사상까지 가세하고, 학파가 세분되면서 이론화는 불가피하였다. 그 이론화는 수많은 새로운 용어를 양산하였고, 이들로써 조직된 이론의 난해함은 기존 불교보다 결코 못하지 않았다. 자연히 대승불교 역시 출가자 중심의 불교로 변모되어 갔다.

• • • • • • • • • • • • •

126 본문은 《잡아함경》 제16권의 제436 전당경殿堂經①(=SN 56:44 중각강당경과 상응)에서의 말씀인데, 《중아함경》(제19권) 제80 가치나경迦絺那經, 같은 경 제35권의 제144 산수목건련경算數目揵連經(=MN 107 가나까목갈라나경 상응) 등에도 같은 취지의 말씀이 있다.

이런 대승불교의 변모는 다시 새로운 불교운동이 일어날 기반이 된다. 여기에 당시 인도에서 크게 유행하던 힌두교의 영향이 더해져서 제3의 불교운동으로서 밀교密教가 일어나 성행하게 된다. 중국에서 6세기 경 선불교가 등장하여 급속히 확산된 것도 대승불교의 이와 같은 변모와 무관하지 않다. 어떻든 이 밀교의 발전과 함께 불교는 점차 힌두교화되면서 인도에서 소멸하는 운명을 맞게 된다.

대략 7세기 경부터 인도에서 급속히 성행한 밀교는 매우 다양한 모습을 나타내면서 변화한 관계로, 그 명칭처럼 그 실체를 이해하기 쉽지 않다. 이런 밀교를 모두 포괄해서 정의한다면, 이성적 사유나 그에 근거한 실천보다는 신비적 수단을 통해 궁극적 깨달음을 추구하는 대승불교의 한 종파라고 말할 수 있을 것이다.127 그런데 이 밀교가 사용한 신비적 수단은 시대에 따라 변한다. 그래서 학자들은 밀교의 발전 단계를 세 시기로 나누어 설명하는 것이 보통이다.

먼저 초기밀교는 밀교가 크게 성행하기 시작한 7세기 이전에 성립되어 있던 밀교를 말한다. 이것은 밀교로서 체계가 잡히지 않은 시기의 밀교로서, 그 의식도 '다라니陀羅尼dhāraṇī'128의 암송과 같은 언어적인 것 위주이고, 이에 의해 구하는 것도 재앙의 제거와 같은 현

• • • • • • • • • • • • • •

127 '밀교'라는 명칭은 이런 수단의 신비적인 특성에 주목하여, 그 이전의 불교―이를 현교顯教라고 칭한다―와 대비하여 칭하는 명칭일 뿐, 당시에 사용되던 명칭이 아니라고 한다. 따라서 이에 해당하는 범어는 없다.

128 '다라니'는 크게 두 가지 뜻으로 사용된다. 첫째는 많은 법문과 지혜 등을 지녀서 잃어버리지 않는 것을 뜻하고, 이 뜻으로는 총지總持라고 한역한다. 둘째는 많은 뜻을 담은, 신비적인 힘을 지닌 주문을 가리키고, 이 때에는 보통 번역하지 않고 범어 그대로 사용하는데, 주문[呪]과 같은 뜻으로서 사용된다.

세적인 이익에 그쳤다. 따라서 이것은 불교역사상 밀교로서 언급할 가치가 크지 않지만, 7세기 이후 크게 성행한 밀교와 대비하기 위해 설정한 단계이다.129

　다음 중기밀교는 7세기 경 《대일경大日經》·《금강정경金剛頂經》 등의 경전과 함께 등장한 체계적인 밀교를 가리킨다. 이로써 밀교는 기존의 대승불교와는 차별되는 이론적 및 실천적 체계를 갖춘다. 여기에서는 《화엄경》에 등장하는 비로자나毘盧遮那vairocana불이 대일大日 Mahāvairocanā여래130라는 이름으로, 궁극적 실재로서 등장한다. 그래서 우리가 일상적으로 사용하는 신체·언어·마음의 세 가지 수단이 이 궁극적 실재와 직결되어 있어서, 이들을 조직적으로 결합한 의식儀式을 통해 이 실재와의 합일을 체험할 수 있다고 한다.131 자연히 여기에서의 수행은 궁극적 실재인 대일여래와 자신이 둘이 아님을 체험함으로써 즉신성불卽身成佛, 즉 현재의 이 몸으로 붓다를 이루는 것에 목표를 둔다.

　이렇게 보면 이 시대의 밀교는 실현 목표가 '붓다'라는 이름으로

• • • • • • • • • • • • •

129 그래서 이 시기의 밀교는 '잡밀雜密'이라고 부르고, 이와 대비하여 7세기 경 본격적으로 성행하기 시작한 밀교를 '순밀純密'이라고 부르기도 한다.
130 이 여래는 궁극적 실재이면서도, 금강법계(=《대일경》의 경우) 또는 색구경천 (=《금강정경》의 경우)에서 법을 설하시는 구상적인 붓다이고, 동시에 석가모니 붓다는 이 여래의 화신이라고 하므로, 이 여래는 말하자면 삼신이 통합되어 있는 붓다이다.
131 그래서 기존의 불교에서 삼업三業이라고 불리던 이 세 가지 수단을 밀교에서는 삼밀三密이라고 부른다. 구체적으로는 다라니나 주문의 암송, 인계印契mudrā를 맺는 것 같은 신체적 자세, 만달라曼荼羅maṇḍala의 관상觀想을 통한 마음의 집중 등과 같은 방법이 사용된다.

바뀌었을 뿐, 그 수행 구조는 개아[我]ātman의 궁극적 실재[梵]brahman 와의 합일을 추구하는 바라문교의 그것과 그다지 다르지 않다. 이것 은 이 시대에 성행한 힌두교가 밀교의 형성에 크게 영향을 미쳤다는 것을 의미한다. 이런 인도불교의 힌두화는 8세기 후반 후기밀교의 등장에 의해 정점에 이른다.

후기밀교는 탄트라tantra밀교라고도 부르는데, '탄트라'란 힌두교 중 성력性力śakti을 숭배하는 집단의 문헌을 가리키는 말이었다고 한 다. 그래서 후기밀교에서는 신체 내부의 성적인 힘을 궁극적 존재와 의 합일을 체험하는 에너지로 사용하는 방법을 사용한다. 구체적으 로는 '기氣'와 유사한 생리적 에너지를 조절하는 방법에서부터, 난교 亂交적 요소까지도 동원된다고 한다. 이것은 그 구조에 있어서 힌두 교의 탄트리즘과 거의 다르지 않은 것이다.

이 후기밀교는 인도에서 불교가 소멸하는 13세기 경까지 지속된 다. 말하자면 7세기 경부터 약 600년 동안 힌두교와의 차별이 두드 러지지 않는 밀교라는 불교가 인도대륙에서 자리잡고 있었던 것이 다. 이 시대의 밀교는 그들이 불교도임을 표방하고, 공·유식 등과 같 은 불교 원리를 교리의 바탕으로 삼고 있었다는 점을 제외하면, 그 실질에 있어서 힌두교와 다른 점을 찾기 어렵다. 힌두교 역시 불교의 영향을 받지 않은 것은 아니겠지만, 아마도 이것은 힌두교가 과거 인 도의 다른 신앙에 대해 그랬던 것처럼 불교를 힌두교 속에 담으려는 포용적 성격의 발현이었을 가능성이 많다. 힌두교에서 석가모니 붓 다를 비슈누신의 아홉 번째 화신으로 편입한 것은 그 단적인 예이다.

인도에서 불교가 소멸한 것은 7세기경 서아시아에서 일어나 점차 동진을 계속해 오던 이슬람교 세력이 12세기 말경 인도대륙을 점령하면서 자행한 대대적인 불교박해가 직접적인 원인이 된다. 그렇지만 인도에서 불교가 사라진 보다 근본적인 원인은, 불교가 이미 힌두교와 궁극적으로 아무런 차이가 없게 되었다는 사실에 있다고 보는 것이 학계의 지배적 견해이다. 그래서 현대의 인도철학자 라다 크리슈난은, 인도에서 불교는 '자연사自然死'하였다 라고 표현한다.[132]

이후 매우 미미한 불교 세력만이 남아 있던 현대의 인도에서 새로이 상당한 규모의 불교문화가 형성되고 있지만, 이것은 인접 국가들의 불교적인 분위기, 19세기 초부터 이어져 온 서양인들의 불교에 대한 관심과 연구, 민족독립운동과 천민계층의 지위 향상을 목적으로 하는 정치 사회적 운동에 힘입은 것으로서, 과거의 화려했던 불교 전통과는 별개의 흐름인 것이라는 점은 '서장'에서 이미 밝혔다.

오히려 오늘날 주목해야 할 것은 서양의 불교라고 보아야 할지 모르겠다. 서양에서는 19세기 이래 서양의 전통적인 철학적 풍토와 동양사상에 대한 관심이 결합하여 놀랄 만큼 폭넓게 불교연구가 이루어져 왔는데, 이제 괄목할 만한 성과를 이룬 것으로 보인다. 아직 대승불교 연구는 동양과 비교할 정도가 아니지만, 초기불교의 경우 많은 사람들이 서양인들의 번역을 그 원전 이해에 필수적으로 참고할 정도이다. 영어에 익숙한 사람들의 경우 참신한 자료가 될 수 있다는 점에서 매우 반가운 일이다.

다만 이 서양의 초기불교연구는 대체로 상좌부 전통에 속하는 남방불교에서 보존되어 온 자료에 기초한 것이어서, 다분히 상좌부 계

••••••••••••

132 앞에 나온 『인도철학사 Ⅱ』 p.474.

통 부파불교의 색채를 보이고 있다. 그래서 우리가 서양불교의 자료를 접할 때에는 남방불교의 자료를 볼 때처럼, 그것이 과연 초기불교의 경·율에 의거한 가르침과 부합하는 것인지 늘 유의하고 점검할 필요가 있다. 그것이 우리가 대승불교로부터 받아들여야 할 최소한의 충고가 아닐까 생각한다.

부 록

1. 초기경전의 소개

2. 윤회론의 전개와 현대적 양상

3. 알아차림의 토대에 대한 긴 경

1. 초기경전 소개

붓다의 입멸 직후 맏제자인 마하깟사빠의 주도하에 500명의 아라
한이 모여 제1차 결집을 하였고, 이에 기초하여 만들어진 경장으로
오늘날 현존하는 것은 남방으로 전해진 니까야와 북방으로 전해진
아함경의 두 종류가 있으며, 그 중 니까야에는 《상윳따Saṃyutta 니까
야》, 《맛지마Majjhima 니까야》, 《디가Dīgha 니까야》, 《앙굿따라
Aṅguttara 니까야》, 《쿳다까Khuddaka 니까야》의 다섯 가지가 있고,
아함경에는 《잡아함경雜阿含經》, 《중中아함경》, 《장長아함경》, 《
증일增一아함경》의 네 가지가 있다는 것은 앞에서 설명하였다.

다섯 가지 니까야는 '빠알리 5부'라고 약칭하는데, 그 중 《상윳따
니까야》는 공통되는 주제별로 모은 것이고, 《디가 니까야》는 길이
가 긴 경들을 모은 것이며, 《맛지마 니까야》는 중간 길이의 경들을
모은 것이고, 《앙굿따라 니까야》는 법수法數1에 따라 모은 것이며,
《쿳다까 니까야》는 소품들을 모은 것이다. 앞의 본문에 나온 《숫따
니빠따》, 《법구경》, 《우다나》, 《이띠웃따까》 등은 모두 《쿳다까
니까야》에 속하는 것2이다.

• • • • • • • • • • • • •

1 가르침이 담고 있는 숫자를 말하는 것으로, 예컨대 삼학의 법수는 3, 사성제의 법
　수는 4, 팔정도의 법수는 8이 되는 등과 같다.
2 《쿳다까 니까야》에는 본문에서 든 네 가지 외에 쿳다까빠타Khuddakapāṭha(=소송
　小誦)·위마나왓투Vimānavatthu(=천궁사天宮事)·뻬따왓투Petavatthu(=아귀사餓鬼
　事)·테라가타Theragāthā(=장로게長老偈)·테리가타Therīgāthā(=장로니게長老尼

한편 위 한역 아함경 네 가지는 '한역 4아함'이라고 약칭하는데, 그 체제나 내용이 '빠알리 5부' 중 앞의 넷과 순서대로 유사해서, 동일한 원전에서 나온 것이라는 이해를 가능케 한다. 다만 전승의 계통이 다름으로 인해3 내용에서 적지 않은 차이를 나타내고 있다.

이들 초기경전 중 한역 아함경은 동국역경원www.tripitaka.or.kr의 한글대장경 번역작업의 일환으로 비교적 일찍이 우리말 번역이 완성되었다. 그러나 이 번역은 근래의 개정에도 불구하고 그 용어 선택에 있어 최근에 이루어진 초기불교의 연구성과가 충분히 반영되지 않은 것이어서, 읽고 이해하는 것이 쉽지 않다. 그 외 개별적인 번역본들이 여럿 있지만 대체로 마찬가지여서,4 최근의 연구성과가 충분히 반영된 새로운 번역의 필요성이 제기되고 있다.

이에 천학비재의 필자가 완역을 목표로 번역작업을 시작해서, 지난 2013년 그 첫 성과로서 《잡아함경》을 5권으로 나누어 한문대역

••••••••••••••

偈)·자따까Jātaka(=본생담本生譚)·닛데사Niddesa(=의석義釋)·빠띠삼비다막가 Paṭisambhidāmagga(=무애해도無礙解道)·아빠다나Apadāna(=비유譬喩)·붓다왕사 Buddhavaṃsa(=불종성佛種姓)·짜리야삐따까Cariyāpiṭaka(=소행장所行藏)의 열한 가지가 더 있어, 모두 15부로 구성되어 있다고 보지만, 부파에 따라서 추가하는 것이 있기도 하다.

3 다섯 니까야는 남방 상좌부에서 전승되어 온 것이고, 《잡아함경》과 《중아함경》 은 설일체유부, 《장아함경》은 법장부法藏部, 《증일아함경》은 대중부(=분명치 않다는 이론이 있음)에서 각각 전승되어 온 것으로 본다.

4 최근 학담 스님이 아함경 12권을 새로 번역해 출간하였는데, 이는 한역 4아함을 주제별로 발췌해 번역한 것이어서, 읽고 이해하기에 편리할 것으로 보인다. 반면 이해하기 어려운 개별 경문에 대한 설명이 없고, 완역이 아닌 점은 아쉬움으로 남는다.

으로 출간한 후, 나머지 3아함경의 번역에도 착수하여 2019년 10월 기존에 펴낸 《잡아함경》도 한역문을 제외하고 나머지 3아함경과 체제를 맞추며, 나머지 3아함경으로써 설명을 보완 개편함으로써, 전체적으로 통일된 용어와 체제에 의해 한역 4아함 전부를 번역한 아함전서 전16권5을 출간하였다.

　　한편 빠알리 5부는 2000년 경 번역작업이 시작되었는데, 《쿳다까 니까야》를 제외한 4부는 한국빠알리성전협회www.kptsoc.org와 초기불전연구원http://cafe.daum.net/chobul 두 곳에서 각각 완역본을 출간하였고, 《쿳다까 니까야》의 경우 본문에 나온 《숫따니빠따》·《법구경》·《우다나》·《이띠웃따까》·《테라가타》·《테리가타》 등 중요 경전들이 한국빠알리성전협회의 번역본으로 출간되었으며, 한편 같은 협회에서는 상좌부의 율장도 2권으로 나누어 번역 출간하였다.

---

5 아함전서 전16권은 《잡아함경》 전5권, 《증일아함경》 전4권, 《중아함경》 전5권, 《장아함경》 전2권의 순서로 구성되어 있다.

2. 윤회론의 전개와 현대적 양상

윤회론의 전개

윤회론은 불교 성립 이전에 세계의 많은 지역에서 널리 퍼져 있었던 것으로 알려지고 있다. 인류의 가장 오래된 기록의 하나로서 기원전 15세기 이전에 성립되었다고 하는 『베다Veda』에 윤회를 전제로 한 글이 남아 있다고는 하지만, 인도사상에 정통한 라다 크리슈난은, 윤회론이 베다 시대 사람들에게 익숙한 개념으로 자리잡고 있었다는 것을 의미하는 것은 아니라고 한다.6 그러나 『우파니샤드Upaniṣad』 시대가 되면 사정은 달라져, 여러 문헌에 뚜렷한 윤회관이 표현되고 있다. 가장 오래된 것 중 하나만 예로 들어보겠다. 기원전 8세기 경에 편집되었다고 하는 초기 『우파니샤드』의 하나인 『까타 우파니샤드』 제3장의 글이다.7

「그러나 무지無智에 갇혀
그 의식을 통제하지 못하는 사람은
그 지혜가 영구한 순수함에 이르지 못하여

••••••••••••••
6 『리그베다』에는 다음과 같은 글이 있다. "그가 해야 할 모든 것을 완수하고 늙었을 때, 그는 이 세상으로부터 떠난다. 이 때 그는 한 번 더 세상에 태어난다. 이것이 세 번째 출생이다."(=앞에 나온 「인도철학사 I」 pp.167~170)
7 이재숙 역 「우파니샤드 I」 pp.120~121(1996년 한길사).

최종 목적지까지 가지 못하고
탄생과 죽음의 윤회의 길을 따라
이 속세로 다시 되돌아 내려온다.

지혜롭고
마음을 통제하여
그로써 영구한 순수함에 도달한 사람은
그 목적지까지 도달하여
이 고통스런 탄생과 죽음의 쳇바퀴 속으로
다시 내려오지 않게 된다.」

    인근의 페르시아에서 기원전 7세기말 경 성립된 조로아스터교의
경전에 윤회관이 등장하는 것은 우연이 아니다. 뿌리는 『우파니샤드』
사상에 있을 것이기 때문이다. 그 점은 불교도 마찬가지이다. 크게 다
른 것은 불교의 윤회는 무아無我를 전제로 한다는 점인데, 이 점은 앞
에서 자세히 설명하였다.
    윤회사상은 동양에만 있었던 것은 아니다. 기원전 8세기경에 흑
해 북부의 트라키아에서 성립되어 그리스 전역으로 널리 전파된 오
르페우스교도 윤회관을 갖고, 육체는 영혼을 가두는 감옥이라 하여
인도의 고행자처럼 금욕생활을 영위하였다고 한다.
    로마의 줄리어스 시저는 영국과 프랑스 북부지방에 살았던 고대 켈
트족의 사제계급인 드루이드의 연구에 심취했는데, 그들 역시 영혼의
불멸과 윤회 전생의 사상을 신봉했다는 기록을 남겼다고 한다.
    그리고 기원전 6세기경의 그리스 수학자 피타고라스는 자신의 전

생을 기억하는 능력을 헤르메스로부터 전수받았다고 하면서, 트로이전쟁에 참전했던 헤르모티모가 자신의 전생이었다고 하고, 트로이의 어느 신전에서 헤르모티모가 사용한 방패를 찾아냈다는 기록이 남아 있다고 한다. 기원전 5세기경의 철학자 소크라테스, 동시대의 그리스 철학자 엠페도클레스, 역사가 헤로도투스, 기원전 4세기경 그리스의 철학자 플라톤 등 쟁쟁한 인물들이 윤회론을 믿었다고 한다.

또 윤회론은 종교적으로도 바라문교나 불교에 한정되었던 것은 아니다. 유대교의 신비주의 교단인 카발리스트나 이슬람교의 수피교도들도 윤회론을 신봉하고 있었고, 나아가 기독교에서도 초기에는 윤회론이 완벽한 교회신학의 일부였다고 한다. 예수 재세시의 바리새인과 에세네파는 환생론과 불멸론을 믿은 것으로 알려지고 있고, 2세기경 로마에 최초의 기독교학교를 설립한 순교자 유스티누스와, 아우구스티누스를 제외하면 초기 기독교회에 가장 영향을 크게 미친 교회신학자라는 평가를 받는 오리게네스도 환생사상을 믿고 가르친 것으로 기록되어 있다고 한다.

그러나 이러한 윤회관과 개인 책임론은 그리스도의 은혜와 믿음에 의한 구원을 표방하는 교회신학에 배치된다는 반론이 끊임없이 제기되어 왔고, 마침내 이 반론은 결실을 맺게 된다. 313년 로마의 콘스탄티누스 1세에 의해 기독교가 공인된 것을 계기로 기독교 교리를 정립하는 과정에서, 325년 니케아 공의회는 이 반론을 채택하여 윤회관이 반영되어 있는 구절들을 신약성서에서 모두 제외하였다고 한다.

그 후 논쟁을 거쳐 오리게네스의 사상이 다시 수용되기도 하는 등 곡절을 겪다가, 최종적으로 553년에 열린 콘스탄티노플 공의회에서 오리게네스의 환생사상은 이단으로 결정되고, 그러면서 윤회를 암시하는 모든 기록들을 성서에서 삭제하도록 결정했다고 한다. 그런데 이 결정에는 당시의 황제 유스티니아누스 1세의 눈에 들어 황후가 된 후 자신의 수치스러운 과거를 알고 있는 수많은 사람들을 살해한 테오도라가 큰 영향을 미친 것으로 알려져 있다. 어떻든 그럼에도 불구하고 구약에는 물론 신약성서에도 아직 윤회론의 흔적이 적지 않게 남아 있다고 한다. 몇 가지 예를 들면 다음과 같다.[8]

「예수께서는 "그런데 실상 엘리아는 벌써 왔다. 그러나 사람들이 그를 알아보지 못하고 제멋대로 다루었다. 사람의 아들도 이와 같이 그들에게 고난을 받을 것이다"라고 대답하셨다. 그제야 비로소 제자들은 이것이 세례자 요한을 두고 하신 말씀인 줄을 깨달았다.」

「예수께서는 "정말 잘 들어두어라. 나는 아브라함이 태어나기 전부터 있었다"라고 대답하셨다.」

「예수께서 길을 가시다가 태어나면서부터 눈먼 소경을 만나셨는데, 제자들이 예수께 "선생님, 저 사람이 소경으로 태어난 것은 누구의 죄입니까? 자기 죄입니까? 그 부모의 죄입니까?"라고 물었다. 예수께서는 이렇게 대

∙∙∙∙∙∙∙∙∙∙∙∙∙∙∙∙

8 차례대로 마태복음 17장 12~13절, 요한복음 8장 58절, 요한복음 9장 1~3절의 글이다.

답하셨다. "자기 죄 탓도 아니고, 부모의 죄 탓도 아니다. 다만 저 사람에게서 하느님의 놀라운 일을 드러내기 위한 것이다."」

윤회론의 현대적 양상

윤회론은 근대에 들어서도 끊이지 않고 지속되어, 철학자 데이비드 흄과 쇼펜하우어, 작가 괴테, 실러, 톨스토이, 예이츠, 에머슨, 서머셋 모옴, 칼릴 지브란, 화가 고갱, 작곡가 말러와 시벨리우스, 발명가 에디슨, 과학자 아인시타인, 심리학자 융 등이 윤회론에 동조하거나 믿은 것으로 기록되어 있다. 이 인사들도 필자 기준의 지명도에 의해 선택된 극히 일부의 인사일 뿐이다.

그런데 20세기로 들어서면서 윤회론에는 이전과는 다른 독특한 양상이 전개된다. 비록 사례수집과 분석의 차원이기는 하지만, 과학적 방법을 통하여 윤회를 간접적으로 증명하려는 시도이다. 그 첫머리에는 에드가 케이시Edgar Cayce(1877~1945)라는 특이한 능력의 소유자가 등장한다.

케이시는 미국 켄터키주 홉킨스빌 근교에서 농부의 아들로 태어났다고 한다. 고향을 떠나 보험 세일즈맨으로 일하던 21세에 후두염을 앓았는데, 그 후 목소리가 나오지 않았고, 모든 치료가 소용이 없었다고 한다. 절망 속에서 세월을 보내던 케이시는 하트라고 하는 떠돌이 최면술사의 제안에 따라 최면술에 의한 치료를 받았는데, 최면 상태에서는 정상적인 목소리를 낼 수 있는 성과가 있었지만, 최면에서 깨면 원래대로 돌아가버렸다고 한다.

그래서 레인이라는 사람의 제안으로 다시 최면술에 의한 치료를 받게 된 케이시는, 최면상태에서 레인으로부터 자신의 질병에 대한 진단을 해 보라는 지시를 받고는 놀랍게도, 정신상태의 영향을 받아 신경이 일그러져 자신의 성대근육 일부가 마비되어 있다는 것과, 암시를 주어 환부의 혈액순환을 잘 되게 하면 치료될 것이라는 설명을 하였다고 한다. 그 후 자신이 설명한 방법에 따라 케이시는 완전히 목소리를 되찾았다.

이 사건을 계기로 케이시는 자신에게 최면상태에서 타인의 신체상태도 읽을 수 있는 능력이 있음을 발견하였고, 그 능력을 이용하여 수많은 사람들의 치료를 도왔다. 케이시의 신체영독身體靈讀physical reading능력은 대상자가 가까이 있거나 수십 마일 이상 멀리 떨어져 있거나 한결같았다고 하고, 놀라운 것은 평상시에는 의학에 대해 전혀 문외한인데도, 최면상태에서는 전문적인 의학용어를 자유자재로 구사하였다고 한다.

당연히 케이시에게는 또 다른 능력이 있지 않을까 하는 관심이 일어났을 것이다. 1923년 케이시는 점성학에 관심을 가졌던 라머스라는 사람으로부터 그의 천궁도天宮圖horoscope를 살펴보라는 암시를 받고는 그의 천궁도에 대한 설명을 해 주었고, 그러면서 라머스가 과거에 승려였던 적이 있다는 말까지 해 주었다고 한다. 이 사건이 계기가 되어 케이시는 자신에게 전생영독前生靈讀life reading 능력이 있음을 발견하였는데, 자신은 과거 이집트 신비교단의 승려였던 적이 있었고, 페르시아에서 태어나 내과의사가 된 적도 있었음을 투시하였다고 한다. 케이시의 비범한 의학지식은 그 때 획득된 것이라고 이해할 수밖에 없다고 한다.

그 후 케이시는 세상을 떠날 때까지 모두 1만 4천여 건에 달하는 투시 사례를 남겼고, 그 모두는 버지니아비치에 있는 기록철에 보관되어 있어, 누구라도 가서 직접 확인해 볼 수 있다고 한다. 사람의 몸을 들여다보고 그 사람의 상태를 집어내며 치료 방법을 제시한 케이시의 능력은 철저히 검증이 되고 많은 사람들에게 극적인 도움을 주었기 때문에, 꼬투리를 잡을 여지가 없을 정도라고 한다. 흥미로운 것은 그 사례 중에는 기원전 1만 년경 바다 속으로 가라앉았다는 아틀란티스 대륙에 대한 기록도 있다는 것이다. 일찍이 플라톤이 『티마이오스Timaios』와 『크리티아스Critias』에서, 아테네의 집정관 솔론Solon으로부터 들었다고 기록하여 전한 그 대륙 말이다.

케이시 이후 유사한 연구가 뒤따랐는데, 크게 세 가지 유형으로 분류할 수 있을 것같다. 첫째는 케이시와 같은 투시능력을 가진 경우인데, 케이시와는 달리 반드시 최면에 의하여 유도되는 것뿐만 아니라, 평상의 의식상태에서도 투시능력을 발휘하는 사례도 적지 않다고 한다. 그렇지만 이 경우는 결과에 있어 케이시의 업적에 필적할 만한 예는 없기 때문에 더 이상 언급치 않겠다.

전생에 관한 진술들

두 번째는 연령역행年齡逆行age regression최면에 의하여 전생을 기억해 진술하는 사례들인데, 이것은 대안적代案的 심리치료의 방법으로 많이 활용되었다. 이 사례의 기법과 사례 하나를 간략히 소개하자면 이런 것이다.

시술자는 먼저 여러 가지 방법을 사용하여 피험자被驗者의 신체와 정신을 극도로 이완시킨다. 그런 다음 피험자에게 현재로부터 가까운 시기의 일부터 기억해 말하게 한다. 예컨대 오늘 있었던 일부터 시작하여 어제, 이틀 전, 사흘 전, 일주일 전, 1개월 전, 1년 전, 5년 전, 10년 전, 다섯 살 무렵이었을 때, 한 살 무렵이었을 때, 출생할 때, 모태母胎에 들 때, 전생의 죽음의 순간, 전생에서 살 때의 기억 등의 순서로 점차 시간을 역행하여 회상하게 하는 것이다. 그렇게 해서 피험자가 진술한 내용을 검증한다. 진술 내용 중 피험자가 현생에서 직접적이거나 간접적으로 학습하였을 개연성이 있는 것은 배제된다. 그럴 개연성이 적은 내용으로 검증 가능한 항목을 피험자가 진술한다면, 그의 진술은 신빙성이 높은 것으로 평가될 수 있다.

이 분야의 대표적인 연구서로 미국의 여성 심리학자 헬렌 웜바흐의 책『삶이전의 삶[life before life]』과, 역시 미국에서 대안적심리치료협의회를 이끄는 글렌 윌리스턴의 책『영혼의 탐구[Soul Search]』등이 우리말로 번역되어 있다. 그런 진술의 예를 뒤의 책9에서 하나 골라 보았다.

「전생의 자신을 알렉스 헨드리로 기억하는 한 여인은 19세기 후반, 스코틀랜드에서 보낸 흥미진진한 인생담을 들려주었다.

알렉스는 어머니한테서 가족들의 뜻에 따라야 한다는 성취 동기를 주입받았다. 그것은 알렉스 자신의 건강 문제를 극복하고, 에든버러 대학에서 의학 공부를 끝마쳐야 한다는 것이었다. 그리하여 알렉스는 에든버러에

• • • • • • • • • • • •

9 서민수 역 p.178(1996년 시공사).

서 보낸 학생시절을 생생하게 묘사하였고, 그 과정에서 두 가지 입증가능한 사실들을 언급하였다. 그의 집은 뱀프셔에 있으며, 공부는 1878년에 끝마쳤다는 것이었다.

나의 상담자는 공부하라는 집안의 압력과, 전쟁하다시피 치루어낸 의학 공부가 안겨 준 극심한 감정의 파랑들을 자세하게 들려주었다. 물론 조사한 바에 따르면 현생에서 그녀는 의학에 대한 그런 정보들을 결코 접해보지 못한 여성이었다. 에든버러 대학의 자료실장이 1973년 7월 19일자로 보낸 편지가 그녀의 이야기를 확증해 주었다.

'알렉스 헨드리. 스코틀랜드 뱀프셔 컬렌 출신. 1878년 의학사 학위 취득'」

위의 책들에는 매우 흥미로운 전생 진술이 많이 수집되어 있다. 그렇지만 그 사례들은 대다수가 현재로부터 상당히 먼 시간의 전생을 진술한 것이어서, 검증 가능한 사항이 매우 제한적이라는 인상을 받는다. 그래서 연구자의 진지한 노력에 의해 확보된 검증이 비록 놀랍기는 해도 현실감이 떨어진다는 느낌이 있다. 시술자의 순차적인 역행 유도에도 불구하고, 피험자의 회상은 생을 넘어가는 순간 바로 직전의 생으로 가는 것이 아니라, 자신의 기억이 뚜렷한 어떤 특정한 생으로 건너뛰는 것이 아닌지 모르겠다.

세 번째로 투시는 아니지만, 평상의 의식상태에서 자신의 직전 전생을 뚜렷이 기억하는 특이한 능력을 가진 사람들의 사례는 우리를 놀라게 하기에 충분하다. 이 방면의 대표적인 연구자는 미국 버지니아 의과대학 신경정신과장 이안 스티븐슨 박사인데, 그는 1974년부터 1987년까지『윤회를 암시하는 스무 가지 사례』등 6권의 관련 서

적을 발표하였다. 우리말로는 번역되지 않아 소걀 린포체가 지은『삶과 죽음을 바라보는 티베트의 지혜』라는 책10에서 그 사례 하나를 인용한다.

「달라이라마는 한 아이의 자기 전생에 대한 놀라운 기억에 주목했다. 달라이라마는 그 여자아이를 만나 이야기를 듣고 확인하기 위해 대리인을 보냈다. 그 아이의 이름은 카마르지트 코우워였다.

　그녀는 인도 펀잡 지방의 시크교도 집안에서 학교 선생의 딸로 태어났다. 어느 날 아버지와 함께 시골의 한 장터에 갔을 때, 그녀는 아버지에게 갑자기 거기서 좀 떨어져 있는 다른 마을로 데려다 달라고 말했다. 아버지는 깜짝 놀라 왜 그러느냐고 물었다. 그녀는 말했다. "여기는 저와 아무 관계도 없어요. 이곳은 저의 집이 아니에요. 제발 저를 그 마을로 데려다 주세요. 버스가 갑자기 우리를 치었을 때 제 친구와 저는 자전거를 타고 있었어요. 제 친구는 그 자리에서 죽었고, 저는 머리와 귀와 코를 다쳤어요. 저는 사고 지점에서 떨어진 근처 재판소 앞의 벤치에 누워 있었죠. 그리고 바로 마을 병원으로 실려갔어요. 상처에서 피가 너무 많이 흘러나와 부모님과 친척들이 그리로 데려간 거죠. 그러나 시골 병원에서는 저를 제대로 치료할 수 없었기 때문에 그들은 저를 암발라로 데려가기로 했죠. 의사들이 저를 치료할 수 없다고 했을 때, 저는 친척들에게 집으로 데려가 달라고 했어요."

　그녀의 아버지는 이 말에 충격을 받았다. 그는 어린애의 일시적 충동일 뿐이라고 생각했지만 그녀가 계속해서 고집을 부리자 그 마을로 그녀를

....
10 오진탁 역 pp.151~154(1999년 민음사).

데려갔다.

그들은 함께 그 마을에 갔다. 그녀는 마을 근처에 이르자마자 이미 그것을 알아차렸다. 그녀는 버스가 그녀를 치었던 곳을 손가락으로 가리키고, 그녀가 운전사에게 이름과 주소를 말했던 건초 더미가 있는 곳으로 데려가 달라고 말했다. 그녀는 자기가 살았다고 주장하는 집 근처에 이르러 그 건초 더미 앞에 멈춰 섰다. 여자아이와 아버지는 그녀가 이전에 살았다고 하는 집으로 갔다.

그녀의 말을 여전히 믿을 수가 없었던 그녀의 아버지는 이웃 사람들에게 카마르지트 코우워가 말한 대로 버스에 치어 딸을 잃어버린 가족이 있는가 물어보았다. 그들은 그 이야기가 사실이라고 말하고, 그 집의 딸 리슈마가 병원에서 집으로 오던 중 차 안에서 죽었을 때 열여섯 살이었다고 말했다.

카마르지트의 아버지는 너무나 놀라서 그녀에게 집에 돌아가자고 말했다. 그러나 그녀는 곧장 그 집으로 들어가 그녀의 학창 시절 모습을 담은 앨범을 달라고 해서 그것을 기쁨에 가득찬 눈으로 들여다 보았다.

리슈마의 할아버지와 삼촌들이 도착했을 때, 그녀는 즉시 그들을 알아보고서 정확히 그들의 이름을 말했다. 카마르지트는 그녀의 아버지에게 자기 방을 가리켜 보이고 그 밖에 다른 방들도 보여 주었다. 그 다음에 그녀는 자기의 교과서들과 두 개의 은팔찌, 두 개의 머리띠, 그리고 새로 지은 적갈색 정장을 달라고 했다. 리슈마의 작은 어머니는 그것들이 모두 리슈마의 것이라고 말했다. (이하 일부 생략)

가족들은 모두 함께 그 때까지 있었던 이야기들을 짜 맞추기 시작했다. 카마르지트는 리슈마가 죽은 지 열 달 만에 태어났다. 그녀는 리슈마의 학교 사진첩에 있는 친구들 이름을 전부 기억할 수 있었다. 또한 카마르지트

는 늘 적갈색 옷을 사달라고 졸랐다. 그녀의 부모들은 리슈마가 정말로 적
갈색 정장을 가지고 있었고, 그것을 자랑스러워했지만 결코 입어보지 못
했다는 것을 알았다.」

중복된 느낌이 없지 않지만, 지나 서미나라가 쓴 『윤회의 진실
[Many lives, many loves]』이라는 책11에 소개된 사례 하나를 더 소개하
고 싶다. 역시 이안 스티븐슨 박사가 수집한 사례라고 한다.

「일본에 가츠고로라는 사내아이가 있었다.

여덟 살쯤 되었을 때, 가츠고로는 자신이 바로 전생에 도조라는 사람이
었다고 말했다. 그리고 아버지는 농부였는데, 이름이 규베이였고, 어머니
의 이름은 싯주였다고 했다. 그리고 호도쿠보라는 마을에 살았다는 것이
었다. 아이는 계속해서, 아버지가 세상을 떠난 뒤 어머니는 한시레라는
남자에게 재가를 했다고 말했다. 자신 도조는 아버지가 돌아가신 다음 해
인 여섯 살 때에 마마에 걸려 죽었다고 했다. 아이는 자신의 장례식 광경
을 자세하게 설명했고, 부모의 모습과 집의 생김새도 마치 그림을 그리듯
이 설명해 나갔다.

이 말을 들은 아이의 부모는 가츠고로를 데리고 그가 말한 호도쿠보라
는 마을로 갔다. 아이가 언급한 사람들은 모두 지금도 그 마을에 살고 있
거나 예전에 산 적이 있다는 것이 확인되었다.

마을에 이르자 아이는 마을 사람들의 안내도 없이 앞장서서 길을 잡아
자신이 살았던 집을 찾아내고는 생모와 계부의 얼굴을 알아 보았다. 아이

11 권미옥·서민수 공역 pp.39~40(1995년 정신세계사).

는 근처에 있는 상점과 나무를 가리키며 전에는 없던 것이라고 말했다. 그
것은 사실이었다.

　가츠고로가 한 이야기 가운데 모두 열여섯 가지 사항이 실제의 사실과
일치했다.」

임사臨死 체험

　이 외에 전생에 대한 진술은 아니지만, 윤회를 들여다볼 수 있는
간접적인 자료로 임사체험臨死體驗near death experience에 관한 연구를
빠트릴 수 없다. 임사체험이란 사고나 질병으로 인해 죽음에 이르렀
던 사람이 의식을 회복한 후 이야기하는 이미지 체험을 말한다. 의학
적으로 사망을 선언받지는 않고 사경을 헤매다가 의식을 회복한 경
우가 많지만, 의학적으로 사망을 선언받았다가 소생한 경우도 있다.
　이 방면에는 매우 많은 연구자가 있다. 『삶 이후의 삶[Life after life]』
이라는 책을 남긴 미국의 선구적 연구자 레이먼드 무디 외에도, 케네
스 링, 마고트 그레이, 마이클 사봄, 엘리저베스 퀴블러 로스 등이 이
연구에 가세하였고, 최근에는 일본의 저널리스트 다치바나 다카시가
쓴 『임사체험』 상·하 2권이 우리말로 번역되어 소개되기도 하였다.
　개별적인 사례보다 레이먼드 무디 박사가 여러 사례의 공통적인
요소들을 모아서 구성하였다는 전형적 구도[12]를 인용하는 편이 알기
쉬울 것 같다.

・・・・・・・・・・・・・

12 서민수 역 『삶 이후의 삶』 pp.31~33(1995년 시공사).

「어떤 사람이 죽어가고 있다. 그는 극심한 고통에 휩싸여 있던 중 자신의
사망을 선언하는 의사의 목소리를 듣는다. 그러다가 그는 귀에 거슬리는
어떤 소리를 듣기 시작한다. 그것은 커다란 종소리나 벌이 날아다니는 소
리 같았다. 그러면서 그는 자신이 어떤 길고 어두컴컴한 터널을 맹렬한 속
도로 통과하는 듯한 느낌을 받는다.

그 뒤에 그는 곧 자신이 육체 바깥에 나와 있음을 발견한다. 하지만 주변
환경은 여전히 생전의 모습 그대로이다. 그는 일정한 거리를 유지한 채 마
치 관객인 양 자신의 몸을 지켜본다. 그는 그런 이상한 시점視點에서 의사
와 간호사들이 자신의 육체를 되살리려고 애쓰는 장면을 지켜보면서 감
정적인 동요를 느낀다.

얼마 뒤 그는 제정신을 차리고 자신의 기묘한 상태에 좀 더 익숙해진다.
그때 그는 자신이 아직도 '몸'을 가지고 있다는 사실을 발견하는데, 그것
은 자신이 방금 벗어난 육체와는 전혀 다른 성질과 힘을 갖춘 것이다.

그 뒤에 곧 다른 일들이 벌어진다. 다른 영혼들이 도움을 주려고 그에게
다가오는 것이다. 그리하여 그는 과거에 죽은 친지들이나 친구들의 영혼
을 보게 된다. 그런데 그들 중에는 이제껏 만나 본 일이 없는, 사랑스럽고
다정한 어떤 영혼인 빛의 존재가 끼여 있다.

그 빛의 존재는 그의 앞에 나타나 지상에서의 삶을 전체적으로 평가해
보라는 메시지를 텔레파시로 보낸다. 그러면서 그 존재는 그의 인생의 주
요한 장면들을 파노라마식으로 한순간에 재생시켜 보여 준다.

그 과정에서 임사체험자는 현세와 내세를 구분짓는 일종의 장벽이나 경
계선에 도달한다. 이때 그는 자신이 지상으로 되돌아가야 한다는 사실을
알게 된다. 아직 그가 죽을 때가 되지 않은 것이다. 이 시점에서 그는 사후
상태에 익숙해진 터라 지상으로 되돌아가길 원치 않는다. 동시에 그는 물

밀듯이 밀려오는 기쁨, 사랑, 평화에 압도되고 만다. 그리고 다음 순간 그는 어찌된 일인지 자신의 의지와는 다르게 자신의 육체와 재결합하고 소생한다.

그런 일이 있은 뒤에 그는 다른 이들에게 자신의 체험을 이야기하려고 노력하지만 뜻대로 되지 않는다. 우선 그의 체험은 이 세상의 일을 완전히 초월해 버리는 것이라 그것을 제대로 표현해 줄 적당한 용어를 찾기가 무척이나 어렵다. 게다가 듣는 사람들도 거의 모두 비웃곤 하기 때문에 그는 얼마 지나지 않아서 입을 다물게 된다.

그렇지만 그의 체험은 여전히 그의 인생에 심오한 영향을 준다. 특히 죽음에 대해서, 또는 죽음과 관련하여 인생을 어떻게 살아갈 것이냐 하는 문제에 있어서 그의 마음가짐이 크게 변한 것이다.」

여기에서도 나타나고 있듯이 임사체험자들이 가장 공통적으로 체험하는 것은, 정신의 체외이탈體外離脫out of body과 강렬하면서도 지극히 평화스러운 빛이다. 대부분의 임사체험자들은 신체에서 분리된 정신을 영혼이라고 생각한다. 무아의 이치에 접해본 적이 없는 사람이라면 그렇게 생각하는 것이 당연할 것이다. 그렇지만 무아의 이치에 기초하고 있는 불교의 시각에서 보면, 이것은 신체에서 일시 분리된 정신일 뿐이다. 그것은 죽음[死有]과 재생[生有] 사이를 연결하는 중유中有라는 존재와도 매우 흡사하다. 그러므로 이것을 '영혼'의 존재를 실증하는 근거로 속단해서는 안 될 것이다.

다음 위 글에서 '사랑스럽고 다정한 어떤 영혼인 빛'이라고 하여, 마치 기독교의 하느님과 같은 존재로 인식될 수 있는 표현에도 유의해야 한다. 왜냐하면 위 글은 미국이라는 기독교적인 분위기가 짙은 나라에 살고 있는 체험자들의 진술이 주도적으로 반영된 것이라고 이해되기 때문이다. 실제로 앞에서 든 일본의 다카시의 책에는, 그 빛을 극락정토나 부처 혹은 브라흐만 등으로 이해한 동양 체험자들의 예가 다수 등장한다. 이것을 보면 임사체험자들도 체험된 내용을 자신의 의식에 기초해 이해하거나 재해석한다는 것을 알 수 있다. 어떻든 적어도 이 체험에서 공통적으로 진술되고 있는 정신의 체외이탈은, 윤회가 가능하다는 하나의 근거로 이해할 수 있을 것이다.

마지막으로 하나 언급해 두고 싶은 것은 이 임사체험은 연령역행 최면에 따라 전생에서의 죽음을 회상하는 피험자의 진술과 매우 흡사하다는 점이다. 다음은 앞서 언급한 『영혼의 탐구』에 등장하는 진술이다.[13]

「"당신은 어디 있나요?"

"난 침대에 누워 있습니다. 거의 숨을 쉴 수가 없군요. 허파에 물이 가득 고여 있거든요. 열도 아주 높습니다."

"당신은 자신이 죽어가는 것을 알고 있습니까?"

"네. 알고 있습니다. 내 생명이 빠져 나가는 걸 느끼고 있지요. 그것을 붙들고 있는 것은 너무 힘들고 너무 고통스러워요."

"계속해서 당신에게 무슨 일이 일어났지요?"

"난 죽었습니다."

"어떤 느낌이 들었습니까?"

"숨이 멎어서 난 내 몸을 떠났습니다. 아, 아주 가벼워요. 자유로워요. 고

. . . .
13 같은 책 pp.211~213.

통도 없고요. 이제는 숨을 쉴 수가 있어요. 물론 진짜 숨을 쉬는 건 아니지만요. 그러나 꼭 숨을 쉬는 기분이에요. 나는 숨 쉬는 것이 얼마나 쉬운 일인지 거의 잊고 살았어요. 방 전체가 빛으로 보여요. 부드럽게 타오르는 흰 불빛 말이죠. 그러나 그 빛이 어디서 왔는지는 모르겠어요."

"당신은 어디 있나요?"

"난 내 몸을 내려다보고 있죠. 집주인 여자가 나를 위해서 수프를 갖고 방 안으로 들어왔습니다. 그녀는 내가 죽은 사실을 몰랐죠. 그녀가 수프를 가지러 내 곁을 떠날 때, 내가 임종 직전의 상태란 것도 몰랐으니까요."

"그녀는 어떻게 행동했지요?"

"그녀는 놀라서 숨을 멈춘 채 침대 옆으로 다가왔죠. 그녀는 내 이름을 부르면서 '아악!'하고 비명을 지르더군요. 그녀가 들고 있던 수프 그릇이 방바닥에 떨어졌죠. 그녀는 비명을 지르면서 방을 나갔습니다. 난 그녀에게 미안했답니다. 나 때문에 충격을 받았구나 싶어서 말이죠. 하지만 난 혼자 미소를 지었습니다. 내가 죽었다고 생각하는 그녀가 우스웠죠."

"그리고 무슨 일이 일어났지요?"

"그녀가 얼마 뒤에 의사를 데려왔지요. 의사가 내 몸을 살펴보는 동안, 그녀는 방 밖에서 서성이며 애꿎은 앞치마만 쥐어짜고 있었죠. 마침내 의사는 내 얼굴에 침대 커버를 씌우면서 자미엘 부인에게 내 묘지를 알아보라고 말하더군요. 부인은 의사와 함께 방문을 나서면서 엉엉 울었습니다."

"당신은 자신의 묘지가 어디 있는지 알고 있나요?"

"오, 물론이지요. 난 시멘트 묘석이 세워지는 극빈자 묘지에 묻혔답니다."

"당신은 죽은 장소 주변에 계속 머물렀나요?"

"아니오. 난 가야 할 곳들이 있었지요. 그 장소에는 더 이상 흥미가 없습니다."」

　이상 윤회론의 역사와 현재를 간략히 살펴 보았다. 불교 아닌 이야기가 너무 길어졌다는 느낌도 없지 않은데, 소설 이상으로 흥미 있는 이야기들이 여기에 많이 들어 있기 때문이다.

3. 알아차림의 토대에 대한 긴 경[14]
Mahāsatipaṭṭhāna-suttanta
대념처경大念處經

I 요지[15]

1.1 이와 같이 나는 들었다.

한때 세존께서는 꾸루국에 있는 깜맛사담마라는 꾸루사람들의 마을에 머무셨다. 그곳에서 세존께서 "비구들이여"라고 비구들을 부르시니, 비구들이 "세존이시여"라고 대답했다. 그러자 세존께서는 이렇게 말씀하셨다.

"비구들이여, 이 길은 중생들을 청정하게 하고 근심과 탄식을 다 건너게 하며 고통과 괴로움을 사라지게 하고 옳은 방법을 얻게 하며 열반을 실현하게 하는 유일한 길이니, 그것은 '네 가지 알아차림의 확립[사념처四念處]'이다.

1.2 무엇이 네 가지인가?

비구들이여, 여기 비구는 몸에서 몸을 관찰하며 머물면서, 열심히 알고 알아차려서 세상에 대한 탐욕과 근심을 버린다.

· · · · · · · · · · ·

14 이 경은 DN 제22경인데, 《중아함경》(제24권) 제98 염처경念處經이 이와 상응하는 경이다. MN 10 염처경[Satipaṭṭhāna sutta]은 이 경의 내용 중 5.5 사성제 부분만 빠졌을 뿐, 나머지는 같은 내용이다.
15 이하 글 앞에 붙은 번호는 편의상 필자가 고쳐서 붙인 것이다. 그리고 이 '요지'라는 제목도 필자가 붙인 것으로, 원문에 있는 것이 아니다.

느낌에서 느낌을 관찰하며 머물면서, 열심히 알고 알아차려서 세상에 대한 탐욕과 근심을 버린다.

마음에서 마음을 관찰하며 머물면서, 열심히 알고 알아차려서 세상에 대한 탐욕과 근심을 버린다.

법에서 법을 관찰하며 머물면서, 열심히 알고 알아차려서 세상에 대한 탐욕과 근심을 버린다.

Ⅱ 몸에 대한 알아차림[身念處]

비구들이여, 어떻게 비구가 몸에서 몸을 관찰하며 머무는가?

2.1 들숨날숨

비구들이여, 여기 비구는 숲 속으로 가거나 나무 아래로 가거나 빈방으로 가서, 가부좌 자세를 취하고 몸을 곧추 세운 뒤 전면에 알아차림을 확립하고 앉아서, 알아차리며 숨을 들이쉬고 알아차리며 숨을 내쉰다.

길게 들이쉬면서 '길게 들이쉰다'고 분명히 알고, 길게 내쉬면서 '길게 내쉰다'고 분명히 안다. 짧게 들이쉬면서 '짧게 들이쉰다'고 분명히 알고, 짧게 내쉬면서 '짧게 내쉰다'고 분명히 안다. '온몸16을 경험하면서 들이쉬리라'고 해서 (온몸을 경험하면서 들이쉬는 것을) 배우고, '온몸을 경험하면서 내쉬리라'고 해서 배운다. '신체적 형성[身行]을 고요히 하면서 들이쉬리라'고 해서 배우고, '신체적 형

· · · · · · · · · · · · ·
16 여기에서 '온몸'은 그 호흡의 온몸, 즉 호흡의 처음부터 끝까지를 뜻하는 것이다.

성을 고요히 하면서 내쉬리라'고 해서 배운다.

비구들이여, 마치 능숙한 도공陶工이나 도공의 제자가 (물레를) 길게 돌리면서 '길게 돌린다'고 분명히 알고, 짧게 돌리면서 '짧게 돌린다'고 분명히 아는 것처럼, 그와 같이 비구는 길게 들이쉬면서 '길게 들이쉰다'고 분명히 알고, ‥‥17 '신체적 형성을 고요히 하면서 내쉬리라'고 해서 배운다.

이와 같이 안으로 몸에서 몸을 관찰하며 머물고, 혹은 밖으로 몸에서 몸을 관찰하며 머물고, 혹은 안팎으로 몸에서 몸을 관찰하며 머문다.18 혹은 몸에서 일어나는 현상을 관찰하며 머물고, 혹은 몸에서 사라지는 현상을 관찰하며 머물고, 혹은 몸에서 일어나기도 하고 사라지기도 하는 현상을 관찰하며 머문다. 이제 그에게는 '몸이 있구나'라는 알아차림19이 나타나서, 그만큼 그의 지혜와 알아차림을 향상시킨다. 이제 그는 무엇에도 의지하지 않고, 세상에서 그 어느 것도 움켜쥐지 않는다. 비구들이여, 이와 같이 비구는 몸에서 몸을 관찰하며 머문다.

2.2 네 가지 자세[四威儀]

••••••••••••
17 ‘‥‥’ 표시는 본문에서도 언급한 것처럼, 앞 글 중 중간 부분 즉, "길게 내쉬면서 '길게 내쉰다'고 분명히 알고"부터 "'신체적 형성[身行]을 고요히 하면서 들이쉬리라'고 해서 배우고"까지가 생략되었다는 표시이다.
18 상좌부의 주석서에서, ‘안으로’라는 것은 자신의 호흡에 대해서, ‘밖으로’라는 것은 남의 호흡에 대해서, ‘안팎으로’라는 것은 자신의 호흡과 남의 호흡에 대해서 관찰하는 것을 말한다고 설명한다.
19 ‘몸이 있구나’라는 것은 단지 신체적 현상만 있을 뿐, 나·사람·중생 등과 같은 영속적 개체가 있는 것이 아니라는 것을 알게 된다는 의미이다.

다시 비구들이여, 비구가 걸을 때에는 '걷는다'고 분명히 알고, 설 때에는 '선다'고 분명히 알며, 앉을 때에는 '앉는다'고 분명히 알고, 누울 때에는 '눕는다'고 분명히 안다. 또 그의 몸이 다른 어떤 자세를 취하든 그 자세대로 분명히 안다.

이와 같이 안으로 몸에서 몸을 관찰하며 머물고, ···· 세상에서 그 어느 것도 움켜쥐지 않는다. 비구들이여, 이와 같이 비구는 몸에서 몸을 관찰하며 머문다.

2.3 바르게 앎[正知]

다시 비구들이여, 비구는 나가거나 들어올 때에도 바르게 알면서 행한다. 앞을 보거나 돌아볼 때에도 바르게 알면서 행한다. 구부리거나 펼 때에도 바르게 알면서 행한다. 가사와 발우와 의복을 지닐 때에도 바르게 알면서 행한다. 먹거나 마시거나 씹거나 맛볼 때에도 바르게 알면서 행한다. 대소변을 볼 때에도 바르게 알면서 행한다. 걷거나 서거나 앉을 때에도, 잠들거나 깰 때에도, 말하거나 침묵할 때에도 바르게 알면서 행한다.

이와 같이 안으로 몸에서 몸을 관찰하며 머물고, ···· 세상에서 그 어느 것도 움켜쥐지 않는다. 비구들이여, 이와 같이 비구는 몸에서 몸을 관찰하며 머문다.

2.4 몸의 32가지 부위

다시 비구들이여, 비구는 이 몸은 아래로 발바닥에서부터 위로 머리카락에 이르기까지, 피부로 둘러싸여 갖가지 깨끗지 못한 것들로 가득차 있음을 관찰한다. 즉 '이 몸에는 머리카락·몸털·손톱발톱·이

빨·피부·살·힘줄·뼈·골수·콩팥·심장·간장·늑막·비장·폐·대장·소
장·위장·똥·뇌·담즙·가래·고름·피·땀·굳기름·눈물·기름기·침·콧
물·관절액·오줌 등이 있다'라고.

비구들이여, 마치 양쪽에 주둥이가 있는 자루에 여러 가지 곡식,
즉 밭벼·보리·녹두·완두·참깨·논벼 등이 가득 담겨 있는데, 어떤 눈
밝은 사람이 자루를 풀고 일일이 헤쳐보면서, '이것은 밭벼, 이것은
보리, 이것은 녹두, 이것은 완두, 이것은 참깨, 이것은 논벼이다'라고
하는 것과 같다. 비구들이여, 이와 같이 비구는 이 몸은 아래로 발바
닥에서부터 위로 머리카락에 이르기까지, 피부로 둘러싸여 갖가지
깨끗지 못한 것들로 가득 차 있음을 관찰한다. 즉 '이 몸에는 머리카
락·몸털·손톱발톱·이빨·피부·살·힘줄·뼈·골수·콩팥·심장·간장·
늑막·비장·폐·대장·소장·위장·똥·뇌·담즙·가래·고름·피·땀·굳기
름·눈물·기름기·침·콧물·관절액·오줌 등이 있다'라고.

이와 같이 안으로 몸에서 몸을 관찰하며 머물고, ···· 세상에서 그
어느 것도 움켜쥐지 않는다. 비구들이여, 이와 같이 비구는 몸에서
몸을 관찰하며 머문다.

2.5 네 가지 근본물질[四大]

다시 비구들이여, 비구는 이 몸을 현재 있는 그대로, 구성되어 있
는 그대로 요소별로 관찰한다. 즉 '이 몸에는 땅의 요소, 물의 요소,
불의 요소, 바람의 요소가 있다'라고.

비구들이여, 마치 능숙한 백정이나 그 조수가 소를 잡아 부위별로
해체해서 네거리에 벌여 놓고 앉아 있는 것과 같다. 비구들이여, 이
와 같이 비구는 이 몸을 현재 있는 그대로, 구성되어 있는 그대로 요

소별로 관찰한다. 즉 '이 몸에는 땅의 요소, 물의 요소, 불의 요소, 바람의 요소가 있다'라고.

이와 같이 안으로 몸에서 몸을 관찰하며 머물고, ···· 세상에서 그 어느 것도 움켜쥐지 않는다. 비구들이여, 이와 같이 비구는 몸에서 몸을 관찰하며 머문다.

2.6 묘지에서의 아홉 가지 관찰

(1) 다시 비구들이여, 비구는 묘지에 버려진 시체가, 죽은 지 하루나 이틀 또는 사흘이 지나 부풀어 오르고 검푸르게 되고 문드러지는 것을 보면, 그는 자신의 몸을 그것에 비추어 본다. '이 몸 또한 이와 같이 되어 있고, 이와 같은 속성이어서, 이렇게 되는 것을 피할 수 없으리라'라고.

이와 같이 안으로 몸에서 몸을 관찰하며 머물고, ···· 세상에서 그 어느 것도 움켜쥐지 않는다. 비구들이여, 이와 같이 비구는 몸에서 몸을 관찰하며 머문다.

(2) 다시 비구들이여, 비구는 묘지에 버려진 시체가 까마귀 떼에게 쪼아먹히고, 솔개 떼에게 쪼아먹히고, 독수리 떼에게 쪼아먹히고, 개 떼에게 뜯어먹히고, 자칼들에게 뜯어먹히고, 갖가지 벌레들에게 파먹히는 것을 보면, 그는 자신의 몸을 그것에 비추어 본다. '이 몸 또한 이와 같이 되어 있고, 이와 같은 속성이어서, 이렇게 되는 것을 피할 수 없으리라'라고.

이와 같이 안으로 몸에서 몸을 관찰하며 머물고, ···· 세상에서 그 어느 것도 움켜쥐지 않는다. 비구들이여, 이와 같이 비구는 몸에서 몸을 관찰하며 머문다.

⑶ 다시 비구들이여, 비구는 묘지에 버려진 시체가 해골이 되어 살과 피가 묻은 채 힘줄로 얽히어 서로 이어져 있는 것을 보면 ···· ⑷ 해골이 되어 살은 없이 피만 묻은 채 힘줄로 얽히어 서로 이어져 있는 것을 보면 ···· ⑸ 해골이 되어 살도 피도 없이 힘줄만 남아 서로 이어져 있는 것을 보면 ···· ⑹ 완전히 백골이 되어 뼈들이 흩어져서 여기에는 손뼈, 저기에는 발뼈, 또 저기에는 정강이뼈, 저기에는 넓적다리뼈, 저기에는 엉덩이뼈, 저기에는 등뼈, 저기에는 갈빗대, 저기에는 가슴뼈, 저기에는 팔뼈, 저기에는 어깨뼈, 저기에는 목뼈, 저기에는 턱뼈, 저기에는 치골, 저기에는 두개골 등이 사방이 널려있는 것을 보면, 그는 자신의 몸을 그것에 비추어 본다. '이 몸 또한 이와 같이 되어 있고, 이와 같은 속성이어서, 이렇게 되는 것을 피할 수 없으리라'라고.

이와 같이 안으로 몸에서 몸을 관찰하며 머물고, ···· 세상에서 그 어느 것도 움켜쥐지 않는다. 비구들이여, 이와 같이 비구는 몸에서 몸을 관찰하며 머문다.

⑺ 다시 비구들이여, 비구는 묘지에 버려진 시체가 백골이 되어 뼈가 조개껍질 색깔처럼 된 것을 보면 ···· ⑻ 해를 넘겨 단지 뼈무더기가 되어 있는 것을 보면 ···· ⑼ 백골이 삭아 가루로 변한 것을 보면, 그는 자신의 몸을 그것에 비추어 본다. '이 몸 또한 이와 같이 되어 있고, 이와 같은 속성이어서, 이렇게 되는 것을 피할 수 없으리라'라고.

이와 같이 안으로 몸에서 몸을 관찰하며 머물고, 혹은 밖으로 몸에서 몸을 관찰하며 머물고, 혹은 안팎으로 몸에서 몸을 관찰하며 머문다. 혹은 몸에서 일어나는 현상을 관찰하며 머물고, 혹은 몸에서 사라지는 현상을 관찰하며 머물고, 혹은 몸에서 일어나기도 하고 사라지기도 하는 현상을 관찰하며 머문다. 이제 그에게는 '몸이 있구나'라는 알아차림이 나타나서, 그만큼 그의 지혜와 알아차림을 향상시킨다. 이제 그는 무엇에도 의지하지 않고, 세상에서 그 어느 것도 움켜쥐지 않는다. 비구들이여, 이와 같이 비구는 몸에서 몸을 관찰하며 머문다.

III 느낌에 대한 알아차림[受念處]

3.1 비구들이여, 어떻게 비구가 느낌에서 느낌을 관찰하며 머무는가?

비구들이여, 여기 비구는 즐거운 느낌을 느끼면 '즐거운 느낌을 느낀다'고 분명히 알고, 괴로운 느낌을 느끼면 '괴로운 느낌을 느낀다'고 분명히 알며, 괴롭지도 않고 즐겁지도 않은 느낌을 느끼면 '괴롭지도 않고 즐겁지도 않은 느낌을 느낀다'고 분명히 안다.

세속적인 즐거운 느낌[20]을 느끼면 '세속적인 즐거운 느낌을 느낀다'고 분명히 알고, 비세속적인 즐거운 느낌을 느끼면 '비세속적인 즐거운 느낌을 느낀다'고 분명히 알며, 세속적인 괴로운 느낌을 ···· 비세속적인 괴로운 느낌을 ···· 세속적인 괴롭지도 않고 즐겁지도 않은 느낌을 ···· 비세속적인 괴롭지도 않고 즐겁지도 않은 느낌을 느끼면 '비세속적인 괴롭지도 않고 즐겁지도 않은 느낌을 느낀다'고

· · · · · · · · · · · · · · ·

20 상좌부의 주석서에서, '세속적인 즐거움'이란 세속의 다섯 가지 감각적 욕망에 기초한 즐거운 느낌을 말하고, 다음에 나오는 '비세속적인 즐거움'이란 출가생활에 기초한 즐거운 느낌을 말한다고 설명한다.

분명히 안다.

3.2 이와 같이 안으로 느낌에서 느낌을 관찰하며 머물고, 혹은 밖으로 느낌에서 느낌을 관찰하며 머물고, 혹은 안팎으로 느낌에서 느낌을 관찰하며 머문다. 혹은 느낌에서 일어나는 현상을 관찰하며 머물고, 혹은 느낌에서 사라지는 현상을 관찰하며 머물고, 혹은 느낌에서 일어나기도 하고 사라지기도 하는 현상을 관찰하며 머문다. 이제 그에게는 '느낌이 있구나'라는 알아차림이 나타나서, 그만큼 그의 지혜와 알아차림을 향상시킨다. 이제 그는 무엇에도 의지하지 않고, 세상에서 그 어느 것도 움켜쥐지 않는다. 비구들이여, 이와 같이 비구는 느낌에서 느낌을 관찰하며 머문다.

IV 마음에 대한 알아차림[心念處]

4.1 비구들이여, 어떻게 비구가 마음에서 마음을 관찰하며 머무는가?

비구들이여, 여기 비구는 ① 탐욕이 있는 마음은 탐욕이 있는 마음이라고 분명히 알고, 탐욕이 없는 마음은 탐욕이 없는 마음이라고 분명히 안다. ② 성냄이 있는 마음은 ···· 성냄이 없는 마음은 ···· ③ 어리석음이 있는 마음은 ···· 어리석음이 없는 마음은 ···· ④ 침체된 마음은 ···· 산란한 마음은 ···· ⑤ 고귀한 마음은 ···· 고귀하지 않은 마음21은 ···· ⑥ 위[上]가 있는 마음은 ···· 위가 없는 마음은

· · · · · · · · · · · · · ·
21 상좌부의 주석서에서, '고귀한 마음'이란 색계와 무색계의 마음을 말하고, '고귀

···· ⑦ 집중된 마음은 ···· 집중되지 않은 마음은 ···· ⑧ 해탈한 마음은 해탈한 마음이라고 분명히 알고, 해탈하지 않은 마음은 해탈하지 않은 마음이라고 분명히 안다.

4.2 이와 같이 안으로 마음에서 마음을 관찰하며 머물고, 혹은 밖으로 마음에서 마음을 관찰하며 머물고, 혹은 안팎으로 마음에서 마음을 관찰하며 머문다. 혹은 마음에서 일어나는 현상을 관찰하며 머물고, 혹은 마음에서 사라지는 현상을 관찰하며 머물고, 혹은 마음에서 일어나기도 하고 사라지기도 하는 현상을 관찰하며 머문다. 이제 그에게는 '마음이 있구나'라는 알아차림이 나타나서, 그만큼 그의 지혜와 알아차림을 향상시킨다. 이제 그는 무엇에도 의지하지 않고, 세상에서 그 어느 것도 움켜쥐지 않는다. 비구들이여, 이와 같이 비구는 마음에서 마음을 관찰하며 머문다.

V 법에 대한 알아차림[法念處]

비구들이여, 어떻게 비구가 법에서 법을 관찰하며 머무는가?

5.1 다섯 가지 장애[五蓋]

비구들이여, 여기 비구는 다섯 가지 장애의 법에서 법을 관찰하며

· · · · · · · · · · · · · ·

하지 않은 마음'이란 욕계의 마음을 말한다고 설명한다. 이어지는 글의 '위가 있는 마음'은 욕계의 마음을 말하고, '위가 없는 마음'은 색계와 무색계의 마음을 말한다고 설명한다. 그리고 후자 중 색계의 마음은 위가 있는 마음이고, 무색계의 마음은 위가 없는 마음이라고 한다.

머문다. 비구들이여, 어떻게 비구가 다섯 가지 장애의 법에서 법을 관찰하며 머무는가?

비구들이여, 여기 비구는 그에게 감각적 욕망이 있으면 '나에게 감각적 욕망이 있다'고 분명히 알고, 감각적 욕망이 없으면 '나에게 감각적 욕망이 없다'고 분명히 안다. 비구는 아직 일어나지 않았던 감각적 욕망이 일어나면 일어나는 그대로 분명히 알고, 일어난 감각적 욕망이 사라지면 사라지는 그대로 분명히 알며, 사라진 감각적 욕망이 다시 일어나지 않으면 일어나지 않는 그대로 분명히 안다.

그에게 성냄이 있으면 '나에게 성냄이 있다'고 분명히 알고 ···· 사라진 성냄이 다시 일어나지 않으면 일어나지 않는 그대로 분명히 안다.

그에게 혼침과 수면이 있으면 '나에게 혼침과 수면이 있다'고 분명히 알고 ···· 사라진 혼침과 수면이 다시 일어나지 않으면 일어나지 않는 그대로 분명히 안다.

그에게 들뜸과 후회가 있으면 '나에게 들뜸과 후회가 있다'고 분명히 알고 ···· 사라진 들뜸과 후회가 다시 일어나지 않으면 일어나지 않는 그대로 분명히 안다.

그에게 회의적 의심이 있으면 '나에게 회의적 의심이 있다'고 분명히 알고 ···· 사라진 회의적 의심이 다시 일어나지 않으면 일어나지 않는 그대로 분명히 안다.

이와 같이 안으로 법에서 법을 관찰하며 머물고, 혹은 밖으로 법에서 법을 관찰하며 머물고, 혹은 안팎으로 법에서 법을 관찰하며 머문다. 혹은 법에서 일어나는 현상을 관찰하며 머물고, 혹은 법에서 사라지는 현상을 관찰하며 머물고, 혹은 법에서 일어나기도 하고 사라지기도 하는 현상을 관찰하며 머문다. 이제 그에게는 '법이 있구나'라는 알아차림이 나타나서, 그만큼 그의 지혜와 알아차림을 향상시킨다. 이제 그는 무엇에도 의지하지 않고, 세상에서 그 어느 것도 움켜쥐지 않는다. 비구들이여, 이와 같이 비구는 법에서 법을 관찰하며 머문다.

5.2 오취온

다시 비구들이여, 여기 비구는 오취온의 법에서 법을 관찰하며 머문다. 비구들이여, 어떻게 비구가 오취온의 법에서 법을 관찰하며 머무는가?

비구들이여, 여기 비구는, '이것이 신체이고, 이것이 신체의 일어남이며, 이것이 신체의 사라짐이다'라고 분명히 알고, '이것이 느낌이고, 이것이 느낌의 일어남이며, 이것이 느낌의 사라짐이다'라고 분명히 알며, '이것이 지각이고, 이것이 지각의 일어남이며, 이것이 지각의 사라짐이다'라고 분명히 알고, '이것이 형성이고, 이것이 형성의 일어남이며, 이것이 형성의 사라짐이다'라고 분명히 알며, '이것이 의식이고, 이것이 의식의 일어남이며, 이것이 의식의 사라짐이다'라고 분명히 안다.

이와 같이 안으로 법에서 법을 관찰하며 머물고, ···· 세상에서 그 어느 것도 움켜쥐지 않는다. 비구들이여, 이와 같이 비구는 오취온의 법에서 법을 관찰하며 머문다.

5.3 여섯 가지 인식기반[六內外入處]

다시 비구들이여, 여기 비구는 여섯 가지 내적 인식기반과 인식대상의 법에서 법을 관찰하며 머문다. 비구들이여, 어떻게 비구가 여섯 가지 내적 인식기반과 인식대상의 법에서 법을 관찰하며 머무는가?

비구들이여, 여기 비구는 눈을 분명히 알고, 형색을 분명히 알며, 이 두 가지를 조건으로 일어난 결박[結]도 분명히 안다. 아직 일어나지 않았던 결박이 일어나면 일어나는 그대로 분명히 알고, 일어난 결박이 사라지면 사라지는 그대로 분명히 알며, 사라진 결박이 다시 일어나지 않으면 일어나지 않는 그대로 분명히 안다.

그리고 귀를 분명히 알고, 소리를 분명히 알며, ···· 코를 분명히 알고, 냄새를 분명히 알며, ···· 혀를 분명히 알고, 맛을 분명히 알며, ···· 몸을 분명히 알고, 감촉을 분명히 알며, ···· 뜻을 분명히 알고, 법을 분명히 알며, 이 두 가지를 조건으로 일어난 결박도 분명히 안다. 아직 일어나지 않았던 결박이 일어나면 일어나는 그대로 분명히 알고, 일어난 결박이 사라지면 사라지는 그대로 분명히 알며, 사라진 결박이 다시 일어나지 않으면 일어나지 않는 그대로 분명히 안다.

이와 같이 안으로 법에서 법을 관찰하며 머물고, ···· 세상에서 그 어느 것도 움켜쥐지 않는다. 비구들이여, 이와 같이 비구는 여섯 가지 내적 인식기반과 인식대상의 법에서 법을 관찰하며 머문다.

5.4 일곱 가지 깨달음의 지분[七覺支]

다시 비구들이여, 비구는 일곱 가지 깨달음의 지분의 법에서 법을 관찰하며 머문다. 비구들이여, 어떻게 비구가 일곱 가지 깨달음의 지분의 법에서 법을 관찰하며 머무는가?

비구들이여, 여기 비구는 그에게 알아차림의 깨달음의 지분[염각지念覺支]이 있으면 '나에게 알아차림의 깨달음의 지분이 있다'고 분명히 알고, 알아차림의 깨달음의 지분이 없으면 '나에게 알아차림의 깨달음의 지분이 없다'고 분명히 안다. 비구는 아직 일어나지 않았던 알아차림의 깨달음의 지분이 일어나면 일어나는 그대로 분명히 알고, 일어난 알아차림의 깨달음의 지분이 닦여져 원만해지면 닦여져 원만해지는 그대로 분명히 안다.

그에게 법을 간택하는 깨달음의 지분[택법擇法각지]이 있으면 ‥‥ 정진의 깨달음의 지분[정진精進각지]이 있으면 ‥‥ 기쁨의 깨달음의 지분[희喜각지]이 있으면 ‥‥ 경안의 깨달음의 지분[경안輕安각지]이 있으면 ‥‥ 삼매의 깨달음의 지분[정定각지]이 있으면 ‥‥ 평정의 깨달음의 지분[사捨각지]이 있으면 '나에게 평정의 깨달음의 지분이 있다'고 분명히 알고, 평정의 깨달음의 지분이 없으면 '나에게 평정의 깨달음의 지분이 없다'고 분명히 안다. 비구는 아직 일어나지 않았던 평정의 깨달음의 지분이 일어나면 일어나는 그대로 분명히 알고, 일어난 평정의 깨달음의 지분이 닦여져 원만해지면 닦여져 원만해지는 그대로 분명히 안다.

이와 같이 안으로 법에서 법을 관찰하며 머물고, ‥‥ 세상에서 그 어느 것도 움켜쥐지 않는다. 비구들이여, 이와 같이 비구는 일곱 가지 깨달음의 지분의 법에서 법을 관찰하며 머문다.

5.5 사성제四聖諦

다시 비구들이여, 여기 비구는 사성제의 법에서 법을 관찰하며 머문다. 비구들이여, 어떻게 비구가 사성제의 법에서 법을 관찰하며 머무는가?

여기 비구는 '이것이 괴로움[苦]이다'라고 여실하게 분명히 알고, '이것이 괴로움의 일어남[苦集]이다'라고 여실하게 분명히 알며, '이것이 괴로움의 소멸[苦滅]이다'라고 여실하게 분명히 알고, '이것이 괴로움의 소멸에 이르는 길[苦滅道]이다'라고 여실하게 분명히 안다.

5.5.1 고성제苦聖諦

그러면 비구들이여, 무엇이 고성제인가?

태어남도 괴로움이고, 늙음도 괴로움이며, (병듦도 괴로움이고)[22] 죽음도 괴로움이다. 근심·탄식·육체적 고통·정신적 고통·절망도 괴로움이다. 사랑스럽지 않은 것과 만나는 것도 괴로움이고, 사랑스러운 것과 헤어지는 것도 괴로움이며, 원하는 것을 얻지 못하는 것도 괴로움이니, 요컨대 오취온 자체가 괴로움이다.

⑴ 비구들이여, 태어남이란 어떤 것인가?

이런 저런 중생들의 무리 속으로 이런 저런 중생들의 태어남, 도래함, 새로 생김, 오온이 나타남, 감관을 획득함, 이런 것들을 일러 비구들이여, 태어남이라 한다.

⑵ 비구들이여, 늙음이란 어떤 것인가?

이런 저런 중생들의 무리 속에서 이런 저런 중생들의 늙음, 노쇠함, 부서짐, 회어짐, 주름짐, 수명의 감소, 감각기능의 쇠약, 이런 것들을 일러 늙음이라 한다.

• • • • • • • • • • • •

22 이 '병듦도 괴로움이다'라는 표현이 없는 판본이 많다. '병듦'은 뒤에 나오는 육체적 고통과 정신적 고통에 포함되기 때문이 아닐까 생각된다.

(3) 비구들이여, 죽음이란 어떤 것인가?

이런 저런 중생들의 무리 속에서 이런 저런 중생들의 종말, 떨어져 나감, 붕괴됨, 사라짐, 사망, 죽음, 수명이 다함, 오온이 부서짐, 시체가 안치됨, 이런 것들을 일러 죽음이라 한다.

(4) 비구들이여, 근심이란 어떤 것인가?

비구들이여, 이런 저런 불행을 만나거나 이런 저런 괴로운 현상에 맞닿은 사람의 슬픔, 가슴 아픔, 고민스러움, 내적인 슬픔, 드러나지 않은 비애, 이런 것들을 일러 근심이라 한다.

(5) 비구들이여, 탄식이란 어떤 것인가?

비구들이여, 이런 저런 불행을 만나거나 이런 저런 괴로운 현상에 맞닿은 사람의 한탄, 비탄, 한탄함, 비탄함, 한탄스러움, 비탄스러움, 이런 것들을 일러 탄식이라 한다.

(6) 비구들이여, 육체적 고통이란 어떤 것인가?

비구들이여, 신체의 괴로움, 신체의 불편함, 신체적 접촉으로 생긴 괴롭고 불편한 느낌, 이런 것들을 일러 육체적 고통이라 한다.

(7) 비구들이여, 정신적 고통이란 어떤 것인가?

비구들이여, 정신적 괴로움, 정신적 접촉으로 생긴 괴롭고 불편한 느낌, 이런 것들을 일러 정신적 고통이라 한다.

(8) 비구들이여, 절망이란 어떤 것인가?

비구들이여, 이런 저런 불행을 만나거나 이런 저런 괴로운 현상에 맞닿은 사람의 실망, 절망, 실망함, 절망함, 이런 것들을 일러 절망이라 한다.

(9) 비구들이여, 사랑스럽지 않은 것과 만나는 괴로움이란 어떤 것인가?

비구들이여, 세상이 원하지 않고 마음에 들지 않는 형색들, 소리들, 냄새들, 맛들, 감촉들, 법들이 있으며, 불행을 원하는 자들, 불이익을 원하는 자들, 불편을 원하는 자들, 불안을 원하는 자들이 있는데, 그러한 것들과 만나고 교류하고 합류하고 결합하는 것이다. 비구들이여, 이런 것들을 일러 사랑스럽지 않은 것과 만나는 괴로움이라 한다.

⑽ 비구들이여, 사랑스러운 것과 헤어지는 괴로움이란 어떤 것인가?

비구들이여, 세상이 원하고 마음에 드는 형색들, 소리들, 냄새들, 맛들, 감촉들, 법들이 있으며, 행복을 원하는 자들, 이익을 원하는 자들, 편안을 원하는 자들, 안온을 원하는 자들이나 어머니·아버지·형제·자매·형·아우·친구·동료·친척이 있는데, 그러한 것들과 만나지 못하고 교류하지 못하고 합류하지 못하고 결합하지 못하는 것이다. 비구들이여, 이런 것들을 일러 사랑스러운 것과 헤어지는 괴로움이라 한다.

⑾ 비구들이여, 원하는 것을 얻지 못하는 괴로움이란 어떤 것인가?

비구들이여, 태어나기 마련인 중생들에게 이런 바람이 일어난다. '오, 참으로 우리에게 태어남이라는 법이 있지 않았으면! 참으로 그 태어남이 우리에게 오지 않았으면!'이라고. 그러나 이것은 원한다고 해서 얻어지지 않는다. 원하는 것을 얻지 못하는 이것도 괴로움이다.

비구들이여, 늙기 마련인 중생들에게 ···· 병들기 마련인 중생들에게 ···· 죽기 마련인 중생들에게 ···· 근심·탄식·육체적 고통·정신적 고통·절망하기 마련인 중생들에게 이런 바람이 일어난다. '오, 참으로 우리에게 근심·탄식·육체적 고통·정신적 고통·절망의 법이 있지 않았으면! 참으로 그 근심·탄식·육체적 고통·정신적 고통·절망이 우리에게 오지 않았으면!'이라고. 그러나 이것은 원한다고 해서 얻어지지 않는다. 원하는 것을 얻지 못하는 이것도 역시 괴로움이다.

⑿ 비구들이여, 요컨대 오취온 자체가 괴로움이란 어떤 것인가?

그것은 ('나'라고) 집착하는 신체·느낌·지각·형성·의식의 무더기이다. 비구들이여, 요컨대 오취온 그 자체가 괴로움인 것이다.

비구들이여, 이것을 일러 고성제라고 한다.

5.5.2 집성제集聖諦

그러면 비구들이여, 무엇이 고집苦集성제인가?

그것은 재생再生을 가져오고 환희와 탐욕이 함께 하며 여기저기에서 즐거움을 구하는 갈애이니, 즉 감각적 욕망에 대한 갈애[欲愛], 존재에 대한 갈애[有愛], 존재 없음에 대한 갈애[無有愛]이다.

⑴ 다시 비구들이여, 이 갈애는 어디에서 일어나서 어디에 안주하는가?

세상에서 사랑스럽고 즐거운 것이 있으면 거기에서 이 갈애는 일어나고 거기에 안주한다. 그러면 세상에서 어떤 것이 사랑스럽고 즐거운 것인가?

눈은 세상에서 사랑스럽고 즐거운 것이다. 귀는 ···· 코는 ···· 혀는 ···· 몸은 ···· 뜻[意]은 세상에서 사랑스럽고 즐거운 것이다. 여기에서 이 갈애는 일어나고 여기에 안주한다.

형색은 ···· 소리는 ···· 냄새는 ···· 맛은 ···· 감촉은 ···· 법法은 세상에서 사랑스럽고 즐거운 것이다. 여기에서 이 갈애는 일어나고 여기에 안주한다.

안식은 ···· 이식은 ···· 비식은 ···· 설식은 ···· 신식은 ···· 의식은 세상에서 사랑스럽고 즐거운 것이다. 여기에서 이 갈애는 일어나고 여기에 안주한다.

(2) 눈의 접촉[觸]은 ···· 귀의 접촉은 ···· 코의 접촉은 ···· 혀의 접촉은 ···· 몸의 접촉은 ···· 뜻의 접촉은 세상에서 사랑스럽고 즐거운 것이다. 여기에서 이 갈애는 일어나고 여기에 안주한다.

눈의 접촉에서 생긴 느낌[受]은 ···· 귀의 접촉에서 생긴 느낌은 ···· 코의 접촉에서 생긴 느낌은 ···· 혀의 접촉에서 생긴 느낌은 ···· 몸의 접촉에서 생긴 느낌은 ···· 뜻의 접촉에서 생긴 느낌은 세상에서 사랑스럽고 즐거운 것이다. 여기에서 이 갈애는 일어나고 여기에 안주한다.

형색에 대한 지각[想]은 ···· 소리에 대한 지각은 ···· 냄새에 대한 지각은 ···· 맛에 대한 지각은 ···· 감촉에 대한 지각은···· 법에 대한 지각은 세상에서 사랑스럽고 즐거운 것이다. 여기에서 이 갈애는 일어나고 여기에 안주한다.

(3) 형색에 대한 생각[思]은 ···· 소리에 대한 생각은 ···· 냄새에 대한 생각은 ···· 맛에 대한 생각은 ···· 감촉에 대한 생각은 ···· 법에 대한 생각은 세상에서 사랑스럽고 즐거운 것이다. 여기에서 이 갈애는 일어나고 여기에 안주한다.

형색에 대한 갈애[愛]는 ···· 소리에 대한 갈애는 ···· 냄새에 대한 갈애는 ···· 맛에 대한 갈애는 ···· 감촉에 대한 갈애는 ···· 법에 대한 갈애는 세상에서 사랑스럽고 즐거운 것이다. 여기에서 이 갈애는 일어나고 여기에 안주한다.

형색에 대한 사유[尋]는 ···· 소리에 대한 사유는 ···· 냄새에 대한 사유는 ···· 맛에 대한 사유는 ···· 감촉에 대한 사유는 ···· 법에 대한 사유는 세상에서 사랑스럽고 즐거운 것이다. 여기에서 이 갈애는 일어나고 여기에 안주한다.

형색에 대한 숙고[伺]는 ···· 소리에 대한 숙고는 ···· 냄새에 대한 숙고는 ···· 맛에 대한 숙고는 ···· 감촉에 대한 숙고는 ···· 법에 대한 숙고는 세상에서 사랑스럽고 즐거운 것이다. 여기에서 이 갈애는 일어나고 여기에 안주한다.

비구들이여, 이것을 일러 고집성제라고 한다.

5.5.3 멸성제滅聖諦

그러면 비구들이여, 무엇이 고멸苦滅성제인가?

갈애가 남김없이 빛바래어 사라짐, 버림, 놓아버림, 벗어남, 집착 없음이다.

⑴ 다시 비구들이여, 그러면 이 갈애는 어디에서 없어지고 어디에서 소멸되는가?

세상에서 사랑스럽고 즐거운 것이 있으면 거기에서 이 갈애는 없어지고 거기에서 소멸한다. 그러면 세상에서 어떤 것이 사랑스럽고 즐거운 것인가?

눈은 세상에서 사랑스럽고 즐거운 것이다. 귀는 ···· 코는 ···· 혀는 ···· 몸은 ···· 뜻[意]은 세상에서 사랑스럽고 즐거운 것이다. 여기에서 이 갈애는 없어지고 여기에서 소멸한다.

형색은 ···· 소리는 ···· 냄새는 ···· 맛은 ···· 감촉은 ···· 법法

은 세상에서 사랑스럽고 즐거운 것이다. 여기에서 이 갈애는 없어지고 여기에서 소멸한다.

안식은 ···· 이식은 ···· 비식은 ···· 설식은 ···· 신식은 ···· 의식은 세상에서 사랑스럽고 즐거운 것이다. 여기에서 이 갈애는 없어지고 여기에서 소멸한다.

(2) 눈의 접촉[觸]은 ···· 귀의 접촉은 ···· 코의 접촉은 ···· 혀의 접촉은 ···· 몸의 접촉은 ···· 뜻의 접촉은 세상에서 사랑스럽고 즐거운 것이다. 여기에서 이 갈애는 없어지고 여기에서 소멸한다.

눈의 접촉에서 생긴 느낌[受]은 ···· 귀의 접촉에서 생긴 느낌은 ···· 코의 접촉에서 생긴 느낌은 ···· 혀의 접촉에서 생긴 느낌은 ···· 몸의 접촉에서 생긴 느낌은 ···· 뜻의 접촉에서 생긴 느낌은 세상에서 사랑스럽고 즐거운 것이다. 여기에서 이 갈애는 없어지고 여기에서 소멸한다.

형색에 대한 지각[想]은 ···· 소리에 대한 지각은 ···· 냄새에 대한 지각은 ···· 맛에 대한 지각은 ···· 감촉에 대한 지각은···· 법에 대한 지각은 세상에서 사랑스럽고 즐거운 것이다. 여기에서 이 갈애는 없어지고 여기에서 소멸한다.

(3) 형색에 대한 생각[思]은 ···· 소리에 대한 생각은 ···· 냄새에 대한 생각은 ···· 맛에 대한 생각은 ···· 감촉에 대한 생각은 ···· 법에 대한 생각은 세상에서 사랑스럽고 즐거운 것이다. 여기에서 이 갈애는 없어지고 여기에서 소멸한다.

형색에 대한 갈애[愛]는 ···· 소리에 대한 갈애는 ···· 냄새에 대한 갈애는 ···· 맛에 대한 갈애는 ···· 감촉에 대한 갈애는 ···· 법에 대한 갈애는 세상에서 사랑스럽고 즐거운 것이다. 여기에서 이 갈애는 없어지고 여기에서 소멸한다.

형색에 대한 사유[尋]는 ···· 소리에 대한 사유는 ···· 냄새에 대한 사유는 ···· 맛에 대한 사유는 ···· 감촉에 대한 사유는 ···· 법에 대한 사유는 세상에서 사랑스럽고 즐거운 것이다. 여기에서 이 갈애는 없어지고 여기에서 소멸한다.

형색에 대한 숙고[伺]는 ···· 소리에 대한 숙고는 ···· 냄새에 대한 숙고는 ···· 맛에 대한 숙고는 ···· 감촉에 대한 숙고는 ···· 법에 대한 숙고는 세상에서 사랑스럽고 즐거운 것이다. 여기에서 이 갈애는 없어지고 여기에서 소멸한다.

비구들이여, 이것을 일러 고멸성제라고 한다.

5.5.4 도성제道聖諦

그러면 비구들이여, 무엇이 고멸도苦滅道성제인가?

그것은 바로 여덟 가지 지분의 성스러운 도[八支聖道]이니, 즉 바른 견해[정견正見], 바른 사유[정사유正思惟], 바른 말[정어正語], 바른 행위[정업正業], 바른 생계[정명正命], 바른 정진[정정진正精進], 바른 알아차림[정념正念], 바른 삼매[정정正定]이다.

(1) 비구들이여, 무엇이 바른 견해인가?

비구들이여, 괴로움에 대한 지혜, 괴로움의 일어남에 대한 지혜, 괴로움의 소멸에 대한 지혜, 괴로움의 소멸에 이르는 길에 대한 지혜, 이것을 일러 바른 견해라고 한다.

(2) 비구들이여, 무엇이 바른 사유인가?

비구들이여, (탐욕에서) 출리하는 사유, 성냄 없는 사유, 해치지 않는 사유, 이것을 일러 바른 사유라고 한다.

(3) 비구들이여, 무엇이 바른 말인가?

비구들이여, 거짓말을 하지 않고 이간하는 말을 하지 않으며 거친 말을 하지 않고 쓸데 없는 말을 하지 않는 것, 이것을 일러 바른 말이라고 한다.

(4) 비구들이여, 무엇이 바른 행위인가?

비구들이여, 살생을 하지 않고 주지 않은 것을 취하지 않으며 삿된 음행을 하지 않는 것, 이것을 일러 바른 행위라고 한다.

(5) 비구들이여, 무엇이 바른 생계인가?

비구들이여, 성스러운 제자는 그릇된 생계를 버리고 바른 생계로 생활한다. 비구들이여, 이것을 일러 바른 생계라고 한다.

(6) 비구들이여, 무엇이 바른 정진인가?

비구들이여, 여기 비구는 아직 일어나지 않은 악하고 불선한 법들은 일어나지 못하게 하기 위해 의욕을 일으키고 노력하고 힘을 내고 마음을 다잡아 애쓴다. 이미 일어난 악하고 불선한 법들을 제거하기 위해 의욕을 일으키고 노력하고 힘을 내고 마음을 다잡아 애쓴다. 아직 일어나지 않은 선한 법들은 일어나게 하기 위해 의욕을 일으키고 노력하고 힘을 내고 마음을 다잡아 애쓴다. 이미 일어난 선한 법들은 지속되고 사라지지 않고 증장하고 충만하고 개발되도록 하기 위해 의욕을 일으키고 노력하고 힘을 내고 마음을 다잡아 애쓴다. 비구들이여, 이것을 일러 바른 정진이라고 한다.

(7) 비구들이여, 무엇이 바른 알아차림인가?

비구들이여, 여기 비구는 몸에서 몸을 관찰하며 머물면서, 열심히 알고 알아차려서 세상에 대한 탐욕과 근심을 버린다. 느낌에서 느낌을 ···· 마음에서 마음을 ···· 법에서 법을 관찰하며 머물면서, 열심히 알고 알아차려서 세상에 대한 탐욕과 근심을 버린다. 비구들이여, 이것을 일러 바른 알아차림이라고 한다.

(8) 비구들이여, 무엇이 바른 삼매인가?

비구들이여, 여기 비구는 ① 감각적 욕망을 떠나며 악하고 불선한 법에서 떠나, 사유가 있으며 숙고가 있고, 떠남에서 생긴 기쁨과 즐거움의 초선에 들어서 머물고, ② 사유와 숙고를 가라앉혀서 안으로 청정하게 마음이 하나로 집중되고, 사유 없으며 숙고 없이 삼매에서 생긴 기쁨과 즐거움의 제2선에 들어서 머물며, ③ 기쁨이 사라지게 해서 평정하게 머물며, 알아차리고 알면서 몸으로 즐거움을 경험하므로, 성자들이 '평정하게 알아차리며 즐겁게 머문다'라고 표현하는 제3선에 들어서 머물고, ④ 즐거움도 버리고 괴로움도 버리고 그 이전에 이미 기쁨과 근심을 소멸하였으므로 괴롭지도 않고 즐겁지도 않으며, 평정한 알아차림이 청정한 제4선에 들어서 머문다.

비구들이여, 이것을 일러 바른 삼매라고 한다.

이와 같이 안으로 법에서 법을 관찰하며 머물고, 혹은 밖으로 법에서 법을 관찰하며 머물고, 혹은 안팎으로 법에서 법을 관찰하며 머문다. 혹은 법에서 일어나는 현상을 관찰하며 머물고, 혹은 법에서 사라지는 현상을 관찰하며 머물고, 혹은 법에서 일어나기도 하고 사라지기도 하는 현상을 관찰하며 머문다. 이제 그에게는 '법이 있구나'라는 알아차림이 나타나서, 그만큼 그의 지혜와 알아차림을 향상시킨다. 이제 그는 무엇에도 의지하지 않고, 세상에서 그 어느 것도 움켜쥐지 않는다. 비구들이여, 이와 같이 비구는 사성제의 법에서 법을 관찰하며 머문다.

VI 맺음

6.1 비구들이여, 누구든지 이 네 가지 알아차림의 확립을 이와 같이 칠 년 동안 닦는다면, 이 현세에서 궁극의 지혜[23]를 얻거나 취착의 자취가 남아 있을 경우 아나함의 과보를 얻는, 두 가지 결실 중의 하나를 기대할 수 있다.

비구들이여, 칠 년 동안은 아니더라도 누구든지 이 네 가지 알아차림의 확립을 이와 같이 육 년 동안 닦는다면 ···· 오 년 동안 ···· 사 년 동안 ···· 삼 년 동안 ···· 이 년 동안 ···· 일 년 동안 닦는다면, 아니 일 년 동안은 아니더라도 누구든지 이 네 가지 알아차림의 확립을 이와 같이 일곱 달 동안 닦는다면, 이 현세에서 궁극의 지혜를 얻거나 취착의 자취가 남아 있을 경우 아나함의 과보를 얻는, 두 가지 결실 중의 하나를 기대할 수 있다.

비구들이여, 일곱 달 동안은 아니더라도 누구든지 이 네 가지 알아차림의 확립을 이와 같이 여섯 달 동안 ···· 다섯 달 동안 ···· 네 달 동안 ···· 세 달 동안 ···· 두 달 동안 ···· 한 달 동안 ···· 반 달 동안 닦는다면, 아니 반 달 동안은 아니더라도 누구든지 이 네 가지 알아차림의 확립을 이와 같이 7일만이라도 닦는다면, 이 현세에서 궁극의 지혜를 얻거나 취착의 자취가 남아 있을 경우 아나함의 과보를 얻는, 두 가지 결실 중의 하나를 기대할 수 있다.

·············
23 아라한의 과보를 가리킨다.

6.2 '비구들이여, 이 길은 중생들을 청정하게 하고 근심과 탄식을 다 건너게 하며 고통과 괴로움을 사라지게 하고 옳은 방법을 얻게 하며 열반을 실현하게 하는 유일한 길이니, 그것은 네 가지 알아차림의 확립이다'라고 한 것은 이것에 근거하여 말한 것이다."

6.3 세존께서 이와 같이 말씀하시자 그 비구들은 기쁘게 세존의 말씀을 받아 지녔다.

찾아보기

ㅈ

지은이의 다른 책들

불교는 무엇을 말하는가
불교를 알고 싶어 하는 분들을 위한 불교입문서. 불교의 근본이치와 수행의 원리를 고집멸도라는 사성제의 가르침에 의해 소상히 설명하고, 불교에 관한 갖가지 의문에 대해서도 설명을 함께 곁들여서, 누구나 불교가 무엇을 말하는지를 완전히 이해할 수 있도록 하였다.
김윤수 지음 / 반양장본 / 296쪽 / 값 10,000원 / 한산암

참 불교를 알고 싶어 하는 이들을 위한
육조단경 읽기(개정판)
선불교가 의지하는 근본 성전의 하나로 평가되는 육조 혜능의〈단경〉에 대한 주해서. 돈황본 육조단경을 한문 대역으로 옮기고, 불교의 근본원리와 대승불교의 이치에 기한 주해를 붙여서, 우리나라의 선불교가 의지하는 불교의 이치를 이해하도록 했다.
김윤수 역주 / 양장본 / 380쪽 / 값 15,000원 / 한산암

불교의 근본원리로 보는
반야심경·금강경(개정판)
대승불교의 기본경전인 반야심경과 금강경을 근본불교의 가르침에 기초하여 해석한 역주서. 서부에서 불교의 전개과정을 개관하면서 근본불교와 대승불교의 상호관계를 알아 본 다음, 제1부와 제2부에서 두 경전을 근본불교의 가르침에 의지하여 한 점의 모호함이 없이 이해할 수 있도록 하였다.
김윤수 역주 / 양장본 / 536쪽 / 값 20,000원 / 한산암

자은규기의 술기에 의한
주석 성유식론
유식의 뼈대를 이루는 〈유식삼십송〉의 주석서 〈성유식론〉에 대한 우리말 번역주
해서. 본문에서 현장역 〈성유식론〉을 우리말로 번역하고, 그에 대해 현장의 문
인 지은규기 스님이 주석한 〈성유식론술기〉를 우리말 최초로 번역하여 각주로서
대비하여 수록함으로써 유식 전반에 대한 체계적인 이해를 가능하도록 했다.
김윤수 편역 / 양장본 / 1,022쪽 / 값 40,000원 / 한산암

한문대역
여래장 경전 모음
우리 불교에 큰 영향을 미친 여래장사상의 중요 경전과 논서를 한문 대역으로
번역하고, 주석과 함께 소개하여 여래장사상의 개요를 이해하게 했다. 수록 경
론은 대방등여래장경, 부증불감경, 승만경, 보성론, 불성론, 열반종요, 대승기
신론 일곱 가지이다.
김윤수 역주 / 양장본 / 848쪽 / 값 30,000원 / 한산암

규기의 소에 의한 대역한
설무구칭경·유마경
대승불교의 선언문과도 같은 유마경을 자은규기의 소에 의거해 번역하고 주석
하면서, 구라마집 역의 유마힐소설경과 현장 역의 설무구칭경을 한역문과 함께
대조 번역하였다.
김윤수 역주 / 양장본 / 740쪽 / 값 25,000원 / 한산암

지의의 법화문구에 의한
묘법연화경
최고의 불교경전이라는 찬사와 함께, 불교의 근본에서 벗어난 경전이라는 비판
을 동시에 받는 법화경을 한문대역으로 번역하고, 각주에서 찬사를 대표하는
천태지의의 주석을 비판적 시각에서 소개함으로써 경전의 전반적인 의미를 이
해하도록 하였다.
김윤수 역주 / 양장본 / 676쪽 / 값 25,000원 / 한산암

청량의 소에 의한
대방광불화엄경
대승불교 경전의 궁극이라고 하는 80권본 화엄경을, 이 경전 주석의 백미로 평
가되고 있는 청량징관의 「소초」에 의거하여 우리말로 번역하고 해설한 책. 결코
읽기 쉽지는 않지만 어려움을 극복하고 다 읽고 나면, 난해하다는 화엄경도 이
해하지 못할 부분이 없을 것이다.
김윤수 역주 / 양장본 / 6,020쪽(전7권) / 값 300,000원 / 한산암

보신의 주에 의한
대승입능가경
보리달마가 2조 혜가에게 여래 심지의 요문으로 전했다고 해서 중국 선종의 소
의경전으로서 한 시대를 풍미한 능가경. 그 중 가장 번역이 잘된 7권본 대승입
능가경을, 보신의 「주」에 의거해 우리말로 번역하고 해설하여 완전한 이해가 가
능하도록 하였다.
김윤수 역주 / 양장본 / 752쪽 /값 30,000원 / 한산암

원측의 소에 의한
해밀심경
유식사상의 가장 근본이 되는 해밀심경을, 이 경전 주석의 백미로 평가되고 있
는 원측스님의 「소」에 의거해 우리말로 번역하고 해설한 책. 신라의 왕손으로서
중국에서 불교학에 일가를 이룬 스님의 소를 통해 당대 우리나라 불교의 수준
을 알 수 있다.
김윤수 역주 / 양장본 / 456쪽 /값 20,000원 / 한산암

한문 대역
잡아함경
붓다의 가르침의 핵심을 담고 있으면서, 그 가르침의 원형에 가장 가까운 잡아
함경을 한문대역으로 번역하면서, 기존의 연구성과를 반영하여 경의 체제와 오
류를 바로 잡고, 상응하는 니까야의 내용을 소개하며, 이해에 필요한 설명을 덧
붙여서, 가르침의 뜻을 이해할 수 있도록 하였다.
김윤수 역주 / 양장본 / 3,840쪽(전5권) / 값 160,000원 / 한산암

인류의 스승, 붓다께서는
이렇게 말씀하셨다
붓다의 가르침의 핵심을 담고 있으면서, 그 가르침의 원형에 가장 가까운 잡아
함경을 쉬운 우리말로 번역함으로써, 독자들이 가까이에 두고 언제든지 펼쳐볼
수 있도록 한 1권본 잡아함경 완역본.
김윤수 역주 / 양장본 / 1,612쪽 / 50,000원 / 한산암

아함전서
붓다의 가르침을 가장 원형에 가깝게 전하는 아함경.
한역 4부 아함의 온전하고 이해하기 쉬운 우리말 번역과 주해잡아함경 전5권,
증일아함경 전4권, 중아함경 전5권, 장아함경 전2권
김윤수 역주 / 양장본 / 총4세트 전16권 / 470,000원 / 운주사